개정판

위기협상론

황세웅

도서출판 **진 영 사**

위기협상론

황세웅

2014년 08월 05일 초판 인쇄
2014년 08월 10일 초판 발행
2018년 03월 07일 개정판2쇄 발행
2018년 03월 13일 개정판2쇄 발행
발행인 박 진 영
발행처 도서출판 진영사
인천광역시 부평구 부평동 134-16 태승빌딩 4층
전화 : 032)505-4207
팩스 : 032)505-4206
E-mail : 0183734207@hanmail.net
등록 : 122-91-77317

ISBN 978-89-6541-223-6 93320
값 25,000원

머리말

우리 주변에서는 크고 작은 위기상황이 끊임없이 발생하고 있습니다. 누군가가 복수심에 불타서 자신의 내연녀의 가족들을 칼로 위협하기도 하고 부부싸움을 벌이다가 아내를 흉기로 위협하기도 합니다. 그리고 몇 해 전에는 해외에서 무장단체들에 의해 우리나라 사람들이 인질로 잡히기도 하였습니다. 이러한 상황이 발생하면 사람들은 패닉상태에 빠지게 되고, 이를 해결해야 하는 경찰을 비롯한 정부기관마저도 어떻게 해야 좋을지 몰라 우왕좌왕하기 일쑤입니다.

이렇게 위기 상황이 발생했을 때 사건을 평화적으로 해결하기 위해 필요한 것이 바로 '협상의 기술'입니다. 위기상황에서 물리력을 앞세워 힘으로 진압을 하게 되면 인질을 비롯한 관련자 모두에게 피해가 발생할 소지가 크기 때문에 되도록 대화로 상황을 풀어나가는 것이 좋습니다.

경찰교육기관에서는 신임경찰관들에서 범인을 제압하기 위한 수단으로 '무도'와 '체포술'을 가르쳐 줍니다. 그런데 막상 일선에 나가서 근무를 하다보면 술을 마시고 행패를 부리는 주취자는 말할 것도 없고, 범죄를 저지른 것이 명백한 현행범조차도 물리력으로 제압하다 보면 예기치 못했던 피해가 발생하는 일이 자주 일어나고 있습니다. 경찰관들이 보다 안전하고 성공적으로 경찰 업무를 수행하기 위해서는 물리력을 사용하는 방법뿐만 아니라 대화를 통해서 상대방을 안정시키고 설득할 수 있는 '협상기법' 교육이 반드시 필요하다고 할 것입니다.

필자도 이제까지 살면서 수없이 많은 교육을 받았고 이를 통해 인생을 살아가는데 바탕이 되는 값진 교훈들을 얻었지만 협상교육만큼 내 인생에 큰 영향을 끼친 교육은 이제까지 없었던 것 같습니다. 협상이라는 것이 본래 인질상황이라든가 자살상황 같은 위기상황에 처해 있는 사람과의 의사소통방식이지만, 협상은 반드시 인질범하고만 하는 것이 아니라 일상 생활에서 주변 사람들과 늘 하는 것이기 때문에 경찰업무수행뿐만 아니라 일반적인 대인관계 개선에도 큰 도움이 됩니다.

위기협상의 핵심을 이루는 것이 'Active Listening', 이른 바 '적극적 청취기법'인데 제가 처음으로 이 말을 접했을 때 무언가에 의해 뒤통수를 탁하고 얻어 맞은 기분이었습니다. 필자의 경우 자기 주장이 매우 강하고 다른 사람과 의견충돌이 생기면 절대 지려고 하지 않는 성향이 강합니다. 그래서 누군가와 대화를 하면 그 중심은 항상 저에게 있고 다른 사람의 말은 별로 귀 기울이지 않으며, 어떻게 해서든 상대방을 설복시키려고만 합니다. 이렇게 해서 상대방을 이기면 제가 말을 잘해서 그런 줄 알고 스스로 만족해하는 스타일이었습니다. 그런데 'Active Listening'은 그러한 저의 의사소통방식을 정면으로 비판하면서 이와는 정반대로 내 말은 최대한 줄이고 상대방이 말을 많이 하도록 하며, 무엇보다 상대방의 감정에 귀 기울일 것을 요구합니다.

그런데 가만히 주위를 살펴보면 전통적인 커뮤니케이션 방식으로 의사소통하는 것은 비단 저만의 문제는 아닌 것 같습니다. 많은 남성들이, 특히 나이가 들고 지위가 높아질수록 상대방의 말에 귀기울기 보다는 자신의 이야기를 자녀들이나 아랫사람들에게 주입하기 위해 일방적으로 이야기하려는 경향이 있습니다. 이러한 의사소통방식은 표면적으로는 상대방을 굴복시키고 자신의 의사를 관철하게 된 것처럼 보이지만 이런 상태가 장기화되면 대화의 벽이 생기고 대화의 당사자 사이의 마음의 거리를 멀어지게 만들어 궁극적으로는 의사소통에 장애를 가져오게 되는데, 협상기법은 이처럼 잘못된 의사소통방식을 바로잡아 주기 때문에 가족구성원, 직장동료들과의 관계를 크게 개선해주는 효과가 있습니다.

여러 가지로 미흡하지만 본서를 통해서 많은 경찰관들과 공공기관에서 일하시는 분들이 위기상황을 슬기롭게 극복하고 주변사람들과의 커뮤니케이션의 질을 높일 수 있는 계기가 되었으면 하는 바람입니다.

2014. 5. 20

황 세 웅

추천사

우리나라는 한국전쟁의 아픔을 겪고 전쟁의 잿더미를 딛고서 불과 60 여년 만에 세계사에 유래가 없는 눈부신 경제발전을 이루었습니다. 제2차 세계대전이 끝나고 독립한 140여개 신생국들 가운데 오로지 한 나라만이 산업화와 민주화에 동시에 성공하였는데 그것이 바로 대한민국입니다. 오바마 美 대통령은 수 차례 한국의 강한 교육열과 눈부신 경제성장을 칭찬한 바 있는데, 얼마 전에는 자신의 아버지의 나라인 케냐에서 다시 한 번 한국을 경제성장의 가장 훌륭한 '롤 모델'로 들면서 아프리카 국가들도 한국의 근면성과 노력을 배워야 할 것이라고 역설했습니다.

이렇게 짧은 기간에 세계가 부러워하는 눈부신 발전을 이룬 대한민국이지만 단기간에 압축성장을 하면서 사회적 갈등 또한 폭발적으로 증가하였습니다. 서구처럼 수 백년에 걸쳐서 서서히 민주주의가 정착되었더라면 갈등을 해결하는 메커니즘도 그에 따라 발전할 수 있었겠지만 짧은 기간에 너무 빠른 성장을 하다 보니 갈등이 발생하면 이를 민주적인 절차와 방법으로 해결하는 훈련이 제대로 이루어지지 못하였고, 물리력과 '떼쓰기'에 의존하는 부분이 많이 있음을 인정하지 않을 수 없습니다.

민주주의의 발전을 위해서는 반드시 선행되어야 할 것이 건전한 토론과 의견교환을 바탕으로 한 대화문화의 정착입니다. 일반적인 비즈니스 협상과 달리 위기협상은 자신의 주장을 앞세우기 보다는 상대방의 이야기와 감정에 귀 기울이일 것을 강조합니다. 위기협상기법은 경청하는 법을 습득하도록 해 줌으로써 원활한 의사소통을 할 수 있는 환경이 조성되도록 도와 주기 때문에 건전한 대화문화 형성에 상당부분 기여할 수 있을 것으로 기대됩니다.

2008년 미 쇠고기 파동으로 촉발되어 100일 이상 지속된 촛불시위를 비롯하여 최근 우리사회는 의사소통 장애로 인해 많은 사회적 갈등을 겪고 있고, 대전 신탄진 그린회관 사건과 대구 팔공산 보성아파트 사건 등 물리력만으로는 해결하기 힘든 인질사건도 끊이지 않고 발생하고 있습니다. 이러한 상황들을 물리력에 의해 진압하려고 하면 그 과정에서 인질이나 시민들이 다치거나 피해를 입을 수 있기 때문에 되도록 대화로 이를 해결하여야 하고 그러기 위해서는 "체계적이고 제대로 된 협상"을 실시하여야 하는데 아직까지 우리는 그렇게 하지 못하고 있습니다. 아니, 보다 냉정하게 이야기하자면 협상이라는 프로세스가 있는지 조차도 모르거나, 이를 알고도 무시하고 애초부터 협상 자체를 시도하지 않는 경우도 많은데 여러 명의 시위대와 한 명의 경찰관의 목숨을 앗아 간 '용산참사'는 그 좋은 예라고 할 것입니다.

이처럼 우리는 현재 갈등관리에 대한 수요는 폭증하면서도 이에 대한 체계적인 연구와 교육은 부재한 상황에 처해 있습니다. 이러한 때에 갈등상황관리기법인 위기협상에 관한 책자가 소개되게 된 것은 매우 시의적절하고 환영할만한 일이라 할 것입니다.

황세웅 교수는 오랫동안 FBI 협상기법을 연구하여 이를 한국적 상황에 맞게 변화시키려고 노력해 왔고, 그러한 노력이 오늘

날 이렇게 한 권의 책으로 결실을 맺게 되었습니다.

우리나라에서 위기협상에 관해서는 처음으로 출간되는 책으로 알고 있는데 이 책이 시발점이 되어 위기협상과 대화기법에 대한 보다 심도있는 연구가 진행되어 갈등관리 방법으로서 협상기법이 계속해서 발전해 나가기를 간절히 바라마지 않습니다. 감사합니다.

전 경찰종합학교장
치안정감 박종환

목 차

제2장 협상의 기본 구성 요소들

제3장 위기 개입 과정 모형

제4장 커뮤니케이션 기법

제5장 협상의 쟁점 사항들

제8장 자살 기도자와의 협상

제9장 협상 심리

제1장 위기 협상의 배경 및 역사

1. 위기(Crisis) 상황의 개념
2. 위기 상황의 분류
3. 일반적인 협상의 종류
4. 위기 협상의 의의 및 목적

제1장
위기협상의 개념

1. 위기(Crisis) 상황의 개념

위기 상황에 대해서는 여러 가지 형태로 정의가 내려질 수 있지만 객관적 위기 상태 이외에 대상자의 주관적인 현실 인식이 매우 중요하다. 위기 상황이라는 것이 이성적인 사람들에게는 객관적인 평가가 가능할 수 있으나 비이성적인 사람들에게는 다른 사람들에게 위기로 보이지 않는 상황들이 위기로 인식되는 경우가 많기 때문이다. Roberts & Ottens(2005)는 이러한 주관적인 요소들을 포함하여 위기 상황을 다음과 같이 정의한다.

위기 상황이란 일상적 대응 메커니즘이 실패한 심리적 항상성의 급격한 파열로 고통과 기능적 장애의 증거가 존재하는 상태이다. 다시 말해, 한 개인의 안정성과 대항 내지는 기능력을 저하시키는 괴로운 삶의 경험에 대한 주관적인 반응이다. 위기 상황을 촉발하는 주된 원인은 스트레스 유발적이고 정신적으로 충격적이며 위해적인 사건의 발생이다. 그러나 이 이외에 다른 두 가지 조건이 더 필요한데 ① 상당한 정도의 분노와 폭발을 가져올 만한 한 개인의 사건에 대한 인식, ② 이전에 사용했던 대응 메커니즘으로 폭발을 잠재울 수 있는 능력의 부재가 그것이다. 위기 상황은 또 "안정적 상황의 붕괴"로 일컬어지기도 한다. 위기 상황은 대개 다섯 가지 요소가 필요하다. ① 모험적이고 정신적으로 충격적인 사건, ② 취약하고 불균형적인 상태, ③ 촉진적인 요소, ④ 한 개인의 인식에 기반한 활성화된 위기 상태, ⑤ 위기 상황의 해결이다.

우리는 살아가면서 크고 작은 어려움을 계속해서 겪게 된다. 하나의 문제를 해결했나 싶으면 또 다른 문제가 생겨난다. 잠시도 아무런 문제없이, 근심 걱정 없이 살아가기는 매우 어렵다. 물론 아무런 문제없이 살아간다면 인생이 너무 단조롭고 재미없을 것이라고 하는 사람들도 있지만 어떤 사람들에게는 인생의 문제들이 엄청난 고통과 스트레스로 다가와 삶을 파멸시키기도 한다.

일반적으로 대부분의 사람들은 자신에게 닥치는 문제들을 슬기롭게 잘 해결한다. 예를 들어 시험에 실패하거나 직장에서 쫓겨나거나 애인이나 배우자가 바람을 피운다는 것을 알게 되더라도 칼을 들고 직장 동료를 인질로 잡거나 배우자의 가족을 총으로 위협하면서 변심한 배우자를 잡아오라고 요구하지는 않는다. 그러나 간혹 이러한 스트레스 요인으로부터의 자극에 대해 평정심을 잃고 정상적인 방법이 아닌 일탈적이고 비윤리적인 방법에 호소하여 문제를 해결하려고 하는 경우가 있는데 이런 경우 스트레스 상황이 위기 상황으로 발전하게 된다.

독자들의 이해를 돕기 위해 위기 상황에 봉착한 사람들의 사례를 몇 가지 들어 보기로 하자. 아래의 사례들은 실제 사례를 교육 목적에 맞게 각색한 것이다.

1) Case 1

건설 노동자 A(42세)는 B(41세)라는 여인과 2년 전부터 교제를 해 오고 있었다. A는 결혼 후 이혼하고 건설 노동자로 혼자 근근이 살아가고 있었다. 그러던 어느 날 친구의 소개로 이혼녀인 B를 만나게 되었는데 B는 전 남편과의 사이에서 낳은 딸과 함께 살고 있었다. B는 생계를 위하여 식당에서 일하기도 하고 화장품 외판 일을 하기도 하는 등 여러 가지 일을 했지만 안정적인 직장이 없었기 때문에 생활은 늘 어려웠다. B는 A와 교제하면서 급히 돈이 필요하다고 하면서 조금씩 빌린 것이 15회에 걸쳐 4,500만 원에 이르게 되었다. A는 B와 교제를 계속할 마음으로 어렵게 번 돈을 B에게 건네주었는데 얼마 전부터 B가 전화를 해도 잘 받지 않고 자신을 피하는 것을 느끼기 시작했다. 그래서 이러다가 이 여자와 헤어지게 되면 자신이 빌려 준 돈을 하나도 받지 못하는 것이 아닌가 하는 불안감에 휩싸이게 되었다. 그러던 어느 날, 집 근처 막걸리 집에서 술을 마시고 B에게 전화를 걸어 돈을 돌려 달라고 하자, 그 돈은 자신과 교제한 대가로 준 것인데 왜 돌려 주냐고 하면서 다시는 자기를 찾지 말라고 했다. 이에 격분하여 집에서 식칼과 시너를 들고 B의 집으로 찾아가 B의 딸에게 B를 찾아내라고 행패를 부리자, 딸의 연락을 받고 달려온 삼촌과 언쟁을 벌이다가 삼촌을 칼로 찔러 중상을 입히고, 신고를 받고 출동한 경찰과 대치하면서 인질 상황이 벌어지게 되었다.

2) Case 2

A는 학교에 다닐 때 수학 성적이 우수하여 거의 전교 1~2등을 도맡아 하였고, 경시대회에 나가 대통령상을 수상한 적도 있는 수학 천재였다. 주변에서는 늘 나중에 하버드로 유학 가서 박사 학위를 받아 오라는 말을 들으며 자라났다. 훌륭한 학과 성적 덕분에 명문대 수학과에 진학한 A에게는 모든 것이 거침없어 보였는데, 문제가 발생한 것은 대학 생활을 시작하면서부터였다. 대학에 가서 공부 이외에 친구들과 어울리는 시간이 많아지고 미팅에서 여자들도 만났는데 친구들과 잘 어울리지도 못하고 여자들과도 대화가 잘 되지 않는 자신을 발견했다. 특히 여자들과의 의사소통이 제대로 이루어지지 않아 번번이 차이기 일쑤였고, 결국에는 더 이상 미팅이나 여자를 소개받는 일은 하

지 않게 되었다. A는 자신이 사회성이 부족하다는 것을 느꼈고 그 후로는 공부도 잘 되지 않고 그렇게 잘하던 수학도 잘 되지가 않았다. 고등학교까지는 수학책만 잡으면 집중이 잘 되었는데 이제는 집중이 되지 않아 문제가 풀리지 않는 것이었다. 잘하던 수학마저 잘 되지 않자 점점 자신감을 상실하게 되고 사회와 벽을 쌓고 단절된 생활을 하면서 술을 많이 마시게 되었고 건강도 나날이 악화되어 갔다. 그러던 어느 날 삶의 의욕을 잃은 A는 아파트 옥상으로 올라가 난간 끝에 서게 되었고 이를 발견한 주민들의 신고로 경찰이 출동하였으나 가까이 오면 뛰어내리겠다고 위협을 하고 있다.

3) Case 3

마이클(가명)은 LA 외곽에 혼자 살고 있다. 마이클은 포병 부대에 근무해서 기계를 다루는 재주가 있고 무기에 대한 상당한 지식과 경험이 있다. 자기 혼자서 무기와 박격포를 제작할 수 있고 압력 스위치 방식의 폭탄을 만들 수 있는데 사회는 자신을 인정해 주지 않고 받아들여 주지 않는다고 생각하고 사회에 대한 강한 반감을 가지고 사회와 벽을 쌓고 단절된 삶을 살고 있다.

마이클은 편집광적이고 욱하는 성질이 있으며, 자신의 애완동물이 사람들보다 더 가치가 있고 인간의 생명은 가치가 없다고 생각하며, 정부는 모든 사람을 조종하는 악당이라고 생각한다. 지역 의회를 증오하고 의원들은 피격당해야 한다고 생각하며 의사들을 믿지 않는다. 이러한 마이클이 시청으로부터 마이클의 헛간이 승인되지 않은 불법 건축물이므로 철거하라는 명령서를 받게 된다. 그러자 시청에 전화를 걸어 폭파하겠다고 협박하고 자신의 땅 주변을 지나는 사람들에게 총격을 가하기 시작하면서 경찰과 대치 상황이 벌어지게 되었다.

2. 위기 상황의 분류

법 집행 분야에서 협상이라고 하면 일반적으로 '인질 협상'을 떠올리게 된다. 그래서 '위기 협상'이라고 하면 왠지 낯설게 느껴지는 경향이 있다. 물론 인질을 잡고 난동을 부리고 있는 인질범과의 협상이 사회적 파장이나 피해의 정도로 볼 때 더 많은 주목을 받기도 하고, 인질을 잡고 있지 않은 사람과의 협상이 성립될 수 있는 것인지에 대해서도 의문스럽기 때문에 협상이라고 하면 당연히 인질 협상이라고 생각하게 된다. 그러나 FBI HOBAS(Hostage Barricade Database System) 자료에 의하면 전체 협상의 90%는 인질범이 아니라 자살자와의 협상, 즉 '비인질 협상'이기 때문에 법 집행 기관의 협상을 단순히 인질 협상이라고 하면 현실을 정확히 반영하지 못하게 된다(경찰청, 2005). 따라서 법 집행 기관의 협상은 '인질 협상'과 '비인질 협상'을 모두 포함하는 '위기 협상'이라고 칭하는 것이 옳다고 할 것이다.

그리고 협상이 인질범뿐만 아니라 자살자 등과도 이루어지기 때문에 협상의 상대방을 단순히 인질범이라고 칭할 수 없으므로 인질범과 자살자 등을 모두 포함할 수 있는 '대상자(Subject)'라고 칭하기로 한다. 인질범의 경우에는 경찰에서는 용의자 내지는 피의자라고 부르는 것이 일반적이지만 협상이라는 Setting에서는 범죄를 저질러 체포의 대상이 되는 객체로 인식하기보다는 대화와 타협의 당사자로 보기 때문에 '대상자'로 부르는 것이 더욱 바람직하다고 할 것이다.

1) 인질 협상[1)]

가. 인질극의 역사

인질 사건은 역사만큼이나 오래되었다. 가장 오래된 사건은 성서에 나오는 시대로 기슬러 올라가 창세기 14장 12~16절에 아브라함의 조카를 납치하고 구출한 사건이다. 아브라함의 조카를 구출하기 위해 고용된 318명의 사람들은 인질사건을 해결하기 위해 힘을 사용한 첫 번째 사건으로 생각된다. 트로이 전쟁의 원인이 된 헬렌의 납치와 기원전 51년 줄리어스 시저의 납치와 같은 사건도 있었다. 그리고 수 세기에 걸쳐 아프리카의 나라들은 적들을 잡아 몸값을 받기 위한 인질로 이용하거나 노예로 부려먹었다. 중세 시대의 유럽에서는 상대국의 복종을 확보하기 위하여 전쟁 기간 동안 납치가 이루어지기도 하였고, 상인들은 빚을 받기 위한 담보로 인질을 붙잡기도 하였다.

20세기 이전에 인질 사건들은 대체로 전쟁의 안전을 도모하고 지불되어야 할 것을 보장하기 위한 방법으로 자주 자행되었으나 20세기 초반에는 다른 국가를 억압하기 위해 인질극이 자행되었다. 1942년 독일은 프랑스 국민의 순종을 확보하기 위해 프랑스의 분열 후 200만 명의 프랑스 인질을 잡았다. 1945년 마닐라

1) Hatcher, Mohandie, Turner & Gelles (1998). *The Role of Psychologist in Crisis Negotiation.* Behav. Sci Law, 16, 455-472 참조.

공습 당시 일본은 필리핀의 산토 토마스 대학(University of Santo Tomas)에 있던 5,000명의 미국인과 영국인들을 인질로 잡아 수용하였는데, 체이스 대장은 3일 동안 대학을 봉쇄한 일본과 협상을 벌였다. 그는 시간을 끌어 일본 지휘관을 지치게 하는 협상 전략을 이용하였고 결국 모든 수감자가 안전하게 풀려나도록 만들었다.

나. 경찰의 대응 방식의 변화

A. 전술적 선택 : 현대 경찰관의 최초의 접근법

1960년대, 미국 경찰과 사회의 고민은 첨단 무기를 가진 범인들이었다. 미국 내적으로는 사회적 불안정성과 무질서가 만연해 있었고, 국제적으로는 비행기 납치가 횡행하고 있었다. 그런데 경보 시스템과 경찰 대응 능력 발전으로 인해 범인이 범행 중에 고립되는 경우가 많이 발생하게 되어 역설적으로 인질/포위 상황이 많이 발생하게 되었다. 이에 따라, 연방과 지역 경찰관서들은 SWAT(Special Weapon and Tactics)을 창설하기 시작하였는데 주로 군대에서 무기, 절차, 복제 등을 따왔다. 군대식 전술을 사용하는 특공대를 최초로 창설한 것은 LAPD였는데 이들은 군사 전술을 인질/포위 상황에 활용하기 시작하였고, 이 과정에서 사상자가 많이 발생하였지만 당시에는 군대 전술의 특성상 어쩔 수 없는 것으로 생각되었다.

그러던 것이 1970년대에 와서는 무력 사용이 인질 상황을 해결하는 주류적인 방법이 되었는데 이로 인한 여러 부작용들이 양산되자 무력 사용 방법은 많은 비판에 직면하게 되었다. 1971년 10월 4일, FBI의 무력 진압 결과, 2명의 인질과 한 명의 납치범이 사망하는 사건이 발생한다. 이 사건에 대한 소송에서 (Downs vs. US) 법원은 "인질의 안녕을 보호할 더 나은 방법이 있었다."라고 하면서 "FBI가 가만히 기다렸으면 두 명이 비행기를 탈출하여 평화적으로 끝날 수 있었던 사건이, 무력을 사용함으로써 세 명의 사망자가 발생하였다."라고 하였다. 또한 법원은 경찰이 비행기를 못 쓰게 하는 조치에 대해 범인이 이성적으로 대처할 수 있었을 것이라고 하였다. 이렇게 많은 사람들이 죽거나 다치는 SWAT적 접근 방법은 점차 대중의 신뢰를 잃어 갔다.

B. 협상적 선택 : 법 집행의 새로운 방법

뉴욕 경찰서장인 Simon Eisendorfer는 무력 사용으로 인한 폐해를 줄이고자 1971년 경찰관 Frank Bolz와 심리학자이자 경찰관인 Harvery Schlossberg로 하여금 무력 사용을 대신할 '언어적 대안'을 개발하도록 하였다. 이 둘의 노력으로 무력이 아닌 협상을 통한 위기 상황 대응 방안이 고안되었고, 뉴욕 경찰(NYPD)은 새롭게 개발된 협상 원칙들을 실제 사건들에 적용하여 성공적으로 임무를 수행하는 개가를 올렸다.

Bolz와 Schlossberg는 샌프란시스코 경찰(SFPD)과 로스앤젤레스 경찰(LAPD)에게도 이 방법을 교육하였고 협상 기법은 점차 전국으로 확대되기 시작하였다.

C. 기술의 진화 : 테러리즘부터 범죄적 동인까지

협상의 제1세대는 테러 상황, 다중 비행기 납치, 국제 정치범에 대한 대응책으로 개발되었다. 격리, 무력 과시, 시간, 의사소통이 효과적 협상의 필요조건이었다.

Fuselier(1981)에 따르면 이 세대의 특징적 원칙 7가지는 다음과 같다.

1. 인질범은 (a) 감정적으로 혼란스러운, (b) 범행 중 갇힌, (c) 폭동을 일으킨 죄수, (d) 정치적으로 충동된 네 가지 상황 중 하나이다.
2. 분노가 무력이나 역분노를 만났을 때, 일반적으로 인질과 인질범의 사망, 또는 정치적 순교자가 발생하게 된다.
3. 사건의 축소는 요구 조건에 대한 협상뿐 아니라 협상가와 범인 개인 간의 감정적 긴장 완화와 대화에 달려 있다.
4. 별로 중요하지 않은 요구 조건에 대한 합의가 더 큰 문제에 대해 비폭력적인 해결을 가져올 수 있다.
5. 인질범은 일반적 생각과 달리, 시간이 지날수록 인질을 처형하는 것을 어렵게 생각한다.
6. 인질범 간, 인질 간, 인질범과 인질 간에 생기는 독특한 관계에 대한 지식은 합의를 촉진시키는 데 기여할 수 있다.
7. 모든 성공적인 협상 사건에서, 인질범은 자신들의 최초 요구를 더 이상 중요하게 생각하지 않으며, 경찰에 의해 죽지 않고 이 상황을 끝내는 것을 가장 중요하게 생각하게 된다.

1980년대에 들어서면서 경찰의 주된 관심 사건이 감정적으로 혼란스러운 사건과 범행 중 고립된 범인으로 이동되면서, 인질협상의 제2세대가 시작되었다.

Hatcher et al.(1998)에 의하면 제2세대는 다음의 5가지 요인에 의해 특징지어진다.

(a) 인질 협상가의 특징(나이, 성, 국적)의 중요성에 대한 이해의 증가
(b) 사건 해결의 효율성은 협상가뿐 아니라, 중요한 정보와 자

료를 수집하고 협상가를 지원하는 협상팀에 달렸다는 인식의 증가

(c) 협상가의 성격을 범인과의 대화에 투사할 수 있는 언어적 협상 기술의 정교화

(d) 최종 의사 결정자는 협상가가 아님.

(e) 협상가는 외부로부터 격리시키는 사람이 아니라, 범인이 외부와 소통하는 가장 좋은 수단으로 기능

또한 Hatcher et al.(1998)는 제2세대는 다음과 같은 점들을 강조한다고 하였다.

i) 감정적으로 혼란한 범인에 대한 즉각적 대응

ii) 경청 등에 중점을 둔 기법들

iii) 인질 없는 범죄에 대한 집중

iv) 한쪽에서 평화적 해결을 위한 협상을 하고 다른 쪽에서 범인이 더 폭력적으로 변할지 어떨지를 평가하는 리스크 관리 - 그에 따라 crisis negotiation이란 이름이 붙음.

v) 통제 가능한 제3자를 개입시킴.

vi) 주어진 상황, 범인, 인질의 특성에 따른 상황적 접근.

2) 비인질 상황

비인질 상황은 인질 상황 이외의 모든 위기 상황을 의미한다. 여기에는 인질을 잡지 않고 벌이는 봉쇄(Barricade) 상황과 스스로에게 위해를 가하려고 하는 자살 상황 등이 포함된다. 비인질 상황 중 가장 많이 발생하고 중요한 것은 자살 상황이라고 할 수 있는데 우리나라의 경우 자살이 매우 심각한 상황에 이르렀

다. 우리나라의 자살 사망률은 최근 21년간 연평균 6%씩 증가하여 3.4배가 증가하였고, 2002년 기준 OECD 국가 중 자살 사망률 4위, 자살 증가율 1위를 기록했으며, 2008년에는 자살 사망률 1위를 기록하는 불명예를 안았다. 우리나라에서는 2008년 현재 5분에 한 명씩 자살 기도를 하고, 45분에 한 명씩 자살로 목숨을 잃으며, 124명 중 한 명이 가족 중에 자살자가 있는 자살 피해 가족이라고 한다(범국민 생명존중 운동본부, 2008).

자살은 영어로 'suicide'라고 하는데, 이 말은 원래 라틴어에서 '자기 자신'을 의미하는 'sui'와 '죽인다'의 의미를 지니는 'cædo'가 합쳐져서 생긴 것이다. 따라서 자살이란 개인이 자유의사에 의해서 고의적으로 자기 자신의 생명을 끊는 일체의 행위를 가리킨다(김덕영, 2004). 자살은 어원에서도 알 수 있듯이 매우 개인적인 행위이지만 사실 자살에는 사회적인 요인이 커다란 영향력을 행사하며 자살의 여파는 사회에 큰 영향을 준다.

인간의 생명은 그 무엇과도 바꿀 수 없는, 실로 이 세상에서 가장 고귀한 것이다. 자살은 이렇게 고귀한 생명을 앗아가는 행위라는 점에서 일차적인 심각성이 있다. 또한 자살은 당사자뿐만이 아니라 가족이나 친구 등 주변 사람들에게 말할 수 없는 정신적 고통을 안겨주고 더 나아가 경제적으로 의료비의 손실을 발생시키며 국가적으로 노동력의 상실을 초래하기도 한다.

'세계보건기구(WHO)'와 '국제자살방지협회(IASP)'에 의하면, 매년 전 세계적으로 100만 명에 이르는 사람들이 자살로 목숨을 잃는다고 한다. 이는 살인(50만 명)과 전쟁(23만 명)의 희생자를 합한 것보다 많은 수치이다. 자살은 이제 교통사고와 각종 재난 및 질병에 이어 13번째로 많은 희생자를 내는 사인이다. 세계보건기구와 국제자살방지협회는 자살 예방에 노력을 기울이지 않는다면 오는 2020년에는 매년 자살자가 150만 명으로 증가할 것이라고 예측하고 있다. 이같이 심각한 현상을 인식하고 세계보건기구와 국제자살방지협회는 작년부터 매년 9월 10일을 세계자살방지의 날로 제정해서 자살이 가져다주는 심각한 개인적·사회적 심각성을 일깨워주고 있다(김덕영, 2004).

세계 각국에서는 심각한 자살 문제에 대처하기 위해 자신들의 상황에 맞는 국가 차원의 자살 예방 전략을 개발하여 운영하고 있다. 자살은 일반적으로 범정부 차원의 대처가 필요한 사안인데 이제까지 경찰은 자살 예방과 대응에서 어떠한 역할을 하여야 할지 제대로 파악하지 못하고 있었다. 그러나 경찰은 모든 상황에 대한 초기 대응자(First Responder)이기 때문에 자살 상황이 발생하면 신고를 받고 현장에 가장 먼저 출동하게 된다. 따라서 선진국에서는 경찰 협상팀이 자살 상황에 가장 먼저 출동하여 자살자와 협상을 벌이게 되는데 HOBAS(Hostage Barricade Database System)에 의하면 FBI 협상팀이 벌이는 협상 상황의 90% 정도가 자살상황이고 협상팀이 도착할 때까지 대상자가 살아 있고 협상에 응하기만 하면 90% 이상이 자살을 포기하고 상황이 종료된다고 한다(경찰청, 2005).

전 세계에서 가장 자살을 많이 하는 우리나라로서는 범정부적 대책 수립이 절실하고, 무엇보다 경찰관들의 자살 상황에 대한 인식을 제고하고 협상 기법을 교육시켜서 자살 예방 및 대응에 이바지할 수 있도록 해야 할 것이다.

3. 일반적인 협상의 종류

협상은 크게 우루과이 라운드, 쇠고기 협상처럼 일반 민간 분야에서 실시하는 비즈니스 협상(Business Negotiation)과 경찰, 보건·의료 등 공공 분야에서 실시하는 위기 협상(Crisis Negotiation)으로 나누어 볼 수 있다. 이 두 분야 모두 협상이라는 측면에서 공통분모를 갖는다. Give and Take, 정보의 중요성, 상호작용의 Dynamic 등. 그러나 일반 협상과 위기 협상은 그 기본 전제에서 차이가 나기 때문에 협상 Dynamic이라든가 접근 방법(Approach)이 달라질 수밖에 없다. 일반 협상은 협상의 두 당사자가 모두 이성적인 인간들이라는 데서 출발하는 데 반해, 위기 협상은 한 쪽은 칼이나 총을 들고 인질을 위협하면서 이성을 잃고 날뛰고 있는 범인이거나 절벽에서 뛰어내려 스스로 목숨을 끊으려는 사람이고, 다른 한 쪽은 상황을 평화롭게 끝내고자 하는 경찰관이나 보건·의료 종사자로 이성적인(최소한 그러리라고 기대되는) 사람들이다. 이렇게 비이성적인 사람과의 협상이 위기 협상의 기본 전제이기 때문에 이성적인 사람을 상대로 하는 일반 협상과는 그 Dynamic이 근본적으로 다를 수밖에 없다.

일반적인 협상은 여러 가지 방법으로 분류할 수 있는데 여기서는 Allan Edwark Barsky의 권력(Power), 권리(Rights), 이해(Interests), 전환(Transformation)의 4가지 주요 접근법에 초점을 맞추어 설명한다.

권력에 기반을 둔 협상(Power-Based Negotiation : PBN)은 협상 당사자를 서로 경쟁자로 본다. 각 당사자는 자신의 권력을 이용하여 상대에게 영향력을 행사하여 이득을 얻으려 한다. 이에 따라 협상은 힘과 권력을 가진 자에게 유리한 결과를 낳게 된다.

즉, 신체적 우위, 우월한 정치적 파워, 재산, 지능 등을 가진 자가 갈등 상황의 최종 승자가 될 가능성이 크다. 권력 기반 협상이 극에 달하면, 승리만이 최상의 가치가 되어 공정한 게임의 원칙은 존재하지 않으며, 거짓과 기만, 괴롭힘 등 갖은 부정한 행위를 동원하여 자신이 원하는 바를 쟁취하고자 한다(Allan, 2005).

권리에 기반을 둔 협상(Rights-Based Negotiation : RBN)은 권력에 기반을 둔 접근 방법의 야만성에 대한 비판에서 비롯되었다. 이 접근 방법은 협상에 공정한 게임의 원칙을 부과함으로써 보다 '계몽적'인 접근 방식을 취하고자 한다. 즉, 권력이 아니라 권리가 정의라고 주장하는 것이다. 법적 시스템을 통하여 일련의 절차와 규율을 마련하여 사람의 지위, 권력에 상관없이 모두를 공평하게 대우한다(Bossy, 1983). 법치주의가 제대로 확립된 곳에서는 권력이 아니라 법이 사람을 통치하기 때문에 누가 어떤 상황에서 어떤 권리를 갖게 될지를 법이 결정한다. 누가 정당한 권리의 소유자인지에 대해 갈등이 발생할 경우 법관의 판단을 얻기 위해 법원으로 갈 수 있다. 그러나 법이 분명하게 사회적 규범으로 자리 잡고 있고 구성원들 사이에 확실히 내재화되어 있다면 굳이 법원에 가지 않더라도 자신들의 법적 권리에 대해 잘 알고 있으므로 이를 바탕으로 협상을 할 수 있다.

이해에 기반을 둔 협상(Interests-Based Negotiation : IBN)은 하버드 협상 프로젝트(Fisher, Ury, & Patton, 1997)에 의해 1980년대 확산 보급되었는데 그동안의 협상 패러다임이 적대적인 방법을 통한 갈등의 해결에 있었다면 이 접근 방식은 당사자 간의 협력적 문제 해결에 초점을 맞춘다. 협상 당사자들이 협상을 벌이는 가장 주된 이유는 권력이나 권리의 문제가 아니라 자신들이 협상을 통해 얻고자 하는 이해관계(Interests) 때문이다. 이해관계에 기반을 둔 협상은 법적 지위나 권리에 맞는 해결책을 찾기보다는 당사자들이 자신에게 정말 중요한 것에 대해 협상하는 것에 초점을 맞춘다. 당사자 간의 이해 조정이 효과적으로 이루어지면 협조가 경쟁을 대신하게 된다.

전환에 기반을 둔 협상(Transformation-Based Negotiation : TBN)에 의하면 협상이나 다른 갈등 해결 방법들의 주된 목적이 사람들이 갈등을 바라보고 대처하는 방법을 변화시키는 것이라고 한다. Bush & Folger(1994)에 따르면 전환은 권한 부여(Empowerment)와 인정(Recognition)의 과정을 통해 일어난다. 즉 Empowerment란 개개인에게 인생의 문제를 해결할 수 있는 가치관, 힘, 역량을 회복시켜 주는 것이다. 한편, 인정은 개개인에게 타인의 상황과 문제를 인정하고 감정이입하도록 환기시켜 주는 것이다. 여타 접근법들이 갈등 해결 방법에 초점을 맞추는 반면 TBN은 협상 당사자들의 개인적·도덕적 성장에 초점을 맞추며 실제 갈등이 해결되는 것은 별로 중요치 않다. 당사자 간의 의사소통이 자원의 분배보다 더 중요하며, 협상의 결과보다 과정에 중점을 두는 접근 방법이다.

1) PBN(Power-Based Negotiation)

대인 관계에서 파워, 힘이란 개인 또는 집단이 상대방에게 영향을 줄 수 있는 역량을 일컫는다(Pinderhughes, 1983). 힘 또는 권력은 사람들 사이의 상호 작용에서 일어나기 때문에 본질적으로 역동성을 띠며 어떤 상황에 처해 있느냐에 따라 권력의 순위가 달라질 수 있다.

PBN은 기본적으로 경쟁적 상호 작용이며, 협상의 목적은 개인적 이득의 극대화이기 때문에 이 접근 방법을 사용하는 당사자들은 상대방에게 영향을 미칠 수 있다면 무슨 전략이든 취하게 될 것이다(Druckman, 1993). 이러한 전략에는 위치 협상, 비타협적 태도, 비밀주의, 허풍, 위협, 무력 사용 등이 포함된다(Allan, 2005).

위치 협상(Positional Negotiation)에서 당사자들은 자신의 입장을 취하고 이를 고수한다. 각 당사자들은 문제의 정의 대신 먼저 나름의 해결책을 제시하는데 일단 한 당사자가 해결책을 제시하고 나면 이를 철회하거나 뒤로 물러서는 것이 어려워진다. 어떤 쪽도 약하게 보이거나 체면을 잃고 싶어 하지 않는다. 양 당사자가 모두 기존 입장에서 움직이길 원치 않기 때문에 협상은 종종 교착 상태에 빠지게 된다.

시위대 : 폭력 시위가 발생하는 것은 경찰이 집회 시위의 범위를 지나치게 좁게 설정하고 제한하기 때문이므로 경찰은 집회의 자유를 보다 적극적으로 보장해야 한다.

경찰 : 경찰은 최대한 평화적인 시위를 보장하고 있음에도 폭력 시위가 발생하는 이유는 시위대의 준법 의지가 약하기 때문이므로 신고된 내용대로 시위를 진행하고 불법 시위 용품의 반입을 원천적으로 차단해야 한다.

위치 협상에서는 힘이 정의이므로 누가 힘을 가지고 있느냐가 협상의 결과를 좌우한다. 그런데 힘이란 것은 법적인 것뿐만 아니라 실질적인 역학 관계에 의한 것도 포함하므로 이 사례에서 경찰이 법적 권한을 가지고는 있지만 다수의 여론의 지지를 받는다면 시위대가 오히려 더 큰 힘을 행사할 수도 있다.

위치 협상이 교착 상태에 빠지게 되면 서로가 양보하기를 꺼리지만 어쩔 수 없이 포기해야 하는 부분은 포기하고 서로에 대한 요구 수준을 낮춘다. Ellis & Stuckless(1996)에 의하면 위치 협상의 당사자들은 일반적으로 다음과 같은 전략을 사용한다.

가. 수렴-양보(Convergence-Concession) : 접근법이라고 명명된 전략으로 양 당사자는 현실적인 테두리 내에서 가장 극단적인 대안을 내놓는다. 하지만 이것은 지나치게 극단적이지는 않아서 상대방이 협상 테이블에서 완전히 떠나지는 않도록 하는 것이어야 하며 협상에 대한 진지함을 드러낼 만큼 합리적이어야 한다. 양 당사자들은 서로의 주장에 대한 반대 주장을 주고받으면서 좀 더 현실적인 목표와 기대치에 접근하게 된다.

나. 비밀주의 : 당사자들은 협상에서 유리한 위치를 점하기 위하여 자신들이 가지고 있는 정보, 특히 최종적 입장을 공개하길 원치 않는다. 최대한 자신이 처한 상황에 대한 정보를 숨기려고 한다.

다. 허풍 : 허풍은 비밀주의와 일맥상통하지만 단지 자신의 정보를 통제하는 데서 더 나아가 고의적으로 그릇된 정보를 제공하려는 의도에서 행해진다. 허풍은 포커 게임에서 흔히 행해지는데 실제로 가진 패는 좋지 않지만 좋은 패를 가진 것으로 허세를 부리는 것으로 일시적으로 상대의 기를 꺾을 수는 있으나 허풍임이 드러날 경우 신뢰를 잃고 협상이 결렬될 가능성이 크다.

라. 위협 : 상대방이 자신의 입장을 수용하지 않으면 처벌 또는 복수하겠다고 협박하는 행위로 위협의 실현 가능성이

클 때 효과를 발휘할 수 있다.

마. 괴롭힘 : 상대방이 나의 요구에 응할 때까지 여러 가지 방법으로 괴롭힘을 가할 수 있는데 위협이나 괴롭힘 모두 단기적인 효과는 있을 수 있으나 장기적으로는 협상에 악영향을 끼치고 지나칠 경우 상대방의 저항을 유발하게 된다.

바. 시간 지연 : 조기에 협상이 타결되기를 원하는 태도를 보이게 되면 협상력이 약해지기 때문에 시간을 끌면서 오랜 시간 갈등 상황을 견딜 수 있다는 것을 보여 주는 것이다.

위치 협상의 전략들에서 보듯이 이러한 접근 방법은 협상 당사자들에게 여러 가지 문제를 수반한다. 위치 협상에서는 협상이 지연되고 적대적인 분위기가 형성되며 합의에 도달하기 어려워진다. 설령 합의에 도달하더라도 당사자 모두가 만족하지 못하는 경우가 많고 협상이 끝난 후에 당사자들은 적대적인 관계로 남게 될 가능성이 크다.

PBN의 극단적인 형태에서는 오직 승리하는 것이 선이라는 하나의 규칙만이 존재한다. 그러나 대부분의 상호 작용에서 당사자들은 게임의 규칙이 필요함을 이해하게 된다. 재래식 무기는 사용할 수 있으나 핵무기는 사용해서는 안 되며 험한 말은 하더라도 신체적 폭력은 금지된다는 등이 그것이다. 하지만 그럼에도 불구하고 여전히 궁극적인 목적은 자신의 힘과 권력을 바탕으로 협상에서 승리를 쟁취하는 것이다.

2) RBN(Rights-Based Negotiation)

RBN은 관련 법규의 내용을 그 전제로 한다. PBN에서 다양한 영향력을 행사함으로써 상대방에게 영향을 미치려고 하는 데 반해 RBN에서는 어느 쪽이 더 우세한 법적 의견을 가지고 있는가가 중요하다.

법이 분명하면 당사자 간의 협상은 그만큼 쉬워지고 반대로 법이 불분명하면 재판관이 어떤 결정을 내릴지 모르므로 협상이 어려워진다. 법이 불분명하면 사람들은 자신의 관점에서 법을 해석하려는 경향이 있기 때문에 타협이 어려워지고 결국 법정으로 문제를 가지고 가게 된다. 양 당사자가 서로의 입장에서 양보하려 하지 않기 때문에 법원이라는 중재자의 판단에 의지할 수밖에 없는 것이다. 그러나 법이 분명한 경우라도 법에 대한 해석이 달라 결국 사법부의 판단에 의존해야 하는 경우가 발생하기도 한다. RBN에서 당사자들은 협상에 대해서 실질적인 결정권을 갖지 못하기 때문에 경우에 따라서는 협상이 굉장히 어렵고 까다로워질 수 있다(Allan, 2005).

갈등 상황의 유발을 막고 협상의 원만한 타결을 위해 지역 사회와 조직은 규칙을 수립하여 질서를 유지한다. RBN을 위한 최선의 환경이 마련되면 모두가 자신의 권리가 어디까지인가를 이해하므로 갈등을 예방할 수 있고 협상에도 많은 시간과 에너지를 소모하지 않게 된다. 대부분의 경우 사람들은 암묵적으로 법에 동의하기 때문에 법이 분명하고 공정하기만 하다면 사람들은 법을 따르려고 하고 이를 바탕으로 효율적인 의사소통과 관계 형성이 가능하다. 법은 폭력, 강요, 착취를 금하고 선의의 협상, 중재, 판결 등 정당한 절차와 페어플레이를 강조하므로 PBN에서처럼 힘 있는 자에게만 유리한 부당한 결론에 도달할 가능성이 줄어들게 된다.

한편, RBN의 단점은 관계보다는 규칙을 선호한다는 것이다. RBN이 부당한 권력의 사용을 제한하고 규칙에 의한 분쟁 해결을 추구하고 있지만 결국 '나의 권리'와 '너의 권리' 가운데 하나를 선택해야 하므로 당사자들의 관계가 적대적일 수밖에 없다. 이 접근 방식 하에서는 당사자들이 상호 이익이 되는 창의적 해결책을 찾으려는 경향이 매우 약하다.

그리고 법에 의한 결정이 표면적으로는 합리적이고 공평해 보일 수 있으나 민주주의 사회에서 법이 제정되는 과정을 보면 힘과 권력을 가진 사람들의 주장과 요구가 법에 반영되는 경우가 많다. 결국 분쟁이 발생하였을 때 이러한 법의 잣대로 판결을 내리게 되면 여전히 권력과 힘을 가지지 못한 자에게 불리한 결과를 가져오게 될 가능성이 있다.

3) IBN(Interests-Based Negotiation)

RBN이 가지는 한계, 즉 법과 규칙에 의존한 협상의 한계를 극복하기 위하여 제시된 것이 IBN이다. IBN은 한마디로 '함께 문제 해결하기'라고 할 수 있는데 이는 원칙 협상(Fisher, Ury, & Patton, 1997) 또는 통합 협상(Ellis & Stuckless, 1996)이라고 불린다. PBN이나 RBN이 갈등을 제로섬 게임으로 이해하는 데 반해 IBN은 게임 이론을 이론적 배경으로 한다. 제로섬 게임에서는 한쪽이 더 많이 얻으면 나머지 한쪽은 그만큼 덜 얻게 된다. 그러나 IBN은 당사자들이 협력적 게임을 통해 윈-윈 상황에 도달할 것을 권장한다.

한정된 자원을 확보하기 위한 대부분의 분쟁은 양 당사자 모두의 손실로 귀결된다. 분쟁에서 승리하기 위해 시간과 에너지를 투입해야 하고 법정으로 가게 될 경우 변호사 비용 등 소송 비용이 발생하게 된다. 결국 분쟁의 승자도 엄청난 손실을 감수해야 하는 것이다. 분쟁의 당사자들이 상호 신뢰와 우호 관계를 바탕으로 문제 해결에 협력하고 상호 이해 증진을 위해 협조한다면 양쪽 모두 손실을 줄일 수 있을 것이다.

하버드 협상 프로젝트(Harvard Negotiation Project)는 다음과 같은 협상을 위한 7가지 틀을 제시하였다(Fisher, Ury, & Patton, 1997).

a. 위치가 아닌 이해에 대한 초점
b. 상호 이득을 위한 옵션의 개발
c. 객관적 기준 적용
d. 의사소통 개선
e. 긍정적인 협상 관계 구축
f. 대안 고려
g. 진지한 이행 의지 확보

1980년대 이후 IBN은 분쟁 해결 전문가들에게 가장 인기 있는 모델 중 하나로 등장했다. IBN 옹호자들은 이 모델이 공동 문제 해결을 촉진하여 주기 때문에 양 당사자 모두 만족할 수 있다고 주장한다. 이 모델이 특별히 효과적인 경우는 (a) 당사자들의 사고가 유연한 때, (b) 당사자들이 자신의 욕심을 유보할 수 있을 때, (c) 당사자들이 자신의 협상 능력을 신뢰할 때, (d) 과거 문제 해결에 성공한 사례가 있을 때이다(Pruitt & Carnevale, 1993).

IBN은 많은 이점을 가지고 있지만 몇 가지 한계도 있다. 협상 당사자들은 신뢰 부족, 분노 또는 다른 감정적 이유 때문에 공동 문제 해결에 대한 참여를 꺼릴 수 있다. 당사자들의 자발적인 참여 의사가 없다면 상호 간의 이해를 증진시킬 수 있는 대안에 대한 탐색이 어렵기 때문에 협의에 의한 분쟁 해결이 어려워진다.

그리고 갈등이 당사자들이 가지고 있는 핵심 가치의 근본적 차이에 기인하거나 기본적인 원칙상의 차이로 인해 발생한 경우 IBN은 효과를 발휘하기 어렵다. 또 빠르고 권위 있는 결정을 내려야 할 경우에도 IBN은 적절하지 않다. 상호 간의 의견을 조율하고 대안을 탐색하며 조정하는 데 많은 시간이 소요되기 때문이다. 결정이 상대적으로 덜 중요한 경우라면 의사 결정에 지나치게 많은 시간을 소비하는 것은 비효율적일 수 있다.

4) TBN(Transformation-Based Negotiation)

전환적 중재는 당사자 간의 역량 강화(Empowerment)와 인정(Recognition)을 촉진하기 위해 마련된 접근 방법이다.

역량 강화란 개인이나 집단이 자기에게 영향을 주는 사안에 대해 더 많은 통제를 갖게 되는 일체의 과정을 일컫는데, Bush & Folger(1994)는 다음과 같은 때에 역량 강화가 일어난다고 설명한다.

- 자신의 목표와 이해가 무엇인지, 그리고 왜 그것들이 중요한지를 좀 더 분명하게 깨달을 때
- 자신의 목적과 목표를 달성하기 위해 이미 자신이 소유하고 있거나 자신에게 가용한 자원을 인식하게 될 때

- 자신에게 가용한 옵션이 무엇인지 더 분명히 인식할 때
- 듣기, 의사소통, 조직, 분석, 의견 주장, 브레인스토밍, 대안 평가의 능력을 포함한 전반적 분쟁 해결 기술을 개선할 때
- 자신이 원하는 것에 대해서 생각, 숙고, 의식적 결정을 내리고 결정을 내리기 전에 다양한 선택이 갖는 강점과 약점을 분석할 수 있을 때

인정(Recognition)은 다른 사람의 세계를 바로 그 사람의 기준으로 이해하고 있음을 보여 주는 것으로 공감하기(Empathy)라는 개념과 일맥상통하는 것이다. 협상가는 경청, 감정 상태 확인하기, 바꾸어 말하기, 요약하기 등의 기법을 이용하여 상대방이 이해받고 있다는 것을 보여 줄 수 있다.

갈등 상황에서 사람들은 흔히 분노하거나 감정적이 된다. 따라서 자신의 입장에만 집중한 나머지 상대방의 입장과 이슈들은 경시하는 경향이 생기게 된다. '인정'이라는 개념을 통해 갈등 당사자들은 자기 몰입을 피하고 상대방의 상황에 눈을 돌릴 수 있게 되는 것이다. 인정은 당사자들이 "상대방의 상황에 좀 더 개방적인 태도로 경청하고 공감하며 반응하기로 자발적으로 결정할 때에" 나타난다(Bush & Folger, 1994).

Bush & Folger(1994)는 다음과 같은 방법을 통해 상대방에게 인정을 나타낼 수 있다고 하였다.

- 상대방의 어려움에 대한 관심과 염려로부터 나오는, 그 상황에 대한 숙고를 통해
- 타인을 지금과는 다른, 좀 더 긍정적인 견지에서 바라보기 위해 의식적으로 자기 자신의 견해를 내려놓음으로써
- 타인이 보기에는 남에게 상처를 주거나 비이성적으로 보이

는 행위도 실제 그들이 겪어온 스트레스 상황 속에서 보면 그렇게 반응할 수밖에 없었을 것이라고 이해함으로써

- 상대방에 대해 내가 새로이 이해하게 되었음을 공개적으로 인정함으로써
- 상대방에 대해 내가 좋지 않게 생각했던 것 또는 나의 지나간 보복 행위에 대해 사과함으로써
- 상대방의 이해를 수용할 수 있도록 한 개인의 행동 양식 자체를 바꿈으로써

내가 상대방을 인정해 주면 상대방도 나를 인정하게 되며 인정과 역량 강화는 상호 시너지 효과를 발생시킨다. 당사자 중 한쪽이 인정을 받으면 이를 통해 더 수월하게 역량 강화가 될 수 있고, 역량이 강화된 당사자는 더 자신감을 갖게 되며 다른 사람을 더 쉽게 인정해 줄 수 있다.

전환은 그 자체가 목적일 수도 있지만 당사자들을 IBN으로 이끌기 위한 수단으로 이해할 수도 있다. 당사자들의 역량이 강화되고 서로를 인정하게 되면 더 잘 협력하고 더 잘 차이점을 해결함으로써 상호 만족에 이를 수 있다. 하지만 Bush & Folger(1994)는 전환 그 자체가 목적이라고 주장한다. 성공적 협상은 당사자들이 IBN의 동의에 이르게 되는 여부와 무관하게 역량 강화와 인정에서 나온다는 것이다. 만약 협상을 통해 동의를 이끌어내지 못하고 갈등이 해결되지 않더라도 역량 강화와 인정의 경험을 통해 당사자들이 성장하였다면 그 자체로 의미가 있다는 것이다.

TBN이 현실적으로 협상에서 얼마나 효과성이 있는지에 대해서는 아직도 더 많은 연구가 필요하다. 갈등 상황에 놓여 있는 당사자들이 TBN에 참여할 동기부여가 되어 있지 않다면 TBN의

과정을 거부하는 경향이 있다. 그러나 상대방이 거부하는 것과 상관없이 한쪽에서 일방적으로 TBN의 전략을 택하여 상대방을 인정하여 주고 역량 강화를 해 줄 수 있다. 이를 통해 어떠한 현실적인 대가를 바라지 않고 이를 상대방에게 제공하는 자체로 의미가 있다는 것이다(Allan, 2005).

4. 위기 협상의 의의 및 목적

Webster 사전(2009)에서는 협상을 "토의, 토론, 타협 등의 방법으로 어떠한 문제나 사안을 조정하거나 해결하는 것(to arrange for or bring about through conference, discussion, and compromise)"이라고 정의하고 있다. 즉, 협상이란 다수 당사자가 각각 만족할 수 있는 결과의 도출을 위해 토의, 토론 등의 수단을 이용하여 타협하는 문제 해결 과정이라고 할 수 있다.

위기 협상이란 사람의 생명 · 신체 · 재산 등의 가치가 타인에 의해 침해를 받게 될 명백하고 긴박한 위험에 처해 있거나 혹은 현재 침해를 받고 있어 경찰권의 신속한 발동과 개입을 요하는 긴급한 위기 상황에서 경찰 등 법 집행 기관과 침해 주체 혹은 사건 관련자 사이에 이루어지는 대화를 통한 문제 해결 과정이라 할 수 있다.

위기 상황은 인질 유무에 따라 인질 상황과 비인질 상황으로 대별될 수 있고 위기 협상도 이에 따라 인질 협상과 비인질 협상으로 구분될 수 있다. 우리나라에서는 아직도 경찰 활동에서 협상이라는 개념이 생소하기 때문에 협상이라고 하면 인질 협상만을 의미하는 것으로 생각하기 쉽다. 하지만 미국의 경우 경찰 협상가가 신고 출동하는 상황의 80% 정도가 자살 등과 같은 비인질 상황이고, 인질 상황의 경우에도 범인이 자살을 시도하는 자살 상황으로 발전하는 경우가 많으므로 단순히 '인질 협상'이라고 하면 협상의 가장 큰 부분을 포함하지 못하는 잘못을 범하게 된다. 따라서 자살 시도처럼 인질을 동반하지 않는 모든 상황에서의 협상을 총체적으로 지칭하기 위하여 '인질 협상' 대신 '위기 협상'이라는 단어를 사용하고자 한다.

실제로 여기에서 소개하게 될 협상 요령은 인질 상황뿐만 아니라 비인질 상황에도 대부분 그대로 적용될 수 있는 것이어서 단순 '인질 협상 요령'이 아니라 '위기 협상 요령'이라고 하는 것이 타당하다 할 것이다.

어느 사건, 상황이나 마찬가지이겠지만 위기 상황에 경찰이 개입하는 것은 사건 해결을 목적으로 한다. 그런데 전통적인 경찰 활동에서의 상황 개입은 주로 무력에 의한 개입 내지는 진압을 의미하는 경우가 많았다. 아직까지도 우리나라에서는 인질강도 상황이 발생하면 일단 무력으로 제압해 보려 하고 여의치 않을 경우 특공대를 투입하여 무력 진압을 하려는 경우가 대부분이다. 그러나 무력 진압은 애석하게도 범인이나 피해자가 다치지 않고 끝나는 경우가 많지 않다. TV에 가끔 나오는 인질 사건을 보면 특공대의 진압이 완벽하게 되지 않아 인질이 다치는 경우를 자주 볼 수 있다. 특공대 진압은 우리나라뿐만 아니라 선진국의 특공대라 하더라도 실패할 확률이 매우 높기 때문에 미국에서조차도 특공대 진압보다는 협상에 의한 상황 해결을 무조건 먼저 시도하도록 되어 있다.

따라서 위기 협상의 궁극적 목적은 사건의 '단순한 해결'이 아닌 '평화적인 해결'이라고 하겠다. 실제로 미국의 경우 협상가가 투입되면 사건이 유혈 진압으로 이어지지 않고 평화적으로 끝나는 경우가 많으므로 경찰 입장에서는 되도록이면 협상에 의한 평화적 사건 해결을 지향하고 이러한 노력이 좋은 결과를 낳고 있기 때문에 많은 경찰관들이 협상 교육을 받기 위해 신청하고 있다.

위기 협상의 궁극적인 목적은 사건의 평화적 해결이고 그 하위 목표로 다음과 같은 것들이 있다.

1) 협상 대상자의 흥분 상태를 가라앉히고 정상적인 상태로 만든다.
2) 협상 요원과 협상 대상자 사이에 유대감을 형성하도록 한다.
3) 문제 해결을 위한 정보를 수집하고 이를 통해 사건 해결의 열쇠(Hook)를 발견한다.
4) 공감과 신뢰 관계를 형성하여 협상 대상자의 행동 변화를 야기할 수 있다.
5) 문제 해결을 위한 충분한 시간을 만든다.

제2장 협상의 기본 구성 요소들

1. 협상팀 구성
2. 협상 키트(Kit)의 구성 요소와 기능

제2장
협상의 기본 구성 요소들

1. 협상팀 구성

이 장에서는 협상팀의 기본적인 구성 요소와 그 역할 및 임무에 대해 알아보기로 한다. 우선 협상은 협상가 혼자 하는 것이 아니라 여러 사람이 참여하는 팀 단위 활동이라는 것을 명심해야 한다. 모든 팀원들이 각자의 역할을 충실히 수행할 때 협상은 성공할 수 있고 누군가 임무를 소홀히 하거나 팀원들 간에 불협화음이 있을 경우 협상은 실패할 가능성이 커진다. 협상팀의 기본적인 구성 요소는 아래의 표와 같다. 주 협상가를 중심으로 보조 협상가가 있고 기록요원, 정보요원, 기록편철요원, 전술팀 연락관, 협상팀 지휘관 등이 있다. 전술팀과 협상팀은 각자의 팀장이 있고 이를 총괄 지휘하는 현장지휘소장이 있게 된다.

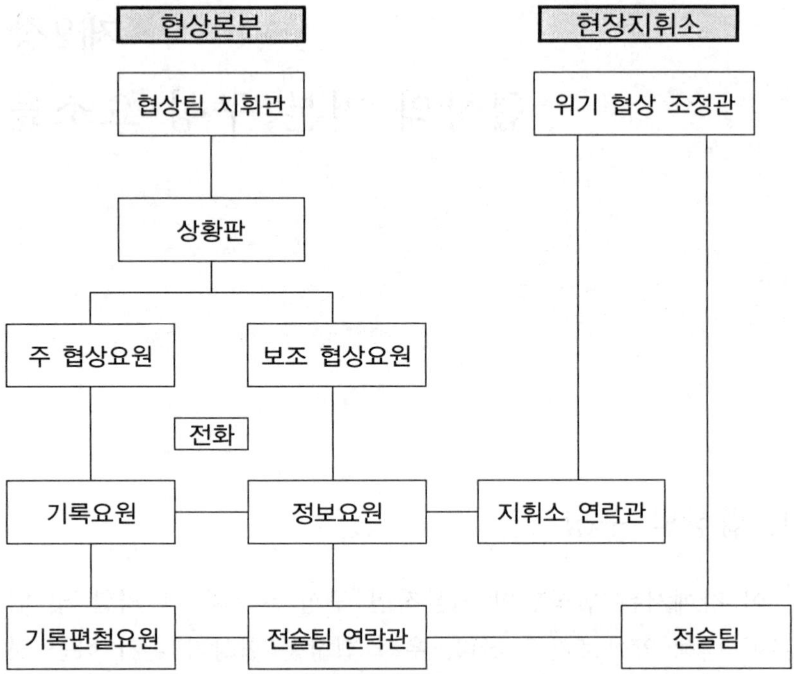
협상본부
현장지휘소
협상팀 지휘관
위기 협상 조정관
상황판
주 협상요원
보조 협상요원
전화
기록요원
정보요원
지휘소 연락관
기록편철요원
전술팀 연락관
전술팀

【위기 상황 협상팀 구성도】

1) 주 협상가(Primary Negotiator)

주 협상가는 말 그대로 대상자와 협상을 진행하는 당사자를 말한다. 주 협상가는 대상자와의 대화를 통해 대상자의 격앙된 감정을 가라앉히고 평정심을 찾아 문제를 평화적으로 해결하는 데 중추적인 역할을 한다. 또한 협상팀장과 현장지휘관과 대상자 사이를 매개하는 중재자의 역할도 하게 된다. 정보관이 주변 인물 탐문과 대상자 관련 기록 파악 등의 정보 수집 활동을 통해 많은 정보를 수집하여 주지만, 주 협상가는 협상을 통해 대상자로부터 직접 협상에 필요한 정보를 수집하는 역할을 한다. 이렇게 수집된 정보는 협상을 통해 평화적으로 사건이 종결되는 데도 기여하지만 협상이 실패하게 되면 이후에 전술팀의 성공적인 작전 수행에도 결정적인 역할을 하게 된다.

▲ 협상요원의 선발 요건

- Good listener(좋은 청취자) - 다른 사람의 말을 잘 들어주는 사람
- 풍부한 현장 경험과 인생 경험
- 적절한 대인 관계 기술(적극적인 자세, 언어 표현 능력)
- 인터뷰에 능한 자
- 정보원 관리를 잘하는 자
- 화합하여 일을 잘하는 자
- 정서가 안정되고 신체가 건강한 자
- 융통성이 있는 자
- 신중하고 사려 깊은 자

- 스트레스를 받는 상황에서도 침착함을 유지하는 자
- 특공대 전술에 능통한 자
- 지휘권 등 협상요원 외의 추가 직책을 갖지 않는 자

2) 보조 협상가(Coach)

보조 협상가는 몇 가지 역할이 있는데 가장 중요한 것은 주 협상가로 하여금 대상자의 이야기를 잘 듣도록 도와주는 것이다. 보조 협상가는 주 협상가가 협상의 원칙에 위배되거나 범인의 감정을 자극하는 말을 하는 등 실수를 범할 경우 옆에서 쪽지로 쓰거나 손짓을 하는 등의 방법으로 잘못된 길로 접어들지 않도록 한다. 또한 대상자가 조금 전에 말했는데 주 협상가가 기억하지 못하는 부분을 알려 주고, 대화의 소재가 바닥나거나 좋은 주제가 있을 경우 이를 알려 주어 협상이 매끄럽게 진행되도록 한다.

협상을 하다 보면 아무리 경험이 풍부한 협상가라도 정신이

없고 혼란스러운 경우가 많다. 위기 협상이란 것이 사건 현장에 차분히 앉아서 이성적인 사람과 대화를 하는 것이 아니라, 앞에는 총이나 칼을 들고 다른 사람을 죽이겠다고 고함치고 날뛰는 사람이 있고, 뒤에는 순찰차의 경광등이 번쩍거리고 많은 구경꾼들이 모여들며 카메라 기자에 상사들까지 나와서 자신의 입만 바라보고 있는 상황에서 정신을 차리고 배운 대로 협상을 진행한다는 것은 여간 어려운 일이 아니다. 따라서 누군가 이 혼란스럽고 정신없는 상황에서 주 협상가를 올바른 길로 인도할 사람이 필요한데 그것이 바로 보조 협상가(Coach)인 것이다. 코치라는 말 자체는 누군가를 지도하는 사람으로 일반적으로 코치를 하는 사람이 받는 사람보다는 기량이 더 뛰어나다. 하지만 인질 협상에서 코치는 반드시 기량이 더 뛰어날 필요는 없다. 주 협상가보다 조금 부족하거나 비슷한 실력을 가진 사람이라도 한 발 떨어져서 뒤에서 보면 더 많은 것을 볼 수가 있기 때문에 코치가 가능하다. 우리가 바둑을 둘 때 뒤에서 훈수를 두면 두세 수는 더 높아진다고 하는 것이 이와 같은 맥락이라고 할 것이다.

보조 협상가의 또 다른 역할은 협상시 일어난 일들을 시간대별로 모두 기록하는 일이다. 주 협상가들은 대화를 하다 보면 대상자와 한 이야기들과 주요한 사건들을 모두 기억할 것으로 생각하고 기록하지 않는 경우가 있는데 사람인 이상 시간이 지나면 잊어버리기 마련이다. 이때 보조 협상가의 꼼꼼한 기록은 큰 도움을 준다. 보조 협상가의 기록은 당일의 협상 자체뿐만 아니라 나중에 사건이 법정에서 다루어질 때 중요한 증거 자료가 될 수 있다.

보조 협상가는 주 협상가에게 정신적 · 감정적으로 의지할 곳을 제공해 준다. 협상을 하다 보면 아무리 평정을 유지하려고 해도 협상가도 사람인 이상 스트레스를 많이 받게 된다. 그리고 협상 대상의 40% 이상이 정신적으로 이상이 있는 사람들인 상황에서 대상자와의 대화가 유쾌할 리가 없다. 이때 보조 협상가가 곁에서 보내주는 격려와 응원은 주 협상가에게 큰 힘이 된다.

3) 협상팀장

협상팀장은 협상 과정을 모니터하고 관리하며, 연락관이 따로 없을 경우 현장지휘소장과 전술팀장에게 연락을 취하는 역할도 병행할 수 있다. 협상팀장은 주 협상가에게 협상 전략과 조언을 해 주게 되는데 일반적으로 경험이 많은 고참 협상가 중에 지휘관이 신뢰하는 사람이 협상팀장으로 선정된다.

보조 협상가와 마찬가지로 협상팀장도 대화가 진행 중일 때는 협상가에게 말을 해서는 안 된다. 협상가가 한 번에 두 사람의 말을 들을 수도 없을뿐더러 대상자가 협상팀장이 하는 말을 들을 수도 있기 때문에 전달할 말이나 지시 내용이 있으면 쪽지에 써서 보여 주는 방식을 취하거나 협상이 잠시 중단되었을 때 구두로 하여야 한다.

주 협상가는 간혹 대상자와의 합의 하에 조금씩 쉬었다가 협상을 진행하는 것이 좋은데, 쉬는 시간에 협상팀이 모두 모여 협상이 재개되면 무엇을 이야기하고 어떤 방향으로 끌고 나갈 것인지에 대한 의견을 교환하는 것이 좋다. 협상이 재개되면 주 협상가는 되도록 논의된 협상 방향으로 나아가기 위해 노력해야 한다. 혹시라도 대상자가 전혀 예상치 못한 주제를 들고 나왔는데 자신이 독단적으로 판단하기 힘든 내용이라면 잠시 팀원들과 논의를 한 후에 다시 돌아와서 그 문제에 대해 이야기하자고 할 수 있다.

협상이 진행되고 있는 동안에는 모든 의사소통이 기본적으로 쪽지를 통해 이루어지는데 협상팀장이 주 협상가에게 전달하고 싶은 내용이 있더라도 주 협상가에게 직접 전달하지 말고 반드시 보조 협상가를 거쳐서 가도록 해야 한다. 이는 대상자와의 대화에 모든 주의를 기울이고 있는 주 협상가에게 혼란을 초래하지 않기 위함이며, 보조 협상가가 적절한 시점에 주 협상가에게 최대한 방해가 되지 않도록 이를 전달하도록 한다. 쪽지를 전달할 때는 날짜와 시간을 명기하여 나중에 쪽지들을 편철하였을 때 정확한 시간대별 진행 사항이 기록으로 남도록 한다.

4) 정보관

정보관은 상황이 전개되는 그 순간부터 계속해서 정보를 수집한다. 최초에 현장에 출동한 경찰관들로부터 상황 설명을 듣고 대상자의 이웃들, 가족, 친지들, 친구, 배우자, 목격자, 고용주

등 사건 해결에 도움을 줄 수 있는 모든 사람들에 대한 탐문 조사를 실시하여 정보를 파악한다. 이렇게 외부에서 정보를 파악하는 요원은 여건이 된다면 여러 명을 둘 수 있고, 협상팀에 한 명을 지정하여 정보를 취합하는 역할을 맡도록 할 수 있다. 정보취합요원을 두기 어려운 경우는 기록요원이 이를 취합하여 상황판에 기록하도록 한다.

5) 연락관

연락관은 전술팀과 협상팀 사이의 연락 업무를 맡는다. 특히 전술팀과의 연락을 맡는 사람은 전술팀에서 일한 경험이 있는 사람이 맡는 것이 좋다. 연락관은 전술팀과 협상팀 간에 중요한 정보를 전달해 주는 역할을 하는데 타이밍이 생명인 정보의 경우 그 중요성이 더해진다. 예를 들어, 전술팀이 진입 준비를 마치고 안으로 들어가려고 하는데 협상가가 대상자가 이를 알고 있는 것을 알아냈다면 이를 최대한 빨리 전술팀에 전달하여야 할 것이다. 주 협상가와 보조 협상가는 대상자와의 대화에 전념해야 하기 때문에 전술팀에 이러한 정보를 제때에 전달하기 어려우므로 연락관이 필요한 것이다.

연락관은 협상가가 대상자와 대화하는 내용을 청취하여 전술작전에 필요한 정보를 얻어낸다. 협상가들도 진압 작전에 필요한 정보를 파악하도록 교육을 받기는 하지만 협상 자체에 주의를 기울이다 보면 작전에 필요한 정보를 그냥 지나치는 경우도 있고, 어떤 정보가 실제로 작전 수행에 도움이 되는지 구별해내지 못하는 경우도 있다. 따라서 연락관은 협상 내용을 함께 청취하면서 전술팀에 필요한 정보를 스스로 파악하여 이를 전달할 필요가 있다.

6) 기록요원

기록요원은 협상과 관련된 모든 사항을 기록하고 편철한다. 사건 기록을 일목요연하게 정리하는 것은 사건 해결을 위한 가장 기본적인 사항이다. 기록요원은 협상 진행 사항 중 핵심적인 사항들을 상황판에 기록하여 주 협상가, 보조 협상가, 협상팀장 및 연락관 등 모든 사람들이 핵심 사항에 대한 공통적인 이해를 가지고 있도록 해야 한다. 상황판을 꼼꼼히 기록하는 것은 매우 중요한데 우선 주 협상가와 보조 협상가에게 이제까지 어떤 말이 오고 갔고 요구 사항이 무엇이었으며 그와 결부된 최종 시한은 언제까지인지 등을 일목요연하게 정리하여 보여 줌으로써 협상시 실수를 하지 않도록 도와준다. 그리고 근무가 교대될 경우 먼저 근무한 협상가가 다음 근무자에게 일일이 그동안 진행된 사항을 얘기하지 않아도 상황판만 보면 중요한 사항은 모두 파악할 수 있으므로 좀 더 부연 설명이 필요한 부분에 대해서만 이야기해 주면 근무 교대로 인한 혼선을 피할 수 있다. 만약 이러한 작업이 없다면 근무 교대해서 새로 오는 사람에게 그 전 8시간 동안 한 이야기들을 처음부터 다시 해달라고 대상자에게 요구해야 하는데 이를 받아들일 대상자는 거의 없을 것이다.

기록요원이 기록한 사항은 후에 대상자가 기소되어 재판을 받을 때 법정에서 증거로 사용될 수 있기 때문에 자세하고 정확한 기록이 이루어져야 한다. 만약 기록을 제대로 하지 않아 대상자가 주장하는 내용을 반박할 증거를 제시하지 못한다면 사건을 해결하기 위해 많은 고생을 하고도 소기의 목적을 달성하지 못할 수 있다.

7) 상황판

상황판은 패널을 주문 제작하여 사용할 수도 있으나 형식에 구애받지 않고 방 안의 벽을 그냥 사용하거나 실내에 협상 장소를 마련할 수 없다면 순찰차 옆에 종이를 붙이는 등 다양한 방법을 사용할 수 있다. 상황판에는 중요한 내용을 적은 종이를 테이프나 풀로 붙이고 추가적인 사항이 나오면 그 밑에 계속해서 종이를 붙여 나갈 수도 있다. 상황판에 기록되어야 하는 필수적인 정보들로 다음과 같은 것들이 있다.

- 대상자 관련 사항 : 이름, 사진, 인상착의, 소지 무기, 범죄 경력, 정신병력 기록, 건강상 문제점, 부상 여부와 정도
- 인질 관련 사항 : 이름, 인상착의, 사진, 건강상 문제점, 부상 여부와 정도
- 요구 사항
- 최종 시한
- 위기 상황 발생 현장 요도
- 대상자에 대한 긍정적 Inputs
- 협상시 피해야 할 주제들
- 시간대별 주요 협상 내용

이상의 것들 이외에도 협상팀에서 반드시 알아야 할 내용이라면 상황판에 추가해 넣을 수 있다. 상황판 구성은 최대한 창의성을 발휘하여 상황에 맞도록 꾸미면 된다. 상황판은 여러 가지 효용이 있는데 먼저 주 협상가와 보조 협상가에게 협상 내용을 체계적이고 일목요연하게 정리해서 보여 줌으로써 협상의 방향을 잡을 수 있도록 해 주고, 이제까지 이야기된 내용, 요구 사항과 최종 시한 등 잊지 말아야 할 내용들을 상기시켜 줌으로써 이러한 것들을 부주의로 챙기지 못해 상황이 악화되는 것을 방지해 준다. 그리고 협상팀장과 다른 지휘관들도 협상팀을 방문하여 따로 브리핑을 받지 않더라도 상황판을 주의 깊게 읽어 보

면 전체적인 내용을 알 수 있으므로 대상자와의 대화에 열중하고 있는 협상가들을 방해하지 않아도 된다. 협상이 장기화되어 협상팀이 근무 교대가 되어 새로운 사람들이 오더라도 상황판을 읽어 보고 전 근무자로부터 상황과 대상자에 대한 간단한 설명만 들으면 대상자와의 대화를 이어서 계속 진행할 수 있어 대상자가 앞에서 이야기한 내용을 다시 반복해서 이야기하는 문제를 야기하지 않을 수 있다. 마지막으로 상황이 모두 종료되고 이후에 법정에서 이 문제가 다루어질 때 상황판에 기재된 내용은 증거로 사용될 수도 있다. 따라서 이후의 법적인 문제까지 고려해서 상황판을 꼼꼼하고 정확하게 기록하는 것이 필요하다.

▲ 협상운용센터의 위치

- 협상운용센터는 원활한 정보 교류를 위해 종합지휘소에 근접
  - 종합지휘소와의 근접성이 중요한 문제를 쉽게 해결한다.
- 종합지휘소가 협상운용센터와 상당히 떨어진 경우에는 사건 협상 관리자와 팀 리더는 종합지휘소 현장지휘자 근처에서 업무를 수행한다.
- 사건 협상 관리자는 협상운용센터를 관리해야 한다.
- 종합지휘소와 협상운용센터는 연락망을 갖추고 있어야 한다.
- 사건 협상 관리자는 협상 내용을 모니터할 수 있어야 한다.
- 협상운용센터는 팀 근무가 가능하도록 충분한 공간을

확보한다.

• 접근을 최소화하고 안전을 보장할 수 있는 조용한 환경을 확보한다.

2. 협상 키트(Kit)의 구성 요소와 기능

위기 상황이 발생하면 우선 현장을 봉쇄/고립시키고 최대한 빠른 시간 내에 대상자와 협상팀 간에 의사소통 채널이 확보되어야 한다. 협상팀은 현장 부근에 협상통제센터(Negotiation Operation Center : NOC)를 설치하고 협상에 필요한 적절한 장비를 갖추어야 한다. 우선 현장통제본부(Command Center)와 직통 전화선이 필수적으로 설치되어야 한다. 이 전화선은 내선 전화 시스템이나 이동식 유선 전화 시스템 등으로 설치할 수 있다. 무전기는 피하는 것이 좋은데 교도소 같은 곳에서 간수가 인질로 잡히거나 경비요원이 인질로 잡혔을 경우 인질범이 무전기를 탈취하여 청취할 수도 있기 때문이다. 일반 전화도 범인이 외부로 전화를 걸어 도움을 요청하거나 공범자와 연락을 취할 수 있기 때문에 차단하여야 한다. 외부로 통할 수 있는 모든 통신 수단을 차단하고 나면 협상팀에서는 일반적으로 Throw-in Phone을 사용하여 대상자와 대화 채널을 마련한다.

1) Throw-in Phone 구성 요소

Throw-in Phone을 통해 대상자와 협상팀 사이에 양방향 의사소통 수단이 마련되게 된다. Throw-in이란 단어를 통해서도 짐작할 수 있듯이 이 전화기는 외부에서 봉쇄 장소 안으로 들여보내지게 된다. 협상팀이 걸어서 접근하기 힘든 상황이라면 창문 안으로 던져 넣을 수도 있고 문 앞에 가져다 놓고 대상자가 이를 안으로 들고 들어갈 수도 있다. 어느 경우이든 우선 대상자가 전화기를 받겠다는 동의 하에 전화기 투입이 이루어져야 한다. Throw-in Phone은 실제로 던져져도 깨지거나 고장 나지 않도록 단단한 박스 형태로 되어 있다.

가. 헤드셋과 스피커

협상 키트 본체에는 주 협상가와 보조 협상가, 최소한 두 사람이 동시에 사용할 수 있는 전화기 헤드셋이 있고, 정보원, 기록관, 연락관, 심리전문가 등 다른 협상팀원들이 들을 수 있도록 외부 스피커와도 연결할 수 있다.

나. 카세트 리코더 잭

상황이 끝난 후에 보고서를 작성할 때와 협상 훈련시에 활용하기 위하여 녹음기능이 있다. 협상 키트 본체에 녹음기와 연결할 수 있는 잭이 있어 협상 과정을 모두 녹음할 수 있다.

2) 감시 카메라

어떤 제품은 Throw-in Phone 박스의 사방과 상단에 작은 구멍이 나 있고 그 안에 감시 카메라가 장착되어 있어 대상자가 전화기를 안으로 가져가면 내부사정을 카메라로 볼 수가 있다. 이러한 기능은 내부 사정에 관한 결정적인 정보를 제공하여 피해자의 상태와 위치, 범인과의 거리 등 협상뿐만 아니라 향후 무력 진압 작전을 수행하는 데도 큰 도움을 준다.

3) 예비 전화선

협상 키트 본체에 Throw-in Phone과 연결되는 잭과 별도의 잭이 있으면 좋은데, 내선 전화 시스템이 없는 캠핑장이라든가 창고 같은 곳에 협상통제본부가 마련되면 협상 키트 본체에서 현장지휘소와 연결하여 실시간으로 의사소통을 할 수 있으면 좋고 만약 예비 전화선이 없는 경우에는 현장지휘소와 별도의 의사소통 채널을 확보하여야 한다.

4) Off 버튼과 통화 light

기본 셋업이 이루어지면 통화 버튼을 누른다. 통화 버튼을 누르면 대상자에게 투입된 전화기에서 전화벨이 울리고 대상자가 수화기를 들면 협상 키트 본체에 파란 불이 들어와서 통화가 진행 중임을 알려준다. 통화 불빛은 협상팀에게 현재 협상이 진행 중임을 상기시켜 주어 범인이 들어서는 안 될 협상팀원 간의 대화를 중단하도록 해 준다.

5) 벨소리 light

이 light는 협상가가 범인에게 통화를 시도하고 있음을 알려주고 이때부터 다른 협상팀원들은 정숙을 유지하여야 한다.

6) Tone alert

어떤 협상 키트의 경우 대상자가 전화를 끊지 않은 상태에서 수화기를 내려놓았을 경우 대상자에게 신호를 보낼 수 있는 기능을 가지고 있다.

7) 파워와 홀드 버튼

파워 버튼으로 전화기의 모든 기능을 한 번에 끌 수 있다. 그리고 다른 전화기와 마찬가지로 홀드 기능이 있어 통화 중에 상대방을 대기 상태로 둘 수 있다.

8) 외부 전화선

현장지휘소나 다른 긴급 상황 지원팀과의 연결이 가능하도록 외부 전화선이 있다.

9) 다자간 통화

둘 이상의 그룹이 다자간 통화(Conference Call)를 할 수 있다. 협상팀장이 현장지휘소와 전술팀과 conference call로 연결하여 작전 회의를 열 수 있다. 또 conference call을 통해 대상자와 협상가, 그리고 제3중재자 등 외부 인사가 협상을 할 수 있다. 그러나 제3중재자의 투입은 고도의 신중함을 요하므로 충분한 검토 후에 실시하여야 한다.

10) 배터리

협상 장소가 변경될 수 있으므로 협상 키트는 이동 가능하며, 이를 위해 일반전원과 함께 배터리로도 작동된다. 교체를 위한 보조 배터리도 구비되어 있어야 한다.

11) 전화선

Throw-in Phone과 본체를 연결하기 위한 긴 연결선이 있다. 협상지휘소와 상황 발생 장소를 연결하기 위해 대략 1,000피트 정도 길이의 연결선을 갖출 것이 요구된다. 연결선은 쉽게 절단되지 않도록 튼튼한 재질의 외부로 감싸져 있어야 한다. 어떤 제품은 연결선이 철제 외피로 되어 있기도 하다.

제3장 위기 개입 과정 모형

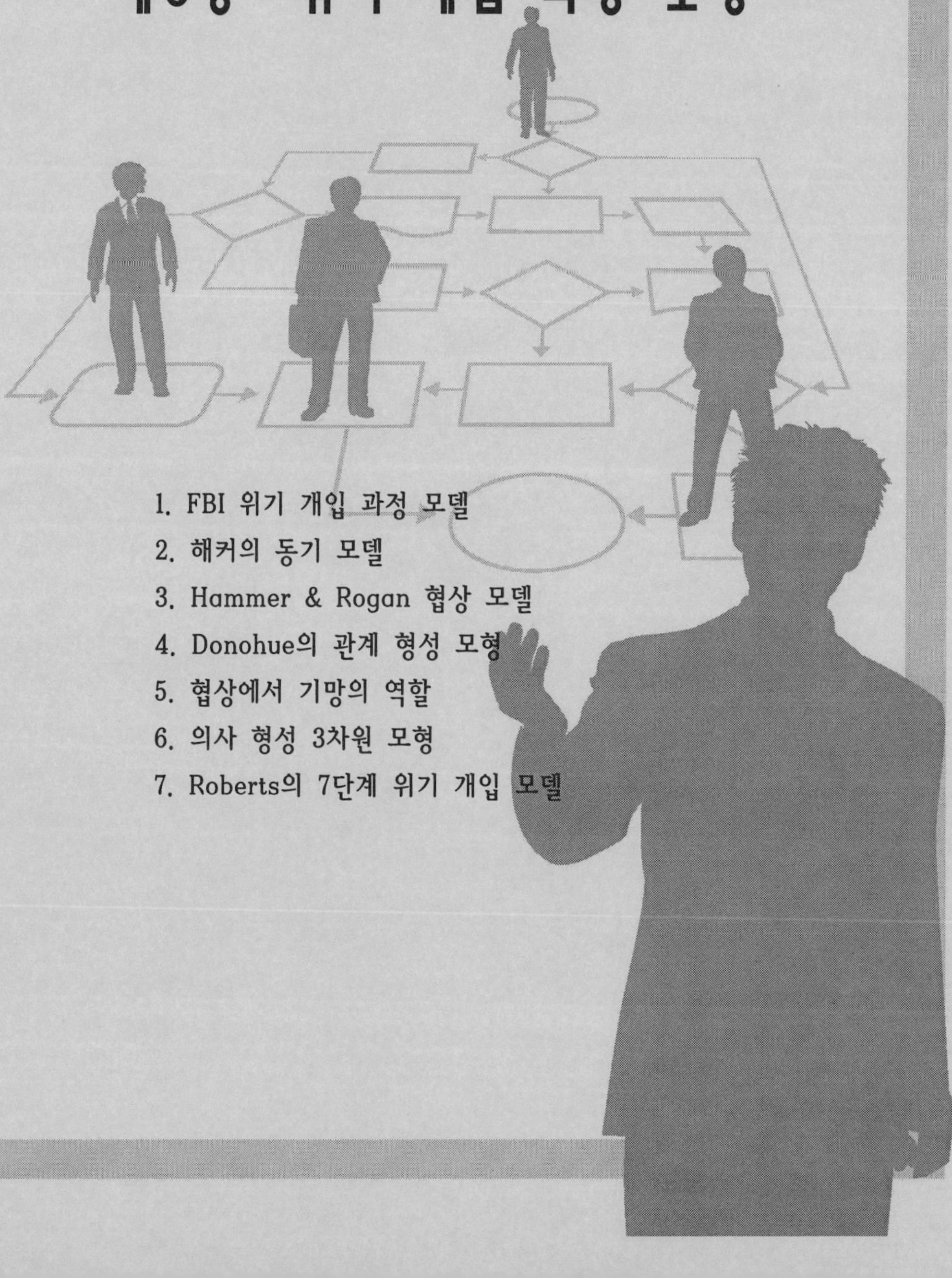

1. FBI 위기 개입 과정 모델
2. 해커의 동기 모델
3. Hammer & Rogan 협상 모델
4. Donohue의 관계 형성 모형
5. 협상에서 기망의 역할
6. 의사 형성 3차원 모형
7. Roberts의 7단계 위기 개입 모델

제3장
위기 개입 과정 모형

협상가들은 현장 상황에 대응시 자신들을 인도해 줄 협상에 대한 개념틀(Framework)이나 청사진을 가지고 있어야 한다. 이는 곧 '위기 개입 모델'을 가지고 있어야 한다는 것인데 위기 개입 모델이 필요한 이유는 여러 가지가 있다.

우선 위기 상황이 발생하면 의료종사자나 경찰관들은 그들의 고뇌, 상처와 불안정성에 논리적이고 체계적인 방식으로 대응해야 한다. 경험이 일천한 위기 개입자들이라 할지라도 체계적인 위기 개입 방식의 모형에 따라 잘 훈련받는다면 상황을 크게 악화시키지 않을 가능성이 커진다. 체계적인 모델은 경험이 풍부한 위기 개입자뿐만 아니라 초심자들에게도 대상자에게 Problem ownership을 유지하도록 하면서도 극단적인 행동을 하지 않도록 하는 절묘한 줄타기를 할 수 있도록 도와준다(Roberts & Ottens, 2005).

1. FBI 위기 개입 과정 모델

1) 개 념

위기 상황 개입은 단계적 접근 방법을 따라 이루어져야 한다. 위기 협상이 일반적인 '비지니스 협상'과 기본적으로 다른 점은 협상의 양 당사자에 대한 근본 전제가 다르다는 데 있다. 비즈니스 협상의 경우 이성적인 두 당사자가 협상을 진행하게 되는 데 반해, 위기 협상의 한쪽은 정상적인 상태이지만 다른 한쪽은 비정상적인 상태 – 매우 흥분해 있거나 매우 절망하여 약간의 자극만으로도 극단적인 상황을 연출할 수 있는 상황 – 에 있다는 전제에서 출발한다. 따라서 위기 협상의 가장 첫 번째 단계는 우선적으로 흥분한 상대방을 진정시키는 것으로부터 시작된다.

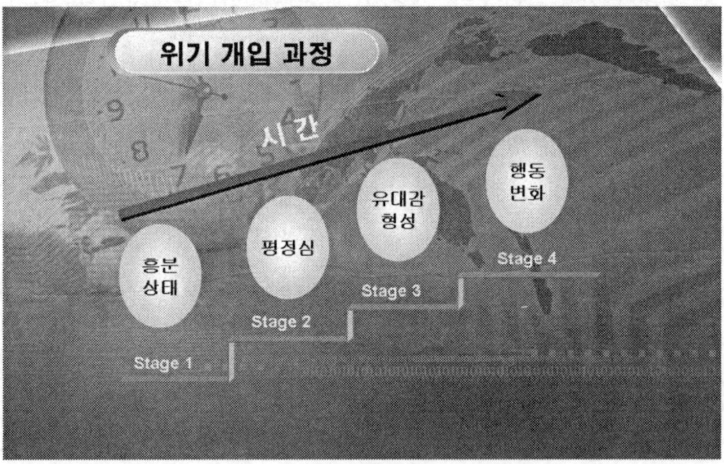

흥분한 상대방을 우선 진정시킨다는 것이 매우 당연하게 들릴지 모르지만 현실 상황에서는 그렇게 간단하지만은 않다. 누군

가가 나에게 흥분해서 소리치거나 욕을 하게 되면 나도 화가 나고 흥분하게 되기 때문이다. 실제로 경찰관서에서 범인이 흥분하여 소리를 지르거나 난동을 부리게 되면 경찰관은 더 큰 소리로 윽박지르거나 화를 내는 경우를 흔히 보게 된다. 과거 신탄진 '그린회관' 사건 당시에도 흥분한 범인이 2층 계단을 내려오면서 경찰관을 향해서 "비켜, 이 새끼야! 안 비키면 이 여자 찌른다."고 하자 아래서 지키고 있던 형사가 "그래, 찔러 봐, 이 새끼야, 찔러!"라고 하는 장면이 9시 뉴스를 통해 나간 적이 있었다. 안타까운 얘기지만 우리나라 대부분의 경찰관들이 협상 교육이라는 것을 받지 못하고 일선에 나갔기 때문에 무력으로 진압하는 방법은 알지만 그것이 여의치 않을 경우 어떻게 말로 흥분한 범인을 다루어야 하는지에 대해 제대로 교육받지 못한 탓일 것이다.

위기 상황 개입 초기에 아래 사항을 명심해야 한다.

- 협상 대상자의 감정 상태는 매우 격정적이다.
- 시간이 경과함에 따라 협상 대상자의 감정 상태가 분노에서 절망적인 우울 증세로 바뀔 수 있다.
- 범인은 비정상적인 정신 상태라는 것을 염두에 둬야 한다.
- 위기 상황의 협상 대상자는 분노, 공포, 피해 의식, 배신감, 편집증 등의 복합적인 감정 상태이다.

위의 4단계 모델에 의해서 점차적으로 협상을 진행해 나가는데 대상자와의 협상이라는 것이 기본적으로 대상자와의 대화를 통한 의사소통이므로 의사소통 방식에 대해 잠시 살펴볼 필요가 있다.

인간의 의사소통은 크게 사실(Fact)과 감정(Emotion)의 두 가지를 중심으로 이루어진다. 일반적으로 사람들은 의사소통에서 감정보다는 사실을 중심으로 대화를 이끌어 간다. 이러한 경향은 여자보다 남자들에게서 더 강하게 나타난다. 여자들은 대화할 때 사실 관계에도 신경을 쓰지만 상대방의 감정에 많은 관심을 보인다. 그래서 여자들이 대화하다가 "어머, 너 그래서 많이 화났겠다, 얘.", "어쩜, 그럴 수가 있니, 정말 짜증났겠다."와 같이 상대방이 짜증났다거나 화났다고 하는 감정의 문제에 대해 많이 얘기한다. 하지만 남자들의 대화에서는 이런 대화 방식을 자주 찾아보기 어렵다.

그런데 '사실'을 달걀의 노른자라고 하면 '감정'은 흰자위라고 볼 수 있어서 감정의 문제를 먼저 다루지 않고 사실에 접근하는 것은 흰자위는 건드리지 않고 노른자만 먹으려고 하는 것과 같다고 볼 수 있다.

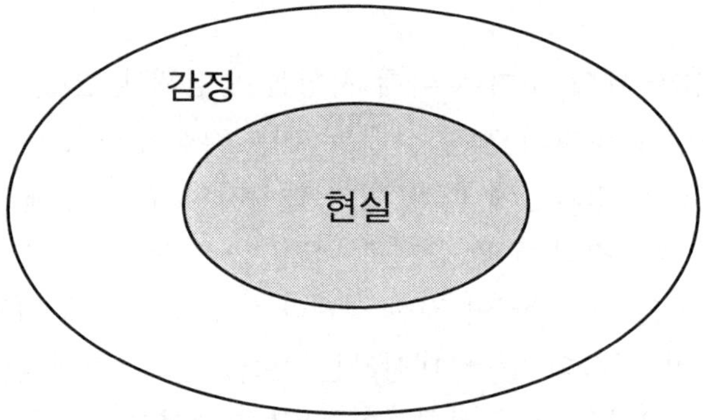

【협상 대상자의 심리 대응 구조】

위에서 언급한 것처럼 협상 대상자는 대개 강렬한 감정에 휩싸여 있기 때문에 성급하게 사실 관계를 파악하여 문제 해결책을 찾기보다는 감정의 문제를 해결하여 주는 것이 선행되어야 한다. 감정 상태는 행동 결정에 중대한 영향을 미치기 때문에 감정 상태를 어떻게 해결하는가가 향후에 대상자의 행동 통제 여부를 결정하는 데 중요한 역할을 하게 된다. 따라서 협상가는 사실 이면에 내재한 대상자의 감정에 귀 기울이도록 노력해야 한다. 그런데 애석하게도 대부분의 경찰관은 남성이고 협상가도 남성이다 보니 평상시 상대방의 감정에 귀 기울이는 것에 익숙하지 않다는 문제점이 있다. 따라서 협상가들은 의도적인 반복 훈련을 통해 상대방의 감정에 관심을 가지는 기법을 익히도록 해야 한다.

2) 감정 배출(Ventilation)과 정보 파악의 문제

일반적으로 협상가라고 하면 달변가들을 떠올리기 쉽다. 우루과이 라운드라든가 FTA 협상 등 비즈니스 협상에서는 우리의 국익을 보다 잘 대변하기 위해서는 말 잘하는 달변가를 협상 대표로 내보내는 것이 더 유리할 것이다. 그런데 위기 협상에서는 달변가보다는 상대방이 말을 많이 하도록 유도하고 남의 말을 잘 들어주는 사람이 필요하다. 여기에는 여러 가지 이유가 있는데 배출(Ventilation)과 정보 파악, 사건 해결의 실마리 발견과 같은 중요한 요소들이 대상자가 말을 많이 하도록 유도함으로써 가능하기 때문이다.

우선 배출(Ventilation)은 실내 공기를 밖으로 배출하는 것과 같이 폭발할 것 같은 격앙된 감정을 바깥으로 배출하여 주는 것을 말한다. 우리가 화가 많이 났을 때를 상상해 보자. 화가 많이 나면 가슴이 터질 것 같이 흥분되고 이것을 밖으로 배출하지 않고 그대로 내 안에 쌓아 두면 폭발할 지경에 이르기도 한다.

이럴 때 누군가와 대화를 한다든가 아니면 샌드백을 치는 것 같은 행동을 통해 감정을 밖으로 해소하고 나면 화가 났던 것이 조금씩 가라앉으면서 마음의 안정을 찾을 수 있게 된다. 우리는 스트레스가 쌓이는 것을 적절히 해소하지 못하고 안으로만 쌓아두면 결국 병이 되어 건강을 해치는 경우를 흔히 본다.

높은 감정적 수치를 보이는 대상자를 대하는 협상가는 사실관계 파악에 앞서 우선 높은 수준의 감정 레벨을 좀 낮춰줄 필요가 있다. 이것은 대화를 통해서 대상자의 마음속에 쌓여 있던 이야기들을 덜어 내도록 함으로써 가능하다. 우리도 가슴 답답한 일이 있을 때 누군가에게 이야기를 하면 그 일이 꼭 해결되지는 않더라도 답답하던 마음이 조금 시원해지는 경험을 한 적이 있다. 배출(Ventilation)이 되기 위해서는 협상가가 아니라 상대방이 말을 많이 하도록 유도해야 한다.

다음은 정보 파악의 문제이다. 어떤 사람이 말을 많이 한다는 것은 정보가 나에게서 상대방으로 넘어간다는 것을 의미한다. 말을 전혀 하지 않는 상대방으로부터는 아무것도 알아내지 못하게 된다. 정보를 파악한다는 것은 간단하게는 상대방이 좋아하는 것과 싫어하는 것이 무엇인지에서부터 그의 내면의 가치관과 왜곡된 현실 인식, 그리고 나아가서는 사건 해결의 결정적 단서가 될 열쇠(Hook)를 발견하는 것을 의미한다. 어떤 사건에서나 마찬가지이겠지만 위기 상황에서 결정적 단서를 발견한다는 것은 한 생명을 구하느냐 마느냐의 문제와 직결된다. 예를 들어, 자살하려고 하는 남자에게 정말 소중히 여기는 딸이 하나 있다는 사실을 알아냈다면 그가 극단적 행동을 취하려고 할 때 그 딸을 떠올리게 하여 극단적 행동을 막을 수가 있을 것이다.

어느 협상에서든지 상대방보다 유리한 협상 고지에 서기 위해서는 우선 상대방에 대한 많은 정보를 확보하는 것이 선행되어야 한다. 상대방에 대한 정보를 파악하지 못하고서는 결코 협상에서 이길 수가 없다. 이처럼 중요한 정보 파악을 위하여 협상가는 본인이 말을 많이 하기보다는 상대방이 말을 많이 하도록 유도해야 한다. 그러나 대부분의 할리우드 영화를 보면 범인보다 협상가들이 말을 많이 하고, 우리 경찰관들도 교육을 받기 전에 알아서 협상을 해 보라고 하면 범인은 입도 뻥긋 못하게 하고 자신이 훈계하듯이 범인을 몰아세우는 모습을 흔히 보게 된다. 이러한 일반적인 대화 방식으로는 협상을 성공적으로 진행할 수 없기 때문에 새로운 접근 방식으로 협상에 임해야한다. 여기서 필수적인 것이 뒤에서 기술하게 될 '적극적 청취 기법(Active Listening Skill)'이다.

적극적 청취 기법을 통해 대상자가 흥분 상태에서 평정심을 찾고, 이어서 대상자와 협상가 사이에 신뢰 관계를 형성(Rapport Building)하며, 궁극적으로 협상가가 원하는 방향으로 대상자의 행동 변화를 이루어내게 된다. 협상이라는 것이 이렇듯 차근차근 단계를 밟아가며 이루어져야 하는데, 많은 경우에 대상자와 접촉하자마자 바로 위기 상황을 야기하고 있는 원인은 무엇인지, 그러한 원인에 대해서는 이렇게 하면 될 것 아니냐는 식의 문제 해결책을 바로 제시하게 된다. 일정한 신뢰 관계나 유대감의 형성 없이 앞의 단계를 거치지 않고 바로 문제 해결 단계로 넘어가게 되면 대상자가 경찰관의 말을 고분고분 들을 리가 없기 때문에 협상은 실패할 확률이 높아지게 된다.

존 그레이 박사가 남성들이 여성들과 대화할 때 가장 큰 문제점 중의 하나로 지적한 것이 바로 성급한 문제 해결식 대화 방식이다. 남성들은 대화시 여성들이 이야기하고자 하는 내용에서 위에서 언급한 것처럼 감정의 문제를 먼저 다루어주고 나중에 문제 해결책을 제시하는 방식으로 접근해야 하는데, 대개의 경우 무슨 얘기만 꺼내면 일단 "그러면 이렇게 하면 되겠네." 하고 해결책을 제시하려고 한다. 그러나 일반적으로 사건 해결이 보기보다 복잡하고 어려운 경우가 많고, 문제 해결책을 기대하기보다는 그냥 자신의 얘기를 들어주고 공감해 주기만을 바라는 마음에서 말을 꺼내기도 한다.

따라서 경찰 협상가들은 성급한 마음을 버리고 배출(Ventilation), 정보 파악, 공감, 유대감 형성, 행동 변화, 사건 해결의 단계를 차근차근 밟아나가도록 노력해야 한다.

2. 해커의 동기 모델

Hacker(1976)는 자신의 임상학적이고 법의학적 경험을 바탕으로 폭발적 위기 상황을 이해하기 위한 해석적 모델을 고안했다. 그는 정신병이 의도적이거나 부주의하게 오진되고 때로는 거짓으로 꾸며진 것일 수도 있다고 한다. 분명한 결론과 배치되는 현실적인 부분을 배제함으로써 얻어지는 '지나친 단순성'은 유토피아적인 생각이라고 해커는 지적한다. 더구나 현실의 복잡성은 애매모호함과 모순 관계에 대한 관용과 탐색을 요구한다.

Hacker(1976)는 인질범을 3가지 형태로 구분한 "십자군(Crusaders), 범죄자(Criminals), 정신병자(Crazies) 동기 모델"을 고안해 냈고 많은 학자들이 이를 사용하였는데 3가지 유형은 다음과 같이 정의된다.

- 십자군(Crusaders) : 십자군은 이기적이지 않고 희생적인 임무 지향적인 사고 체계를 가지고 있다. 이들은 기능적으로는 이성적이지만 지배적인 가치에 있어서 전통적이지 않다. 그들은 구체적이고 추상적인 목표를 가지고 있다. 그들은 주목받기 원하고, 드라마틱하며, 보도에 민감하고, 높은 위험에 무관심하지만 비현실적인 목적을 달성하기 위해서는 현실적이기도 하다.
- 범죄자(Criminals) : 범죄자들은 이기적이고 자기 방어적이며 임무 지향적인 사고 체계를 가지고 있다. 그들은 대개 개인적이고 물질적인 이득을 추구하는 구체적인 목표를 가지고 있으며 현실적이다. 그들은 일반적으로 '이해할 만한' 심리적인 성향을 가지고 있지 않다. 그들은 높은 위험을 피하려 하고 자신들을 전문가라고 생각한다.
- 정신이상자(Crazies) : 정신이상자들은 자기중심적이고 매우 개인적이며 흔히 비이성적이거나 불합리하고 때로는 추상적인 목표를 가지며 환상적인 사고 체계를 가지고 있다. 이들은 대개 이해하기 어렵지만 도움을 구하고 있는 경우가 많다. 그들의 행동은 일반적으로 위험성이 높다.

범인의 동기를 중심으로 유형화하는 것은 Hacker만 시도한 것이 아니라 다른 전문가들과 학자들에 의해 시도되었는데 Hacker의 동기 모델은 1970년대 FBI에 의해 받아들여져서 널리 사용되었다.

Hacker는 위기 상황에 대한 체계적 이해를 시도하여 일선 근무자들에게 위기 상황에 대한 유형화된 접근을 가능하게 하였다는 점에서 평가받을 수 있을 것이다. 또 위기 상황을 단순화함으로써 복잡한 현실 세계를 보다 이해하기 쉽게 만든 측면도 있다. 위기 상황 개입자들이 대상자를 어느 정도 분류할 수 있게 되면 그 분류에 따라 정형화된 대응을 시도함으로써 초심자들이라 할지라도 초기 대응시 큰 과오를 범하지 않을 가능성을 높여준 것이다.

그러나 인간의 동기라는 것이 다채로운 현상으로 많은 경우에 불명확하여 대상자 자신도 잘 모르는 경우도 많은데 복잡한 현실 세계, 특히 인간의 동기·감정을 중심으로 대상자들을 단지 3가지 유형으로 분류했기 때문에 현실과는 동떨어진 모델이 될 가능성이 커졌다.

3. Hammer & Rogan 협상 모델

지난 20여 년간 법 집행관들은 테러리스트나 인질, 차단 상황에 대처하는 데 있어 무력에 의한 대응보다는 협상에 더 많이 의존해 왔다. 상당 부분 뉴욕 경찰서의 Harvey Schlossberg 박사와 Frank Bolz의 연구 활동을 바탕으로 학자들은 협상의 다이나믹을 도구적(Instrumental)이고 표현적인(Expressive) 행동의 두 부분으로 구성된 분류법을 사용하여 협상을 분류하였다.

도구적 행동은 실질적인 요구 사항들과 명확하게 인식된 목적들로 특징지어질 수 있는데 만약 성취하게 된다면 대상자에게 눈에 보이는 이득을 가져다주게 되는 것들이다. 협상가는 대상자가 도구적 행태를 보인다고 판단하게 되면 거래나 문제 해결 전략을 구사하는 것이 적절할 것이다.

이에 반해 표현적 행태는 대상자가 좌절, 분노, 열정, 실망이나 다른 감정들을 상대방에게 나타내는 데 주목적이 있다. 표현적 방식의 행동을 보이는 대상자들은 흔히 비이성적이거나 아주 감정적으로 보이고 실질적이거나 목적 지향적인 요구 사항들은 별로 가지고 있지 않다. 사실 위기 상황이란 자체가 근본적으로 자기 파괴적인 성향을 띠기 때문에 도구적 행태보다는 표현적 행태를 띠게 될 가능성이 크다. 표현적 행태는 한 개인의 소통의 필요(Need for Communication) 내지는 통풍의 필요(Need for Ventilation)[2]로부터 기인하는 경우가 많기 때문에 문제 해결이나 거래적 협상 방식보다는 대상자의 이야기에 귀 기울여 주고 감정 상태에 대해 들어주는 적극적 청취기술(Active Listening Skill)을 이용한 접근 방식을 채택하는 것이 적절하다.

이처럼 도구적-표현적 분류에 기초한 이분법은 협상가들이 현장에서 자신들이 처한 상황의 형태를 결정하고 그 이후의 사건 해결을 위한 대응 방식과 전략을 결정할 수 있게 해 준다(Fuselier, 1986; Noesner & Dolan, 1992; Van Zandt & Fuselier, 1989).

이 두 가지 형태의 행동 방식은 수평선상의 정반대에 위치하는 것 같지만 실제 상황에서 대상자들은 자주 두 가지 형태의

2) Ventilation은 일반적으로 건물의 공기를 순환시켜 주는 통풍 장치를 의미한다. 통풍이 제대로 되지 않으면 실내 공기는 이산화탄소 농도가 높아지고 이에 따라 안에 있는 사람들에게 답답한 느낌이 들게 하며 오래 지속될 경우 머리가 아파 오고 불쾌한 감정을 갖게 한다. 그래서 오래된 내부 공기는 밖으로 내보내고 신선한 외부 공기는 안으로 들어오도록 하는 순환 작업이 반드시 필요한 것이다. 사람의 감정도 공기와 같아서 순환되지 않고 오랫동안 안에서만 머물게 되면 그 사람에게 점점 고통을 주게 되고 심하면 곪아 터지게 된다. 따라서 이러한 상황을 초래하지 않기 위해 적절한 감정의 배출과 신선한 생각과 긍정적 감정의 유입이 이루어져야 한다. 위기 상황의 거의 90%가 특별한 이유 없이 감정이 폭발하여 발생하는 것을 볼 때 Ventilation이 얼마나 중요한지를 잘 알 수 있다.

개념 요소에 모두 해당하는 행동들을 보이곤 한다. 다시 말해서 대상자들은 크게 보아서는 도구적이거나 표현적인 범주의 하나에 해당하지만 이 둘 사이를 미끄러지듯이 왔다 갔다 하면서 협상가로 하여금 어떠한 협상 전략으로 임해야 할지를 결정하기 어렵도록 만든다.

이와 같이 도구적-표현적 분류법에 의한 협상 방식은 수평선상의 정반대에 위치하는 것처럼 보여서 서로 독립적인 형태의 사건들이 존재하는 것 같은 인식을 주는 측면이 있는 것이 사실인데 Hammer & Rogan(1994)은 이러한 잘못된 이분법을 시정하기 위해서 의사소통의 원리에 바탕을 둔 통합적인 모델을 제시하였다.

1) 거래적 협상 모형

초기 도구적 행동과 표현적 행동을 중심으로 한 분류 방법으로부터 두 가지 주된 접근법이 발달하게 되었다. 그중 하나는 거래적 협상 방식이다. 이 모델은 협상 과정에서 나타난 도구적 이슈들을 중심으로 위기 협상을 개념화한 것이다. 도구적 이슈라는 것은 음식이나 돈, 인질 석방과 같은 실질적이고 객관적인 요구 사항을 의미한다. 이 접근 방식의 관점에서 보면, 협상은 자원의 배분과 교환 조건을 명확히 하거나 자신의 주장을 관철시키기 위한 노력으로 보인다(Wall, 1985).

사회거래이론에서 나온 거래적 협상 모델은 두 가지 기본적인 전제를 가지고 있다. (1) 갈등 상황에는 상호 의존적인 사람들이 존재한다. 한쪽은 다른 쪽의 동의 없이 자신의 목적을 달성할 수 없다. (2) 갈등 상황에는 양 당사자에게 보상과 비용이 따른다(Folger, Poole & Stutman, 1993). 사회거래이론은 협상에서 사람들의 주된 동기는 개인 이익이고 자신들이 얻고자 하는 물건을 손에 넣기 위해 자신이 가진 것들과 교환하는 것에 협상 행동의 초점이 맞추어진다고 가정한다. 이 개념틀은 개인들이 자신들이 원하는 것이 무엇이고 여러 가지 대안을 가지고 있으며, 이익을 비교 형량할 줄 알고 거래에 따른 비용과 효용을 측정할 수 있다고 가정한다. 이러한 측면에서 거래적 협상 모델은 양 당사자 사이의 합리적 대화를 통해 효과적인 결과를 도출할 수 있다는 합리적인 인간상을 가정하고 있다고 할 수 있다. 도구적 이슈들을 해결하기 위해서는 거래와 문제 해결이나 건설적 갈등 관리가 필요하게 된다(Boardman, & Horowitz, 1994).

위기 협상 상황에 이를 적용하기 위해서 FBI 위기 협상 훈련 프로그램에서는 실질적인(Substantive) 도구적 요구 사항과 비실질적인(Nonsubstantive) 도구적 요구 사항으로 나누어 설명하였다. 실질적인 요구 사항들은 상황적으로 관련되어 있고 객관적인 반면, 비실질적인 요구 사항들은 상황적으로 관련되어 있지 않고 주관적이다. 예를 들어, 은행 강도가 도주용 차량을 요구하는 것은 실질적이라고 할 수 있지만 허기를 달랠 피자를 요구한다면 피자 자체는 도구적이긴 하지만 현 상황에서 필수 불가결한 요소로는 볼 수 없기 때문에 비실질적 도구적 요구 사항으로 볼 수 있다.

그러나 실제 협상에서는 실질적 도구적 요구 사항이나 비실질적 요구 사항이나 협상 방식에서 볼 때 큰 차이가 없게 된다. 범인이 피자를 요구하면 이에 대한 반대 급부로 인질들과의 통화를 통해 생사 여부를 확인할 수 있게 해 달라든가 하는 거래를 요구하게 되므로 실질적인 요구 사항이 있을 때와 같은 형태의 교환을 유도하게 된다. 따라서 실질적이든 비실질적이든 협상 당사자들 사이에는 합리적 판단을 바탕으로 한 이성적인 거래가 발생하게 되는 것이다. 이러한 거래적 관점에서 협상가들로 하여금 범인들의 요구에 너무 쉽게 응하지 말고, 범인의 요구 사항이 있을 경우 아무리 사소한 것이라도 그것을 얻기 위해서는 자신도 무언가를 반드시 내놓아야 한다는 것을 일깨워 주라고 협상가들에게 가르치고 있다(Greenstone, 1995).

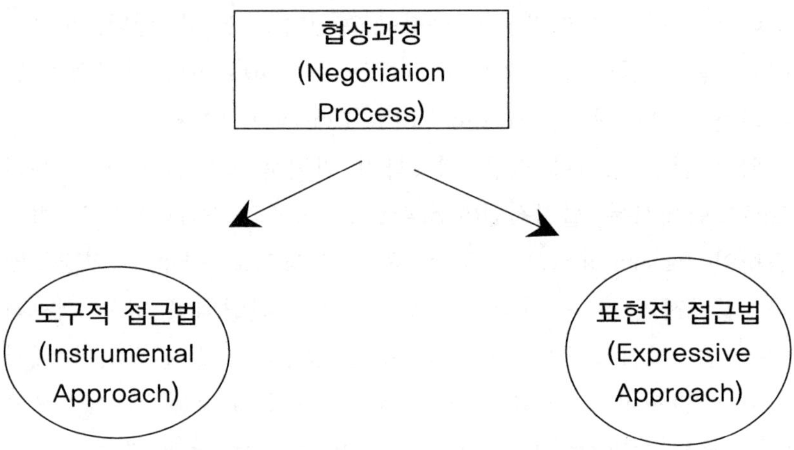

거래적 협상 모형은 '도구적 이슈들'이 협상 가능한 것들이기 때문에 인질범들이 의사소통을 할 수밖에 없는 상황에 놓여 있을 때 매우 유용하다. 하지만 많은 협상 상황들이 거래적 협상 모형을 적용하기 위한 전제 조건들을 충족하지 못한다. 첫째, 앞에서도 지적한 바와 같이 위기 협상이란 비즈니스 협상과 달라서 협상 내용에 대한 충분한 사전 검토를 통한 대안을 가지고 양 당사자가 협상 테이블에서 만나는 것이 아니고, 협상이 곤경에 빠졌을 때 하루 더 생각할 시간을 가지고 다음날 협상을 할 수 있는 성질의 것이 아니기 때문이다. 둘째, 위기 협상이라는 것이 엄청난 흥분 상태와 불확실성을 가지고 있고 높은 감정 수준에서 이루어지므로 이성적이고 객관적인 거래는 기본적으로 매우 어려운 경우가 많다. 셋째, FBI에 의하면 대다수의 협상 상황이 정신적·감정적 문제를 가진 대상자에 의해 일어나고 있기 때문에 일반적이고 이성적인 거래는 대부분 찾아보기 힘들다는 것이다.

2) 표현적(Expressive) 협상 모형

표현적 협상 모형은 인간관계와 감정에 초점을 맞춘 접근 방식이다. 이 협상모형은 인간관계 이론뿐만 아니라 심리학, 특히 심리치료학에 기원을 둔다(Schlossberg, 1979). 이 두 분야 모두 갈등 상황을 해결하는 데 인간 상호 간의 관계가 중추적인 역할을 한다고 가정하고 있다(Folger, Poole, & Stutman, 1993; Schlossberg, 1979).

Schlossberg(1979)는 표현적 협상 모형에는 다음과 같은 3가지 기본 전제가 있다고 한다.

첫째, 인질은 도구적 가치가 전혀 없다. 다시 말해 인질은 단지 사람들의 관심과 주목을 받기 위한 수단이나 객체에 불과하지 범인에게 한 인간으로서 가치를 가지는 것은 아니다. 따라서 인질은 구체적 도구적 성과물을 얻기 위한 수단이라기보다는 범인이 다른 사람을 통제할 수 있다는 것을 보여 주기 위한 것과 같은 표현적 행위를 하기 위한 수단으로 기능한다는 것이다.

둘째, 인질은 협상 양 당사자 모두에게 인질 상황이 비극적인 상황으로 치닫는 것을 막아 주는 역할을 하고, 범인은 최소한 인질이 현 상태를 유지해 주는 역할을 하며, 인질이 죽을 경우 자신이 결과에 대해 책임을 져야 함을 알고 있어야 한다.

셋째, 인질범과 협상가 모두 상당히 높은 수준의 감정적 흥분 상태에 놓여 있어 협상 결과에 악영향을 끼칠 수도 있는 상황이라는 것이다. 높은 감정 수위를 가지고 있다는 것은 범인으로 하여금 어떤 자극에 대해 문제 해결적 대응 방식보다는 전투적·투쟁적으로 반응하도록 한다(Cannon, 1929).

이 접근 방식은 도구적 거래적 접근 방식에 비해 감정이 중심 요소이고 관계 설정과 신뢰 형성이 사건 해결의 열쇠가 된다. 이 접근 방식을 적용한 실제 훈련에서 협상가는 자기표현, 개방형 질문, 최소한의 고무 등 적극적 청취 기법을 사용하여 대상자의 감정 수위를 낮춰 주는 방법을 배우게 된다(Rogan, Donohue & Lyles, 1990).

표현적 협상 모형과 관련하여 3가지 관련 이슈들이 등장하였는데, 첫 번째는 잘 알려져 있는 '스톡홀름 신드롬'이다. 스톡홀름 신드롬은 인질 상황이라는 극도의 스트레스 상황에서 인질은 경찰관보다는 인질범에게 감정적으로 가까워지는 것을 느끼게 되는 현상을 말한다.

두 번째는 표현적 접근 방식에 수반되는 협상가의 정신 건강 문제이다. 협상가들이 상대하는 대상자들이 정신적인 이상을 가지고 있는 경우가 많기 때문에 이들과 오랫동안 대화를 하고 그들의 감정 상태에 귀 기울이다 보면 정상적인 사람이 정신적인 충격 상태에 빠지거나 가치 체계에 큰 혼돈을 경험할 수도 있다. 또 협상이 실패하여 인질이 죽는 경우가 발생하면 이것 또한 협상가에게 큰 정신적 상처를 남길 가능성이 크다(Bohl, 1995).

표현적 협상 모형의 세 번째 기여는 이 모형으로 인해 감정적·인성적 장애와 이들의 협상에 대한 영향을 보다 상세히 설명할 수 있게 되었다는 것이다. Fuselier(1981a)에 의하면 협상 상황의 52%가 정신과적으로 문제가 있는 개인들에 의해서 저질러졌는데 편집증, 우울증, 반사회적 성향이나 기타 부적절한 인성 타입으로 분류된 사람들이었다. 표현적 모형은 분명 갈등 상황에서의 상호 작용의 복잡성에 대한 이해의 폭을 높이는 데 공헌하였다고 할 것이다.

그리고 꼭 정신과적인 문제가 있지 않더라도 경찰관들이 대응하는 대다수의 위기 상황이 자신들의 감정적인 필요에 의해 동기부여된 경우가 많고 주로 표현적 행태를 보인다. 이러한 상황들은 시련을 당한 사람이나, 불만을 품은 종업원이나, 학업 스트레스가 지나친 학생이나, 사업에 실패하여 자살하려는 사람이라든가 어떠한 이유에서든 자신들이 사회에 의해 고통받고 부당한 대우를 받고 있다고 느끼는 사람들과 관련된다. 이들이 제한적인 도구적 요구 사항들을 제시할 수는 있으나 이보다는 자신들의 분노, 고통, 절망 등의 감정적인 문제에 포커스를 맞추고 있다. 이들은 마음의 평정 상태를 잃고 격앙된 각성 상태를 경험하고 있기 때문에 정상적으로 사고하고 기능하기 어려운 상황이다.

많은 연구들이 도구적 해결 방법을 지탱하기 위해서 표현적인 이슈들을 다루는 것이 얼마나 중요한가를 잘 보여 주고 있다(Donohue, Lyles & Rogan, 1989). 갈등 관리 전략이 우선적으로 대상자의 흥분 상태를 낮추려고 하는 것은 결국 이성적인 문제해결이 가능한 상태로 만들려고 하는 것이다. 따라서 표현적 접근 방법은 그 자체로도 의미가 있을 수 있으나 많은 경우에 도구적 접근 방법을 사용하기 위한 사전 절차적 의미를 함께 가지고 있다.

3) 의사소통에 기반을 둔 협상 모형

전통적인 위기 협상은 도구적, 표현적 행동들에 따른 이분법에 의하여 대상자들을 분류하고 평가하는 데 초점을 맞추었다. 이 두 가지 모형은 모두 위기 상황을 이해하는 데 크게 공헌하였지만 두 접근 방법 모두 범인과 그의 심리·감정 상태에만 초점을 맞추었다. 지난 몇 년간 학자들은 의사소통과 상호 작용의 관점에서 범인과 협상가 모두의 언어적 메시지에 나타난 행태에 초점을 맞추어 협상을 조명해 보았다. 의사소통 협상 모형은 대상자와 협상가 사이의 대화를 통하여 형성되는 상호 작용에 대한 평가를 바탕으로 한다. 의사소통 모형의 중요한 전제 중의 하나는 협상은 양 당사자가 상대방의 메시지에 반응하는 상호 작용적 과정이라는 것이다. 따라서 단지 대상자의 행태에만 초점을 맞추는 것이 아니라 대상자와 협상가 사이의 상호 작용의 dynamic에 주목한다.

전통적인 이분법은 서로를 배타적인 관계로 보는 경향이 있기 때문에 위기 상황을 도구적이거나 표현적인 카테고리 중의 하나로 보려는 성향이 있다. 그래서 복잡한 실제 상황을 부당하게 둘 중의 하나로 분류하는 오류를 범할 수 있는 데 반해, 의사소통 모형은 기본적으로 모든 상황은 내용과 관계적인 차원을 가지고 있다고 전제하고 있기 때문에 이러한 오류를 범할 가능성이 줄어들게 된다(Watzlawick, Bavelas & Jackson, 1967).

가. 도구적 문제

전통적인 모형에서와 같이 당사자들이 협상을 하는 과정에서 도구적 메시지가 나타나게 되는데, 앞에서 살펴본 바와 같이 실질적인 이슈들(상황적으로 관련되어 있고 객관적인 요구 사항)과 비실질적인 이슈들(상황적으로 관련되어 있지 않고 객관적인 요구 사항)로 크게 나눌 수 있다.

나. 관계적 문제

관계적, 아이덴티티와 체면의 이슈들은 표현적 모형의 별개의 두 가지 차원을 반영한다. 더욱 구체적으로 말해, 관계 메시지는 한 개인의 자신과 다른 사람 사이의 관계의 본성에 관한 관심을 의미한다. 파워, 신뢰, 그리고 결연은 관계 메시지의 가장 핵심적인 3가지 요소이다(Burgoon & Hale, 1987). 파워의 문제는 지배력을 누가 가지느냐 하는 것과 관련되고, 신뢰는 향후 상대방의 행동이 자신에게 해롭지 않을 것이라는 전제를 얼마나 다른 상대방이 받아들이느냐의 정도와 관련된다. 결연은 당사자들 사이의 친밀도 대 거리감의 정도와 관련된다(Burgoon & Hale, 1987; Donohue & Roberto, 1993).

다. 아이덴티티 문제

아이덴티티 메시지는 자신과 상대방의 자기표현, 평판, 그리고 체면과 관련된다. 갈등 상황에서 체면에 대한 걱정은 양 당사자에게 모두 중요한 문제이다. 체면은 사회생활의 상호 작용과 연관되고 직접적인 개인의 표출된 이미지에 대한 관심이다(Lanceley et al., 1985; Miller, 1980; Miron & Goldstein, 1979; Van Zandt & Fuselier, 1989)

Tajfel(1978)의 사회 아이덴티티 이론에 의하면 아이덴티티는 개인적 아이덴티티와 사회적 아이덴티티로 구분할 수 있다. 개인적 아이덴티티는 한 개인의 자신의 특성에 대한 독특한 인식에 기반하고 있고, 사회적 아이덴티티는 사회 그룹의 구성원으로서 갖는 특성과 감정의 중요성과 관련된다(Tajfel, 1978).

예를 들어, 자살 상황에 서 있는 대상자는 개인적 아이덴티티 이슈를 중요시 하는 반면, Waco 사건 때 Branch Davidian 종파의 구성원들은 사회적 아이덴티티를 매우 중요하게 생각했었다.

4. Donohue의 관계 형성 모형[3)]

Donohue(1992)는 의사소통과 관계 형성에 관한 연구들을 결합하여 2차원의 협상 관계 모형을 만들었다. 이 모델에서 그는 Heinz(1979)의 관계에 대한 대화 중심적 정의를 받아들였다.

"Hienz는 협상 당사자들에게 인지적이고 정서적인 영향을 미치는 오랜 기간 동안 본질적으로 양 방향성을 가지는 교환의 연속이라고 관계를 정의한다."

이 정의는 관계에 대한 3가지 측면에 주목하게 한다. 관계는 양자성, 메시지의 교환 과정에 자리 잡고, 계속해서 변화할 뿐만 아니라 순간적이다. 따라서 당사자들은 그들의 관계에서 변화를 만들어내야 하고 협상에서 메시지의 교환은 어떻게 관계가 발전하는지를 알아낼 수 있는 가장 유익한 원천이 된다. Donohue(1992)

3) Randall, G. R., Mitchell R. H, & Van Zandt, C. R. (1997). Dynamic Process of Crisis Negotiation. Greenwood Publishing Group. Inc. 57-75

의 목표는 학자들이 협상 패턴과 단계가 결과에 어떤 영향을 미치는지를 더 잘 평가하기 위하여 당사자들이 형성, 유지, 변화시키는 다이나믹한 협상 과정을 연구할 수 있도록 하는 것이다.

그동안의 연구 결과를 토대로 Donohue(1992)는 2가지 중심 개념을 토대로 자신의 모형을 만들었다. 상호 의존성과 결연이 그것이다. 상호 의존성은 협상 당사자들 서로의 역할을 말하는 것으로 이러한 역할들이 당사자들의 자유와 권리뿐 아니라 의무사항을 정의하게 된다. 예를 들어, 아이들은 가정 내에서 일정한 권리와 자유를 가지는 반면 부모의 말을 따라야 하고 집안 규칙을 지켜야 하는 등의 의무를 지니게 된다. 관계가 발전함에 따라 당사자들은 자신의 권리를 더 주장하고 의무는 이행하지 않으려고 할지 모른다. 상호 의존성 차원에서는 권리와 의무 사이의 힘의 균형이 포함된다. 이 균형은 동등한 것일 필요는 없으나 안정적인 균형이 전혀 없다면 당사자들은 계속해서 자신들의 역할에 대해 협상해야 한다. 마찬가지로 당사자들이 힘의 균형 상태에 불만을 가지게 된다면 역할들은 새로운 균형점이 찾아질 때까지 다시 협상되어야 한다. 따라서 특별한 역할 관계는 당사자들이 권리와 의무에 대해 협상하면서 계속해서 변화하게 된다.

결연 차원은 "심리학적이고 사회학적인 거리의 문제이다." 결연은 "얼마나 당사자들이 신뢰하고 좋아하며 서로 가까워지려는 바람을 가지고 있는가 하는 것이다"(Donohue, 1992: 10).

Donohue(1992)는 당사자들의 언어 선택은 '관계적 거리'를 좁히거나 넓히려는 의도에서 이루어진다고 보았다. 당사자들이 규정하고 협상하며, 서로의 역할에 대해 조정하는 상호 의존성 차원과는 달리, 결연은 당사자들이 개인으로서 어떻게 서로에게 반응하는지에 관한 것이다. 협상의 한 시점에서 당사자들은 서로에게 어떠한 감정과 느낌을 가지고 있을까? 범인은 협상가가 단지 자신들의 임무를 수행하고 있다고 믿더라도 대상자는 협상가를 한 사람의 인간으로 어떻게 느끼고 있을까? 대상자는 협상가를 신뢰하는가 그렇지 않은가? 그들은 서로를 좋아하게 되고 서로를 위해 주는가?

위기 협상 상황의 감정적 강도를 볼 때, 그러한 강렬한 감정은 충분히 생겨날 수 있고 궁극적으로 당사자들의 상대방과의 상호 작용에 영향을 미치게 된다.

Donohue(1992)는 사람들 사이의 상호 작용의 근저에는 상호 의존성과 결연이 근본적인 요소로 깔려 있다고 한다. 이 두 차원들은 메시지가 2가지 요소에 모두 연관되기 때문에 동시적으로 존재한다. 앞의 메시지에 어떻게 반응하느냐가 통제나 상호 의존성 차원에 영향을 미치게 된다. 언어 선택은 신뢰, 친밀도, 개방성, 수용성, 그리고 상대방에 대한 애정 등의 관계 요소를 나타내는 지표가 된다. Donohue(1992)는 이 두 차원은 협상 과정에 항상 존재한다고 믿고, 더 나아가 그들은 당사자들이 서로로부터 독립성을 유지하면서도 협상에 필요한 결속을 만들어 내려고 하면서 협상 관계에서 패러독스를 만들어 낸다고 주장한다.

Donohue(1992)의 관계 설정 매트릭스는 아래와 같다. 수직선은 결연으로 위쪽이 높고 아래쪽이 낮은 결연 상태를 나타낸다. 수평선은 상호 의존성으로 좌측이 낮고 우측이 높은 상호 의존성을 나타낸다. 이 두 차원들은 서로 상호 작용하고 서로에게 영향을 미친다. 때때로 이 두 가지 요소들은 모순되는 형태로 서로에게 영향을 미쳐 패러독스를 만들기도 한다. Donohue는 이 두 차원들을 결합하여 4가지 협상 유형을 제시한다. 이것은 'Move Toward', 'Against', 'Away From', 그리고 'With'이다.

(그림 1) Donohue(1992)의 관계 형성 모형

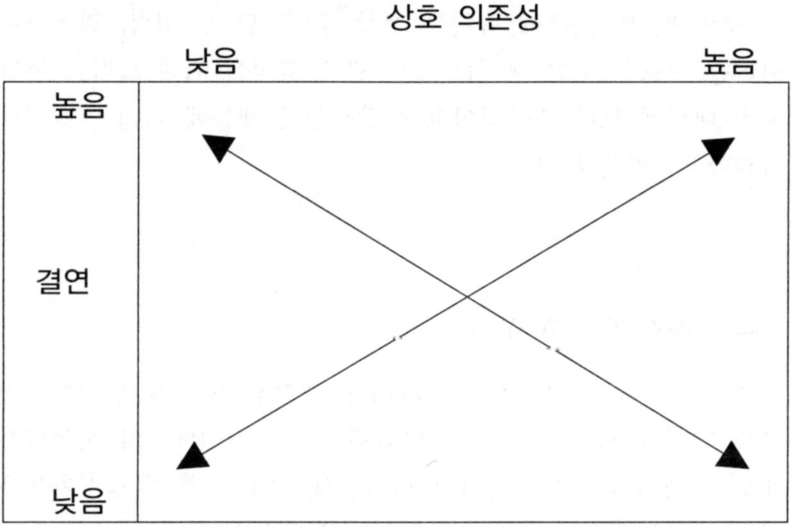

1) Moving Toward

당사자들은 서로에게 다가가는 데 높은 상호 의존성과 높은 결연성을 나타낸다. 이 상태에서 당사자들은 서로에게 협조적으로 협상에 임하게 된다. 당사자들은 상대방에 대한 자신의 권리와 자유를 포기하거나 관계에 종속시킨다. 양 당사자가 관계를 유지하기 위하여 함께 노력하기 때문에 양쪽 모두 협상되어야 하는 실질적인 이슈들에 대해 자연스럽게 초점을 맞출 수 있다. 당사자들이 계속해서 Moving Toward에 초점을 맞추면 협박이나 공격은 피하려고 하는 반면, 정보 교환, 제안, 양보는 더 잘하게 될 것이다. 우측 상단 부분의 Moving Toward로 이상적인 협력적

협상 상황을 나타낸다. 예를 들어, 인질범이 협상가에 대한 신뢰를 나타내고 인질을 풀어주기로 한 약속을 지키는 등의 행동을 보일 때 이 범주에 속하는 협상이라고 할 수 있다. 인질범이 이러한 태도를 보일 때 협상가는 관계 형성을 위해 노력을 투자하는 대신에 보다 도구적이고 실질적인 문제들에 대해 인질범과 협의할 수 있게 된다.

2) Moving Away

Moving Away는 Moving Toward의 대각선 방향에 위치하는데 낮은 결연과 상호 의존성을 나타낸다. 이 상태에서의 행동들은 매우 경쟁적이고 호전적이 된다. 협상 과정을 통해 당사자들은 서로의 독립성을 강조하고 관계를 유지하기 위한 노력을 하지 않는다. Donohue(1992)는 이 방향으로 상황이 전개될 수 있는 시나리오를 다음과 같이 제시한다. 관계 형성 초기 당사자들은 서로의 역할에 대해 제대로 규정하지 못하여 함의된 권리와 의무 사항에 대한 합의가 거의 도출되지 못한다. 따라서 그들은 서로로부터 마음대로 거리를 유지하고 비교적 독립적으로 행동하게 되는 것이다. 또 당사자들은 이전에 합의된 서로의 역할에서 물러나는 것을 선택하여 권리나 의무를 발생시키려 하지 않는 것이다.

인질범이 협상가를 신뢰하지 않거나, 상대방의 요구는 받아들이지 않고 자신의 요구 사항은 관철시킬 수 있으리라고 믿거나, 자신이 힘(Power)을 가지고 있고 독자적으로 행동할 수 있다고 느끼는 경우이다. 인질범은 협상가와 협상해야 하는 필요를 느끼지 못하고 그러한 압박을 받지 않기 때문에 자신의 행동 패턴을 바꿀 필요도 느끼지 못한다. 따라서 의사소통은 협박과 위협, 일방적 요구로 점철되고 무조건적인 동의나 양보를 요구하거나 일방적으로 대화를 단절시킬 수 도 있다.

3) Moving Against

나머지 두 부분은 Moving Against와 Moving With인데 결연과 상호 의존성 차원이 모순되는 영향력을 미치는 관계 패러독스가 나타난다. 이 두 차원이 서로에게 반대되는 방향으로 움직일 때, 당사자들은 모두 낮은 결연과 높은 상호 의존성으로 나타낸다. Donohue(1992)는 이것을 경쟁적 패러독스라고 한다. 당사자들이 매우 상호 의존적일 때 권리와 역할에 부여된 의무에 대해 협의한다. 만약 상호 의존적인 관계의 맥락에서 당사자들이 서로를 싫어하거나 신뢰하지 않는다면, 그들은 자신들에 관한 정보를 교환하기를 꺼리고 공식적인 차원에서만 의사소통하려고 할 것이다. Horney(1945)는 이러한 종류의 의사소통 형태를 '싸움'이라고 부르고, 이러한 형태에서 당사자들은 자신들의 권리만 주장하고 의무를 이행하려고는 하지 않는다고 한다. 따라서 그들의 의사소통을 통해 두 당사자들은 탈결연적인 표현들을 통해 서로에게서 사회적·심리적으로 멀어지려 한다. 그러나 그들의 역할을 재정의하려는 시도를 하면서 당사자들은 서로를 끌어당기기도 한다. 왜냐하면 어떤 형태로든 서로의 관계와 역할에 대해 재규정하여야 하기 때문이다. 서로 얘기를 하지 않게 되면 관계를 재규정하는 것이 불가능하다. 반대로 Moving Against는 상대방의 참여도가 높다는 것을 의미한다. 사실 역할이라는 것은 드러내놓고 관계에 대해 협의하지 않더라도 무언중에 규정될 수 있다. 무언의 관계 재규정이 오픈된 관계 규정보다 더 어렵기 때문에 당사자들은 서로에게 더 의존하게 된다. 이 경쟁적 패러독스는 탈결연을 표방하면서 동시에 상호 의존성을 높이는 데서 나타난다. 인질범이 협상가에 대한 불신을 표시하고 인질을 상하게 할 것이라고 위협할 때, 범인은 Moving Away 하는 것이지만 이러한 협박은 상호 의존성을 내포하고 있다. 다시 말해, 범인은 아무 말 없이 인질을 상하게 함으로써 독립적으로 행동할 수 있을 텐데, 인질을 상하겠다고 협박을 가하는 것은 오히려 협상가에게 크게 의존하고 있음을 의미할 수 있다. 범인은 경찰의 도움이나 어떤 행동 없이는 얻을 수 없는 무언가를 얻기 위해서 협박이라는 행동을 하는 것이다.

4) Moving With

Donohue(1992)는 Moving With가 협조적 패러독스와 관련된다고 본다. 당사자들은 높은 결연과 낮은 상호 의존성의 일관되지 않은 메시지를 보낸다. 그들은 서로를 좋아하고 신뢰하며 정보를 터놓고 공유하고 서로에게 자신을 오픈하지만 서로의 상호 의존성을 높일 수 있는 관계 역할의 설정은 피하려 한다. "서로를 좋아하기는 하지만 엮이지는 맙시다."라는 무언의 메시지를 보내는 경우가 바로 그것이다. 이러한 관계가 Moving Against보다는 덜 긴장되고 기분 좋기 때문에 당사자들은 비교적 오랜 시간 동안 이러한 관계를 유지하려고 한다. Moving With 상황에서 인질범은 계속해서 자신의 개인적 이슈들에 대해 이야기하려고 하지만 음식물이나 인질을 석방하는 것과 같은 실질적인 이슈들에 대해서 협상하는 것은 거부하려고 한다.

Donohue & Roberto(1993)는 10건의 FBI 인질 협상 기록을 분석하여 효과적인 협상 패턴을 발견하기 위해 Donohue(1992)의 모형을 이용하였다. 그들은 관계 패턴들이 협상 초기에 나타나고 비교적 안정적으로 유지되는 것을 발견하였다. 경찰 협상가들이 관계를 정의하는 주된 역할을 맡았는데, 그들은 관계의 방향을 설정하고 새로운 방향을 설정하기도 하였다. 협상가가 더 많은 통제력을 행사할수록 더 낮은 결언과 관련된 긍정적 대화를 얻어낼 수 있었다. 인질범들은 협상가에게 이러한 역할을 넘기고 더 발전된 단계의 긍정적 역할 관계로 옮아가는 것이 보다 용이했다.

Donohue & Roberto(1993)는 당사자들이 Moving Against와 Moving Away 관계를 형성한 경우 역할과 임무의 역할 관계를 설정하는 데 어려움을 겪는 것을 발견했다. Moving Toward와 Moving With의 관계를 형성한 당사자들은 역할 관계에 대한 합의를 쉽게 도출하고 그들의 역할과 상호 의존적인 본질에 대한 합의에 보다 쉽게 도달하였다. 관계에 대한 비교적 안정적인 힘의 균형을 이루게 되면 관계 규정보다는 실질적인 이슈들에 더 집중할 수 있어 공동으로 문제를 해결할 수 있게 되었다(Holmes & Fletcher-Bergland, 1995). 만약 협상가들이 Moving Against와 Moving Away 형태의 관계가 형성되는 것을 인지하면 협상의 방향을 Moving Toward나 Moving With로 바꾸도록 노력하여야 한다.

Donohue(1992)의 모델은 협상의 패턴을 단순화시켜 이해를 촉진하고 협상가들이 나아가야 할 방향을 제시해 주는 점에서 의의가 있다. 이들의 연구는 경찰관들이 일반적으로 범죄자들을 싫어하고 불신하는 기본적인 성향을 가지고 있기 때문에 긍정적인 결연을 형성하는 데 어려움을 겪는 경우가 많다고 지적한다. 경찰 협상가들은 이러한 점에 유의하여 자신들의 목표를 달성하기 위하여 관계를 조정하도록 하여야 한다.

5. 협상에서 기망의 역할

Donohue(1992)의 모형은 의사소통의 중요한 요소를 간과하고 있다. 같은 진술이라도 진실한 것이 있고 전략적으로 협상가를 속이려고 하는 것도 있을 수 있다. 의사소통에서 기망 행위는 많은 학자들에 의해 연구되었다. 이 중 Metts(1989)는 기망 행위를 다음과 같이 정의한다.

기망 행위는 기망자가 사실이 아니라고 믿고 있는 사실을 다른 사람으로 하여금 믿게 하려는 의도적인 정보의 곡해를 동반한다. 기망 행위는 왜곡을 포함하며 진실한 정보의 조작까지 확장될 수 있다(Metts, 1989: 165).

인질 협상은 의사소통 중에서도 기망을 부추기는 전형적인 형태에 해당한다. 여기에는 상반되는 이해관계(상반되는 목표와 가치관), 상호 의존성, 그리고 인지된 간섭 등이 포함된다(Donohue & Ramesh, 1992). 다른 협상과 마찬가지로 인질 협상도 경쟁적이고 협력적인 동기를 모두 가지고 있다. 협상이 이루어지기 위해서 어느 정도의 신뢰가 반드시 존재해야 함에도 불구하고, 불신, 과장, 위선 등이 존재할 가능성이 크다.

협상에서 협상 당사자가 싫건 좋건 서로를 상대할 수밖에 없다는 것이 상호 간의 신뢰와 기망에 영향을 미친다. 이러한 협상의 본질이 아이러니하게도 기망을 부추기게 된다. 패러독스는 당사자들이 관계를 형성할 수밖에 없도록 강요당한다는 데서 발생한다.

협상 상황에서 형성되는 관계라는 것이 우리가 일상적으로 친구를 만들 때처럼 생겨나는 것이 아니고 다분히 인위적인 상황에서 이루어지기 때문에 그 속성상 단기적이고 피상적일 수밖에 없다. 당사자 모두 강요된 상황에서 자신들이 원하는 바를 얻기 위하여 서로와의 관계 속에 억지로 끌어들여진 사람들이므로 상황이 종료하고 나서 다시 만나 심도 있는 대화를 한다든가 관계를 더 발전시킬 노력을 기울일 가능성은 거의 없다. 연구 결과에 의하면 협상 상황에 처해 있는 대상자 중 50% 이상이 정신적으로 이상이 있는 사람들이기 때문에 실질적인 이슈들뿐만 아니라 대상자의 정신 상태도 협상 과정에 많은 영향을 미치게 된다(Borum & Strentz, 1992). 다시 말해, 인위적이고 단기적이며 스트레스를 많이 받는 상황에서 의사소통은 속임수와 기망이 일어나기 좋은 환경을 제공한다.

Donohue(1992) 모형의 가장 큰 문제점은 진실한 의사소통과 기망적 의사소통을 구분할 방법이 없다는 것이다. 예를 들어 음식을 들여보내주면 인질을 한 명 석방하겠다고 하였을 경우, 이것은 Moving Toward에 해당하지만 만약 범인이 경찰을 안심하게 만들고 단지 음식을 구하기 위해서 거짓말을 한 것이라면 이것은 오히려 Moving Against로 분류되어야 할 것이다. 따라서 기존의 Donohue(1992) 모형은 기망 행위가 있을 때 이를 적절히 코딩하지 못하는 오류를 범하게 만든다.

6. 의사 형성 3차원 모형

이런 측면에서 기존의 모형에 '진실성'이라는 한 차원을 추가할 필요가 생겨나게 된다.

(그림 2) 협상 관계 형성 3차원 모형

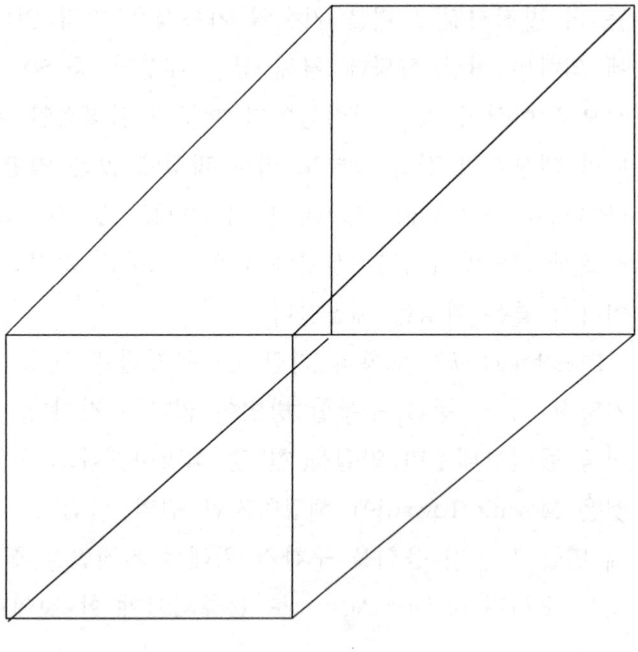

이 모형에서 추가된 차원은 기망성이라기보다는 진실성으로 했는데, 진실성이 높은 쪽이 위쪽이 되고 낮은 쪽이 아래쪽이 되는 것이 통념상 이해하기 쉽기 때문이다. 진실성이 낮으면 기망적이고, 진실성이 높으면 덜 기망적이게 된다.

기망 행위가 결부되게 되면 세 번째 형태의 관계 패러독스가 생겨나게 된다. 탈출 시도나 인질을 상하게 할 계획이 세워졌더라도 인질범의 겉으로 드러나는 태도나 협상가를 대하는 모습은 변화가 없어야 한다. 인질범은 협상에 의해서 상황이 타결될 가능성이 없다는 것을 속으로는 알고 있다. 만약 범인이 관계의 외형을 유지할 수 없다면 그의 계획이 위험해질 뿐만 아니라 경찰, 인질 모두의 안전도 위험에 빠지게 된다.

세 번째 형태의 패러독스가 생겨나는 것은 기망 행위가 효과를 보기 위해서는 일정 수준의 협상가의 협조가 필요하기 때문이다. 만약 기망 행위가 성공적이면 인질범은 속으로는 그 반대 방향으로 나아가면서도 계속해서 Moving Toward 나 With로 향해 가는 것처럼 보이려고 할 것이다. 그러나 반대로 협상가가 인질범의 기망 의도를 알아차리면 Moving Toward나 With는 불가능해진다. 결연은 신뢰, 좋아하는 감정, 개방성 등을 요소로 하기 때문에 기망 행위에 의해 분명히 악영향을 받는다. 기망 행위가 발각되면 협상가는 개방성에서 후퇴하고 대상자를 불신하기 시작할 것이다. 협상가는 Moving Away나 Moving Against 방향으로 나아감과 동시에 결연도는 점점 떨어질 것이다.

따라서 발각되지 않은 기망은 Moving With나 Toward로 갈 것이고, 그 반대의 경우는 Against나 Away로 갈 것이다. 기망은 그것이 실재하든 아니면 실재한다고 인식되든 협상가의 반응과 의도, 인식을 바꾸어 놓게 되고 협상의 진행방향을 반대 방향으로 향하게 한다.

어떤 경우든 간에 기망자의 의도는 기망자의 선택이나 진술, 행동 등 겉으로 드러난 관계의 외관과는 반대 방향으로 움직이게 된다. 기존의 모형은 실질적으로는 반대 방향으로 움직이는 협상을 정의 방향으로 움직이고 있다고 왜곡할 우려가 있었다. 기망 차원이 추가된 후에야 실제 상황에서의 협상을 보다 잘 반영할 수 있다.

7. Roberts의 7단계 위기 개입 모델

Roberts(2005)는 병원 관계자들이 접하게 되는 위기 상황에 대한 연구를 바탕으로 모든 위기 상황에 적용할 수 있는 위기 개입 7단계 모델을 만들었다. 이 모델은 위기 상황 개입시 반드시 필요한 요소들을 단계적이고 순차적으로 제시하고 있는데 때로는 이 요소와 과정들이 중복되기도 한다.

Roberts(2005)의 7단계 모델의 핵심적인 내용은 다음과 같다.

1. 계획을 세우고 철저한 사회 심리학적, 치명성/위험의 명백성 평가를 실시한다.
2. 심리적 접촉을 시도하고 재빨리 협조적 관계를 형성한다.
3. 상황 촉발 매개체를 포함한 상황의 주된 문제점들을 파악한다.
4. 느낌과 감정들에 대한 탐색을 독려한다.
5. 대안과 새로운 대응 전략을 탐색하고 제시한다.
6. 실행 계획(Action Plan)의 실시를 통해 정상 문제 해결 기능

을 회복한다.

7. 후속(Follow-up) 계획을 수립하고 유지 기간에 대한 계획을 세워라.

(그림 3) Roberts(2005)의 7단계 위기 개입 모델

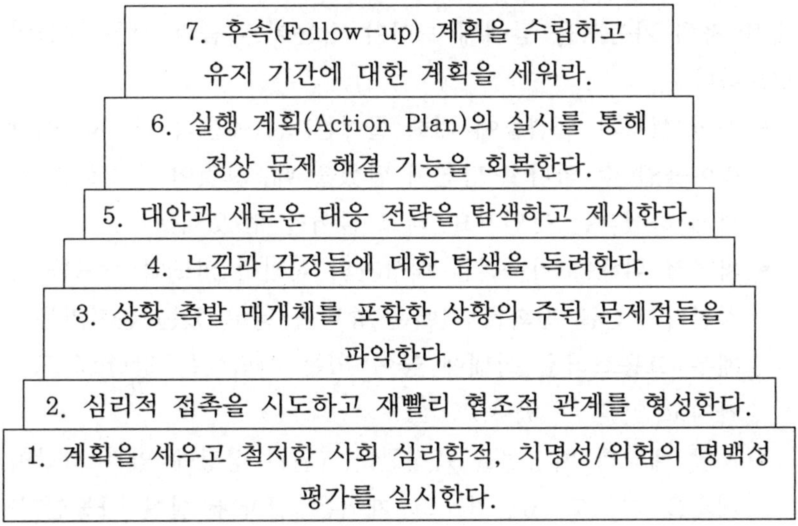

1) 제1단계 : 심리 사회적, 치명성 평가

위기 상황 개입자는 신속하지만 철저한 심리 사회적 평가를 실시하여야 한다. 최소한 이 평가는 대상자의 환경적 지원, 스트레스 요인들, 치료적 필요 사항과 복용 약물, 술, 그리고 내·외부적 대응기제(Coping Methods)와 자원들에 대한 것들을 포함해야 한다(Eaton & Ertl, 2000). 대상자의 감정적, 인지적, 행태적 측면을 평가하는 좋은 수단 중의 하나는 Triage 평가 모델이다(Myer, 2001 ; Myer et al., 1992 ; Roberts, 2002).

치명성에 대한 평가는 가장 우선적으로 대상자가 독극물을 흡입하거나 약물을 과다 복용하는 등의 자살 시도를 하였는지에 대해 확실히 파악하는 것부터 이루어져야 한다. 만약 어떠한 자살 기도도 시도되지 않았다면 위기 상황 개입자는 대상자의 잠재적 자해 가능성을 탐색해 보아야 하는데 다음과 같은 것들이 필요하다.

- 자살 생각과 느낌들에 대해 물어본다. (예를 들어, "더 이상 받아들일 수 없다고 당신이 말했을 때, 그것이 스스로를 상하게 하겠다는 뜻인가요?"라고 물어볼 수 있다.)
- 치명적 위해를 가하려는 대상자의 심리적 의도의 강도를 측정한다. (긴급 전화를 걸어온 중병을 앓고 있는 환자라든가 매우 고통스러운 상태에 놓여 있는 사람들은 강한 의도를 가지고 있을 수 있다.)
- 자살 계획의 치명성을 측정한다. (위기 상황에 있는 사람이 계획을 가지고 있는가? 그 계획은 얼마나 실현 가능한가? 계획을 실행할 수단을 생각해 놓고 있는가? 이 수단은 얼마나 치명적인가? 약물이나 무기와 같이 스스로를 상하게 할 수 있는 수단에 접근할 수 있는가? 등)
- 자살 시도 경력에 대해 조사한다.
- 특정한 위험 요소를 고려한다. (대상자가 사회적으로 고립되거나 우울하거나 이혼이나 해고와 같은 심각한 상실감을 느끼고 있지는 않은가?)

임박한 위험에 대해서, 위기 개입자는 예를 들어 Hot line으로 전화를 건 사람이 현재 가정 폭력의 피해자나 폭력적 스토커이거나 성적 학대의 대상자가 아닌지 등과 같은 것을 확실하게 파악해야 한다. 훌륭한 위기 개입자는 대상자로부터 평가에 필요한 정보를 얻어내기 위해 이리저리 굴리기보다는 대상자가 자신의 이야기를 풀어놓음에 따라 자연스럽게 필요한 정보가 흘러나오도록 유도하는 대화 기법을 사용한다.

위기 개입자가 대상자의 상태에 대한 정확한 이해를 한다면 올바른 평가가 이루어질 가능성이 크고, 대상자는 이 과정에서 자신의 하소연을 들어주고 이해해주는 사람이 있구나 하고 느끼게 될 것이다. 상대방이 자신의 이야기에 귀 기울이고 자신을 이해해 준다고 느낀다는 것은 일정 부분 위기 개입자에게 마음의 문을 열고 상호 신뢰 관계(Rapport)를 형성하였다는 것을 의미한다. 따라서 Roberts 모델에서 1단계(평가)와 2단계(신속한 Rapport의 형성)가 서로 얽혀 있다는 것을 알 수 있다.

2) 2단계 : 신속한 상호 신뢰 관계(Rapport) 형성

상호 신뢰 관계는 진솔함, 존중과 대상자의 수용과 같은 위기 개입자가 제공한 조건의 존재에 의해 형성된다. 이 단계는 또 위기 개입자의 특성, 행태나 근본적인 성격상 장점이 대상자에게 신뢰와 믿음을 심어 주게 되는 시기이기도 하다. 이러한 상태를 만들 수 있는 여러 가지 장점들이 있지만 가장 훌륭한 것들로, 좋은 눈 맞춤, 비평가적 태도, 창의성, 융통성, 긍정적 정신상태, 작은 성과의 보강과 탄력성이다.

3) 3단계 : 주요 문제점과 위기 상황 촉발제의 파악

위기 상황 개입에서는 대개 현재의 위기 상황을 촉발시킨 대상자의 당면 문제점에 초점을 맞춘다. Ewing(1978)이 지적했듯이 위기 개입자는 무엇이 대상자의 삶을 지금 도움이 필요하도록 만들었는지를 밝히는 데 관심이 있다. 따라서 여러 가지 각도에서 던져지는 질문은 "왜 지금인가?" 하는 것이다.

Roberts(2005)는 촉발제가 되는 사건에 대해 알아보는 것뿐만 아니라 무엇을 먼저 손대야 할지를 알아내기 위해 문제의 우선순위를 정하는 것이 필요하다고 주장하였다. 어떠한 사건이 왜 위기 상황으로 발전했는지를 이해해 가는 과정을 통해 위기 개입자는 대상자의 '정형적 대응 스타일'에 대한 점진적 개념화를 얻게 되는데, 현재의 위기 상황이 해결되거나 미래의 위기 상황이 예방된다면 이 대응 스타일은 수정될 수 있다.

4) 4단계 : 느낌과 감정을 다룬다

4단계에는 두 가지 측면이 있다. 첫째로, 위기 개입자는 대상자가 자신의 감정을 표현, 배출하고, 현 위기 상황에 대한 자신의 사정을 설명하도록 유도하려고 안간힘을 쓴다. 이렇게 하기 위해서, 위기 개입자는 감정 상태 정의하기, 부연하기 등의 적극적 청취 기법을 사용한다.

둘째로, 위기 개입자는 상대방의 감정을 들어주고 기분을 맞춰줌과 동시에 좀 더 직선적이고 다소 언짢게 들릴 수도 있는 현실적인 정보 제공이나 대상자의 주장에 대한 해석, 나아가 대상자를 위기 상황에 몰아넣고 있는 사람들과 여건에 대한 옹호 등과 같이 대상자의 현실 인식에 도움을 줄 수 있는 '도전적인 반응(Challenging Response)'을 보이게 된다. 도전적인 반응은 대상자에게 현실 확인(Reality Check)을 시켜주는 역할을 함으로써 다음 단계에서 대안을 탐색하기 위한 기반을 닦는 작업이라고 볼 수 있다. 대상자의 감정에만 귀 기울이고 여기에 무조건 공감해 주기만 하면 대상자는 자신의 격앙된 감정과 왜곡된 현실 인식을 더욱 강화하고 고착화시킬 가능성이 커진다. 이렇게 되면 이성적이고 현실적인 대안을 제시했을 때 이를 받아들이기 매우 어려워질 수 있다. 따라서 아주 조심스러운 문제이긴 하지만 대상자의 감정 상태를 들어주고 이를 배출하도록 도와주는 동시에 적절한 현실 인식을 가지도록 하는 것이 필요하다.

5) 5단계 : 대안을 발굴하고 검토한다

이 단계는 위기 개입에서 가장 성취하기 어려울 수 있다. 위기 상황에 처해 있는 사람들은 큰 그림을 볼 수 있는 균형 감각이 부족하고 자신에게 불리한 해결 방법에 집착하는 경향이 있다. 그러나 만약 5단계가 성공했다면 대상자는 감정적 균형 상태를 되찾을 만큼 자신의 감정상 문제들을 충분히 다루어주었다는 것을 의미할 것이다. 이 상태가 되면 위기 개입자와 대상자는 대상자의 안전을 위해 자살 포기 서약이나 병원 진료, 갈 곳이 없다면 임시로 묵을 숙소라든가, 약물 의존을 치료할 수 있는 다양한 프로그램 등의 대안들에 대해 함께 논의하고 검토할 수 있게 된다. 명심해 둘 것은 이러한 대안들이 양 당사자의 공동 노력을 통해 만들어지고, 선택된 대안이 대상자가 주체적으로 선정한 것일 때 더 효과적이라는 것이다.

문제 해결을 위한 대안에는 여러 가지 다양한 형태가 있을 수 있는데 크게 나누어 보면 일반적 대안과 독특한 대안으로 분류할 수 있다. 일반적 대안은 유사한 위기 상황의 사례가 많이 존재하였기 때문에 그러한 전형적인 경우에 해결책으로 사용하는 것이 효과적인 것으로 밝혀진 대안들이라고 할 수 있다. 예를 들어, 다른 나라에서 이민 온 사람들의 경우 자신의 고국과 이민국 사이의 문화와 전통의 차이로 인한 가치관의 혼란을 겪을 수 있고 이것이 심해질 경우 위기 상황에 빠질 수도 있다. 서구 선진국의 경우 다른 나라에서 일자리와 기회를 찾아 이민 온 사람들이 많이 있고 이들 대부분이 문화적 충돌과 가치관의 혼란을 겪기 때문에 이들 중 누군가가 위기 상황에 빠지게 되면 어떠한 해결 방법이 있다는 것을 위기 상황 개입자들은 이미 알고 있는 경우가 많다. 이민자 상담 센터나 다양한 교육 프로그램, 이민자 모임 등 이들에게 정서적 균형 상태를 되찾고 현실의 문제들에 대처해 나갈 수 있도록 도와줄 수 있는 자원들이 그것이다. 우리나라도 고도 경제 성장을 하면서 일자리와 기회를 찾아 동남아, 러시아 등 여러 나라 사람들이 이민 와서 살고 있다. 이들이 위기 상황에 빠질 경우 도움을 줄 수 있는 사회적 기반을 마련하고, 위기 개입자들은 이들에 대한 정보를 사전에 파악하고 있다가 상황이 발생하면 활용할 수 있도록 하여야 할 것이다.

독특한 상황은 일반적인 사례나 선례가 없는 경우로, 이때에는 브레인스토밍 등을 통해 창의적인 대안을 발굴해 내는 것이 필요하다. 창의적 대안이 적절한 경우 효과를 발휘하기도 하지만 대상자가 받아들이기 어렵거나 강한 거부감을 느낄 경우 오히려 역효과를 나타낼 수 있으므로 신중한 접근이 필요하다. 위에서 언급한 바와 같이 창의적 대안은 반드시 대상자와의 공동 노력을 통해 발굴하도록 하고, 대상자가 주체적으로 선택하도록 하는 것이 더욱 효과적이다.

6) 6단계 : 실행 계획(Action Plan) 실시

이 단계에서는 이제까지의 전략들이 역량 강화나 계획적 위기 개입으로 통합되게 된다. Jobes, Berman & Martin(2005)은 고위험성 자살 시도 청소년에 대해 설명하면서, 6단계에서 상황이 위기에서 해결로 전환된다고 하였다. 자살 시도 청소년의 경우에 실행 계획은 다음과 같은 요소들을 포함할 수 있다.

- 위해 요소의 제거 : 자살을 실행할 수 있는 모든 위험한 물건을 제거하여 주변을 안전하게 만든다.
- 안전에 대한 협상 : 시간을 정하고 그동안은 대상자가 자신의 안전을 유지하겠다는 동의를 얻는다.
- 미래와의 연결 : 전화 상담 일정이나 상담 진료 계획, 기타 앞으로 할 일들의 계획을 짠다.
- 불안감과 수면 부족의 감소 : 만약 극도로 불안감을 느낀다면 약물을 제공하는 것을 검토할 수 있으나 세심한 관찰이 필요하다.
- 소외감 감소 : 친구, 가족, 이웃 등 모든 주변 사람들이 위기 상황에 빠졌던 청소년과 지속적인 접촉을 하도록 독려한다.
- 입원 : 대상 청소년의 위험성이 줄어들지 않고 자신의 안전을 보장할 수 없을 경우 입원 조치가 반드시 필요하다.

실행 계획(Action plan)으로는 여성 청소년의 경우는 여성 쉼터에 일시적으로 머물 수 있는지를 알아보거나, 서포트 그룹에 참여하여 자살 시도 경험과 자살 충동에 대처하는 법 등에 대한 조언을 듣는 방법, 그리고 전문심리치료 프로그램을 듣는 방법 등이 있을 수 있다. 이러한 실행 계획들은 대상자가 감정적 평정과 심리적 균형을 회복하는 데 결정적이라고 할 수 있다.

실행 계획과 더불어 6단계에 인지적 측면이라는 또 다른 필수적인 요소가 있다. 이것은 현재의 위기 상황을 되돌아보고 이를 통해 일정한 교훈과 의미를 발견하여 향후에 똑같은 상황이 발생하였을 경우 또다시 위기 상황에 빠지지 않고 이를 잘 극복할 수 있도록 하기 위한 것이다. 왜 내가 위기 상황에 빠지게 되었는가? 그것은 어떤 의미였는가? 그 사건에 대한 다른 대안은 없었는가? 누가 이 위기 상황과 연관되어 있는가? 어떠한 대응 방식(인지적이든 행태적이든)이 상황을 악화시켰는가? 등과 같은 문제에 대해 생각해 봄으로써 상황을 완전하게 이해하게 되고 향후에 비슷한 상황에 처했을 때 위기 상황에 빠지는 것을 어느 정도 예방할 수 있다.

7) 7단계 : 후속 조치

일시적인 위기 상황 개입으로 대상자의 모든 위험 요소가 제거되는 것은 아니다. 그러므로 위기 개입자는 위기 개입 이후에 대상자의 위험 요소를 완전히 제거하고, 대상자의 사후 상태를 평가하기 위해 대상자와의 사후 연락 계획을 수립하여야 한다.

- 대상자의 신체 상태(수면, 영양 · 위생 상태)

- 촉매적 사건(Precipitating event)의 숙지(대상자가 어떤 일이 발생했고, 왜 발생했는지 잘 이해하고 있는가?)
- 사회적, 정신적, 학교, 직장 등을 포함한 전체적 활동에 대한 평가
- 현재 받고 있는 치료의 진척도와 만족도
- 현재 스트레스를 주는 요인들과 대처 방법
- 법률 자문, 진료, 주거 등 문제에 관해 소개가 필요한지 파악

후속 조치에는 위기 상황이 끝나고 일정 시간이 흐른 후에 'Booster Session'을 마련하는 것이 포함된다. Booster Session에서는 치료의 효과와 아직도 남아 있는 잠재적 문제점들에 대해 논의할 수 있다.

제4장 커뮤니케이션 기법

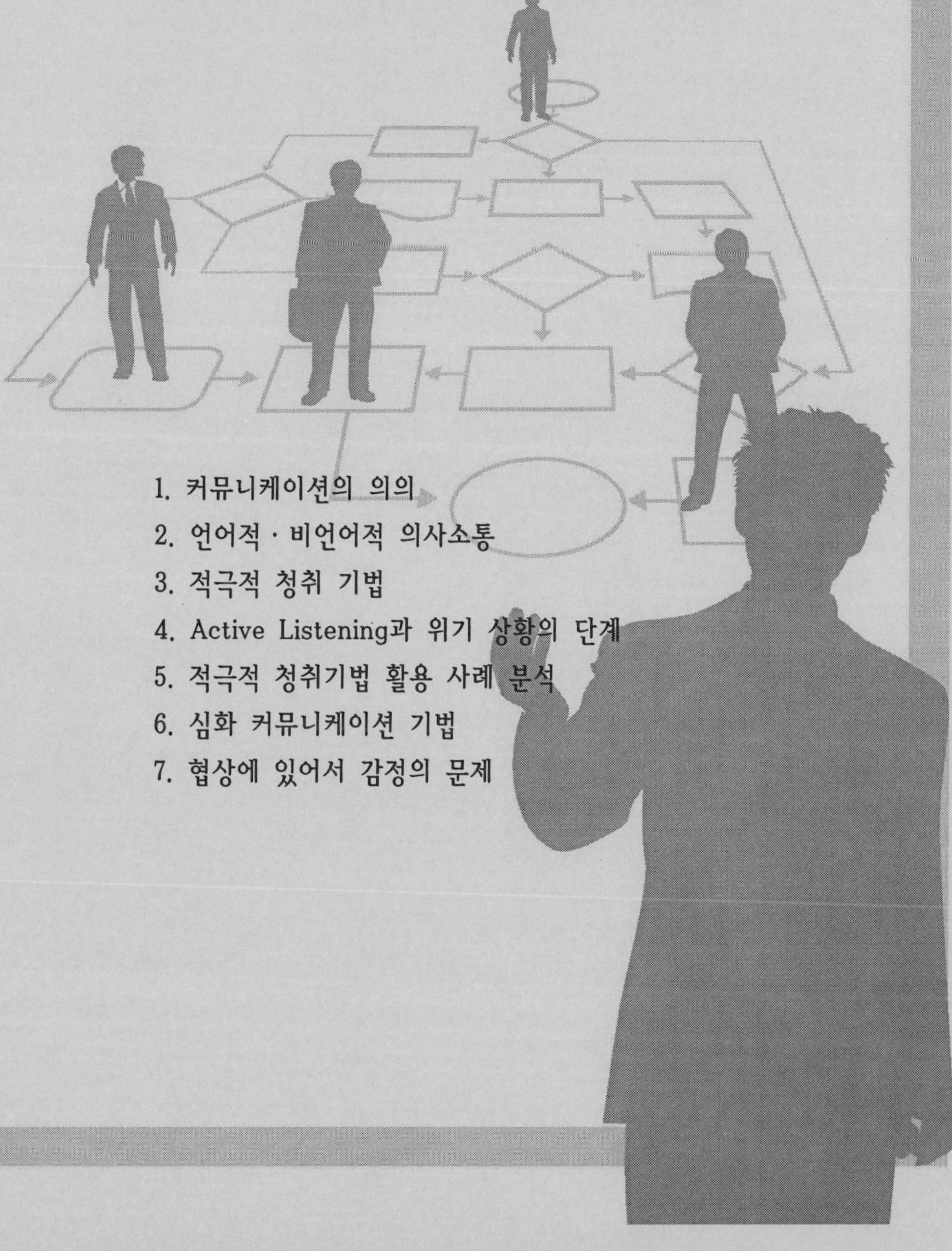

1. 커뮤니케이션의 의의
2. 언어적 · 비언어적 의사소통
3. 적극적 청취 기법
4. Active Listening과 위기 상황의 단계
5. 적극적 청취기법 활용 사례 분석
6. 심화 커뮤니케이션 기법
7. 협상에 있어서 감정의 문제

제4장
커뮤니케이션 기법

1. 커뮤니케이션의 의의

의사소통(Communication)은 위기 개입과 협상에서 가장 본질적인 요소이다. 협상가는 의사소통을 통해 위기 상황에 처한 사람에 대해 알게 되고 이를 통해 그 사람을 걱정해 주거나 설득하고 희망을 제시할 수 있는 것이다. 의사소통에서 가장 핵심이 되는 수단은 적극적 청취 기법이고 이를 바탕으로 다양한 방법으로 협상가의 대상자에 대한 염려, 보살핌, 그리고 대상자의 말에 주의를 기울이고 있음을 보여 줄 수 있다. 위기 상황에 처한 사람들은 대부분 다른 사람들로부터 이해받지 못하고, 무시당하며, 무의미한 존재라고 느끼고 가족과 친구들, 그리고 사회로부터 소외되고 있다고 느끼는 경우가 많기 때문에 협상가가 의사소통 기법을 사용하여 대상자와 대화하게 되면 많은 경우에 대상자는 생전 처음 자신의 말에 '귀 기울여' 주는 사람을 만난 것 같은 기분을 느낄 수 있다.

협상에서 사용하는 대화 기법은 목적 지향적인데 가장 주된 목적은 대상자와 신뢰 관계(Rapport)를 형성하는 것이다. 신뢰 관계는 대상자와 협상가 사이의 유대감과 믿음, 상호 존중 의식으로 성공적인 협상의 근간을 이룬다.

신뢰 관계 형성을 위해서는 비교적 덜 위협적인 주제로 시작하거나 대상자가 자신에게 의미 있다고 말하거나 협상가의 염려와 관심을 표명할 수 있는 것들에서 시작하는 것이 좋다. 신뢰 관계는 대화의 근간이 될 뿐만 아니라 인간관계의 근간이 된다. 협상가와 신뢰 관계가 형성된 대상자는 자살을 하거나 거짓말을 할 가능성이 더 적고, 어떤 행동을 하기 전에 협상가에게 먼저 물어보거나 동의를 구하고자 할 가능성이 크다.

구체적인 의사소통 기법들에 대해 알아보기 전에 언어적 · 비언어적 의사소통 기법 사이의 구별이 필요하다.

2. 언어적 · 비언어적 의사소통

사람들 사이의 의사소통은 다양한 측면을 지닌 복잡한 현상이다. 의사소통 과정에서 수없이 많은 정보가 교환되기 때문에 많은 정보들이 그냥 흘러가거나 부지불식간에 지나가 버리게 된다. 대화의 과정에서 실제로 제대로 들은 부분은 전체 대화 내용 중에 빙산의 일각에 불과할 수 있다.

화자와 청취자 사이의 언어의 교환은 그 이면을 자세히 들여다보면 두 사람 사이에 그간에 발생했던 일들, 주변 상황과 그 말을 하는 맥락, 감정 상태, 말과 생각의 명확성, 사용된 단어의 뉘앙스, 그런 말을 하는 의도, 그 사람이 현재 몰두하고 있는 것

내지는 혼동을 주고 있는 것들과 편견, 아집, 왜곡 등이 깔려 있어, 단순한 정보의 교환처럼 보이는 의사소통은 훨씬 더 복잡한 것이 된다. 의사소통이 실패하는 가장 흔한 이유 두 가지는 상대방의 말을 제대로 듣지 않는 것과 그 결과 지나치게 부족한 정보를 바탕으로 의견을 형성하거나 결론을 내리는 것이다. 우리들은 흔히 상대방이 말하고 있는 동안 내가 할 말을 생각하거나 상대방의 말이 끝나기도 전에 자신의 이야기를 하여 다른 사람과 이야기를 하고 있지만 실제로 자신의 이야기만 일방적으로 하는 경우가 많다. 이런 상황은 특히 감정적으로 흥분된 경우에 일어나기 쉽다. 흥분하지 않은 상태에서는 그나마 다른 사람의 이야기를 듣지만 흥분된 상태에서는 다른 사람이 하는 말을 듣기보다는 자신의 이야기를 하고 싶어 하기 때문에 더욱 그러하다. 그리고 이렇게 제대로 듣지 못한 결과 이를 바탕으로 형성하는 의견과 결론은 적절하지 못할 가능성이 크다.

의사소통은 주로 언어를 통해 이루어지지만 언어 교환보다 더 중요한 것은 비언어적 교환이다. 이것은 무엇을 말했는가보다는 어떻게 말했는가가 더 중요하다는 의미이다. 언어적 표현과 비언어적 표현이 서로 조화를 이룰 때는 서로의 부족한 점을 보충하여 말하고자 하는 내용의 의미를 더 강화하고 진정성을 보충할 수 있다. 그러나 둘이 서로 모순되고 일관성 없는 메시지를 보낼 때는 전달하려는 내용이 명확하지 못하고 혼란을 주며 진정성을 의심받을 수 있다.

두 사람 사이의 의사소통 화자, 청자, 그리고 의사소통 그 자체의 3가지 구성 요소로 이루어진다. 대화가 두 사람 사이를 오가면서 화자는 청자가 되고 청자는 화자가 되는 과정을 수없이 반복하게 된다. 이 과정을 통해 두 사람 모두 일종의 정보 과부하를 경험하게 되어 한정된 양만큼만 보고 듣게 된다. 이것은 자신이 처리할 수 있는 정보만을 관리하기 위한 체계적 방어 수단 때문인데, 이러한 선택적 인지는 매우 복잡한 규칙에 따라 규율된다. 중요한 것은 협상가가 대상자로 하여금 가장 중요한 내용을 어떻게 듣도록 하고, 나아가 어떻게 대상자에게 영향을 미쳐서 사건을 안전하게 종결시킬 것인가 하는 것이다.

앞에서 언급한 것처럼 사람들 사이의 의사소통은 언어적인 것과 비언어적인 것 두 가지로 분류될 수 있다. 그런데 현실적으로는 이 두 가지 요소가 서로 독립적으로 완전히 분리된 것이 아니라 하나가 되어 작용하게 된다. 서로 얼굴을 마주하지 않는 전화 통화에 있어서도 상당 부분의 정보가 목소리 톤이라든가 떨림, 망설임 등 비언어적 표현을 통해 전달되게 된다. 대면 접촉에서는 비언어적 표현의 양과 중요성은 훨씬 더 커져서 얼굴 표정과 동작, 태도 등을 통해 자신이 생각하는 바가 상대방에게 전달되게 된다. 따라서 협상시에는 언어적 표현뿐만 아니라 비언어적 표현도 매우 중요하다고 하겠다.

언어적 표현에는 단어, 말하는 속도, 리듬, 높낮이, 발음, 음량, 톤, 말하는 방식, 강도, 명확성, 적절성, 함축적·외연적 의미, 감정성, 유창성, 악센트, 음색 등의 요소들이 포함된다. 이러한 언어적 표현의 요소들은 우리들 각자의 고유한 삶의 경험, 유전적 요소, 생리적 형태 등으로부터 나온다. 이들은 어릴 때부터 습득되고 유전적이며 가족적이고 지역적인 고유성을 띠어 매우 개인적인 것이지만 행동 방식처럼 훈련을 통해 어느 정도까지 교정이 가능하다. 예를 들어, 우리가 일반적으로 말하는 속도는 빠를 수 있으나 어떤 상황에서 우리가 천천히 말하고자 하면 그렇게 하는 것이 가능하다.

비언어적 표현은 우리가 말로 하는 것을 제외한 모든 것을 의미하는데, 자세와 동작, 얼굴 표정 등 '보디랭귀지'라고 하는 것과 상대방과의 거리, 눈 맞춤(Eye Contact), 용모 등 다양한 요소들이 포함된다. 비언어적 표현은 언어적으로 얘기된 것을 보충하거나 강화하고 대체할 수 있지만 경우에 따라서는 언어적 표현과 상충되고 모순될 수도 있다.

협상가는 상황에 따라 의도적으로 자세와 태도, 목소리 톤 등을 선택할 수 있는데 예를 들어, 상대방이 겁에 질려 있거나 소심한 사람인 경우 덜 위협적이고 친근한 목소리와 태도를 취할 수도 있고, 이와 반대로 침착하고 사이코패스적 성향을 지닌 사람이라면 사무적이고 냉정하며 객관적인 태도를 취할 수도 있다.

상대방이 정말로 얘기하고 싶어 하는 것은 무엇이고, 어떤 방식으로 이야기해야 내가 원하는 반응을 이끌어 낼 것인가? 협상 시에 언어적 · 비언어적 의사소통방식에 대한 지식을 가지고 있고, 대상자를 주의 깊게 관찰하면, 특히 비언어적 표현에 주의를 기울이면 어느 정도 대상자의 행동을 예측할 수 있고, 전반적인 협상력을 높이며, 다음 단계의 전략을 짜는 데 도움을 준다.

언어적 · 비언어적 표현력을 향상시키는 방법으로 먼저 스스로 자신의 표현 방식을 점검하는 방법이 있을 수 있다. 이 방법은 가장 기본적이고 스스로 지속적으로 실시할 수 있다는 장점이 있으나 스스로 확인하는 것에는 일정한 한계가 있으므로 다른 사람이 - 같은 협상팀원과 같은 - 그 사람의 표현 방식과 언어적 전달 내용 등을 지적하고 이에 대해 의견을 교환하는 방법을 사용하는 것이 좋다.

협상의 초기 단계에서 협상가는 자신의 전달 내용과 방법을 통제할 수는 있으나 상대방의 이야기하는 내용과 방식을 통제할 수는 없다. 그러나 협상가가 의도적으로 일정한 대화 내용과 방식을 택함으로써 서서히 상대방의 의사소통 방식과 내용을 변화시킬 수 있다.

3. 적극적 청취 기법

1) 적극적 청취 기법의 개발 배경

최근 들어 위기 상황을 평화적으로 해결하는 데 있어 무력 진압이 아니라 협상이 가장 좋은 수단임을 전 세계의 경찰관들이 인식하고 있다. 그러나 전부터 많은 경찰관들이 이렇게 생각하지는 않았다. 예를 들어, 1970년대 행태과학부(Behavioral Science Unit : BSU)와 보다 최근의 위기상황대응그룹(Critical Incident Response Group : CIRG)의 설치 이후 FBI는 위기 상황 대응 방식에 대해 조직 내에서 큰 의견 차이를 보였었다. 이러한 견해차는 텍사스 와코의 Branch Dividian 종파 사태와 아이다호 루비 릿지의 우익 의용군사태 때 두드러지게 나타났다(Franks, 1996). 당시에 양 상황 모두에서 FBI 최고 협상가 중의 한 명인 클린턴 반 잔트(Clinton Van Zandt)는 무력보다는 설득에 의한 상황 해결을 주장했으나 이런 대치 상황에서 설득보다는 무력 진압을 더 선호하는 지휘부에 의해 묵살 당하였다. 결국 진압팀이 공격을 개시했고 그 결과 엄청난 수의 사상자가 발생하였는데 현장지휘관이 협상의 맥락과 수단에 대해 올바로 이해하고 있었다면 이러한 참극은 발생하지 않았을 것이라고 협상팀은 주장했다고 한다(Noesner, 1999).

이 두 사건에 대한 심도 있는 분석이 이루어졌고 그에 따라 앞으로 이와 같은 대치 상황이 발생할 경우 현장지휘관들이 협상 과정을 잘 관리할 수 있도록 협상의 개념과 기본 원리들을 수록한 지침서가 나오게 되었다.

FBI는 현재 위기 상황을 크게 2가지로 분류하고 있다. 첫 번째는 인질 상황인데, 범인들은 인질을 죽이는 데 목적을 두는 것이 아니라 자신들이 쟁취하고자 하는 실질적 목적(금전, 자유, 정치적 변화 등)을 얻기 위한 수단으로 활용하는 데 있다.

두 번째는 비인질 상황인데, 범인들은 흔히 자기 파괴적이고 비이성적이며 감정적으로 행동한다. 이러한 상황의 범인들은 여러 가지 스트레스 요인들에 대해 적절히 대응하는 데 실패하고 극도의 분노, 적개심, 좌절, 실망 등의 강렬한 감정에 의해 동기부여가 되어 있다. 이런 유형의 범인들은 자신을 고립시키든 다른 사람을 인질로 잡든지 간에 위기 상황을 연출하고 있는 분명한 이유와 목적이 없다. 이런 경우 범인에게 잡혀 있는 사람은 엄밀한 의미의 인질이라기보다는 범인이 자신의 분노와 좌절감 등을 표현하기 위한 수단으로 억류하고 있는 대상이라고 보는 것이 더 적절하다.

이 두 가지 상황의 성격이 근본적으로 다르기 때문에 이에 대한 대응 역시 다를 수밖에 없을 것이다. 그러나 양 상황 모두에서 Active Listening Skill이 사용되어야 하는데 FBI는 Active Listening Skill을 '협상의 중추'라고 설명하고 있다(Noesner, 1999). Active Listening Skill이 이렇듯 중요한 이유는 범인의 목적이 무엇이든 협상가는 일단 범인과 대화의 채널을 열고 지속적인 커뮤니케이션을 해야 하는데 이를 가능하도록 하는 것이 바로 Active Listening Skill이기 때문이다.

2) 구체적 기법들

적극적 청취 기법은 감정 상태 정의하기, 바꿔 말하기, 끝말 따라 하기, 요약, 개방형 질문, 최소한의 고무, 효과적인 중단, 1인칭의 완곡한 표현 등의 기법으로 이루어진다. 적극적 청취 기법이라는 이름에서 알 수 있듯이 상대방의 말을 들어주는 방법인데, 그것도 열심히 적극적으로 들어주는 것이다. 위에서 위기협상은 비즈니스 협상과 달리 상대방이 말을 많이 하도록 유도해야 한다고 하였는데, 막상 나는 말을 되도록 적게 하고 상대방에게 말을 많이 하도록 유도하는 것도 쉬운 일은 아니다. 따라서 여기서는 상대방이 자연스럽게 말을 많이 하도록 유도하는 스킬을 소개하고자 한다.

가. 감정 상태 정의하기(Emotion Labeling)

위에서 감정의 중요성에 대해 언급하였는데 적극적 청취 기법의 첫 번째 기법이 감정 상태 정의하기이다. Label이라는 것은 우리가 흔히 '라벨'이라고 하는 꼬리표를 말한다. 옷을 사게 되면 꼬리표가 붙어 있고 그 꼬리표에는 이 옷은 면이 몇 퍼센트이고 손세탁이 가능하다든지 하는 그 옷에 대한 정의가 내려져 있다. 감정 상태를 Labeling한다는 것은 상대방의 감정이 어떠하다는 것에 대한 꼬리표 달기라고 할 수 있다.

예를 들어,

- "당신은 마음에 상처를 입은 것 같다."
- "당신은 외로워 보인다."
- "당신은 아마도 배신당하고 버려진 것 같다."

등과 같이 상대방의 감정 상태를 정의하여 주는 것이다. 사람들은 누구나 자신이 어떻게 느끼는지를 상대방이 알아주기를 바라고 자신의 마음을 알아주는 상대에게 호감을 느끼게 된다. 성공적인 Emotion Labeling을 통해 상대방과의 Rapport Building(신뢰 관계 형성)의 발판이 마련된다는 의미이다.

감정 상태 정의는 '화났다', '실망했다'처럼 간단하게 이루어질 수도 있으나 보다 복잡하게 심층적으로 이루어질 수도 있다. 예를 들어, 가족들이 모두 떠나고 같이 사업을 하던 친구에게도 배신당한 사람에게 "당신은 마치 사막에 홀로 버려져 오랫동안 갈증과 허기짐에 시달리고 있는 것 같은 느낌이겠군요."라고 아주 복잡하게 정의해 내고 상대방이 그렇게 느끼고 있었다면, 상대방은 당신이 자신의 내면 깊은 곳까지 이해해 주는 듯한 느낌을 가지게 되고, 보다 심도 있는 내용을 당신에게 털어놓고 싶어질 것이다.

나. 바꿔 말하기(Paraphrasing)

Paraphrasing은 협상 대상자가 한 말을 협상요원의 말로 바꿔 표현하는 것이다. 단순히 상대방의 말을 그대로 따라 하는 것이 아니라 자신의 용어로 바꾸어 말한다는 데 주의해야 한다.

- 협상 대상자 : 그는 항상 자기 말만 옳고 제 얘기는 들을 생각도 하지 않아요.
- 협상요원 : 그 사람이 좀 자기중심적인가 보군요...

Paraphrasing은 대상자가 이야기한 내용을 명확히 하고, 이슈가 되고 있는 것들을 강조하며, 대화를 서로 주고받는 형태로 유지하여 대상자에게 이러한 패턴을 은연중에 주지시킨다. 또한

Paraphrasing은 대상자를 방어적으로 만들지 않는데 왜냐하면 Paraphrasing한 내용들이 모두 대상자가 한 말이지 협상가의 주장이나 의견이 들어가 있지 않기 때문이다. 대상자 입장에서는 자신의 주장을 다른 사람이 분명하게 다시 이야기해 주는 것을 들어 본 적이 없을 가능성이 크기 때문에 누군가가 자신이 가진 이슈에 귀 기울여 준다는 것 자체로 대화에 대해 좀 더 긍정적인 시각을 가질 수 있게 할 수 있다.

다. 끝말 따라 하기(Mirroring)

간략히 상대방의 말을 따라 하는 것으로 협상 대상자가 사용한 마지막 몇 단어를 반복하는 방법이 좋다. Mirroring은 Paraphrasing과 매우 유사한 기법으로 왜 굳이 다르게 분류할까 하는 의문이 생기기도 한다. 그런데 Mirroring을 통해 상대방이 한 말을 앵무새처럼 계속 따라 하면 상대방은 협상가가 마치 자신을 놀리고 있는 듯한 느낌을 받을 수 있기 때문에 표현 방법을 달리하여야 할 필요가 있어 Paraphrasing의 방법을 따로 분류한 것이다.

- 협상 대상자 : 그는 모든 의사 결정을 혼자서 하는 독선적인 사람이에요.
- 협상요원 : 아, 그는 독선적인 분이군요.

라. 요약(Summary)

대화가 어느 정도 지속되면 주기적으로 주요 논점을 짚는다.

- 협상요원 : 아, 그러니까 당신이 지금까지 말한 것은 …이군요.

요약이 잘 되었을 경우는 상대방이 자신의 말에 주의를 기울여 잘 들어주고 있다는 느낌을 주어 더 말을 하고자 하는 의욕이 생기게 될 것이다. 만약 요약이 약간 잘못되었을 경우에도 상대방이 "그게 아니라 제 말은 이런 뜻입니다." 하고 수정하려고 할 것이다. 어쨌든 이를 통해 상대방이 그만큼 말을 하게 되었기 때문에 적극적 청취 기법의 목적은 일부 달성한 것이다. 하지만 지나치게 엉뚱한 요약이 된다면 상대방은 자신의 말에 주의를 기울이지 않는다고 느끼게 되고 말을 계속할 의욕을 잃게 될 수 있으므로 주의해야 한다. 그러지 않기 위해서는 적극청취(Active Listening)를 해야 할 것이다.

마. 개방형 질문(Open Ended Question)

개방형 질문의 반대인 폐쇄형 질문으로는 단지 '예', '아니오'라는 짧은 대답을 이끌어 낼 수 있을 뿐인데 개방형 질문을 통해 보다 긴 대답을 유도할 수 있다. 이미 언급한 바와 같이 긴 대답을 한다는 것은 대상자가 말을 많이 한다는 것이고, 이는 보다 많은 정보가 나에게로 넘어오고 대상자의 감정이 배출됨을 의미한다.

개방형 질문시에는 협상 대상자가 보다 자유롭게, 보다 길게 대답할 수 있도록 질문을 구성하고, 협상 대상자에게 취조하는 듯한 느낌을 주지 않도록 한다.

- 협상요원 : "무슨 일이 있었는지 자세히 말해 보세요."
- 협상요원 : "어떻게 하다 그런 일이 일어났지요?"

"왜, 어째서"처럼 상대방에게 비난의 의미를 담고 있는 의문사는 가급적 사용을 자제하고 부드럽고 긍정적인 의미를 지닌 의문문을 사용하도록 해야 한다.

바. 최소한의 고무(Minimal Encourager)

상대방이 계속해서 의욕을 가지고 말을 하기 위해 상대방에게 맞장구 내지는 추임새를 넣어주는 방법이다. 사람들은 상대방이 자신의 말을 듣고 있는지 계속해서 확인하고 싶어 한다. 특히 전화 통화를 할 경우 상대방이 보이지 않기 때문에 상대방이 '예, 응, 아' 등 맞장구를 치지 않으면 금세 "내 말 듣고 있어요?" 라고 확인하게 된다. 간단한 기법이지만 적극적으로 청취하고 있음을 나타내는 데 가장 기본이 되면서도 유용한 기법이다.

- 협상요원 : '응?', '정말?', '아', '예', '그렇군요'

그런데 과도한 맞장구는 정신을 산만하게 할 수도 있고 상대방의 말을 건성으로 듣고 있다는 인식을 줄 수 있으므로 이 기법만을 계속해서 사용해서는 안 되고 다른 기법들과 함께 사용해야 효과를 극대화할 수 있다.

사. 효과적인 정지(침묵)(Effective Pause)

협상을 하다 보면 무언가에 대해 계속해서 말이 이어져야 할 것만 같은 부담을 느끼게 된다. 어쩌다가 말이 끊어지게 되면 금세 불안함을 느끼고 그 공백을 메우기 위해 아무 말이라도 꺼내려고 하는 경향이 있다. 하지만 항상 말이 끊어지지 않고 이어져야 하는 것은 아니다. 오히려 때로는 말을 끊고 침묵해야 하는 경우도 있다. 예를 들어, 상대방이 너무 흥분하여 혼자만 계속해서 얘기를 하고 협상가의 말을 들으려고 하지 않을 경우, 협상가가 갑자기 침묵을 지키면 상대방은 말을 중단하고 협상가의 상태를 확인하려 할 것이다. 이렇게 되면 상대방은 흥분 상태를 약간 가라앉히게 되는 효과도 있다. 협상가는 침묵을 통해 대화는 차례차례 주고받는 것이라는 것을 대상자에게 알려주게 된다.

효과적인 침묵은 또 무언가 중요한 것을 말할 때 사용하면 매우 효과적이다. 약간의 침묵은 양 당사자 사이에 긴장감을 형성하고 다음에 나올 말에 더 집중하게 하고 더욱 무게를 실어준다. 또 사람들은 중요한 얘기를 꺼내기 전에 보통 뜸을 들이는 경우가 많기 때문에 약간의 침묵 후에 나오는 말은 중요할 것이라는 기대를 하게 된다. 따라서 중요한 내용을 전달하기 전에 일정한 침묵을 주는 것이 유용하다고 하겠다.

아. 1인칭의 완곡한 표현(I Message)

상대방의 어떠한 상황이나 행동을 1인칭 주어로 표현하는 화법이다.

- 협상요원 : “당신이 소리를 지르면 당신이 하는 말을 들을 수 없어 안타깝습니다.”
- 협상요원 : “제가 보기에는 …한 것 같습니다.”

이러한 1인칭 주어 표현은 ‘너’ 내지는 ‘당신’과 같은 2인칭 주어 문장에 비해 덜 공격적으로 들리기 때문에 대상자가 쉽게 받아들일 수가 있다. 2인칭 주어 문장은 일반적으로 비난조로 들리는 경우가 많기 때문에 상대방으로 하여금 방어적인 자세를 취하게 하고 협상가와 장벽을 형성하게 할 가능성이 있기 때문에 가급적 사용을 자제해야 한다.

‘I’ 메시지는 위에서 언급한 다른 기법들과 섞어서 사용하면 더 큰 효과를 나타낼 수 있다. 예를 들어, 감정 상태 확인하기 기법과 함께 사용하면 다음과 같이 쓸 수 있다.

• 협상요원 : 당신은 무척 실망한 것처럼 들리는군요.

• 협상요원 : 제가 듣기에는 그 일로 인해 매우 화가 나신 것 같습니다.

이것은 Emotion Labeling을 단독으로 사용하였을 때와 비교하면 훨씬 더 부드럽게 들리기 때문에 대상자를 덜 자극하게 된다는 것을 알 수 있다. 예를 들어, "당신은 화가 나셨군요."라고 하는 것보다 "당신은 화가 나신 것처럼 들립니다." 내지는 "제가 듣기에 화가 나신 것 같습니다."라고 하는 것이 덜 자극적이고 덜 도전적으로 들린다.

적극적 청취 기법을 사용하여 대화를 할 때에는 상대방에게 섣불리 충고, 설득하거나 상대방에 대해 판단적인(Judgemental) 태도를 취하지 말아야 하며, 자신의 가치관을 상대방에게 강요하거나 상대방의 가치관이 왜곡된 것이라고 지적하는 행동들도 삼가야 한다.

적극적 청취 기법은 전혀 새로운 문법으로 말을 하는 것과 같아서 간단한 것 같지만 훈련하지 않으면 익혀지지 않고, 한번 익혔다고 하더라도 자주 사용하지 않으면 사라지기 쉬운 기술이다. 보통 사람들은 말할 것도 없고 경찰관들도 위기 상황에서 협상을 하게 되는 것은 우리나라에서 흔한 일이 아니므로 계속해서 연습을 한다는 것은 쉽지 않다고 생각할 수도 있지만, 적극적 청취 기법은 위기 상황뿐만 아니라 일상생활에서도 사용할 수 있는 기법이기 때문에 가족이라든가 직장 동료들에게 이러한 방법으로 의사소통을 하면 사소한 일이 갈등 상황으로 발전하는 일을 미연에 방지할 수도 있다.

매우 애석한 일이기는 하지만 경찰관들은 세월이 지나 지위가 올라갈수록, 나이가 많아질수록 남의 말을 들어주기보다는 남에게 말을 더 많이 하는 위치로 옮아가기 때문에 점점 남의 말을 잘 들어주지 않는 습관이 몸에 배게 된다. 이러한 대화 습관 때문에 가족들과의 대화는 점점 줄어들고 직장에서도 하의상달이 잘 되지 않는 문제점이 발생하게 된다. 적극적 청취 기법을 반복, 훈련하여 익힘으로써 자연스럽게 경청하는 습관을 가지게 될 수 있고, 더 나아가서는 민주적 리더십을 갖추는 데 큰 도움이 될 것이다.

4. Active Listening과 위기 상황의 단계

적극적 청취 기법은 모든 형태의 위기 상황에서 협상가들이 사용하여야 할 중요하고 꼭 필요한 기법으로 권장될 뿐 아니라, 위기 상황 초기에 반드시 사용되어야 하는 기법이다. McMains & Mullins(2001)는 위기 상황은 다음의 4단계를 거치게 된다고 한다.

1) **위기 前 단계 :** 위기 상황에 연관되게 되는 사람들, 범인이나 협상가가 평소처럼 각자 자신들의 일상적인 삶을 영위하는 단계

2) **위기 상황/해체 :** 일상 활동이 깨어지고 무언가가 강렬한 감정적 격앙 상태를 촉발시키고, 예측 불가능성과 불확실성을 증가시키며, 대상자가 경찰의 개입이나 사법 당국이 상황 진압에 나서도록 만드는 행동을 선택하게 되는 단계

3) **수용/협상** : 위기 상황을 촉발한 대상자가 협상가의 제안에 열린 자세를 보이기 시작하고, 감정적 흥분 상태가 완화되며, 이성적 사고가 가능하고, 다른 각도에서 문제를 바라보기 시작하는 단계

4) **해결/항복** : 대상자가 문제에 대한 해답이나 해결책에 이르는 경로를 발견하거나 새로운 아이디어를 시도해 보려는 등 상황 종료의 방향으로 나아가려는 단계

McMains & Mullins(2001)는 "협상은 하나의 과정(Process)으로 파악해야 하는데, 이 과정을 당사자들이 여러 단계를 거쳐 진행하게 되고, 각 단계별로 협상가들이 다루어야 하는 이슈들이 있으며, 그러한 이슈들을 다루는 데 사용해야 하는 서로 다른 기법들이 있다."라고 주장한다(McMains & Mullins, 2001). 이러한 시각은 Hammer & Rogan(1994)의 과정 지향적인 상호 작용적 접근방법과 일맥상통하는 것이다.

5. 적극적 청취기법 활용 사례 분석

이 사례는 가상 상황으로 실제 발생했던 상황을 교육 목적에 맞게 재구성한 것이다. 대상자는 40대 후반의 백인 남성으로 교외 지역의 오래된 단독 주택에 거주하고 있다. 대상자에게는 아내가 있었는데 다른 사람과 불륜을 저지르고 집을 나가자 창녀

를 불러 인질로 잡고 가출한 아내를 데려올 것을 요구하고 있다. 대상자는 장총과 폭탄벨트를 소지하고 있다.

1) 정보원과의 사전 인터뷰 내용

협상팀은 폭파협박범과 협상을 하기 전에 범인에 대해 잘 알고 있는 정보원과 인터뷰를 하여 범인의 배경 정보에 대해 최대한 파악하였는데 그 내용은 다음과 같다.

ⓐ 개인적 성향 : 비밀스럽고 욱하는 성질이 있음. 편집광적임. 시내에서 폭탄벨트를 입고 있어야 안전함과 함께 통제권을 쥐고 있다고 생각하기 때문에 항상 폭탄벨트를 입고 있음. 단지 총을 지니고 있는 것보다 폭탄벨트를 두르는 것이 더 확실한 방어책이라고 생각함. 제한된 대화 능력을 가지고 있으며 '람보'를 존경함.

ⓑ 신념 체계 : 일반적인 종교에 대한 믿음이나 종교적 결연 관계는 없음. 기계가 사람들보다 우선시된다고 생각함. 자신의 애완동물들이 사람들보다 중요함. 인간의 생명은 가치가 없다고 생각함.

ⓒ 관심사, 기능 : 기계를 다루는 재주가 있고 기계를 존중함. 항공기 운전면허 소지. 무기에 대한 상당한 지식과 경험이 있음. 스스로 무기와 박격포를 제작할 수 있고 압력 스위치 방식의 폭탄을 만들 수 있음. 돈과 매춘 모든 것이 가능하다고 생각하는 태국에 강한 관심을 가지고 있음.

ⓓ 가족 관계 : 관계가 소원하여 어머니 장례식에도 참석하지 않음. 아버지와 전혀 연락하지 않고 다른 가족 구성원들과

도 거의 만나지 않음. 자신의 총기와 개를 가족들보다 우선시함.

ⓔ 권력 기관에 대한 반응 : 정부가 모든 사람을 조종하는 악당이라고 생각함. 지역 의회를 증오하고 의원들은 피격당해야 한다고 생각하며 의사들을 믿지 않음.

ⓕ 다른 사람들에 대한 감정 : 무기가 사람들보다 더 가치 있다고 생각함. 인간은 가축이나 두 발 달린 짐승, 또는 부속품쯤으로 생각함. 자기 지역 사람들은 모두 총으로 쏴서 비료로 사용해야 한다고 봄. 태국의 나치주의자들 빼고는 친구가 없음.

ⓖ 생활 환경 : 자신의 땅에 있는 차량 가옥에서 생활함. 전반적으로 혼자 살아갈 수 있는 여건임. 때때로 시내에서 식료품을 사고 차량 가옥에는 외출시에 부비트랩을 설치하고 자신의 땅에 설치하기 위한 지뢰를 만들어 놓고 있음.

ⓗ 소유물 : 오래된 권총과 총기들, 1인치 박격포, 그리고 다량의 무기와 탄환들을 보유하고 있음. 용광로, 선반, 기타 기계 공구들을 가지고 있음.

ⓘ 습관, 행동 : 실제 폭력 전과는 없음. 시내에서 두 개의 폭탄벨트와 두 정의 총기를 가지고 다닌 적이 있음. 현재는 강력한 폭탄벨트 하나를 더 가지고 있고 3정의 총기를 가지고 있음. 압력 스위치식 폭탄벨트를 4개월 정도 입고 다닌 적이 있음. 동력 장치가 달린 자전거를 타고 외출하곤 했음.

2) 협상 내용 분석

이웃 주민의 신고를 받고 경찰이 출동하여 사건 현장을 봉쇄/고립되는 데서부터 경찰의 대응 활동이 시작되는데 이를 통해 다음 단계인 협상 과정으로 옮아 갈 수 있는 바탕을 깔게 된다. 여기서 봉쇄란 물리적으로 현장을 고립시킨 것만을 의미하는 것이 아니라, 대상자를 심리적(의사소통적)으로 고립시키는 것을 의미하기도 한다. 폭파범은 오직 협상가와만 의사소통하도록 강제되었고 제3중재자 투입은 없었다.

최초에 출동한 순찰자 요원들이 외부 통제선(Outer Parameter)에서 경계를 서고 있고, 특공대 전술팀이 출동하여 내부 경계선(Inner Parameter)을 설치한 후 협상가가 메가폰으로 범인에게 말을 걸기 시작했다.

협상가 : 여보세요, 저는 관할 경찰서에서 나온 협상가, 오라일리 경사입니다. 저는 당신을 도와주기 위해서 이곳에 왔습니다. 어떻게 된 일인지 저에게 얘기해 주실 수 있나요?

대상자 : 꺼져 버려, 안 그러면 이 창녀를 쏴 버리겠어!!!

협상가 : 우리는 아무도 다치는 걸 원하지 않습니다. 안에 다른 사람들이 더 있나요?

대상자 : 그건 알아서 뭐 해!!! 빨리 내 마누라를 찾아오지 않으면 이 여자를 죽여 버리겠어!!!

협상가 : 선생님, 지금 굉장히 화가 많이 나신 것 같이 들리는데요, 그렇게 큰 소리로 이야기하시면 제가 알아듣기가 힘이 듭니다.

대상자 : 그래요, 나는 지금 화가 나서 폭발할 지경이요.

협상가는 초기 단계에 사태를 평화적으로 해결하기 위해서 대상자와 대화의 채널을 열고 관계를 설정(Relation Set-up)하기 위해 노력하게 된다. 협상가는 "당신을 도와주기 위해 왔다."라는 점을 처음부터 인식시켜 줌으로써 경찰과의 관계가 적대적이 아니라 협력적인 방향으로 설정하려고 하고 있다. 대부분의 인질범들이 경찰에게 처음 하는 말이 "꺼져 버려." 내지는 "딴 데로 가라."인데 위에서는 언급하지 않았지만 시간이 조금 흐른 후에도 다시 꺼지라는 말을 하면 현실 인식(Reality Check)을 시켜 줄 필요가 있다. 여기서 현실 인식이란 "우리도 당신을 괴롭히고 싶은 생각은 없습니다. 그렇지만 경찰은 시민의 안전을 지켜야 하기 때문에 그냥 돌아갈 수 없다는 것은 당신도 잘 아실 겁니다. 하지만 그 안에서 불상사가 발생하지 않는 한 함부로 들어가지도 않을 겁니다."라고 하여 경찰이 사건이 해결되기 전에는 철수하지 않을 것이라는 것을 분명히 알려주어야 한다. 인질범도 경찰과 대치하는 것이 부담스럽기 때문에 경찰이 물러갔으면 좋겠다는 생각에서 그렇게 이야기했지만 경찰이 그냥 돌아가지 않으리라는 것은 잘 알고 있다. 그런데 경찰이 범인을 자극하지 않으려고 적당히 철수하겠다고 하면 너무 뻔한 거짓말이기 때문에 금방 탄로가 나게 되고 대상자로부터 신뢰만 잃게 된다. 적극적 청취 기법이 대부분 대상자를 자극하지 않는 데 초점을 맞추고 있지만 명백한 사실에 대해 적당히 거짓말로 둘러대려고 해서는 안 된다.

대상자가 "창녀를 쏴 버리겠다."는 위협에 "그렇게 하지 마세요."라고 명령적 내지는 지시적인 말을 하기보다는 위에서처럼 "우리는 아무도 다치는 걸 원하지 않습니다."라고 우회적으로 표현하는 것이 좋다. 인질범들은 자신들이 총을 들고 있기 때문에 현재 상황에 대해 자신이 '통제권'을 행사하고 있다고 믿고 있고, 그러한 통제권이 도전받는 어떠한 행위에 대해서도 달가워하지 않는다. 따라서 일정 부분 인질범의 통제권을 인정하고 여기에 도전하지 않는 것이 좋다. 인질범에게 명령을 하거나 지시하는 것은 통제권에 대한 도전으로 받아들여질 수 있기 때문에 가능한 우회적인 표현으로 범인의 의견이나 행동에 동의하지 않음을 표현하도록 한다.

인질범이 극도로 흥분한 상태에서 인질에게 총을 겨누며 죽이겠다고 위협하고 있으므로 협상가는 "화가 많이 나신 것처럼 들린다."라고 하여 'I' 메시지와 함께 Emotion Labeling 기법을 사용하였다. Emotion Labeling을 통해 협상가가 자신의 이야기와 감정에 귀 기울이고 있음을 느끼게 하는 단초를 마련하고 있다.

'I' 메시지는 협상가가 대상자의 행동에 대한 자신의 감정을 표현하고 이로 인해 대상자가 협상가를 한 사람의 인격체로서 바라보게 만들며 직접적이고 공격적인 뉘앙스를 크게 완화시키게 만드는 역할을 한다. 그리고 1인칭 복수인 '우리'를 사용하여 협상가 혼자가 아니라 많은 경찰 병력이 현장에 집결하여 있음을 은연중에 알려주어 인질범에게 심리적 압박을 가하고 전체 경찰력 안에서 자신의 위치를 설정하려고 하고 있다.

협상가 : 선생님은 기계를 다루는 솜씨가 뛰어나고 항공기 운전면허까지 있다고 들었는데 비행은 자주 하시나요?

인질범 : 요즘에는 비행이 내 유일한 낙이요. 그거라도 안 하면 정말이지 열 받아서 살 수가 없을 거요.

협상가 : 맞습니다. 답답한 세상에 뜻대로 되는 것도 별로 없는데 그런 취미가 있으니 얼마나 좋습니까. 사실 저도 공수부대를 나와서 100여 차례 이상 낙하를 했습니다.

인질범 : 그래요? 어느 부대를 나왔습니까?

협상가 : 제○○공수 특전단이요.

인질범 : 아, 그래요 …

협상가 : 선생님은 주로 어떤 항공 기종을 운전하시나요?

훈련받지 않은 협상가들이 범하기 쉬운 실수는 인질범의 요구 사항이 무엇이냐고 먼저 물어보는 것이다. 사람들은 자연스럽게 왜 저 사람이 이런 일을 저지르고 있는지, 도대체 원하는 것이 무엇인지 궁금하기 때문에 요구 사항이 무엇이냐고 물어보는 것은 지극히 당연한 일이다. 협상에서 요구 사항에 대해서 이야기하지 않을 수 없지만 위기 협상에서는 요구 사항을 중심으로 협상을 진행하는 것은 되도록 피해야 한다. 왜냐하면 대상자의 요구 사항이라는 것이 대부분 경찰 측에서 들어주기 어려운 것들이기 때문이다. 은행 강도의 경우 인질 상황이 벌어지면 대부분 이동 수단과 큰돈을 요구한다. 여기에 최종 시한까지 붙여서 앞으로 1시간 이내에 돈 10억과 헬리콥터를 준비하지 않으면 인질을 한 명씩 죽이겠다고 협박하는 상황이 흔히 발생한다. 1시간 이내에 10억이라는 돈을 준비하라는 요구 사항은 경찰로서는 거의 불가능에 가까운 것인데 이를 들어주지 않으면 인질의 생명이 위험한 상황이 펼쳐지게 되므로 이러지도 저러지도 못하는 곤란한 상황에 직면하게 된다. 결국 최종 시한을 무사히 잘 넘기지 못하면 이 시점에서 무력 진압을 감행해야 할지 말아야 할지를 결정해야 하는데 결코 쉽지 않은 결정이고 무력 진압을 하게 되면 인질의 안전을 담보하기 어려운 경우가 대부분이다. 따라서 협상가가 요구 사항이 뭐냐고 물어보는 일은 되도록 자제해야 하는데 여기서는 범인이 도망간 아내를 찾아오라고 이야기했지만 여기에 그대로 응하지 않고 은근 슬쩍 인질범이 관심을 가질 만한 주제로 화제를 돌렸다. 인질범은 자신이 잘 알고 있고 관심 있는 분야에 대한 이야기가 나오자 요구 사항은 잠시 잊어버리고 협상가와의 대화에 집중하게 된다. 협상가는 대상자의 장기를 칭찬하고 항공기 운전에 대한 자신의 관심을 표명하면서 대상자와의 공감대 형성(Empathy)을 시도하고 있다.

(중략)

폭파범 : 당신들이 나를 공격하지 않는 한 아무도 다치지 않을 거요.

오라일리 : 우리는 당신을 공격할 생각이 전혀 없습니다. 전혀요. 그러나 당신이 모두의 안전을 위해 폭탄벨트를 풀고 총기를 내려놓으면 좋겠습니다.

폭파범 : 음, 나는 분명히 내 무기들을 지니고 있을 것이요. 나는 평생 동안 무기를 지니고 있었소. 내가 가지고 있는 동안은 절대로 안전하오.

협상가 : 그렇습니다. 저는 당신이 무슨 말을 하는지 압니다. 그리고 마을에 갔다 온 적이 있지만 아무도 다친 적이 없다는 것도요. 그렇지만 경찰에서는 그 폭탄을 반드시 해체해야 합니다.

폭파범 : 들어보시오, 이건 정말 너무나 웃기는구만.

오라일리 : 저는 당신의 입장에서 보면 이 상황이 말도 안 된다는 것을 알고 있습니다, 그러나 당신도 알다시피 마을에 있는 사람들은 폭탄에 대해 무척 걱정하고 있고 경찰도 어떤 조치를 취해야만 합니다.

대상자 : 만약 여기서 폭탄이 터지면 그건 모두 당신들 책임이야. 나를 이렇게 몰아붙이지 않으면 아무 일 없었을 거라구.

협상가 : 당신이 무척 답답하고 기분이 언짢으리라는 것은 잘 알고 있습니다. 그러나 그 안에서 어떤 일이 일어나든 그것은 당신 책임입니다. 누구도 그런 일에 대해 대신 책임을 져 줄 수는 없습니다.

여기서는 우선 '경찰(그들)'이 이러이러한 조치를 취할 수 있고, '다른 사람들(others)'이 겁을 먹고 걱정하고 있으나, '나(I)'는 당신을 도와 이 곤경에서 구해줄 수 있다는 메시지를 보낸 것에 주목해야 한다. 이렇게 함으로써 협상가는 경찰이 잠재적으로 취할 수 있는 행동들에서 자신을 분리시키고 자신을 '구원자'의 역할을 하는 사람으로 인식시키게 된다. 협상가는 경찰과 자신을 분리하고 곤경에 처해 있는 대상자와 자신을 일체화시킴으로써 문제 해결을 위해 대상자와 함께 고민할 것이라는 인식을 심어 주게 된다.

마지막에서 두 번째 대화에서는 공감(Empathy)과 범위 설정(Boundary Setting)이 모두 사용되었다. 이 두 가지 모두 적극적 청취 기법의 명시적인 기법들은 아니지만 협상시 반드시 사용되어야 하는 개념 요소들이다. 협상가는 "저는 당신의 입장에서 보면 이 상황이 말도 안 된다는 것을 알고 있습니다."라고 하여 대상자의 입장에 서서 상황을 바라보고 대상자의 감정에 동의하여 줌으로써 대상자가 협상가에게 결연 의식을 형성하고 대화를 유지하고 싶도록 만들었다.

범위 설정(Boundary Setting)은 협상에서 매우 복잡한 개념인데 가장 중요한 것은 죄책(Guilt)과 책임(Responsibility), 그리고 협상가와 대상자의 관계 설정에 관한 것이다. 대상자들은 대부분 현재 벌어지고 있는 위기 상황에 대한 책임을 다른 사람들 - 가족, 친구, 피해자, 경찰관, 사회 등 - 에게 돌리려는 경향이 있다. 특히 경찰과 대치하고 있는 상황에서 현재 가장 큰 심리적인 압박을 주고 있는 경찰에게 책임을 돌리고 싶어 한다. 이러한 것을 죄책 조작(Guilt Manipulation)이라고 하는데, 협상가는 위기 협상 시 대체적으로 대상자의 감정을 자극하지 않고 기분을 맞춰 주는 방향으로 대화를 진행하지만 죄책을 경찰이나 다른 사람에게 떠넘기려고 시도할 경우, 현장에서 발생하는 상황은 전적으로 대상자의 책임이며 경찰이나 다른 사람이 대신 책임을 져 줄 수 없음을 명확히 하여야 한다. 왜냐하면 인질 상황이든 봉쇄 상황이든 그 안에서 통제권을 쥐고 있는 것은 폭파 스위치를 쥐고 있는, 아니면 인질의 머리에 총을 겨누고 있는 대상자이기 때문이다. 대상자들은 또 경찰이 자신을 봉쇄하고 있는 상황으로 인한 심리적 압박감을 벗어나고 싶어 하기 때문에 경찰이 현장에서 철수할 것을 요구하는 경우가 많은데, 여기에 대해서는 상황을 적당히 모면하기 위해서 그런 요구 사항에 응할 수도 있는 듯한 태도를 취해서는 안 되며 현실 확인(Reality Check)을 분명히 해 주어야 한다.

협상가가 사용한 또 다른 적극적 청취 기법은 Paraphrasing이다. Paraphrasing은 대상자가 한 말을 그대로 따라 하는 것이 아니라 자신의 말로 바꾸어서 표현하는 것이다. 인질범이 "내가 가지고 있는 동안은 절대로 안전하오."라고 한 말에, 협상가가 "마을에 갔다 온 적이 있지만 아무도 다친 적이 없다는 것도요."라고 하여 Paraphrasing하였다. Paraphrasing은 간단하지만 자신의 주장이 협상가의 입을 통해서 다시 한 번 반복되기 때문에 자신의 이야기에 상대방이 귀 기울이고 있다는 느낌을 갖게 해 준다.

(중략)

대상자 : 나는 마을로 내려가고 싶소.

오라일리 : 당신은 이곳을 떠날 수 없습니다. 경찰이 사방을 둘러싸고 있어요. 당신 집으로 돌아가는 내리막길에도 경찰이 있습니다. 길 아래쪽을 보면 경찰 차량이 보일 겁니다.

대상자 : 이거 참 놀랍군.

대상자 : 제길, 당신은 어떻게 할 작정이오?

대상자는 마지막 문장을 얘기하면서 목소리 톤이 낮아지는 변화를 보였다. 협상가는 이 질문에 대해 자신이 앞으로 무엇을 할지를 대답하기보다는 대상자에게 원하는 것이 무엇인가를 말하는 것이 낫다고 판단했다.

협상가 : 이제 제가 해야 할 일은, 당신을 여기서 안전하게 모시고 나가는 건데, 제 말대로만 해 주시면 아무도 다치지 않고 무사히 상황이 끝날 수 있습니다. 폭탄벨트를 풀어서 총과 함께 문 밖으로 내놓으십시오.

용의자 : 그러고 나면 어떻게 할 거요?

협상가 : 총과 총집을 주머니에서 꺼내서 바닥에 내려놓고 폭탄벨트도 내려놓은 후 경찰들이 있는 쪽으로 걸어오십시오. 우리는 당신이 무기를 전혀 소지하지 않고 있다는 것을 알아야 합니다. 그리고 그 후에는 경찰서로 당신을 데리고 가서 무기관련법 위반 여부에 대해 조사할 것입니다. 당신은 어느 누구를 상대로 폭탄을 터뜨린 적이 없기 때문에 당신이 생각하는 것보다 법 위반 내용이 심각하지는 않을 겁니다.

이 단계는 협상가나 대상자에게 정말 중요한 시기인데 이들은 이제 정말 “한 배를 타고” 폭탄을 해체하고 무기를 제거하는 과정이 시작되는 시점이기 때문이다. 대상자와 자신의 나라를 떠나는 절차와 자신의 재산을 지키는 것 등에 대해 잠시 얘기를 나눈 후에 협상가는 자신의 ‘구원자’로서의 역할을 확인하고 대상자가 자신의 요구에 따라주면 그 후에 어떻게 할지에 대해 말하였다.

이 시점에서 대상자는 자신이 완전히 봉쇄되었다는 사실과 심리적, 물리적으로 고립되었다는 것을 인식한다. 이 상황에서 가장 안전하게 빠져나갈 수 있는 길은 자신과 짧은 시간이지만 관계를 형성한 협상가에게 있다는 사실도 인식하게 된다. 이 시기가 대상자가 의사 결정권과 조언을 할 수 있는 권한을 협상가에게 넘기는 시점이다. 협상가는 이제 수용/협상 단계로 넘어갈 수 있고, 대상자를 무장 해제하는 과정을 통해 위기 상황에서 안전하게 빠져 나올 수 있게 도와줄 수 있다.

의사 결정 권한을 나눠주는 것은 다음 발췌문에 나타난다. 이 상태에서 대상자가 아직도 자신의 재산에 관한 문제를 제기하기 때문에 완전하진 않지만 일정부분 구원자의 역할을 맡게 되었다.

(중략)

대상자 : 지금 이 길을 한번 보시오. 여길 완전히 막아 놓았지 않소. 당신들은 나쁜 사람들임이 틀림없소.

협상가 : 그건 사람들이 폭탄에 대해 너무 걱정하기 때문입니다. 그러니 …

대상자 : 그래요, 내가 밖에 나가지 말았어야 하는 건데 …. 이 일이 내가 땅을 파는 데 방해가 되겠소?

협상가 : 아니오, 이건 당신 땅을 파는 데 전혀 방해가 되지 않을 겁니다.

대상자 : 확신하시오?

협상가 : 그렇습니다.

대상자 : 그리고 이것이 내가 이 나라를 떠나는 데 방해가 되겠소?

협상가 : 아니오, 저는 전혀 그렇게 생각하지 않습니다. 이 문제만 잘 해결되면 당신이 원하는 것은 무엇이든 할 수 있을 겁니다.

6. 심화 커뮤니케이션 기법

적극적 청취 기법의 8가지 기법이 위기 협상에서 가장 기본이 되는 도구(tool)이긴 하지만 더욱 복잡한 의사소통을 하는 데는 이보다 더 많은 기법들이 요구된다. Arthur A. Slatkin(2005)의 커뮤니케이션 테크닉은 적극적 청취 기법을 바탕으로 기초적 공감하기나 강화와 같은 몇 가지 기법들을 추가하였는데 잘 활용할 경우 더 폭넓은 의사소통이 가능할 것이다. 의사소통 기법은 그 의미를 알았다고 하고 실제 대화에서 바로 활용할 수 있는 것이 아니라, 일정한 훈련을 거쳐야만 활용할 수 있고 시간이 지나면 잊어버리게 되므로 반복 훈련이 필요하다.

1) 명확화(Clarification)

명확화는 협상가가 대상자의 말이 명확하지 않거나 애매한 경우 그 의미를 분명히 하고, 자신이 대상자가 의도하는 바를 제대로 이해했는지를 확인하려고 할 때 사용하는 기법으로 주로 질문의 형태로 이루어진다. 일반적으로 "________이라고 하셨는데 이러이러한 의미인가요?"라든가 "선생님 말씀은 _________라는 뜻인가요?" 등의 형태를 띠게 된다.

〈목적〉

a. 협상가가 대상자의 메시지를 제대로 이해했는지 확인
 예 선생님이 하신 말씀이 이러이러한 의미라고 이해해도 되나요?

b. 좀 더 세부적인 사항을 말하도록 유도
 예 그것에 대해 좀 더 이야기해 주시겠습니까?

c. 애매하고 혼동되거나 불확실한 진술의 명확화
 예 선생님이 하신 말씀은 여러 가지로 해석할 수 있을 것 같은데 어떻게 보는 것이 가장 좋을까요?

d. 대상자 스스로 자신의 생각을 보다 명확하게 이해하도록 유도
 예 마음속으로도 지금 하신 말씀처럼 생각하신 건가요?

〈예시〉

대상자 : 이런 제길! 제대로 되는 게 하나도 없어. 내 인생은 완전히 꼬였어.

협상가 : "제대로 되는 게 아무것도 없다."라는 것은 최근 일어난 모든 일을 말씀하시는 건가요, 아니면 당신에

게 중요한 어떤 일이 제대로 안 되었다는 것인가요?

대상자 : 그래, 정말 제대로 되는 게 하나도 없어. 사업도 안 되지, 마누라도 집 나갔지, 애들은 애들대로 간수가 안 되지…

2) 바꿔 말하기(Paraphrase)

부연하기는 상대방이 한 말을 자신의 말로 다시 말하는 것으로 대상자의 감정보다는 메시지에 중점을 둔다. 부연하기는 "그러니까 ________라는 말씀이신가요?" 혹은 "지금 하신 말씀은 ____인 것 같군요." 등으로 표현할 수 있다.

〈목적〉

a. 대상자가 자신이 한 말에 초점을 맞추는 것을 돕기 위해
b. 감정에 대해 주목하는 것이 바람직하지 않을 때 대상자가 진술한 내용을 강조하기 위해, 대상자가 지나치게 감정적이어서 감정 수위를 좀 낮출 필요가 있을 때 사용
c. 대화를 계속 이어가도록 기운을 북돋아 주기 위해

〈예시〉

대상자 : 이런 제길! 제대로 되는 게 하나도 없어. 내 인생은 완전히 꼬였어.

협상가 : 일이 뜻대로 잘 되지 않는 것 같군요. 혼란스러운 일이 많으신가 봐요.

대상자 : 그래요. 정말 제대로 되는 게 하나도 없어.

3) 감정 상태 확인하기(Emotion Labeling)

'Label'이라는 것은 꼬리표를 말한다. 옷에는 모두 꼬리표가 붙어 있는데 그 꼬리표에는 이 옷이 나일론이 몇 퍼센트이고 손세탁이 가능한지 아닌지와 같은 사항들이 기재되어 있다. 따라서 꼬리표는 그것이 달려있는 옷의 가장 핵심적인 사항에 대한 정의라고 할 수 있다. 감정 상태를 Labeling한다는 것은 상대방의 감정상태를 파악하고 꼬리표를 달아주는 작업으로 그 사람의 감정상태가 어떠한지를 나타내 주는 것이다.

사람들은 누구나 자신이 어떻게 느끼는지를 상대방이 알아주기를 바라는데 Emotion Labeling을 통해 협상가가 대상자의 감정에 귀 기울이고 있음을 보여줄 수 있고, 대상자는 자신의 마음을 알아주는 협상가에게 호감을 느끼게 될 것이다. 따라서 Emotion Labeling이 적절하게 이루어지면 상대방은 협상가에게 호감을 가지게 되고 궁극적으로 신뢰 관계형성(Rapport Building)으로 이어질 수 있게 된다.

〈목적〉

a. 대상자 스스로 자신의 지배적 감정에 대해 정확히 인지하도록 하기 위해
b. 대상자의 감정 배출(Ventilation)을 도와주기 위해
c. 대상자로 하여금 자신이 이해받고 있다는 느낌을 갖게 하기 위해

〈예시〉

대상자 : 이런 제길! 제대로 되는 게 하나도 없어. 내 인생은

완전히 꼬였어.

협상가 : 좌절감을 많이 느끼고 계시군요.

대상자 : 벼랑 끝에 서 있는 기분이야.

4) 요약(Summary)

요약은 대화가 어느 정도 진행되거나 대상자가 장황하게 자신의 이야기를 했을 때 이를 요약, 정리하는 것을 말한다. 요약을 잘 해낼 경우 상대방의 이야기를 경청하고 있음을 확인시켜 줄 수 있다.

〈목적〉

a. 이제까지 대화한 내용을 정리하고 대상자가 얘기하고자 하는 핵심 주제를 명확히 하기 위해

b. 협상가가 대상자가 오랫동안 진술한 내용을 제대로 이해하고 있는지 확인하기 위해

〈예시〉

대상자 : 이런 제길! 제대로 되는 게 하나도 없어. 내 인생은 완전히 꼬였어.

협상가 : 당신이 지금까지 하신 말씀은 직장도 잃고 아내도 떠나버리고 아이들도 제대로 간수가 안 돼서 상황이 매우 어렵다는 말씀이신가요?

5) 기초적 공감(Empathy)

대상자가 자신의 주변 환경과 상황에 대해 어떻게 느끼고 있는지 이해하고, 그가 느끼고 있는 감정을 공유하기 위해 대상자와 공감하는 것을 필수적이라고 할 수 있다. 부연하기, 감정 상태 정의하기 등 다양한 기법을 활용하여 공감을 표시할 수 있다.

〈목적〉

a. 대상자의 인식, 감정, 생각과 행동 등을 살펴봄으로써 대상자를 더 잘 이해하기 위해

㉥ 내가 그처럼 불운이 계속되었다면 나도 화가 많이 났을 거야.

b. 대상자가 자신의 삶에서 일어나고 있는 일들과 그에 대한 자신의 감정 사이의 연관성을 잘 이해하도록 돕기 위해

㉥ 당신은 현재 일어나고 있는 일들과 자신의 감정 사이에 연관성이 있다고 보시나요?

〈예시〉

대상자 : 이런 제길! 제대로 되는 게 하나도 없어. 내 인생은 완전히 꼬였어.

협상가 : 당신은 지금 모든 것들이 무너져 내리는 것처럼 느껴지고 그로 인해 화가 나고 절망하게 되신 건가요?

대상자 : 그런 것 같아요.

6) 폐쇄형 질문(Closed Probe)

예, 아니오 내지는 아주 간단하고 구체적으로 대답할 수 있는 질문을 폐쇄형질문이라고 한다. 일반적으로 협상에서는 대상자로 하여금 말을 많이 하도록 유도해야 하기 때문에 폐쇄형 질문은 바람직하지 않지만 다음과 같은 목적으로 사용될 수 있다.

〈목적〉

a. 대화와 논의의 주제나 초점을 한정하고자 하는 때
  예 당분간 이 주제에 대해서만 얘기하도록 합시다.

b. 구체적인 정보를 얻고자 하는 때
  예 서울 ○○초등학교를 다니신 게 맞나요?

c. 지나치게 말이 많거나 감정적인 대상자를 자제시키고자 할 때

d. 대화의 pace를 늦추고자 할 때
  예 지금 선생님 말씀이 지나치게 빨라서 제가 알아듣기 어렵네요. 조금 진정하시고 천천히 얘기하도록 하죠.

〈예시〉

대상자 : 이런 제길! 제대로 되는 게 하나도 없어. 내 인생은 완전히 꼬였어.

협상가 : 언제 처음으로 제대로 되는 일이 하나도 없다고 느끼셨는지 말씀해 주실 수 있나요?

대상자 : 지난주 화요일 내 주치의를 만나고 나서부터요.

7) 개방형 질문(Open-ended Question)

예, 아니오 이상의 대답을 이끌어 낼 수 있는 질문을 개방형 질문이라고 한다. 대상자로 하여금 긴 대답을 유도하는 것은 정보 획득, 감정 배출 등 여러 가지 측면에서 이점이 있기 때문에 되도록 대상자가 말을 많이 하도록 유도하여야 하므로 폐쇄형 질문보다는 개방형 질문을 많이 하는 것이 일반적으로 더 좋다고 하겠다. "________에 대해서 좀 더 자세히 듣고 싶습니다.", "____라고 말씀하셨는데 어떠한 측면에서 그렇다는 말인가요?" 등으로 표현할 수 있다.

〈목적〉

a. 대상자가 말을 더 할 수 있도록 유도하고 대화를 이어가는 데 더 노력을 기울이도록 하기 위해

 예 제가 들어드릴 테니 그것에 대해 좀 더 자세히 얘기해 보세요.

b. 관심 표명을 통한 신뢰 관계 형성(Rapport Building)

 예 저는 당신의 이야기에 관심이 있고 진지하게 듣고 있습니다.

c. 대상자의 신상과 촉발 사건(Precipitating Event)에 관한 자세한 정보를 획득하기 위해

〈예시〉

대상자 : 이런 제길! 제대로 되는 게 하나도 없어. 내 인생은 완전히 꼬였어.

협상가 : 어떤 측면에서 인생이 꼬이셨다는 건가요? 혹은 인생이 꼬이셨다고요?

대상자 : 마누라는 도망갔고 딸자식은 학교에 제대로 적응도 못하는데다가 수술도 받아야 하는데 나는 직장에서 잘렸으니 어디서 돈을 구하냐고.

8) 맞서기(Confrontation)

위기 협상의 초점은 대상자를 얼마나 잘 진정시켜서 사건을 평화적으로 해결하는가에 있는데 대상자와 맞선다는 개념 자체가 협상의 기본 Base와 맞지 않는 말이다. 그러나 경우에 따라서는 현실 인식(Reality Check)이나 왜곡된 방향으로 대화가 진행되는 것을 막기 위해 적당한 대립각을 세워야 할 때가 있다. 따라서 맞서기는 대상자 자체가 아니라 그의 말이나 행동에 대해 제한적으로 이루어져야 하며 이것도 매우 기술적으로 주의해서 이루어져야 한다. 협상가는 대상자가 한 말들 사이의 모순, 불일치나 대상자가 서로 상반된 행동을 보인 경우 이를 지적하거나 대상자의 말과 행동 사이의 모순과 불일치를 지적할 수 있다.

고 딱딱한 것으로 여겨지나, 보다 세련되고 부드러우며 간접적으로 이루어질 수 있다. 형사 콜롬보처럼 대상자를 윽박지르거나 강압하지 않고 조용한 어조로 차근차근 이치를 따질 수 있다. "제가 잘 이해 안 되는 것이 있는데요, ________라고 말씀하셨는데 사실은 ______한 의도로 말씀하신 게 아닌지요?", 혹은 " ______는 언뜻 이해가 잘 되지 않는데 제가 잘 알 수 있게 도와주실 수 있나요?"

〈목적〉

a. 대상자의 혼란스럽고 모순되는 감정과 생각들을 지적함으로써 문제 해결 과정으로 옮아가기 위해

예 지금 당신이 하는 말을 제3자 입장에서 한번 들여다보면 아까 한 말과 모순된다는 것을 알 수 있을 겁니다. 지금 하신 말씀은 그렇게 하고 있지만 행동은 그와 반대로 하고 있기 때문에 어떤 것이 당신의 진심인지 이해하기가 좀 어렵습니다.

〈예시〉

대상자 : 이런 제길! 제대로 되는 게 하나도 없어. 내 인생은 완전히 꼬였어.

협상가 : 지금 저는 좀 혼란스럽습니다. 제대로 되는 게 하나도 없다고 하셨는데 아까 전에는 아내가 문제를 해결하기 위해 노력하고 있고, 당신은 지난주에 승진을 하셨다고 하지 않았나요?

대상자 : 당신 말이 맞아요. 하지만 나는 지금 엄청 열이 받거든요. 내가 전부 다 그렇다는 것은 아니고, 그러니까 열 받게 하는 것들이 있다는 겁니다.

9) 해석(Interpretation)

대상자의 생각, 감정과 행동에 대한 협상가의 해석 내지는 설명을 의미하는데 대상자의 감정, 행동, 생각 사이의 연관성과 종합적인 메시지를 형성하도록 도와준다. "제가 보기에는 ______이

아닌가 싶네요.", "당신이 _____라고 하셨을 때라는 의미라고 이해해도 되나요?" 등의 형태로 표현할 수 있다.

여기에서 제시된 모든 기법들 가운데 '해석'이 가장 치료적이고 복잡하며 위험성이 높다고 할 수 있다. 이 기법은 최소한으로, 꼭 필요한 경우에만 예비적으로 사용되어야 하며, 불가피하게 사용할 경우에도 대상자에게 악영향을 끼치지 않을 자신이 있고, 변수를 방지할 수 있는 확신이 있을 경우에만 사용하여야 한다. 만약 그렇지 않다면 사용하지 않는 것이 좋다. 해석의 방법을 잘못 사용하면 대상자는 당신이 자신을 분석하려고 한다고 생각하고 이에 불쾌해할 수 있고, 잘못된 해석을 제시하면 대상자는 협상가가 자신을 제대로 이해하지 못한다고 생각하고 대화를 이어갈 의욕을 잃을 수도 있다.

〈목적〉

a. 대상자의 함축된 메시지와 행동 사이의 관계를 확인하기 위해

   예 제가 보기에 지금 당신이 생각하고 있는 것은 _______한 것 같습니다.

b. 대상자의 행동의 근거가 되는 자기 이해를 돕기 위해

   예 그것이 ______할 수도 있다는 것을 생각해 보셨나요?

〈예시〉

대상자 : 이런 제길! 제대로 되는 게 하나도 없어. 내 인생은 완전히 꼬였어.

협상가 : 지금 제대로 되는 게 하나도 없다는 것이 주로 직장에서 발생한 문제 때문에 그렇다고 이해해도 될까요?

10) 정보 제공(Information-Giving)

대상자가 잘못 알고 있는 것을 시정하거나 새로운 정보를 제공하고자 할 때 정보 제공 기법을 사용한다.

〈목적〉

a. 대상자로 하여금 자신의 생각을 제대로 평가하고 향후 취할 수 있는 행동 대안들을 파악/평가할 수 있도록 하기 위하여

예 그러한 결정을 내리려면 이것을 알고 계셔야 합니다.

b. 잘못 이해하고 있는 부분을 시정하고 올바른 정보를 제공하기 위하여

예 당신이 옳다고 믿고 있는 것은 사실과 다릅니다.

c. 대상자가 그동안 회피해 왔던 문제를 다시 점검하거나 자신의 결정을 올바른 정보를 바탕으로 다시 점검하도록 하기 위하여

예 이제 진실이 무엇인지 알게 되셨는데, 이 사실을 알기 전에 내리셨던 결정이 바뀌어야 하지 않을까요?

〈예시〉

대상자 : 이런 제길! 제대로 되는 게 하나도 없어. 내 인생은 완전히 꼬였어.

협상가 : 이 분야 전문가에게 알아본 바에 의하면 당신 따님이 앓고 있는 병은 굳이 수술까지 하지 않아도 되는 병으로 약물 치료가 가능하기 때문에 병원비에 큰 부담을 느끼시지 않아도 됩니다. 그리고 정부 차원

에서 일자리 나누기 운동을 전개하고 있기 때문에 고용센터를 통해 동일 직종의 일자리가 있는지 알아 볼 수 있습니다.

11) 지시(Instructions)

대상자의 감정, 생각, 행동을 일정한 방향으로 유도하기 위하여 보내는 사인이나 메시지로 구체적인 요구 사항이나 기대하는 바를 대상자에게 전달하는 것으로 상황에 따라 친근하게 할 수도 있고 사무적으로 할 수도 있다.

〈목적〉

a. 대상자의 대답을 일정한 방향으로 유도하거나 영향을 끼치기 위해
b. 대상자가 특정한 방향으로 행동할 수 있도록 정보, 구조, 추진력을 제공하기 위해

〈예시〉

대상자 : 이런 제길! 제대로 되는 게 하나도 없어. 내 인생은 완전히 꼬였어.

협상가 : 깊이 숨을 들이마시고 천천히 내쉬어 보세요. 마음이 약간 진정되는 것을 느끼실 수 있을 겁니다.

12) 털어놓기/자기표현(Self-Disclosure)

협상가가 자신의 개인적인 것들에 관해 대상자에게 이야기하는 것으로 그 내용은 긍정적인 것일 수도 있고 부정적인 것일 수도 있다. 여기서 대상자에게 밝히는 것은 협상가 스스로의 만족이나 필요에 의해 하는 것이 아니다. 대상자로 하여금 협상가도 자신처럼 박봉에 고생하는 샐러리맨이고, 한 가정의 가장이며, 낚시를 좋아하고, 대입에 떨어져서 재수를 해 본 적도 있는, 길 가다 만날 수 있는 평범한 사람이라는 것을 인식하여 대상자에게 좀 더 친근하게 다가가서 마음을 열고 대화를 할 수 있는 기반을 마련하려는 구체적인 목적을 가지고 이루어지는 것이다.

〈목적〉

a. 대상자와 협상가 사이에 대화의 창구를 열고 신뢰 관계 형성이 가능하도록 하기 위하여

  예 "당신이 믿고 대화할 수 있는 사람이 바로 접니다."라는 메시지 전달

b. 대상자의 협상가에 대한 동질 의식 제고

c. 좀 더 허심탄회한 의사소통과 깊숙한 개인 사정에 대해 이야기하도록 유도

  예 제가 방금 한 것처럼 당신의 감정과 단점, 실패한 일들에 대해 터놓고 얘기해 봅시다.

d. 대상자의 행동 변화에 영향을 미치기 위해

  예 협상가에 대한 이야기를 들어보고 이전과 달리 생각하게 되고 궁극적으로 이후 행동에 변화를 가져오지는 않을까?

〈예시〉

대상자 : 이런 제길! 제대로 되는 게 하나도 없어. 내 인생은 완전히 꼬였어.

협상가 : 저도 이혼한 적이 있는데 그때가 제 인생에 있어서 가장 힘든 시기였던 것 같습니다.

13) 즉각적 반응(Immediacy)

그 당시에 협상가가 대상자에 대해서 생각하는 것이나 느끼는 바를 말로 표현하는 것이다. 대상자의 말이나 행동에 즉각적인 피드백을 주는 것은 대상자로 하여금 도전받거나 비난당하는 느낌을 가지게 할 수 있으므로 상당한 주의를 요하며, 혹시 사용하게 되더라도 'I 메시지'와 함께 사용하여 우회적으로 표현하는 것이 좋다.

〈목적〉

a. 말로 표현되지 않은 감정을 밖으로 표출할 수 있도록 하기 위하여

㉑ 당신에게서 적대적인 떨림을 느낄 수 있는데 이것이 저를 불안하게 합니다.

b. 대상자의 행동이나 말에 대해 다른 사람들이나 협상가가 어떻게 느끼고 생각하는지에 대한 즉각적인 피드백을 제공하기 위하여

㉑ 당신이 할 때 다른 사람들이나 제가 어떻게 느끼는지 아시나요?

〈예시〉

대상자 : 이런 제길! 제대로 되는 게 하나도 없어. 내 인생은 완전히 꼬였어.

협상가 : 당신이 그렇게 얘기를 하면 사람들이 당신을 불쌍하게 생각하게 되는데 그걸 원하시는 건가요?

대상자 : 아니오. 아무도 나를 동정하는 걸 원하지 않아요.

14) 강화(Reinforcement)

강화란 대상자로 하여금 특정한 행동을 계속하도록 하거나 잠재적으로 특정한 행동을 유발할 수 있도록 하는 것으로, 긍정적인 행동은 그 방향으로 계속하도록 하고, 잠재적 행동은 촉발될 수 있도록 하는 것이다. 이렇게 함으로써 대상자가 협상가가 원하는 방향으로 행동하고 바람직한 행동 유형을 지속할 수 있게 한다. 사람들은 누구나 자신의 행위에 대해 보상이 이루어지면 그 행동을 지속하지만, 처벌을 받거나 부정적인 반응을 받으면 그만두는 경향이 있다. 여기서 보상이란 금전이나 물질적인 보상일 수도 있으나, 칭찬이나 인정과 같은 언어적 표현을 통해서도 얼마든지 가능하다.

〈목적〉

a. 대상자로 하여금 특정한 행동을 하도록 하거나 특정한 방향으로 나아가도록 독려하기 위하여
b. 대상자도 특정한 행동을 할 의사가 있지만 용기나 동기 부여가 부족할 때 이를 불어넣기 위하여

c. 대상자 스스로 인식하지 못하는 본인의 장점을 볼 수 있도록 하기 위하여

[예] 당신은 본인이 생각하는 것보다 훨씬 더 사려 깊은 사람입니다.

〈예시〉

대상자 : 이런 제길! 제대로 되는 게 하나도 없어. 내 인생은 완전히 꼬였어.

협상가 : 당신은 해병대를 나오셨잖아요. 그 어려운 지옥 훈련도 이겨 내셨으니 이번 일도 잘 이겨 내실 수 있을 겁니다. 당신은 본인이 생각하는 것보다 훨씬 더 강한 사람입니다.

대상자 : 글쎄요, 그런 지도 모르죠.

연습 1

대상자 : 나는 그저 이 모든 것들로부터 벗어나고 싶어요, 영원히.

응답 형태 : 명확화(Clarification)

협상가 : ______________________________

대상자 : 나는 제대로 되는 일이 하나도 없어. 내 여자 친구도 나를 떠나고 말 거야.

응답 형태 : 바꿔 말하기(Paraphrasing)

협상가 : ______________________________

대상자 : 나한테는 할 일도 없고, 돈도 없고, 같이 할 사람도 없어!

응답 형태 : 반복하기(Mirroring)

협상가 : ______________________________

대상자 : 이번 주는 정말 최악이었어. 내 남편은 내 여동생과 침대에서 뒹굴지를 않나, 개도 도망을 치질 않나, 직장에서도 쫓겨났다고. 어떻게 이보다 더 나쁠 수 있겠어?

응답 형태 : 요약하기(Summary)

협상가 : ______________________________

대상자 : 고등학교를 졸업한 이후에는 제대로 되는 게 하나도 없었어요. 저는 마약에 빠졌고 한 직장을 오래 다니지도 못했죠. 제 동거녀도 절 떠났어요. 저는 정말 내세울 게 하나도 없어요. 그저 죽고 싶을 뿐이에요.

응답 형태 : 기초적 공감하기(Primary Level Empathy)

협상가 : ___________________________________

대상자 : 그래요, 저는 그 단체에 가입했었어요.

응답 형태 : 개방형 질문(Open-Ended Question)

협상가 : ___________________________________

대상자 : 저는 그 사건과 연루되지 않았습니다.

응답 형태 : 폐쇄형 질문(Closed Question)

협상가 : ___________________________________

대상자 : 나는 정말 운이 없어. 경찰 말고는 나한테 붙는 게 아무것도 없어. 경찰은 정말 짜증 나.

응답 형태 : 맞서기(Confrontation)

협상가 : ___________________________________

연습 2

본인이 직접 대상자의 말을 만들어 내고, 이에 대해 응답해 보도록 한다.

명확화

대상자 : ____________________

협상가 : ____________________

부연하기

대상자 : ____________________

협상가 : ____________________

반복하기

대상자 : ____________________

협상가 : ____________________

기초적 공감하기

대상자 : ____________________

협상가 : ____________________

감정 상태 정의하기

대상자 : ____________________

협상가 : ____________________

개방형 질문

대상자 : ____________________

협상가 : ____________________

폐쇄형 질문

대상자 : ____________________

협상가 : ____________________

해 석

대상자 : ____________________

협상가 : ____________________

정보 제공

대상자 : ____________________

협상가 : ____________________

자기표현

대상자 : ____________________

협상가 : ____________________

즉각적 대응

대상자 : ____________________

협상가 : ____________________

강 화

대상자 : ____________________

협상가 : ____________________

7. 협상에 있어서 감정의 문제

위기 협상에 있어서는 감정의 문제가 매우 중요하다. 위기 협상에서 우리가 대하는 당사자들은 대부분은 감정적으로 폭발하여 위기 상황을 초래한 사람들이다. HOBAS 자료에 의하면 위기 상황의 90% 이상이 별다른 이유 없이 감정적인 문제로 발생한다고 한다. 이것은 대다수의 사건에서 감정적인 측면만 해결되면 실질적인 문제 해결(Problem Solving) 절차 없이도 상황이 종료될 수 있다는 것을 의미한다. Donohue, Ramesh, & Borchgrevink(1991)는 경찰 협상가의 임무를 위기 협상(Crisis Bargaining)에서 일상적인 협상(Normative Bargaining)으로 바꾸는 것이라고 파악했다. 이것은 비이성적이고, 감정적이며, 불균형적인 대치 상황을 이성적이고, 구조화되며, 사고하는 원칙에 입각한 상황으로 변화시키는 것을 의미한다. 이러한 변화를 유도하기 위해 위기 협상가들은 법 집행관들이 대상자의 감정을 효과적으로 다룰 것을 주문한다.

협상가들이 협상 연구 집단에 요청하는 2가지 주된 요구 사항은, 대상자의 감정 상태를 평가하는 것과 의사소통 기법을 향상시키는 것이라고 한다(Hammer, Van Zandt & Rogan, 1994). 대상자의 감정 상태에 대한 정확한 진단과 평가가 이루어지지 않으면 대상자와의 원활한 의사소통이 불가능하며, 향후에 사건이 어떤 방향으로 전개될 것인가에 대한 예측도 어렵게 된다.

따라서 여기서는 인간의 감정에 대해 알아보고 이를 협상에서 어떻게 활용하는지에 대해 알아보고자 한다.

1) 감정의 정의

감정이란 무엇인가? James(1884)는 이 문제에 대한 해답을 얻기 위해 노력했다. 그 이전에 찰스 다윈이 동물과 사람의 생존을 위한 위협에 대해 반응 방식의 유사성을 얘기하였고, 아리스토텔레스도 인간의 상호 작용에 있어서 감정의 역할에 대해 논의하였었다(Rogan et al., 1997). 이 학자들 이후, 지속적인 연구로 감정에 대한 상당한 정도의 지식이 쌓였으나 그만큼 감정에 대한 정의와 설명도 늘어나서 현재 감정의 정의에 대한 보편적인 합의는 존재하지 않는다. 감정의 본질, 기능과 기원에 대한 다양한 이론과 개념화가 이루어졌다.

여기에 제시된 개념 정의와 이론들은 이렇듯 다양한 학설과 이론들 중 하나에 불과하다는 것과, 모든 학설과 이론들이 여기에 총망라된 것이 아니라는 것을 염두에 두어야 할 것이다.

2) 심리 생리학적 이론들

심리 생리학적 이론들은 크게 3가지로 분류할 수 있다. (1) 생물학적 결정주의를 전제로 하는 이론들, (2) 인지적 결정주의를 선호하는 이론들, (3) 생리학과 인식을 통합하는 이론들(Metts & Bowers, 1994)

첫 번째 형태의 이론들은 감정의 기원과 경험 모두에 대한 생물학적 결정주의를 선호한다. 여기에서 감정은 인식적 인지 과정과 독립되어 있다. James(1884)는 감정이란 자기 주변의 자극적인 사건 발생에 대한 인식으로 촉발 요인에 대해 본질적이고 생리학적 반응을 일으키는 것이라고 설명하였다. 즉, 개별적인 감정적 경험(분노, 공포, 슬픔, 행복, 놀람, 역겨움 등)을 구성하는 것은 신체 기능상의 요동(심박동, 심호흡)에 대한 개인의 인식이라는 것이다. 다시 말해, 감정적 경험은 한 개인이 환경적 자극을 지각하고 이 자극이 내적인 생리적 변화를 일으키며 그 사람이 이를 감정으로 인식하고 해석하는 것을 말한다(Lewis, 1993). 이 이론에서는 감정과 특정한 형태의 내장 활동의 직접적 연결이 존재한다고 믿는다.

생리적 활동과 감정적 경험의 관계에 관한 이러한 아이디어에 기초하여 폴 에크만과 그의 동료들은 안면의 근육 형성은 감정적 표현의 주된 원천으로 개별적인 감정들과 직접적으로 연결되어 있다고 주장했다. 그들은 또 감정과 표현들이 본질적이고 문화적으로 보편적인 현상이라고 주장하였고, 전 세계 여러 문화에 속하는 사람들의 몇 가지 기본 감정의 얼굴 표현에 대한 인식을 실험해 본 결과 이 주장의 타당성이 뒷받침되었다.

두 번째 이론들은 생리적 활동의 패턴을 발견할 수 없고 구별될 수도 없다고 본다. 따라서 개인들은 외부 자극에 대한 반응으로 그들이 경험하는 생리적인 요동을 이해하기 위해 '인식적 낙인 과정(Cognitive Labeling Process)'을 거쳐야 한다고 주장한다(Schachter & Singer, 1962). 이 관점에 의하면 개인들은 자신들의 설명되지 않은 생리적 상태를 정의하는 데 도움을 얻기 위해 자신들의 가장 가까운 주위를 살펴야 하고, 이렇게 함으로써 현재 자신이 경험하고 있는 감정을 결정한다는 것이다. 다시 말해, 인식이 생리적 발동이 어떻게 정의되고, 궁극적으로 감정으로 정의되는가를 결정하는 결정 인자라는 것이다.

세 번째 이론들은 감정이 감정적 경험을 정의하는 데 있어 생리학과 인식의 통합을 표시하는 거래적인 것으로 가정한다(Cacioppo, Bernston, & Klein, 1992). 이 견해는 생리적 활성화와 인식적 분석이 상호 배타적이지 않으며 이들은 감정적 경험을 만들기 위해 각각 독립적이고 상호 의존적으로 기능한다고 본다. 이 견해를 주장하는 어떤 학자들은 감정은 다른 기본적인 감정들과는 독립적으로 혹은 복합적으로 발생할 수 있는 기본적이고 근원적이며 보편적인 감정이 존재할 수 있으며 이들은 보다 복잡한 형태의 감정과 기분, 그리고 성격을 형성한다고 주장한다(Izard, 1990). Mandler(1980)와 같은 학자는 기본 감정이라는 개념에 동의하지 않는다. 대신 그는 모든 감정들은 감정적(Affective)이라고 규정되는 자동적 신경계 활동에 대한 주관적인 평가로부터 기인하고 후에 개인적인 믿음, 경험과 기대에 의해 평가되는 독특한 개인적 경험이라고 본다. 이러한 점에서 어떠한 감정적 경험도 서로 같지 않다.

3) 사회 심리적 이론들

사회 심리적 이론들은 감정이 생리적 각성으로부터 독립된 것으로 가정하고, 감정은 일차적으로 사회적 현상이라고 정의한다. Metts & Bowers(1994: 519)에 의하면 감정은 "자신과 환경 사이의 불시적이고 다국면적인 상호 작용, 혹은 보다 정확히 말해, 환경에 대한 구성이다."라고 한다. 이들은 감정은 본질적으로 '관계적(Relational)'이라고 할 수 있다. 다시 말해, 감정은 한 개인의 웰빙을 위해 주변 환경의 적응적 함의를 평가하기 위해 사람과 환경 속성들이 결합된 의미 분석의 결과라고 할 수 있다

(Smith & Pope, 1992: 32). 이러한 사회 심리적 이론들은 다시 2가지 형태로 나뉘는데, (1) 심리적 평가 과정을 선호하는 집단, (2) 감정적 경험과 표현을 정의하는 더 큰 사회적 환경을 강조하는 집단이 그것이다.

사회 심리적 이론가들도 어떤 감정들은 결정적인 생리적 시스템의 결과라는 것을 인정하지만, 대부분의 감정들은 특정한 사건에 대한 개인의 맥락 특정적(Context Specific) 평가의 동적인 과정적 기능으로 개인에게 적응적 함의를 가진다고 본다. Lazarus와 같은 학자들이 이 견해의 대표적인 학자들인데, 이들에 의하면 감정은 한 개인이 웰빙을 위한 지속적인 환경에 대한 평가의 결과이며 상황에 대응할 수 있는 능력이라고 한다. 이러한 목적을 달성하기 위하여 사람들은 두 단계의 평가 과정을 거친다. 첫 번째 평가는 개인적 사정에 의미를 갖는지의 측면에서 상황에 대해 평가하는 것이다. 동기적 관련성(개인적 목표에 대한 상황의 중요성)과 동기적 조화(개인적 목표에 대한 상황의 일관성)라는 요소가 평가에 포함된다. 상황에 대한 반응을 위한 개인적 자원과 선택 상황에 대한 평가가 두 번째 평가의 요소가 된다. 책임성, 문제 중심의 대응 잠재력, 감정중심 대응 잠재력, 그리고 미래에 대한 전망이 두 번째 평가에 포함된다. 첫 번째와 두 번째 평가가 합쳐져서 특정한 감정적 경험을 구성하게 된다. 이처럼 개인별로 특수한 평가 과정을 거치기 때문에 똑같은 자극에 대해서 감정적 경험이 사람마다 달라지는 것이다(Smith & Pope, 1992).

감정에 대한 두 번째 사회 심리적 견해는, 감정을 한 개인의 특정한 사회 환경과의 상호 작용의 결과 나타나는 사회적으로 구성된 경험이라고 파악한다. 사람들을 자동적 반응을 보이는 유기체라기보다는 다른 사람들과의 계속적인 상호 작용을 통해 의미가 형성되기를 반복하는 존재라고 본다(White, 1993). Averill(1992)은 감정적 경험은 사회 규칙과 규범에 따른 한 개인의 사건에 대한 분석 결과인데, 이것은 '교환적 사회적 역할'이라고 명명할 수 있다고 한다. Averill(1992)에 의하면 '변화적 사회적 역할'은 한 개인이 상황과 그의 반응을 가정적이라고 평가할 때 형성된다고 한다.

제5장 협상의 쟁점 사항들

1. 위기 상황 발생시 초동 조치 사항
2. 무엇이 협상 가능한가?
3. 시간 지연 기법
4. 요구 사항
5. 최종 시한
6. 대상자의 욕구
7. 대면 접촉
8. 언론 대책
9. 의료적인 문제들
10. 무응답 상황
11. 지휘관에 의한 협상
12. 협상가의 전술적 역할
13. 초동 조치자를 위한 가이드라인
14. 상황전개의 표지
15. 항복시 고려사항

제5장
협상의 쟁점 사항들

1. 위기 상황 발생시 초동 조치 사항

위기 협상에서 최우선순위는 인간의 생명을 보존하는 일이다. 인간의 생명 이외의 것들은 모두 부차적이라고 할 수 있다.

어느 화창한 토요일 오후 광화문에 있는 한 주상복합아파트에서 30대 후반의 남자가 내연녀의 아이들 두 명을 인질로 붙잡고 자신의 돈을 떼어 먹고 도망간 내연녀를 붙잡아 오라고 요구하면서 상황이 시작되었다. 이런 인질극이 벌어지고 신고를 받고 현장에 출동한 경찰관이 가장 먼저 취하여야 할 조치는 무엇일까? 무엇보다도 사건 현장을 봉쇄(Contain), 고립(Isolate)시키는 것이 선행되어야 한다. 현장을 봉쇄, 고립시키는 데는 여러 가지 이유가 있는데, 첫 번째 이유는 피해의 확산 방지이다. 위 상황에서 인질범이 어떤 무기를 소지하고 있는지 알 수 없으나 만약 총을 가지고 있다면 창밖으로 길 가는 행인들을 향해 총을 발사할 수도 있기 때문에 무고한 시민들이 다치지 않도록 통제선을 설치하고 그 범위 안으로 사람들이 들어가지 못하도록 해야 한다. 용산 철거민 사태의 경우 시위대가 망루에 올라 도로와 인도를 향해 화염병을 던져 자칫하면 지나가는 행인들과 차량이 피해를 입을 수도 있는 아찔한 순간도 있었다. 뒤늦게 차량과 행인들의 통행을 통제했지만 사실은 조금 더 빨리 이러한 조치가 취해졌어야 할 것이다.

두 번째 이유는 범인의 도주로 차단이다. 범인을 완전히 봉쇄하지 않을 경우 인질에게 해를 가하고 도주할 수도 있기 때문에 사전에 사방을 봉쇄해 놓아야 범인의 도주를 막을 수 있다. 세 번째 이유는 사건 해결의 촉진이다. 봉쇄와 고립은 단순히 물리적으로 사방을 틀어막는 것뿐만 아니라, 통신선, TV, 폐쇄 회로 화면 등 외부와 연락하거나 바깥에서 일어나고 있는 일들에 대한 정보를 얻을 수 있는 라인들을 끊는 것을 포함하는데 필요하다면 전기와 물 등을 끊을 수도 있다. 전화선이 살아 있으면 외부의 공범과 연락을 취하여 도주를 돕도록 할 수도 있고, TV선이 살아 있으면 24시간 뉴스 채널을 통해 경찰이 배치되는 상황과 기타 활동 내용에 관한 정보를 실시간으로 제공받게 된다. 따라서 범인은 최대한 봉쇄, 고립되어야 하는데 이렇게 고립된 범인은 외부에 관한 정보를 오로지 경찰 협상팀을 통해서만 얻을 수 있고, 의사소통을 할 수 있는 채널은 협상팀밖에 없기 때문에 싫든 좋든 경찰 협상팀과의 대화에 응할 수밖에 없어진다.

인질범들은 봉쇄, 고립된 상황에 숨 막힘을 느끼기 때문에 자연스럽게 그 상황을 벗어나고 싶어 한다. 따라서 현장을 벗어날 수 있는 차량이나 헬기와 같은 이동 수단을 요구하는 경우가 많다. 은행 강도들은 특히 더 그렇고 일반 인질범의 경우도 사건 현장을 벗어나고 싶어 하는 경우가 많다. 범인이 이동 수단을 요구할 경우 경찰에서는 범인이 자신의 요새에서 나와 이동 수단으로 타려고 할 때나 이동 중에 공격을 하는 것이 지금의 요새 안에 있을 때 공격하는 것보다 더 쉬울 것 같다는 생각에서 이동 수단을 제공하고 싶은 유혹을 많이 느낀다. 그러나 일단 범인이 이동 수단을 타고 거리를 질주하게 되면 다른 차량을 들이박는다거나 지나가는 행인을 치어서 다치게 할 수 있고 도주하는 차량에 총을 쏘게 되면 무고한 시민들이 다칠 가능성이 매우 커진다. 뮌헨 올림픽 인질 테러 사건에서도 비행장까지 차량을 제공하여 이동하게 했다가 결국 비행장에서 총격전이 벌어져 많은 인질과 범인들이 죽었다. 우리나라 대전 신탄진 그린회관 사건에서도 범인이 식당 모녀를 인질로 잡고 이동 수단을 요구하자 차를 식당 앞에 대고 범인이 차를 타려고 할 때 뒤에 숨어 있던 형사가 각목으로 범인을 내려치기로 작전을 세우고 차량을 제공했다. 범인은 한 손에는 칼을 들고 다른 한 손에는 식당 여주인의 손을 잡고 계단을 내려왔고 차를 타려는 순간 작전대로 뒤에 숨어 있던 형사가 몽둥이로 범인을 내려쳤는데 범인은 이를 피하면서 옆에 있던 인질의 목을 칼로 찔렀고 결국 사망에 이르게 되었다. 이처럼 이동 수단에 올라탈 때나 다른 장소로 이동한 후 공격하려는 것은 애초에 계획한 대로 되지 않고 변수가 발생할 수 있기 때문에 되도록 하지 않는 것이 좋다. 가장 안전한 것은 대상자를 현장에 고립시키고 시간을 가지고 천천히 협상을 통해 사건을 평화적으로 해결하는 것이며, 만일 협상이 불가능하다고 판단되어 전술팀을 투입할 때도 고정된 장소에서 충분히 현장 사항을 파악한 후에 공격을 감행하는 것이 실패할 확률을 줄일 수 있는 방법이다.

통제선은 1차(외부)와 2차(내부) 통제선으로 나누어 설치한다. 인질범은 내부통제선 안에 고착되게 된다. 대부분의 경찰기관에서는 전술팀장에게 내부 통제선 안의 모든 상황에 대한 지휘권을 부여한다. 아무도 전술팀장의 허락 없이는 내부 통제선 안으로 들어갈 수도 바깥으로 나올 수도 없다. 협상팀도 전술팀장이 내부 통제선 안에 들어가는 것을 허락하지 않으면 들어갈 수가 없다.

만약 협상팀이 내부 통제선 안에 들어가게 될 경우 전술팀원들과 같은 수준의 안전장구를 갖추어야 하고 은폐되고 방어막이 있는 장소에 위치해야 한다. 총기 사건이 발생한 경우 내부 통제선 안에서는 방탄복을 반드시 착용하여야 한다.

외부 통제선 안으로도 허가를 받은 사람들만이 출입할 수 있는데 누구를 들어오도록 허락할지는 해당 경찰서의 정책이나 상황에 따라 다를 것이다. 미국의 경우 어떤 경찰서에서는 내부 통제선과 외부 통제선 사이에 미디어 브리핑 포인트를 설치한다.

외부 통제선에서는 범인이나 인질의 가족, 친구, 구경꾼 등이 통제선 안으로 들어오는 것을 차단하여야 하고, 이들이 통제선 안으로 들어와 작전에 혼란을 주는 것을 막는 것이 매우 중요함에도 불구하고 이곳을 지키고 있는 경찰관들이 성실하게 근무하도록 하는 것이 어려운 경우가 많다. 외부 통제선을 지키는 경찰관들은 사건 현장에서 한 발 떨어져 있기 때문에 자칫 방관자의 입장에서 먼 산 불구경하듯 하는 마음 자세를 가지기 쉽기 때문에 오랜 시간 동안 성실하게 근무를 서지 못하는 경우가 많은 것이다. 미국의 한 경찰서에서는 외부 통제선을 지키던 경찰관이 휴대폰 통화를 하면서 걸어 나오는 사람을 세우고 알아봤더니 협상가와 전화로 얘기하던 범인이었다는 사실이 보고된 적이 있다. 또 다른 경찰서에서 협상가가 인질범과 얘기가 잘 되어서 여자 인질을 한 명 석방하기로 하고 이제 보내라고 했더니

"그 여잔 벌써 나갔다."고 한 사례가 보고된 적이 있다. 웃지 못할 일이지만 협상이 여러 시간에 걸쳐 진행되면 초기에 긴장하고 경계를 서던 사람들도 시간이 지나가면서 긴장이 풀어지고 다른 데 정신을 팔게 되기 때문에 이런 일이 발생할 수도 있는 것이다.

통제선이 설치되면 경찰관들에게 그 경계를 분명히 고지하여 사건이 일어나고 있는 집 앞이나 사격이 이루어질 수 있는 곳에 차를 주차하지 말도록 고지하고, 공중파 방송을 통해 사건이 발생한 장소와 교통이 차단되는 구간을 알려 혼란을 사전에 방지해야 한다.

2. 무엇이 협상 가능한가?

1) 알코올/약물을 탄 음료수

위기 협상은 일반 협상과 달라서 어떠한 것이든 협상이 대상이 되지는 않는다. 대상자나 인질의 안전을 위협할 수 있는 것들은 협상 가능한 품목에서 제외된다. 일반적으로 음식, 음료수, 담배처럼 대상자를 안정시키는 데 도움을 주는 것들은 협상이 가능한 것으로 여겨진다. 그러나 술은 대부분의 협상팀들이 협상이 불가능한 것으로 간주한다. 왜냐하면 음주자는 비음주자에 비해 2배, 문제가 생겼을 때 술로 해결하려는 사람은 일반 집단에 비해 6배 자살할 확률이 높으며, 특히 펜실베이니아에서 행한 연구에 의하면 청소년들의 경우 술을 마셨을 경우 총기 자살률이 5배, 만취(0.1%)의 경우는 7배 높았다고 한다.

굳이 통계를 살펴보지 않아도 술을 마시면 누구나 감정이 좀 더 격해지고 자신에 대한 통제력이 떨어지는 경향이 있는데, 위기 상황처럼 약간의 감정 변화가 치명적인 결과를 가져올 수 있는 상황에서 술을 마시게 한다는 것은 사건의 위험을 더 증가시키는 결과를 가져올 수 있다. 더구나 협상의 일차적 목표가 감정적으로 격앙된 대상자를 진정시켜 이성적으로 대화가 가능한 수준으로 되돌리는 데 있으므로 감정 레벨을 더 올릴 수 있는 술을 마시게 한다는 것은 매우 위험천만한 일이 아닐 수 없다. 혹자는 대상자에게 술을 많이 마시게 하여 잠이 들게 하거나, 술에 약을 타서 잠이 들게 하면 쉽게 사건을 종결시킬 수 있다는 의견을 제시하기도 한다. 그러나 대상자의 주량이나 체질에 따라 예상과 달리 잠이 들지 않을 수도 있고, 만약 술이나 음료에 약을 탄 사실을 대상자가 알게 되면 신뢰 관계 형성에 결정적인 악영향을 주어 그때부터 더 이상의 협상은 불가능할 수 있다.

술을 처음부터 들여보낼 가능성이 크지 않지만 협상이 장기화되면 음식은 계속해서 들여보내야 하기 때문에 음식에 약을 타서 인질범이 약에 취하도록 하고 싶은 유혹을 많이 느끼게 된다. 실제로 인질 난동을 부리는 범인에게 약을 탄 음료수를 주어 진압한 사례가 있는데 대부분 병원에서 일어난 소동이었다. 병원이라는 특수한 상황이 약물을 보다 용이하게 사용하도록 만들었는지는 모르겠으나, 인질이 있는 경우 범인들 중에 경찰이 준 음식물을 아무 의심 없이 그냥 먹는 사람은 얼마 없다. 대부분 우선 인질에게 먹어 보라고 한 후 안전하다고 판단되면 자신들이 먹게 되기 때문에 먼저 음식을 먹은 인질이 조금이라도 약에 취한 증세를 보이면 음식을 먹지 않을 것이다. 게다가 자신을 속이려고 한 데 대해 격분하여 인질을 상하게 할 가능성이 있으며, 협상은 엄청난 난관에 봉착하게 될 것이다.

술이나 약물을 탄 음식물을 제공하는 것의 또 다른 문제점은 사건이 종료된 이후에 소송에 휘말릴 수 있다는 것이다. 법 집행 기관이 술이나 약을 탄 음식물을 제공했다가 대상자의 감정을 자극하여 폭력적인 행동으로 이어져 인질이 다치거나 죽었을 경우 법적 책임에서 자유롭지 못할 수 있다.

2) 방송 보도(Media Coverage)

어떤 대상자들은 방송을 통해 자신들의 메시지를 전달하고 싶어 하는데 이것은 가능할까? 간혹 연쇄 살인범들이 체포되어 조사를 받고 있는 과정에서 기자들이 마이크를 내밀어 여과되지 않은 코멘트를 그대로 방송에 내보내고 이에 대한 비판이 가해질 때가 있다. 코멘트의 내용이 일반인들의 공분을 자아내거나 아이들이 듣기에 적절하기 않은 것일 경우 공중파를 타도록 하는 것은 잘못된 선택일 수 있다. 그러나 정부에 불만을 품고 있다거나, 자신의 전 고용주에게 하고 싶은 말이 있는 사람, 그리고 과대망상증이 있어 세상에 메시지를 전해야 한다고 생각하는 대상자들은 위기 상황을 연출하는 주된 목적이 언론의 관심을 받기 위한 것이고, 방송을 통해 자신들의 메시지가 전달되면 더 이상 위기 상황을 지속할 필요가 없기 때문에 평화적으로 사건을 해결할 가능성이 크다. 따라서 일반 대중에게 커다란 악영향을 끼치지 않을 것으로 판단되는 경우 한번 고려해 볼 수 있는 협상 가능한 사항이라고 할 수 있다.

3) 이동 수단

앞에서 위기 상황이 발생하면 제일 먼저 봉쇄와 고립을 실시하여야 하고, 그 현장을 떠나 이동을 하게 되면 나타날 수 있는 여러 가지 문제점들에 대해 알아보았다. 일반적으로는 사건 발생 현장에서 대상자를 고착시키고 협상을 시도하는 것이 좋지만 현장 상황에 따라서 그곳을 떠나 다른 곳으로 이동하는 것이 인질이나 시민의 안전을 위해 더 좋은 경우는 장소를 옮길 수도 있기 때문에 이동수단을 제공하는 것은 협상 가능한 사항이라고 할 수 있다. 그러나 장소를 이동하더라도 그곳에서 내·외부 통제선을 신속하게 다시 설치하여 확실하게 봉쇄와 고립을 유지하여야 한다.

이동 수단을 제공하여 인질범과 인질이 이동하게 되면 여러 가지 문제가 발생하는데 교통사고 발생의 위험 증가, 통신 곤란으로 인한 지휘와 통제의 어려움, 유탄에 의한 일반 시민의 피해 발생 우려 등이 특히 문제시된다. 인질범이 차량을 타고 이동하게 되면 경찰이 뒤따르게 되고, 경찰을 따돌리고 싶은 인질범은 과속으로 도심을 질주하여 교통사고를 유발할 가능성이 커지게 된다. 그리고 차량을 타고 이동하면서 무전을 하면 전파가 교란되는 경우가 많아 그 즉시 지시를 내려야 할 상황에서 지시 내용 전달이 원활하게 이루어지지 않는 경우가 발생할 수 있다. 또 범인이 경찰을 향해 총을 쏘거나 시민을 위협하여 경찰이 응사할 경우 유탄에 무고한 시민들이 다칠 수도 있다.

이런 문제점들과 함께 차량을 타고 이동을 하면 여러 관할 지역을 통과할 수가 있는데 이럴 경우 관할권의 문제와 책임 소재, 기관 간 협조 등의 문제가 발생할 수 있다. 사건이 자신의 관할을 넘어가면 추격을 멈추고 그곳의 관할권을 가진 경찰에게 넘길 것인가 아니면 추격을 계속하여 타서의 관할에서 끝까지 대치 상황을 벌일 것인가 하는 등의 문제가 발생한다. 관할이 바뀌면 무전 통신 채널도 바뀌는 경우가 많기 때문에 위에서 언급한 무전 교신상의 문제는 더 심각해질 수 있다. 지휘관도 지휘권을 넘겨야 하는 건지 자신이 계속해서 사건을 장악해야 하는 건지 판단이 어려울 수 있기 때문에 통제라는 측면에서 커다란 문제가 발생할 수 있다.

4) 무기/탄약

인질범에게 무기와 탄약을 지급하는 것은 일반적으로 절대 불가한 것으로 여겨진다. 법 집행 기관에서 범인에게 무기를 줄 리는 만무하지만 혹시라도 범인이 탄약이 떨어졌으니 달라고 하여 주었다가 인질이나 다른 사람이 다치기라도 하면 탄약을 제공한 법 집행 기관에서 모든 책임을 져야 할 상황에 처할 수 있다. 경우에 따라 인질범이 총기를 제공하지 않을 경우 인질을 죽이겠다고 위협하여 고육지책으로 고장 난 총기라도 제공하여 현재의 상황을 무마해 보려 하다가 인질범이 총기가 고장 난 것을 발견하면 신뢰 관계를 무너뜨려 협상이 불가능한 상황이 발생할 수 있다.

5) 인질의 교환

인질을 교환하는 것도 일반적으로 협상 불가한 사항으로 여겨진다. 특히 인질을 석방하고 경찰관을 대신 인질로 잡는 것은 더욱 위험한 것으로 간주된다. 할리우드 영화에 보면 영웅적인 경찰 협상가가 인질을 석방하고 대신 자신을 인질로 잡으라고 요구하여 겁에 질린 인질들을 내보내고 자신만이 범인의 총구 앞에 남아 있는 경우를 자주 보게 된다. 그러나 FBI는 내부 규율로 절대 경찰관을 대신 인질로 제공하는 것을 금지하고 있다. 그럼에도 불구하고 경찰관이 인질로 잡히면 경찰관을 인질로 잡고 있는 범인 입장에서 보면 일반인을 인질로 잡았을 때보다 더 큰 불안감을 느끼게 된다. 자신이 조금이라도 한눈을 팔 때 경찰관이 공격을 하지는 않을까? 경찰관이 나에게 말을 시키면서 주의를 흩트려 놓는 사이에 전술팀이 쳐들어오는 것은 아닐까? 이런 여러 가지 불안감이 생길 수 있기 때문에 경찰관을 인질로 잡으면 범인의 불안감을 가중시키고 사소한 자극에도 과민 반응할 가능성이 더욱 커진다고 할 수 있다. 또 어떤 집단의 인질범들은 경찰관을 죽이는 것을 일반인을 죽이는 것보다 더 큰 업적쯤으로 여기기 때문에 인질이 된 경찰관을 죽이는 데 주저하지 않을 수도 있다.

인질범에 따라서는 자신이 원하는 특정한 사람 - 가족이나 친구, 변호사 등 - 을 인질로 들여보내라고 요구하는 경우가 있는데, 미국 미드웨스트에서는 인질범이 처음에는 한 명의 인질을 잡고 있었는데 계속해서 자신이 원하는 사람을 들여보내 달라고 요구하여 결국에는 마지막에 항복할 때 8명의 인질을 잡고 있었던 경우도 있었다(Lanceley, 2003). 협상가로서는 추가적으로 들여보낸 인질이 죽거나 다칠 경우 이에 대한 책임 문제가 대두되기 때문에 기본적으로는 인질을 교환하거나 추가적으로 더 들여보내는 일은 없어야 한다.

6) 기 타

많은 대상자들이 변심해서 도망간 아내나 옛 애인을 찾아달라는 이유로 위기 상황을 연출한다. 우리나라에서도 대구 팔공산 보성아파트 사건을 비롯해서 많은 사건들이 이러한 이유로 일어났다. 일반적으로 변심해서 도망간 아내나 여자 친구를 단시간 내에 되찾아오는 것은 거의 불가능에 가깝다. 대상자도 나름대로 그 여자를 찾기 위해 백방으로 노력하다가 실패했기 때문에 위기 상황이라는 극단적인 수단을 동원한 것이다. 그런데 설령 변심한 애인이나 아내를 데려왔다 하더라도 이 사람들과 대상자를 대면 접촉하거나 이야기를 나누게 하는 것은 매우 신중해야 한다. 협상에서 협상가와 대상자, 양 당사자 이외의 사람을 제3중재자라고 하는데 애인이나 아내도 이에 해당한다.

제3중재자에 대해서는 뒤에서 자세히 논의하겠지만 제3중재자를 투입하기 위해서는 아주 높은 수준의 주의를 요한다. 제3중재자를 투입함으로써 긍정적인 효과를 이끌어 낼 자신이 없을 경우 차라리 투입하지 않는 편이 낫다. 대상자들은 자신을 배신한 사람들에게 복수하려는 마음에서 그 사람들을 불러 놓고 그 앞에서 자살하는 모습을 보여 주고 싶어 하는 경우가 있다. 실제로 변심한 애인을 불러달라고 하여 어렵게 수소문하여 그 여자를 찾아서 사건 현장으로 데려와 만나게 해 주었더니 그 여자 앞에서 칼로 배를 가른 사건이 있었다. 미국의 한 경찰관은 헤어진 여자 친구의 집으로 찾아가 문을 발로 차 열고서 새로운 남자친구와 함께 있는 옛 여자 친구에게 "이게 네가 나한테 한 짓이야."라고 하면서 자신의 머리에 총을 쏘아 그 자리에서 즉사한 일도 있었다. 따라서 협상가들은 대상자가 특정한 사람을 데려오라고 요구하는 경우 그 이면에 숨은 의도가 무엇인지, 그 사람과 대상자의 관계는 어떠하였는지 등을 면밀하게 검토하여 이에 응할지 여부를 결정하여야 한다.

어떤 인질은 석방되기를 거부하기도 하고, 석방된 이후에 다시 들어가고 싶어 하기도 한다. 석방되기를 거부하는 인질들은 다른 인질들에 대한 책임감 내지는 연대감 때문에 자신만이 사지에서 빠져 나오기를 거부하는 경우이고, 석방된 이후에 다시 들어가고 싶어 하는 사람들은 밖에서보다는 안에서 더 많은 도움을 줄 수 있다고 생각하는 경우가 많다. 석방된 이후에 다시 들어가고 싶어 하는 사람은 일종의 스톡홀름 신드롬이 발생하지는 않았는지 자세히 살펴볼 필요가 있다. 어떠한 이유에서든 다시 사건 현장으로 들어가는 것은 인질을 추가하는 것과 같은 결과를 낳기 때문에 허용되어서는 안 되며, 자꾸 고집을 부릴 경우 현장에서 격리시켜 원거리의 안전한 장소로 이동시켜야 할 것이다.

3. 시간 지연 기법

1) 시간의 역할

위기 협상에서 시간의 중요성은, 특히 충동적인 인질극인 경우, 아무리 강조해도 지나치지 않다. 평상시 아무 일 없이 일상생활을 영위하는 사람들과 달리 위기 상황에 서 있는 사람들은 비교적 짧은 시간(몇 시간 정도) 안에 태도가 바뀔 수 있다. 대부분의 위기 상황이 촉발적 사건(Precipitating Event)을 매개로 일어나는데 이것은 마치 화로에 갑자기 기름을 확 부어 넣은 것과 같아서 순식간에 활활 타오르게 되는데 뜨겁게 타오르는 만큼 연료가 소모되면 자연히 불길이 사그라지게 되어 있다. 그래서 협상에서 Problem Solving보다 Ventilation이 더 중요하다고 하는 것이다. 사람의 감정이라는 것이 자동차와 비슷해서 계속해서 굴러가기 위해서는 연료가 필요한데 연료가 지속적으로 공급되지 않으면 언젠가는 자연히 스스로 멈추게 되어 있다. 감정적으로 극도로 흥분한 사람이 미쳐 날뛸 때 이에 맞대응을 해 주지 않고 가만히 놓아두면 언젠가는 제풀에 지치게 되는 것이 바로 연료가 바닥나기 때문이다. 그런데 그렇지 않고 누군가가 계속해서 감정을 자극하는 말을 하게 되면 지속적으로 연료를 공급하는 것과 같은 형국이 되는 것이다. 따라서 당신이 위기 협상에 대해서 아무것도 아는 것이 없다면 차라리 아무런 대응을 하지 말고 그저 시간이 지나가기만을 기다리는 자체로 효과가 있을 것이다.

시간이 흘러감에 따라 사람들은 기본적인 욕구와 필요가 늘어가고 이것들이 충족되어야만 한다. 시간이 지나가면 사람인 이상 배가 고파지고, 목이 마르며, 피곤해지고, 화장실에 가고 싶어지며, 담배를 피우고 싶다거나, 약물에 중독된 환자라면 약이 필요하게 된다. 이렇게 되면 처음에는 협상을 거부하던 대상자들도 협상가와 의사소통 채널을 구축할 필요를 느끼고, 자신의 요구 사항을 충족시켜 줄 수 있는 사람은 협상가밖에 없다는 사실을 인식하면서 시간이 흐를수록 협상의 헤게모니가 대상자에서 협상가 쪽으로 넘어가게 된다. 협상가들이 현장에 출동하여 대상자로부터 가장 첫 번째 듣는 말이 "꺼져"인 경우가 90% 이상일 정도로 대상자들은 협상가와의 대화를 처음에는 거부하는 경향이 강하다. 특히 위기 상황을 벌이고 있는 사람들은 경찰이 자신을 체포하러 왔다고 생각하기 때문에 어떻게 해서든 피하고 싶은 마음이 들기 마련이다.

따라서 처음에는 경찰 협상가를 거부하는 것이 어쩌면 매우 자연스러운 현상이라고 볼 수 있다. 그런데 막상 현장에 출동하여 대상자와 대화를 시도하려고 하는데 "꺼져 버려, 당신하고는 얘기 안 해!!!"라는 말을 듣게 되면 벽에 부딪친 것처럼 답답하고 막연한 생각이 들어 이걸 어떻게 풀어나가야 하는지 걱정이 앞서게 된다. 주위에는 서장님 이하 많은 직원들이 내 입만 바라보고 있는데 명색이 협상가라고 와서는 말 한마디 못하고 쭈뼛쭈뼛하는 인상을 주는 것 같아 등에는 식은땀이 흐르기 시작한다. 등 뒤에서 동료들과 상사들이 비웃는 소리가 들리는 것만 같다. 그러나 초기에 대상자가 협상을 거부하더라도 당황하지 말고 성급하게 대화를 시도하지 말아야 한다. 상사들에게는 위기 상황에 처한 사람들의 심리(Mentality)에 대해 설명해 주고, 지금은 대화를 거부하고 있지만 시간이 조금 지나면 서서히 대화에 응하게 될 것이라는 것을 이해시키도록 한다.

그러나 바쁜 현장에서 협상가들이 지휘관들에게 위기 상황에 선 사람들의 심리학적 측면까지 설명하는 것은 현실적으로 매우 어려우므로 일선 지휘관들이 협상의 기본적인 맥락을 사전에 학습하여 기본적인 이해를 하고 있다면 협상을 성공적으로 이끄는데 큰 도움이 될 것이다. 전술팀에서도 협상팀에서 지금 무슨 일이 일어나고 있는지, 시간은 왜 이렇게 많이 걸리는지에 대한 기본적인 이해를 하고 있어야 한다. 전술팀은 액션을 통한 호쾌한 진압을 주요 임무로 하는 사람들이고 그렇게 해야만 자신들이 빛나는데, 인질 상황이라고 출동했는데 하루 종일 총만 들고 대기하다가 협상으로 상황이 평화적으로 종료되어 집으로 돌아가야 하는 상황은 재앙(?)일 수도 있다. 그래서 전술팀의 액션맨들은 간혹 협상가가 입으로만 먹고산다고 뒤에서 놀리기도 한다. 따라서 성공적인 협상이 되기 위해서는 현장에서 함께 일하는 지휘관과 무력 진압팀 모두 협상 교육을 받아야 할 필요성이 있다.

시간이 지나게 되면 스톡홀름 신드롬이 발생할 가능성이 점점 커진다. 그런데 스톡홀름 신드롬과 관련해서 일반인들이 착각하고 있는 것 중 하나는 남자 인질범이 여자 인질을 잡으면 자연스럽게 스톡홀름 신드롬이 일어나는 것처럼 생각하는 경향이 있는데 - 이는 아마도 영화에서 인질범과 인질 사이의 사랑을 많이 묘사한 영향인 듯하다 - 실제로는 스톡홀름 신드롬은 그렇게 자주 발생하는 것이 아니다. 범인이 인질에게 신체적 위해나 모욕감을 주었다거나, 평소부터 잘 알고 지내는 사이라면 발생하지 않는다는 것이다. 따라서 가정 폭력이나 개인적인 다툼이 위기 상황으로 발전한 경우에는 스톡홀름 신드롬을 걱정하지 않아도 된다.

시간이 흘러가는 것의 또 하나의 장점은 협상이 실패하여 전술팀을 투입하기로 결정하더라도 전술팀 투입을 위해서는 내부 상황에 대한 정확한 정보를 수집하여야 하고, 진입시 발생할 수 있는 상황에 대해 미리 연습을 할 수 있으면 더욱 좋다. 특공대는 시간만 충분하다면 건물 내부의 가구 배치를 그대로 재연해 놓은 연습장에서 여러 가지 시나리오를 연습한 후에 실전에 돌입하고 싶어 한다. 혹시라도 발생할 수 있는 변수를 최대한 줄이기 위해서이다. 시간 지연이 전술팀에게 작전을 준비할 시간을 벌어주는 역할을 한다는 점에서 협상이 크게 보아 전술 작전의 한 축을 구성한다고 할 수 있고, 협상팀과 전술팀은 별개의 독립된 유닛들(Units)이 아니라 같은 목표를 위해 함께 일하는 한 팀이라는 사실을 상기시켜 준다.

FBI에서는 협상 교육시 교육생들에게 아래의 문장을 반복하도록 한다.

"Time is on our side! Time is on our side! Time is on our side!"

"시간은 우리 편이다."

비즈니스 협상과 달리 위기 협상에서 대개의 경우 시간은 우리 편이다. 따라서 사건 현장에 임하게 되면 조급한 마음을 갖지 말고 충분히 시간을 끈다는 생각을 가지고 협상에 임하는 것이 좋다.

2) 시간 지연과 관련된 문제점

시간은 경찰의 편이고 시간 지연에 여러 가지 장점이 있다고 했는데, 그렇다면 무한정 시간을 끄는 것이 좋기만 한 것일까?

물론 그렇지 않다. 일정 시간이 넘어서면 시간 끌기의 장점은 줄어들고 문제점들이 대두되기 시작한다. 우선 대상자, 협상가, 전술팀, 지휘관 등 협상과 관련된 모든 사람들이 지치기 시작한다. 미국에서 이제까지 가장 길었던 대치 상황 중의 하나인 왜코(Waco)사건은 38일 가까이 계속되었는데, 그냥 재미난 이야기 위주로 한담을 나누는 것도 아니고 목적의식을 가지고 최대한의 주의를 기울여서 누군가의 이야기를 들어준다는 것은 한두 시간 지속하기도 매우 어려운 일이다. 따라서 너무 오랜 시간 동안 협상을 진행하게 되면 사람인 이상 모두가 지치게 마련이므로 적설한 시간 내에 위기 상황이 마무리되는 것이 가장 바람직하다. 그러나 경찰이 원하는 대로 협상이 진행되지 않고 전술팀 투입도 어려울 경우 부득이 협상팀과 전술팀을 모두 교대시켜 주어야 하는데 8시간이나 12시간 등 지휘관의 현장 상황 판단에 따라 적절한 시간에 경력을 교체한다.

피로가 쌓이게 되면 우선 판단력이 흐려지게 되어 정확한 판단이 어려워질 수 있다. 시간이 많이 경과되어 지루하고 귀찮은 나머지 정상적인 상황이라면 해서는 안 될 일을 그냥 빨리 끝내고 집으로 돌아가고 싶은 마음에 그대로 결행해 버리는 경우가 발생할 수 있다. 피로가 심하게 누적되면 최악의 경우에는 일시적인 정신 착란 증세도 일어날 수 있다. 새벽 늦게까지 사건이 지속되고 오랜 시간 현장에서 대기하던 경찰관들 중에 어떤 물체가 자신들 앞을 빠르게 지나갔다고 착각하는 경우가 있다고 한다. 앞에서 언급한 것처럼 협상가는 대상자의 격앙된 감정을 진정시키고 제풀에 지치게 하고 싶어 하지만 이것은 적정한 수준에서 이루어져야 한다. 대상자도 지나치게 피로가 누적되면 정상적인 판단을 하지 못하고 자포자기한 심정에서 비이성적인 행동을 할 수 있다.

피로와 함께 지루함도 신중하지 못한 행동과 전문가답지 못한 행동을 유발할 수 있다. 대부분의 경찰관들, 특히 전술팀은 행동 지향적(Action-Oriented)인 경우가 많다. 일반적인 사람들보다는 활동적이고 운동도 좋아하는 사람들이 경찰관이 되는 경향이 있고, 그중에서도 가장 활동적인 사람들이 특공대가 되기 때문에 조용히 앉아서 협상가와 대상자가 오랫동안 대화하는 것을 기다리는 것에 매우 지루함을 느끼게 된다. 그래서 전술팀에서는 협상이 조금만 난관에 봉착하거나 안에서 위험한 상황이 발생할 기미가 보이면 전술팀을 투입하자고 주장하게 된다.

피로와 지루함은 내부 통제선과 외부 통제선의 구분도 불명확하게 만들 수 있다. 사건 발생 초기에는 내부와 외부 통제선을 엄격히 구분하고 외부 통제선 안에는 승인받은 사람들만 들어가도록 하여 제한된 인원만 그 안에 머무를 수 있었다. 그러나 시간이 지나면서 정보요원, 연락관 등 잠시 안으로 들어왔던 사람들도 굳이 나가라고 하기 전에는 그 안에 머무르고, 외부 통제선에 근무하던 직원들도 안에서 상황이 어떻게 진행되는지 궁금한 나머지 자리를 이탈해서 외부 통제선 안으로 들어와 나중에 보면 외부 통제선은 불분명해지고 내부 통제선에 지나치게 많은 사람들이 있게 된다. 이렇게 되면 혹시 범인과의 총격전이 시작되거나 난동이 벌어지면 외부 통제선 안에 들어와 있던 사람들이 다칠 수 있고 작전 수행에도 방해가 될 수 있다.

만약 인질이나 인질범 중에 다친 사람이 있다면 시간이 지나가는 것이 치명적이 될 수 있다. 인질범이 인질을 제압하는 과정에서 인질에게 부상을 입혀 출혈이 있다면 시간이 지나면서 과다 출혈이 되어 위험한 상황이 될 수 있기 때문에, 내부 상황을 정확히 파악하여 시간을 끌어도 문제가 없을 경우에만 시간 지연술을 써야 한다.

시간 지연에서 가장 현실적인 문제가 되는 것은 아마도 사건 해결에 대한 압박일 것이다. 사건이 발생하면 경찰 지휘관들은 무엇보다도 가장 빠른 시간 내에 해결되기를 원한다. 오랜 시간이 지나도록 사건을 해결하지 못하는 것은 시민들이 볼 때나 상부에서 볼 때도 무능의 표시인 것 같은 느낌을 주기 때문이다. 상부에서도 인질 사건이 발생하면 현장지휘관에게 연락하여 조기에 상황을 종료시키도록 종용하는 경우가 많기 때문에 현장지휘관은 상황 조기 종결에 대한 심리적 압박을 느끼게 된다. 현장지휘관에게 사건 조기 해결의 압력을 가하는 것은 조직의 상부뿐만이 아니다. 미디어에서도 사건이 빨리 해결되지 않으면 계속해서 보도를 내보내면서 경찰이 빨리 사건을 해결하지 못하고 전전긍긍하고 있는 것처럼 보도하는 경향이 있다. 대구 팔공산 보성아파트 사건 때도 대낮에 사건이 발생하여 저녁때가 다 되도록 대화의 진전이 없자, 해가 지기 전에 작전을 수행하는 것이 좋다는 판단 하에 내부 상황을 제대로 파악하지도 못한 채 무리하게 진입 작전을 수행했다가 범인이 인질의 목을 칼로 찌르는 일이 발생했다.

시간이 길어진다는 얘기는 봉쇄와 고립이 연장된다는 의미이므로 현장 주변에 거주하는데 안전상의 문제로 집에서 멀리 떨어진 곳으로 대피한 사람이라든가, 지나가는 차량에 위협이 되기 때문에 교통이 통제된 경우 시민들의 불편은 이루 말할 수 없이 커진다. 이럴 경우 오랫동안 시간을 더 끌게 되면 인내심의 한계에 부딪친 주민들과 미디어에서 사건의 조속한 해결을 종용하게 될 것이고, 경찰 입장에서도 시민의 지나친 불편을 그냥 묵과할 수만은 없어지게 된다.

이러한 문제점 이외에도 경찰관들의 초과 근무 수당 문제라든가 교대 인력의 확보 등 여러 가지 문제가 있을 수 있다. 또 미국의 경우 적게는 40% 이상 많게는 그보다 더 큰 비율의 협상 대상자들이 술이나 마약에 취해 있는데 시간이 지나면서 약물의 영향으로 상황이 더 악화될 것인지 아니면 호전될 것인지 판단이 어려운 경우가 많다. 이는 상황에 따라 각각 다를 수 있기 때문에 정신과 의사나 전문가들에게 자문을 구하는 것이 바람직할 것이나 이것이 불가능할 경우 현장에서의 판단에 따라 약물의 영향으로 통제 불능이 되기 전에 조기 진압하는 것이 옳을 수도 있다.

4. 요구 사항

위기 협상은 일반적인 협상과 그 맥락을 달리하지만 협상이 누군가와의 거래를 전제로 한다는 점에서는 일맥상통하는 점이 있다. 협상이라는 것이 누군가의 요구 조건이 있고 거기에 대한 자신의 입장과 의견을 제시하면 양 당사자 사이의 타협과 조정이 일어나는 것이다. 따라서 위기 협상에도 거의 필연적으로, 크든 작든 요구 사항이 제시되게 되고 이를 두고 대상자와 협상가 사이에 일정한 거래와 타협, 조정이 이루어지게 된다. 요구 사항이 이처럼 협상에서 피할 수 없는 요소이기는 하지만 협상가들은 되도록 요구 사항에 대해 이야기하는 것을 피하고 싶어 한다. 왜냐하면 위기 협상에서 제시되는 요구 사항은 대부분 협상가에게 부담을 주거나 들어주기 어려운 것일 경우가 많다. 예를 들어, 은행 강도가 인질을 붙잡고 자신들이 도주할 헬기와 돈 100억 원을 1시간 내에 마련해 주고 그렇지 않을 경우 인질을 10분에 하나씩 죽이겠다고 요구했다고 하자. 경찰이 그렇게 짧은 시간 내에 돈과 헬기를 마련하기도 어렵거니와, 인질범의 요구에 쉽게 응하게 되면 뉴스를 통해서 이를 본 다른 잠재적 범인들도 인질극을 벌이면 돈을 쉽게 벌 수 있을 것이라는 생각을 가지게 되고, 경찰은 이후에 더 많은 인질범을 상대해야 할 것이다. 요구 사항이 이처럼 크지 않고 작은 것이라도 부담스럽기는 마찬가지이다. 위의 예에서 대치 상황이 길어져서 배가 고프니 음식을 넣어달라고 하면 무슨 음식이 먹고 싶은지, 또 그 음식들은 어떻게 안으로 들여보낼 것인지에 대해서도 자세하게 범인들과 협의를 해야 한다. 미국 애리조나 교도소 사건 당시에는 범인들이 교도소의 감시 타워를 점령하고 간수들을 인질로 잡아 30일이 넘게 인질극을 벌였는데 어쩔 수 없이 매일같이 이들이 먹을 음식 주문을 받고 넣어 주는 일을 해야 했는데, 한 번은 다른 햄버거는 안 되고 꼭 'Subway' 햄버거를 먹고 싶다고 하여 사막을 횡단해서 다른 도시에 가서 그 햄버거를 사다 주는 해프닝도 있었다고 한다. 또 음식을 들여보낼 때도 범인들이 총을 들고 있기 때문에 로봇을 이용하여 타워까지 음식을 운반하였다. 후술하겠지만, 요구 사항에 최종 시한(Deadline)이 붙여지게 되면 협상팀은 매우 곤란하게 된다. 위의 예로 든 것처럼 1시간 내에 돈과 헬기를 마련하지 않으면 10분에 한 명씩 인질을 죽이겠다고 할 경우 1시간이 경과하였을 경우 인질의 목숨이 위태로운 상황이 발생할 수 있다.

이처럼 요구 사항은 대부분 경찰에 부담을 주기 때문에 되도록 협상가가 먼저 대상자에게 요구 사항이 무엇인지를 물어보지 않는 것이 좋다. 하지만 협상이 진행되다 보면 어떤 형태로든 대상자가 요구 사항을 내놓게 마련인데, 이 경우 기본적으로 일단은 '안 된다'라고 답하지 않는 것이 좋다. 이는 대상자를 자극하지 않기 위함인데 그렇다고 '안 된다'라고 하지 말라는 것이 '된다'라고 말하라는 의미는 아니다. 협상가는 요구 사항을 대할 때 항상 모든 가능성을 열어 놓고 융통성 있게 행동해야 하며, 협상가가 볼 때 전혀 실현 가능성이 없는 것일 지라도 그 자리에서 딱 잘라서 거부하거나 부정하지 않는 것이 좋다. 그러나 어떤 경우에는 대상자도 자신의 요구 사항이 터무니없고 실현 가능성이 없다는 것을 잘 알고 있는데 협상가가 마치 이것을 들어줄 것처럼 나올 경우, 전혀 자신의 요구 사항을 들어줄 의사가 없으면서 그 순간을 모면하기 위해 자신을 속이려 한다고 생각하게 되면 오히려 신뢰에 흠집을 내어 부정적인 결과를 가져올 수도 있다. 이러한 경우 어떻게 대응할 것인지는 협상팀 입장에서 매우 힘든 판단이 될 것이다.

요구 사항이 제시되었는데 이것이 들어줄 만하고 작은 것일 때, 예를 들어 마실 물과 담배를 요구한 경우, 이것을 그냥 아무 조건 없이 들어주는 것이 좋을까, 아니면 협상가가 이에 응해주는 대신에 대상자도 무언가를 내놓도록 하는 것이 좋을까? 어떤 사람은 아무 조건 없이 조그마한 것들은 그냥 주는 것이 신뢰 관계 형성에 도움을 줄 것이라고 주장하기도 한다. 그러나 대부분의 협상가들은 사소한 것이라도 인질범이 그것을 얻기 위해서는 자신도 무언가를 내놓아야 한다는 것을 인식하게 만드는 것이 중요하다고 한다. 즉, 협상이라는 것이 일방적인 관계(One-Way)가 아니라 쌍방적인 관계(Two-Way)이기 때문에 서로 주고받는(Give & Take) 관계가 형성되어야 한다는 것을 인식하도록 하는 것이 중요하다는 것이다. 만약 인질범이 자신이 원하는 것을 쉽게 얻게 될 경우 더 많은 것들을 요구하게 되고, 나중에 가서 중요하고 큰 것들이 충족되지 않았을 때 분노와 좌절감을 느끼고 극단적인 행동을 할 개연성이 커지게 된다. 따라서 작은 것 하나라도 그냥 인질범의 손에 쥐어주는 일 없이 일정한 노력을 기울이거나 반대급부를 주어야만 얻을 수 있도록 해야 한다. 예를 들어, 범인이 물과 담배를 원할 경우 이를 들여보내주는 대신에 인질과 통화할 수 있도록 해 주면 원하는 것을 주겠다고 하고, 범인이 이에 응할 경우 인질에게 "경찰이 당신들을 구하기 위해 지금 최선을 다하고 있으니 조금만 더 힘을 내라."고 격려의 말을 할 수가 있다.

인질의 요구 사항에 쉽게 굴복하고 무엇이든 다 들어주는 것은 자신이 '통제권(Control)'을 쥐고 있다는 생각을 고착화할 우려가 있다. 인질범은 총을 쥐고 있기 때문에 자신이 다른 사람을 통제하고 있고 또 그렇게 할 수 있다는 생각에 사로잡혀 있는 경우가 많다. 이렇게 상황을 통제하고 있다는 범인의 생각은 현실적으로 사건 현장 안에서만큼은 사실이기 때문에 일정 부분 이를 인정해 주는 것이 좋다. 후에 자세히 논의하겠지만 범주설정(Boundary Setting) 차원에서 봉쇄 상황 안에서의 통제권은 범인이 쥐고 있고, 그런 만큼 그 안에서 일어나는 모든 상황에 대한 책임 또한 범인에게 있다는 것을 주지시킬 필요가 있다.

인질범은 자신이 사건 현장에서 무슨 일을 벌이더라도 그것이 자신의 책임이라고 인정하기보다는 경찰이 자신을 압박해서, 아니면 인질이 지나치게 저항해서라는 식으로 다른 사람에게 죄책(Guilt)을 떠넘기려고 하는 경향이 있다. 만약 경찰이 이를 인정하여 어떤 일이 벌어지더라도 범인은 전혀 책임이 없고 경찰의 책임이라고 하면 범인은 더욱 쉽게 아무런 죄책감 없이 극단적인 행동을 취할 가능성이 커진다. 따라서 범인의 통제권은 인정하고, 그 권한에 상응한 책임이 따름을 명심하도록 하는 것이 중요한다. 그러나 범인이 자신의 물리적 지배력이 미치는 곳을 넘어선 범위까지 - 협상팀이나 통제선 밖에 있는 사람들 - 완전한 통제권을 행사할 수 있다고 믿게 하는 것은 문제를 야기할 수 있다.

대다수의 범인들이 경찰에게 가장 처음 하는 말이 '꺼져'라고 하였는데, 이때 범인의 심기를 건드리지 않기 위해 "알았다, 경찰은 물러가겠다."라고 거짓말을 하게 되면 범인도 경찰이 사건 현장을 내버려두고 갈 리 만무하다는 것은 잘 알고 있고, 시간이 지나도 경찰이 물러가지 않으면 협상가에 대한 신뢰를 상실하고 더 이상의 협상은 어려워질 것이다. 따라서 이러한 경우에는 적당히 얼버무리려 하지 말고 현실 확인(Reality Check)을 해주는 것이 좋다. "경찰은 시민의 안전을 위해 사건을 해결해야 하는 것을 당신도 잘 알고 있지 않느냐. 사건이 해결되기 전까지 우리는 절대로 물러가지 않을 것이지만, 대화가 계속해서 이루어지는 한 진입 작전을 시도하지도 않겠다."라고 하여, 누가 보아도 분명한 현실에 대해서는 있는 그대로 인정하고, 협상에 응하는 한 무력 진압을 하지 않을 테니 대화에 응하는 것이 좋을 것이라는 무언의 압박도 가할 수가 있다. 통제라는 문제도 현실 확인의 경우처럼 인질범이 무한대로 소유하는 것이 아니라 일정한 한계가 있음을 알려줄 필요가 있기 때문에 인질범의 모든 요구 사항에 대가 없이 응하는 것은 통제에 대한 잘못된 인식을 심어줄 수 있다는 측면에서 지양되어야 한다.

협상가는 자신을 기본적으로 좋은 의도를 가지고 인질범을 이해하고 공감해 주며 이야기를 잘 들어주는 사람이지만, 이와 함께 단호할 때는 단호하고 강인하며, 마음을 터놓고 다가갈 수 있지만 함부로 할 수 없는 권위를 가지고 있고, 이 분야에 전문적인 지식을 가지고 있는 사람으로 보이도록 이미지를 형성하여야 한다. 그런데 무조건 인질범의 요구에 굴복하는 것은 이러한 이미지 형성에 배치된다고 할 수 있다.

이렇게 작은 요구 사항 하나를 관철시키는 데도 노력을 기울여야 하고, 쉽게 얻을 수 있는 것이 아무것도 없다는 것을 차츰 인식하게 되면, 처음에 자신이 인질극을 벌이면 원하는 것은 무엇이든 이루어질 수 있을 것 같은 착각에서 점점 깨어날 수 있게 된다.

요구 사항이 제시되었다는 것은 협상 과정에서 매우 중요한 사건이기 때문에 모든 요구 사항이 제시된 시각과 내용, 그리고 만약 최종 시한이 붙어 있다면 최종 시한과 함께 상황판에 기록됨과 동시에 지휘부에 보고되어야 한다. 협상가들은 범인들과 이야기한 사항, 특히 요구 사항에 대해서는 절대 잊어버리지 않을 것 같지만 시간이 지나고 스트레스가 많아지면 잊어버리게 되고 사건이 종료되고 나중에 법정에서 이에 대해 진술해야 할 경우가 생길 수도 있다. 같은 이유에서 요구 사항에 대해서 무언가를 범인에게 응해 주었다면 이것에 대해서도 자세히 기록해야 한다.

아무리 사소한 요구 사항이라 할지라도 별로 중요하지 않다고 취급하고 무시해서는 안 된다. 협상가가 볼 때는 사소하고 의미 없어 보이는 요구 사항이라도 대상자에게는 큰 의미가 있을 수 있다. 협상에서 중요한 것은 나의 현실 인식이 아니라 대상자의 현실 인식이다. 협상가의 현실 인식을 중심으로 대상자와 이야기를 하면 대상자를 이해하기가 매우 어렵고 오히려 대상자를 비난하고 싶어질 때가 많다. 그렇게 되면 자신도 모르는 사이에 대상자를 질책하고 말싸움을 벌이게 된다. 이럴 경우 우리가 목표로 하는 신뢰 관계 형성은 저만치 멀어졌다고 보아야 한다. 따라서 세상을 어떻게 이해하고 어떻게 평가할지에 대한 나의 견해는 잠시 접어두고, 대상자의 관점에서 대상자의 잣대로 세상을 보도록 노력하며, 협상에서 중요한 것은 나의 현실 인식이 아니라 대상자의 현실 인식이라는 점을 다시 한 번 명심해야 한다.

대상자와 인질을 일부 석방하는 데 합의가 된 경우 몇 명의 인질을 석방할지는 범인이 먼저 얘기하도록 유도하는 것이 좋다. 범인은 인질을 두 명 정도 풀어 줄 생각이었는데 협상가가 한 명만 풀어달라고 하면 범인으로 보아서는 굳이 두 명을 풀어 줄 필요는 없으므로 한 명만 풀어 줄 수가 있다. 협상가는 인질들이 범인에게 주관적으로 얼마나 가치가 있는지 알 수 없기 때문에 범인으로 하여금 구체적인 숫자를 먼저 제시하도록 하고 이를 바탕으로 더 풀어 줄지 말지를 협상하는 것이 좋다.

대상자가 한 번 언급했다가 한동안 얘기하지 않은 요구 사항에 대해서는 협상에 도움이 되지 않는 한 먼저 꺼내는 일이 없도록 해야 한다. 이것은 앞에서 요구 사항을 경찰이 먼저 물어보지 않는 것이 좋다는 것과 같은 맥락이다. 요구 사항을 중심으로 협상을 진행하면 협상가에게 여러 가지 부담이 가중되기 때문이다.

대상자가 제시할 요구 사항에 대해서 미리 몇 가지 대안을 준비하는 것도 좋은 방법이 될 수 있다. 그러나 대안을 선정하고 제시하는 데에는 최대한 신중을 기해야 한다. 대상자가 정신분열증이나 편집증을 가지고 있는 경우 좋은 의도로 제시한 협상가의 대안을 나쁜 쪽으로 해석하여 분노를 나타낼 수도 있다. 그리고 대상자들은 협상가에게 실제로 협상가가 가진 권한보다 더 많은 권한을 부여하는 경우가 많기 때문에 무언가 일이 잘못되면 모든 책임을 협상가에게 돌리려는 경향이 있고, 더 심한 경우는 협상가가 자신을 함정에 빠뜨리기 위해 계략을 꾸몄다고 생각하기도 한다. 따라서 대안 제시는 신중하고 주의 깊게 이루어져야 한다.

5. 최종 시한

협상 대상자들은 요구 사항을 제시하면서 최종 시한을 붙이기를 좋아한다. 그냥 무엇을 해 달라고 하는 것보다는 시한을 정하는 것이 기다리기 덜 지루하고 자신의 의사를 상대방에게 더 강력하게 표현할 수 있을 것이라는 심리가 작용하기 때문일 것이다. 대상자는 최대한 빨리 이 불안한 대치 상황에서 벗어나고 싶기 때문에 요구 사항이 관철될 때까지 마냥 기다리고 있을 수는 없을 것이다. 그러나 협상가의 입장에서 보면 요구 사항에 최종 시한이 붙는 것 자체가 굉장히 부담스럽다. 만약 그 시간까지 요구 사항을 들어주지 않으면 인질이 죽는 등의 큰 문제가 발생할 수 있기 때문에 요구 사항을 들어주든지 아니면 무력 진압에 나서든지 결정을 해야 하지만 어느 것도 현장 사정상 녹록지 않을 수 있다. 최종 시한에 대한 FBI 가이드라인은 최종 시한이 도래하기 얼마 전에 대상자에게 말을 걸어 자연스럽게 대화를 유도하여 대화 도중에 최종 시간이 도과하도록 만들라고 주문하고 있다. 양 당사자 모두 최종 시한이 도과하고 있다는 것을 알고 있지만 여기에 대해서 드러내 놓고 이야기하지는 않는다. 이때 협상가는 대상자와 대화시에 최종 시한에 대해 언급하지 않도록 주의해야 한다. 이렇게 무사히 최종 시한이 도과하고 대상자가 이에 대해 문제를 제기하지 않으면 최종 시한까지 어떤 요구 사항을 들어주지 않으면 인질을 해하겠다는 협박을 실행에 옮기지 않을 가능성이 커진다.

협상가는 자신이 먼저 나서서 언제까지 무엇을 해 주겠다고 약속해서는 안 된다. 예를 들어, 협상가가 10분 이내로 커피를 들여보내 주겠다고 약속하였다고 하자. 만약 10분 이내로 커피가 전달되지 않으면 대상자는 협상가가 거짓말을 했다고 생각하고, 이것이 자신의 주의를 의도적으로 다른 곳으로 돌리려고 한 말로 생각할 수 있다. 이렇게 사소한 일 때문에 생긴 불신으로 인해 신뢰 관계에 금이 가게 되고 결국 협상을 통한 평화적 사건 해결은 그만큼 멀어지게 될 수 있다.

6. 대상자의 욕구

협상가는 대상자가 협상을 통해 자신의 욕구를 충족시킬 수 있는 유일한 사람이 된다. 협상가의 임무 중 하나는 대상자의 욕구를 파악하고 이를 사건 해결에 도움이 되는 방향으로 사용하는 것이다. 대상자의 욕구는 흔히 도구적 욕구(Instrumental needs)와 표현적 욕구(Expressive needs)로 구분된다. 도구적 욕구는 물리적인 것들로 물, 음식, 돈, 담배 등 눈으로 보이고 손으로 만질 수 있는 것들을 말한다. 이에 반해 표현적 욕구는 사랑, 애정, 권한, 자기 존중, 소속감 등 눈에 보이지 않는 주로 감정과 관련된 욕구들을 말한다. 협상가는 이 두 가지 종류의 욕구들을 모두 파악하려고 노력해야 하지만 많은 사건들이 단순히 감정적인 문제 때문에 발생하기 때문에 표현적 욕구를 파악하는 데 더 많은 신경을 써야 한다. 어떤 경우에는 순전히 표현적 욕구를 충족하기 위해서 인질극을 벌이기도 한다.

한 남자가 같은 장소에서 세 번의 인질극을 벌인 적이 있다. 그런데 처음 두 번은 같은 장소에서 일어났는데 대상자는 그곳과 어떠한 관련도 없었다. 협상가들은 대상자가 그 장소를 택한 유일한 이유는 방송국 바로 건너편이라는 것을 알아냈다. 실제로 그의 요구 사항은 매번 비슷했다. 자신의 옛 친구들, 가족들과 이야기하게 해 달라는 것이었다. 대상자의 요구대로 가족과 친구들은 그와 이야기를 했다. 그들은 대부분 "왜 이러니? 그 사람들을 다치게 하지 마. 우리는 너를 사랑해."라고 했고, 그들의 애정을 충족한 대상자는 순순히 항복하였다.

도구적 욕구를 파악하는 것은 비교적 간단하다. 도구적 욕구는 목이 마르다거나 담배가 필요하다는 등의 것들이기 때문이다. 그러나 표현적 욕구는 인간의 숨겨진 감정과 관련되기 때문에 어떤 욕구를 가지고 있는지를 정확히 알아낸다는 것은 쉬운 일이 아니다. 예를 들어, 대상자가 자신은 강한 사람이기 때문에 어느 누구의 관심도 필요 없다고 말했다고 하더라도 전체적인 그 사람의 태도와 행동으로 볼 때 사실은 누구보다도 주변 사람들의 관심과 애정을 간절히 원하고 있는 것을 알아낼 수도 있다. 이럴 경우 겉으로 하는 말과 속으로 숨기고 있는 감정이

다르기 때문에 그 사람의 진정한 표현적 욕구가 무엇인지 알아내기 어려운 것이다.

대상자가 표현적 욕구들에 대해 이야기하기 시작했다면 협상에 진전이 있다고 보아도 될 것이다. 왜냐하면 사람들은 자신이 믿고 의지할 수 있는 사람에게만 표현적 욕구들에 대해 이야기하는 경향이 있는데, 표현적 욕구들은 지극히 개인적인 것이므로 이런 것들에 대해 협상가와 이야기하기 시작했다는 것은 일정 부분 신뢰 관계(Rapport)를 형성했다고 볼 수 있는 것이다.

표현적 욕구에 접근할 수 있는 또 다른 방법은 대상자가 약간의 전문 지식을 가지고 있는 분야를 찾아내는 것이다. 예를 들어, 대상자가 중고차 세일즈맨이라고 한다면 "우리는 지금 당신의 요구 사항대로 해 줄 수 있는 방법을 찾고 있습니다. 그런데 뭐 좀 물어봐도 될까요?", "뭡니까?", "중고차 판매를 하시고 계시죠?", "그런데요.", "제가 중고차를 하나 사려고 하는데 어떤 차를 살지 몰라서요.", "무슨 차종을 원하시나요?" 이렇게 되면 대상자와 협상가는 차종별 장단점과 가격대, 성능 등에 대해 한동안 이야기를 나눌 수 있을 것이다. 누구나 자신이 잘 아는 분야에 대해서 이야기하기를 좋아한다. 또 상대방이 그 얘기를 듣고서 자신을 그 분야의 전문가로 인정해 주고 자신의 풍부한 지식에 감탄하고 존중하는 마음을 표시해 준다면 훨씬 기분이 좋아진다. 따라서 협상가는 자신의 관점에서 자신의 이야기를 하려는 생각을 버리고 대상자의 관점에서 대상자가 흥미 있어 하는 주제를 찾도록 노력해야 한다.

그런데 이러한 대화 방식, 즉 내가 아니라 상대방의 관심 사항에 대해서 이야기하고 상대방의 이야기를 성심성의껏 잘 들어주는 것은 위기 상황에 선 사람들뿐만 아니라 평범한 사람들도 모두 좋아한다는 것이다. 사람들은 대부분 남의 이야기를 들어 주기보다는 자신의 이야기를 하고자 한다. 평소에 자신의 이야기를 귀담아 들어주고 호응해 주는 사람을 만난 경험이 별로 없기 때문에 누군가 자신의 이야기에 귀를 기울여 주고 자신을 인정해 주면 이것은 매우 특별한 경험으로 다가오게 된다.

결혼 생활을 오래한 부인들에게 남편에 대한 가장 큰 불만이 무엇이냐고 물어보면 대부분의 부인들이 "우리 남편은 도대체 내 이야기를 들어주지 않아요."라고 할 것이다. "그럼 결혼 전에도 그랬나요?"라고 물으면 대부분 그때는 얘기도 잘 들어주고 해 달라는 것도 다 해 주었다고 한다. 그러나 결혼해서 오랜 세월을 같이 살면서 남편들은 점점 연애 시절에 구애를 하기 위해 취했던 낮은 자세를 버리고 고압적인 자세로 변해 가고 더 이상 아내의 이야기를 귀담아 들으려 하지 않는다. 여기서 모든 불화가 시작되고 시간이 지날수록 대화의 벽이 쌓여간다. 자녀들도 커가면서 부모들, 특히 아버지와 대화의 장벽이 생기는 경우가 많다. 아이들이 커서 청소년기가 되면 자아의식이 강해지고 이성에 눈을 뜨면서 학교와 가정에서 가하는 제재를 벗어나 독립적으로 행동하고 싶어 한다. 그러나 부모들은 이러한 생각과 행동에 제재를 가하고 항상 공부하라는 소리만 반복하고 학생이 왜 이성 친구를 사귀거나 머리를 기르면 안 되는지 잔소리를 늘어놓기 일쑤이다. 아버지는 아이들이 지금 진정으로 하고 싶은 것이 무엇이고 어떤 고민을 가지고 있는지에 관심이 없다. 오로지 자신의 관점에서 아이들이 빗나가지 않고 공부 잘해서 좋은 대학에 가는 데만 관심이 있다. 아이들은 한 번도 아버지가 자기들의 관점에서 이야기를 해 본 적이 없고 자신들의 고민과 정신적 갈등 등이 인정받아 본 적도 없기 때문에 점점 더 아버지와 대화를 하기 싫어진다. 많은 아버지들이 아이들이 점점 자기에게서 멀어져 가는 것을 느끼지만 무엇이 어디에서부터 잘못되었는지는 잘 알지 못한다. 단순히 사춘기 반항쯤으로 치부해 버리고 대화를 단절하고 방안에 틀어박혀 있는 아들을 "숫기가 없네, 사회성이 없네." 하고 나무란다.

남자들에게는 세월이 흘러가면서 남의 말을 귀담아 듣기보다는 자신의 이야기를 더 많이 할 수 있는 여건이 형성되어 간다. 가정에서는 가장이므로 자연히 더 많은 발언권이 주어지고, 아이들은 어리므로 그 아이들의 의견을 듣기보다는 당연히 부모로서 자신의 아이디어를 아이들에게 주입하려 한다. 직장에서는 나이가 들면서 점점 더 지위가 올라가기 때문에 부하 직원들이 더 많아지고 이에 따라 듣기보다는 남에게 말을 더 많이 하는 위치로 옮아가게 된다. 따라서 남성은 특히나 세월이 흐를수록 내 이야기를 많이 하지 남의 말을 잘 듣지 않는 습관이 자연스럽게 형성될 수 있는 환경에 놓이게 된다. 이렇기 때문에 본인 스스로 노력하지 않으면 적극적 청취(Active Listening)는 점점 더 멀어져 가고 이를 통해 얻을 수 있는 공감대 형성, 나아가 신뢰 관계 형성 또한 점점 요원해 진다. 여기에 위기 협상 전문가가 아니라도 협상 교육을 받아야 하는 이유가 있다. 위기 협상 기법은 위기 상황뿐만 아니라 일상생활에서 대인 관계를 개선하고 삶의 질을 높이는 데 중요한 역할을 할 수 있기 때문이다.

미국의 한 경찰서에서 직업이 목수인 사람을 붙잡아 수갑을 채워 놓은 채로 조사를 하고 있었다. 경찰관은 그에게서 커다란 사냥용 칼을 압수하여 자기 책상 서랍에 넣어 두었는데 문을 제대로 닫지 않았었다. 경찰관이 잠시 한눈을 판 사이 피의자는 칼을 꺼내 들고 자신의 배에 갖다 대고 자살을 하겠다고 위협하였다. 만약 피의자가 이대로 자살을 한다면 담당 경찰관은 자신의 부주의로 인해 피의자가 칼을 손에 넣을 수 있었고, 경찰서에서 조사 중에 자살을 한 것이므로 중징계를 피하기 어려운 상황이었다. 이 상황에서 조금만 대응을 잘못하면 경찰 생활에 큰 오점을 남기고 조직에서 발전하는 데 큰 장애가 될 것이 분명했다. 경찰관은 침착하게 피의자와 대화를 시도했고 어느 정도 대화가 진행된 후에 "당신은 목수라고 했는데 제가 지금 우리 집 뒷마당에 화단을 꾸미려고 합니다. 그런데 저는 못도 하나 제대로 박지 못하거든요. 안사람이 저보고 남자가 어째 그러냐면서 놀리는데, 당신은 어떻게 그런 일을 배우셨나요?"

피의자는 자신이 어디서 어떻게 목수 일을 배웠는지 말한 후에 경찰관에게 어떤 형태의 화단을 원하느냐고 묻고는 그것보다는 이런 것이 좋으며 어떤 식으로 하면 더 예뻐 보인다는 등의 이야기를 한참을 나누었고, 결국 칼을 내려놓고 순순히 위기 상황을 끝냈는데, 마지막에 경찰관에게 "나중에 제가 나오게 되면 화단을 한번 직접 봐 드리고 싶군요."라고 했다고 한다(Lanceley, 2005).

이처럼 대상자가 관심 있고 자신 있어 하는 분야에 대해 질문을 하고 이에 대한 그의 조언을 구하는 것은 여러 가지 측면에서 의미가 있다. 우선 대화를 길게 끌 수 있어 시간을 연장하고 대상자에게 말을 많이 하여 감정을 배출(Ventilation)하게 하는 효과가 있다. 그리고 공권력의 권위를 가진 경찰관이 위기 상황을 연출하고 있는 자신에게 조언을 구한다는 자체가 자기 존중감(Self-Esteem)을 높여 주고 자신감을 심어 주며, 자신을 인정해 준 협상가에 대한 호감을 갖게 하여 궁극적으로 신뢰 관계 형성에 큰 도움을 줄 수 있다.

7. 대면 접촉

협상은 기본적으로 대면 접촉을 하지 않은 상태에서 이루어지는 것이 보통이다. 협상은 일반적으로 봉쇄, 고립 상태에서 이루어지기 때문에 대상자와의 대면 접촉이 어려운 경우가 대부분이고, 대상자가 총을 가지고 있다면 반드시 비대면 접촉 상태에서 협상을 하여야 한다. 그런데 인질 협상을 다룬 할리우드 영화에서 보면 용감한(?) 협상가들이 생명의 위협을 무릅쓰고 인질범이 겨누는 총구 앞에 무방비 상태로 몸을 내놓고 인질을 구하기 위해 줄타기 협상을 벌이는 경우가 비일비재하다. 저자가 본 거의 모든 영화에서 협상가들은 총을 가진 대상자들과 대면 협상을 실시한다. FBI에서는 분명하게 원칙적으로 대면 협상을 실시하지 않는 것으로 가이드라인을 정하고 있는데 왜 할리우드 영화에서는 꼭 인질범과 마주하는 것일까?

가장 첫 번째 이유는 주인공인 협상가가 안전한 방어막 뒤에서 전화로만 범인과 대화를 하는 것은 비겁하고 영웅적이지 못해 보이기 때문이다. 두 번째는 주인공과 대립되는 위치에 있는 인질범이 서로 마주하고 눈빛을 교환하는 장면이 있어야만 극적인 효과와 긴장감을 더할 수 있기 때문이다. 이러한 이유들로 인해 영화 속 협상가들은 원칙을 깨뜨리고 범인의 총구 앞에 - 방탄복도 입지 않은 경우가 많다 - 맨몸을 내놓고 협상을 벌인다. 그러나 실제 상황에서는 협상가가 범인의 총구 앞에 몸을 노출하고 협상을 벌이는 위험천만한 상황을 허락할 지휘관도 없으려니와 그렇게 할 협상가도 잘 없을 것이다.

그러나 그럼에도 불구하고 상황에 따라서는 부득이 대상자와 대면 접촉을 한 상태에서 협상을 하여야 할 경우가 발생한다.

대면 접촉은 인질을 잡고 있는 인질범보다는 건물 옥상이나 절벽에서 뛰어내리려고 하는 자살 기도자 등과 시도하는 경우가 많고, 다음과 같은 사항들을 고려하여야 한다.

- 대면 접촉과 비대면 접촉의 장단점을 항상 신중히 비교, 검토한다.
- 사전에 대상자로부터 협상가의 안전에 대한 확약을 얻어내야 한다.
- 인질범이 총을 겨누고 있는 것을 알고도 신체를 노출해서는 안 된다.
- 협상가는 대상자에게 결코 등을 보여서는 안 된다. 얼굴을 보이지 않으면 얼굴을 보일 때보다 거리낌 없이 사람을 해칠 수 있기 때문이다.
- 부득이 대면 접촉을 하더라도 항상 퇴로를 확보하고 몸을 은폐할 수 있는 곳을 확보하고 있어야 한다.
- 대상자가 2명 이상인 경우 둘 이상의 사람에게 한꺼번에 주의를 기울이는 것은 불가능하므로 한꺼번에 둘 이상의 사람들과 대면 접촉 협상을 하여서는 안 된다.
- 협상가는 '개인 공간'에 대해 인식하고 있어야 한다. 누구나 일정 범위 안으로 다른 사람이 들어오면 불편함을 느끼게 되는데, 편집광이나 겁에 질린 사람들은 일반인들보다 이 공간이 더 크다. 대상자가 뒤로 물러나면 협상가는 더 다가서지 않도록 해야 한다.
- 대면 접촉을 실시하더라도 반드시 몸을 보호해 줄 수 있는 은폐물이 있어야 한다. 은폐물은 단순한 장막과는 구분되어야 한다. 콘크리트 벽은 은폐물이 될 수 있지만, 관목 숲은 장막은 될지라도 은폐물은 되지 못한다. 적당한 은폐물이

없다면 총알이 관통할 수 없는 것을 인위적으로 세우야 한다. 적절한 방어물을 찾지 못한다면 특공대가 보유하고 있는 방탄방패를 사용할 수도 있다. 우리나라는 총기 소유가 불법이기 때문에 총기 상황은 별로 없을 것이라고 속단하지 마라. 수렵 총기를 이용한 살인 및 상해 사건도 심심치 않게 발생하고 있고 조직폭력배 등은 불법 밀반입된 총기를 소지하고 있는 경우도 있기 때문이다.

- 협상가 자신의 불안감 레벨을 평가해야 한다. 협상가 자신이 대면 접촉에 불안함을 느끼고 상황을 안전하게 해결할 자신이 없다면 대상자에게 모든 일이 잘될 것이라는 확신을 심어 주기 어렵다. 따라서 협상가는 객관적인 상황뿐만 아니라 자신의 오랜 경험에서 얻은 경찰관으로서의 육감을 무시하지 말아야 한다.
- 협상가도 내부 통제선 안에서는 방탄복 등 안전장구를 착용하여야 하며 무기를 휴대하여야 한다. 협상이 실패하면 언제든지 무력 진압이 이루어질 수 있고, 협상가도 전술 작전의 한 요소이기 때문에 무장을 하고 있어야 한다. 협상가는 무장을 하지 않아야 한다는 것은 진부하고 위험한 생각이다.
- 협상가가 내부 통제선 안에 있을 때는 모든 행동이 전술팀과 협의 하에 지휘관의 승인을 받고 이루어져야 한다.
- 협상가는 대상자의 폭파 협박이 거짓일 것이라고 단정해서는 안 되며 항상 사실을 가능성을 염두에 두고 협상에 임해야 한다(Lanceley, 2003).

8. 언론 대책

언론 대응은 인질범과의 협상만큼이나 중요한 부분이라고 할 수 있다. 다른 경찰 업무도 모두 마찬가지이지만 업무 처리를 잘해 놓고도 언론 대응이 제대로 되지 않아 오보가 나가거나 왜곡된 사실이 전달되어 곤혹을 치르는 경우가 많다. 따라서 적절한 언론 대응이 이루어져야 하는데 우선 외부 통제선 바깥에 미디어라인을 설치하고 이곳에서 언론 보도관이 현재 상황에 대해 정확하게 브리핑을 해야 한다. 언론 보도는 다른 사건의 경우와 마찬가지로 창구를 단일화하여 한 사람을 통해서 일관된 보도가 나가도록 하고, 방송에 나가면 사건 해결에 곤란을 주는 사항이 아니라면 되도록 모든 상황에 대해 사실대로 전달하여 불필요한 추측성 보도가 나가지 않도록 해야 한다. 경찰에서 발생 사건에 대한 정확한 정보를 주지 않을 경우, 미디어에서는 자기들 나름대로 현장 관계자와 주변 사람들, 사건 관계자 가족들과 인터뷰를 해서 이를 여과 없이 방송하고, 이렇게 되면 시청자들에게 왜곡된 정보가 전달되어 여러 가지 혼선이 초래될 가능성이 커진다.

경찰은 사건과 관련된 내용뿐만 아니라 경찰의 기본적인 활동 사항에 대해서도 알려주는 것이 좋다. 미국의 한 교도소에서 인질 사건이 발생하였는데 별다른 언론 홍보 없이 많은 경력이 현장에 집결하자 미디어에서는 무력 진압이 임박한 것 같다는 보도를 내보냈고, 안에서 TV를 보던 인질범들이 깜짝 놀라서 무기를 들어 대항할 준비를 하는 일이 발생했다. 협상가들은 인질범들에게 근무 교대 시간이 되어서 다음 팀이 도착하여 업무 인수인계를 하다 보니 사람이 많아진 것처럼 보이는 것일 뿐 무력 진압을 하기 위한 것은 아니라고 흥분한 범인들을 진정시켜야만

했고 범인은 협상가들에게 언론 관리를 똑바로 하라며 핀잔을 주었다.

협상이라는 것은 본래 시간이 많이 걸리고 조용하며 외부에서는 무슨 일이 일어나고 있는지 잘 모르게 모든 일이 진행된다. 그런데 TV에서는 조용한 협상보다는 액션이 있는 무력 진압이 더 좋은 뉴스거리가 되기 때문에 이러한 장면을 놓치고 싶어 하지 않는다. 따라서 무력 진압이 시작되면 스나이퍼팀과 전술진입팀의 활동 사항을 낱낱이 카메라에 담아 방송에 내보내려고 한다. 그런데 경찰의 일거수일투족을 범인들이 안에서 보고 있다면 진입팀을 공격하는 것이 매우 용이해지고 경찰은 큰 피해를 입을 것이다. 이런 문제 때문에 인질 상황이 발생하면 일단 현장을 봉쇄·차단하는 것이 필요하고, 이러한 봉쇄·차단에는 전화선과 TV선을 끊는 것이 필요하다는 것이다. 요즘은 휴대폰에 DMB가 장착되어 있기 때문에 과거처럼 전화선과 TV선을 자른다고 해서 모든 문제가 해결되지 않는다. 따라서 무력 진압 작전을 시작하기 전에는 미디어와 충분한 협의를 한 후 방송에 내보내도 될 부분과 그렇지 않은 부분을 명확히 하고, 작전에 방해가 될 소지가 많다면 방송을 자제할 것을 당부할 필요가 있다.

언론은 기본적으로 사건 해결보다는 특종이 될 만한 뉴스거리를 찾는 데 더 관심이 있으므로 경찰과는 사건을 대하는 관점이 근본적으로 다르다는 것을 명심해야 한다. 따라서 경찰과는 어떤 선까지만 보도를 하기로 했다고 해서 그러한 약속들이 다 지켜진다고 생각해서는 안 된다. 미국의 한 지방에서 협상가가 무전기를 통해서 대상자와 대화를 하고 있었는데 이 주파수를 알아낸 라디오 방송국에서 이를 청취하고 일부를 방송에 내보낸 경우도 있다고 한다.

9. 의료적인 문제들

사건 발생 초기에 협상가는 의료적인 문제를 가지고 있는 사람이 있는지를 확인하여 보는 것이 좋다. 여기에는 인질들뿐만 아니라 인질범도 포함된다. 의료적인 문제라는 것은 평소 앓고 있던 병에서부터 사건 발생시 당한 부상이나 협심증, 호흡 곤란, 두통 등 갑작스런 일을 당하여 생긴 모든 종류의 의학적 문제점을 포함한다.

상황이 발생한 지 일정 시간이 경과하고 다소 안정이 되면 대상자는 괜찮은지 물어본 후, 부상당한 인질의 현재 상태와 다른 인질들에게는 변화가 없는지 알아보도록 하여야 한다. 만약에 출혈이 있는 사람이 있다면 시간이 경과할수록 생명이 위험해질 수 있으므로 빨리 치료를 받도록 해야 하고, 지병이 있어서 규칙적으로 약을 복용해야 하는 사람들이 있다면 이들에게 약이 지급될 수 있도록 해야 한다. 인질범으로 하여금 인질들에게 질환이나 현재 몸 상태에 대해 물어보도록 유도함으로써 인질범이 인질들을 단순히 납치의 대상이 아닌 인격체로서 인식함으로써 쉽사리 인질을 해치지 못하게 하는 효과를 거둘 수 있다.

그런데 신체적인 이상이나 지병이 없더라도 목숨이 위태로운 상황에 갑자기 부닥치게 되면 평소에 자신은 잘 알지 못하던 스트레스 증후군들이 나타날 수 있다. 이러한 스트레스 증상에는 손과 몸의 떨림, 두통, 흉통, 호흡 곤란, 천식 발작, 속 쓰림, 극심한 복통, 심장 마비 등 다양한 증상이 있다.

범인들이 아무리 계획을 잘 짜고 범행을 저지르더라도 일반적으로 범행 과정 중에 사람들이 다쳐서 치료가 필요한 상황이 닥칠 것이라는 것은 잘 예상하지 못한다. 협상가들은 빨리 치료를 요하는 사람부터 우선적으로 석방해 줄 것을 인질범과 협의하여야 한다. 치료가 필요한 사람부터 석방시키는 것은 협상팀 입장에서 가장 성사시키기 쉬울 뿐 아니라 인질범의 입장에서도 아픈 사람 때문에 주위가 산만하고 인질들 사이에서 동요가 일어나기 때문에 그 안에 계속해서 데리고 있기 싫어하는 경향이 있다. 따라서 아픈 사람을 우선 석방하도록 협상하고 이것이 성공하면 다른 인질들도 석방할 수 있는 초석이 놓이게 된다. 한 번 인질을 석방하게 되면 그 다음에 인질을 추가적으로 석방하는 것은 처음처럼 어려운 일이 아니다. 성벽을 한 번 무너뜨리기가 어렵지 한 구석이라도 무너지면 조금씩 계속해서 무너지는 것과 같은 맥락이다.

인질 석방을 협상하면서 주의할 점은, 협상가가 인질들의 안위만 걱정하고 인질범은 전혀 배려하지 않는 듯한 모습을 보여서는 안 된다는 것이다. 은행 강도와 같이 인질과 인질범 사이에 별다른 원한이나 감정적 골이 없는 경우에는 인질범으로 하여금 인질에게 주의를 기울이도록 하는 것이 크게 문제될 것이 없지만, 인질범이 인질에 대한 복수심이나 악감정으로 인질극이 벌어진 경우에는 인질범으로 하여금 인질에게 주의를 기울이도록 하는 것은 오히려 상황을 더 나쁜 쪽으로 몰고 갈 가능성이 있다. 이런 경우는 인질보다는 인질범의 감정 상태, 그의 이야기에 귀를 기울이고 인질범의 문제를 함께 해결하는 데 주력해야 한다. 협상가는 당연히 인질의 상태가 궁금하고 그의 안위가 걱정되지만 위기 상황을 유발하게 된 근본적인 이유는 인질범의 분노, 절망, 좌절 등이므로 여기에 초점을 맞추어 협상을 진행하고 인질에게 지나친 관심을 보이는 것은 주의해야 한다.

10. 무응답 상황

간혹 경찰이 현장에 출동하였는데 안에서 아무런 응답이 없는 경우도 있고, 한동안 협상에 응하던 대상자가 돌연 아무런 응답을 하지 않는 경우도 있다. 이런 경우 대상자가 이미 도주를 했거나, 처음부터 아무도 없었던 경우도 있고, 대상자가 중간에 자살을 한 경우도 있을 수 있다.

대상자는 여러 가지 이유에서 경찰이 내는 소리를 듣지 못할 수가 있다. 거리가 너무 멀거나 음악이나 TV를 너무 크게 틀어 놓았다거나 단순히 농아나 청각장애인이어서 그럴 수도 있다. 실제로 협상가들은 농아나 청각장애인이 개입된 위기 상황을 만나는 경우가 있다. 그리고 요즘처럼 외국인이나 이민자가 많은 상황에서는 언어상의 문제로 경찰이 하는 말을 알아듣지 못해 응답을 하지 않는 경우도 발생할 수 있다. 이외에도 대상자가 기절을 하거나 잠이 든 경우도 있고 약에 취해 비몽사몽인 경우도 있다.

어떤 사람들은 경찰에 발각되기 싫어서 숨어 있으려는 생각에 대답을 안 하는 경우도 있고, 가만히 있으면 경찰이 가버리지 않을까 하는 생각에서 숨죽이고 있는 경우도 있다. 어떤 대상자들은 자신이 두려움에 떨고 있는 것이 목소리에 나타나고 경찰이 이를 알아낼까봐 그러기도 하고, 어떤 대상자들은 저격수들이 자신의 소리를 듣고 위치를 파악하여 총을 쏠까봐 겁내기도 한다. 가정 폭력 사건의 경우에는 가해자들이 자신이 무엇을 잘못했는지, 왜 남의 집에 와서 경찰이 참견을 하는지 알 수 없어 그냥 응답하지 않는 경우도 있다.

그리고 흔한 경우는 아니지만 대화에 응하다가 갑자기 조용해지면 대상자가 죽은 것으로 생각한 전술팀이 안으로 진입할 것이고 이를 유리한 위치에서 기다리고 있다가 공격하기 위한 경우도 있다. 따라서 집 안에서 총성이 들렸다고 해서 대상자가 자살했다고 속단하지 말고 협상가는 계속해서 응답을 얻어내도록 노력해야 한다. 대상자가 말을 할 수 없는 상황에 놓여 있을 수도 있으므로 "제 말이 들린다면 커튼을 흔들어 주세요."라거나 "손을 흔들어 보세요."라는 등의 신호를 보내는 방법을 사용하여야 한다.

11. 지휘관에 의한 협상

만약 지휘관이 직접 협상에 나선다면 어떨까? 우리나라에서는 아직 체계적인 위기 협상이 이루어진 적이 거의 없어 사건이 발생하면 수사과장이나 서장이 직접 인질범과 대화를 시도한 예가 적지 않다. 현장 사정이 급박하게 돌아가다 보니 부하 직원들에게만 상황을 맡겨 놓을 수 없었기 때문이겠지만 과연 이것이 좋은 결정이었을까?

일반적으로 협상 분야에는 "지휘관은 협상하지 않고, 협상가는 지휘하지 않는다."라는 격언이 있다. 여기에는 몇 가지 이유가 있는데 첫째, 협상을 하게 되면 상황의 전체적인 맥락을 파악하기 힘들다. 지휘관은 협상뿐만이 아니라 전술팀의 배치와 정보요원들이 파악해 오면 부대적인 정보들과 협상 내용을 전체적으로 종합하여 의사결정을 해야 하는데, 협상을 하다 보면 대상자의 이야기에만 귀를 기울여야 하므로 종합적인 판단이 어렵다.

둘째, 협상가는 의사결정을 하기 전에 한 번 더 신중하게 생각할 필요가 있는데 자신에게 의사 결정권이 없음을 이유로 대상자에게 시간을 줄 것을 요구하고 팀 동료들 및 지휘관과 사안에 대해 논의할 수 있다. 그리고 대상자가 어려운 요구 사항을 제시하였을 경우 자신에게는 의사 결정권이 없음을 이유로 지휘관에게 대상자의 요구 사항을 전달하고 이것이 관철되도록 노력하여 보겠다는 중재자의 위치를 견지할 수 있다. 이렇게 해서 만약 요구 사항이 관철되면 협상가의 노력으로 성사된 것으로 그 공을 협상가의 몫으로 돌릴 수 있고, 만약 잘 안 되더라도 이것은 협상가의 잘못이 아니라 지휘관이 허락을 하지 않아서이기 때문에 이에 대한 비난에서 자유로울 수가 있다.

앞에서도 언급했듯이 협상가는 대상자의 신뢰를 얻기 위하여 좋은 일은 모두 자신의 공으로 돌리고, 나쁜 일은 다른 사람의 탓으로 돌리는 것이 일정 부분 필요하다. 이것이 일상생활에서는 매우 안 좋은 태도일지 모르지만 위기 상황에서 대상자의 신뢰를 얻고 '협조자' 내지는 '조력자'로서의 위치를 점하기 위해서는 이러한 작업이 어느 정도 필요하다. 사람들은 일반적으로 상대방이 어떤 부탁을 할 때 얼굴을 마주 대하고는 'No'라고 말하기 무척 어려운 경우가 많다. 그런데 위기 협상시에는 대상자가 무리한 요구를 하는 경우가 많기 때문에 'No'라고 말을 해야 하는데, 협상가의 입에서 이 말이 자주 나오면 신뢰 관계 형성에 악영향을 주게 되기 때문에 되도록 하지 말아야 한다. 이렇게 하지 않을 수 있는 좋은 방법 중의 하나가, 협상가는 대상자의 편에서 노력했으나 지휘관이 반대하여 어쩔 수가 없었다면서 지휘관이 악역을 맡게 하는 것이다.

셋째, 협상은 일정한 훈련을 받아야 할 수 있고, 한 번 익힌 협상 기술이 영원토록 남아 있는 것이 아니라 반복해서 훈련하지 않으면 금방 사라지는(Perishable) 것이기 때문에, 협상 훈련을 받지 않았고 실전 경험도 없는 지휘관이 협상을 하게 되면 실패할 가능성이 매우 높고, 그동안의 실제 사례들도 이를 뒷받침해 준다.

12. 협상가의 전술적 역할

협상가는 위기 상황에서 대상자와의 협상을 주도하는 사람이지만 사건 해결을 위한 전체적인 전술 작전의 일부이기도 하다. 모든 사건이 협상에 의해서만 해결되지는 않으며 협상이 불가능한 상황도 있고 협상이 잘 진행되다가도 결렬되는 상황에 부딪칠 수도 있는데, 이럴 때에는 전술팀을 투입하는 수밖에 없고 전술팀은 협상이 진행 중이더라도 상황이 급변하면 언제든지 무력 진압을 할 수 있는 준비를 하고 있어야 한다. 따라서 협상가는 전체적인 경찰 작전의 한 요소로서 전술 작전의 성공률을 높이기 위하여 일정한 역할을 해 주어야 하는데, 다음과 같은 방법들을 통해 전술팀을 도울 수 있다.

1) 협상을 통한 정보 수집

향후 작전 수행을 위한 중요한 정보들이 대상자의 입을 통해 나온다. 정보요원들이 주변 인물들과 기록을 통해 정보를 수집해 오기도 하지만 내부 상황에 대한 결정적인 정보는 대상자의 입을 통해 나오는 경우가 많으므로 협상가는 전술적 정보를 획득하려는 노력을 기울여야 한다. 이러한 정보에는 대상자에 관한 직접적인 정보, 공범자들에 대한 정보, 인질의 숫자, 소지하고 있는 무기의 수량과 종류, 대상자와 인질 사이의 거리 등이다. 협상가가 일반 전화를 통해 대상자와 대화를 한다면 음성을 통해 듣는 내용만으로 내부의 상황을 판단할 수밖에 없지만, 협상 장비인 Throw-in Phone을 내부에 들여보내 대상자와 이를 통해 대화를 한다면 카메라를 통해 내부 상황을 볼 수 있으므로 전술 작전에 결정적인 정보를 제공할 수 있다.

그리고 협상의 결과, 인질 중 일부가 석방된다면 내부 상황에 관한 결정적인 정보를 제공할 수 있으므로 인질 중 일부를 석방하도록 범인을 설득하는 것은 전술적으로도 매우 중요한 의미를 지닌다. 그리고 석방된 인질들은 외부에서 파악한 정보들의 신빙성도 입증하여 줄 수 있다.

감시 카메라 등을 통해 내부 상황을 볼 수 없을 때에는 음식물이나 음료수 기타 대상자들이 필요한 물건을 전달해 주면서 내부 상황을 조금이나마 엿볼 수 있다. 그리고 사건 현장으로부터 수거한 음료수 병이나 담배꽁초 등을 통해 지문 감식과 DNA 분석을 하여 대상자의 신원을 확인할 수도 있다. 협상가는 또 전술팀이 실수로 내는 소음에 대해 적절히 변명을 하여 대상자가 민감하게 반응하는 것을 차단할 수 있다.

2) 시간 지연

협상가의 시간 지연 기법은 대상자의 감정적 수위를 낮추어서 이성적인 대화가 가능하고 이를 통해 대화로 사건을 평화적으로 해결하는 데 도움을 주기도 하지만, 전술팀에게 작전 실행을 준비할 수 있는 시간을 벌어 주기도 한다. 전술팀은 절대로 현장에 도착하자마자 내부로 진입할 수는 없다. 내부 상황이 정확히 파악되지 않은 상태에서 무리하게 진입을 하다가는 인질과 인질범 모두 크게 다칠 가능성이 크다. 내부 구조와 가구 배치는 어떠한지, 인질범과 인질의 숫자와 위치, 출입구와 창문의 위치, 진입을 위한 최선의 시나리오 등이 확실하지 않으면 진입을 할 수가 없다. 그리고 이 모든 정보가 파악되더라도 바로 진입하는 것이 아니라 작전 수행시 최대한 실수를 줄이기 위하여 가급적 예행연습을 할 필요가 있는데, 이렇게 하기 위해서는 상당한 시간이 필요하다. 따라서 협상가는 최대한 시간을 끌어서 전술팀의 작전 수행을 도와주어야 한다.

3) 기 타

공격이 시작되기 전에 범인의 주의를 분산할 수 있는 것을 만들어 주어야 한다. 인질범이 마음을 놓고 감시를 게을리할 수 있도록 재미있는 대화를 유도하는 등의 방법으로 대상자의 주의를 분산시켜야 한다. 사무엘 잭슨이 출연한 'Negotiator'라는 영화에서 인질범의 주의를 분산시키기 위해서 해병대에서 자주 쓰는 농담을 주고받으면서 웃고 있는 사이에 저격수가 인질범을 쏘아 쓰러뜨리는 장면이 나오는데 이런 방법으로 인질범의 가드(Guard)를 잠시 내릴 수 있는 방법을 마련하여야 한다.

한동안 협상이 중단되었다면 공격이 시작되기 얼마 전에 다시 협상을 재개하여 인질범과 인질의 최종적인 위치와 상태 등을 파악하고, 인질범과 인질의 거리를 이격시킬 수 있는 묘책을 마련해야 한다. 충주 예성여고 사건 당시에는 교실에서 여고생들을 칼로 위협하면서 인질극을 벌이던 범인을 제압하기 위해서 범인에게 창문으로 물건을 건네주면서 와서 받아가라고 하여 범인이 다가왔을 때 전술팀이 문을 부수고 진입하여 안전하게 범인을 제압하고 인질을 구했다. 그러나 내구 필공신 보성아파트에서는 인질과 인질범 사이의 거리를 이격시키는 사전 작업 없이 창문으로 레펠링을 통해 진입하였으나 방충망이 설치되어 있어 단번에 진입하지 못해 인질의 목이 칼에 찔리는 사태가 발생했었다. 따라서 공격을 개시하기 전에 인질이 가능한 가장 안전한 공간에 위치해 있고 인질범과의 거리가 최대한 이격되어 있어야 한다.

공격이 임박하면 대상자가 요구했던 사항들에 대해 수용하는 등의 방법으로, 예를 들어 이동할 수 있는 차량을 제공하겠다고 약속하여 대상자가 승리하였다는 생각에 빠져 경계심이 약해지도록 한다. 협상 타결 조건 등 사태를 해결하기 위한 마지막 조건들에 대해 이야기하는 것도 좋은 방법 중의 하나이다. 타결 조건에 대해 이야기를 시작하면 대상자는 경찰에서 사건을 협상을 통해 해결하려고 한다고 믿고 주의를 게을리하게 될 것이다.

협상은 개인플레이가 아니라 팀플레이(Team Effort)이기 때문에 협상의 논리만을 고집할 수 없고 그렇게 해서도 안 된다. 가장 바람직한 것은 대화를 통해 평화적으로 사태를 해결하는 것이지만, 협상이 불가능한 상황도 많이 존재하므로 항상 차선책인 전술 진압을 가정하고 협상에 임해야 한다. 협상가가 없다면 전술팀의 진압 작전의 성공률은 크게 낮아질 것이다. 그만큼 협상가가 진압 작전에서 차지하는 비중이 크다고 할 것이므로 전술 작전의 한 구성 요소로서의 임무를 소홀히 하지 말아야 할 것이다.

13. 초동 조치자를 위한 가이드라인

화재가 발생해도 최초 5분 이내의 대응이 가장 중요하다고 한다. 만약 이 시간 내에 주변에 있는 사람이 불을 발견하고 진화를 잘하게 되면 불길은 의외로 쉽게 잡힐 수 있지만, 초기에 화재에 대해 대응을 제대로 하지 못하면 불길은 걷잡을 수 없이 커지고 나중에 소방관들이 오더라도 이미 때가 없게 돼 버리는 경우가 많다. 위기 협상도 이와 마찬가지로 사건 현장에 가장 먼저 도착하게 되는 것은 훈련받은 협상가가 아니라 순찰차를 타는 지구대나 파출소 요원이거나 형사계에 근무하는 형사들이다. 이들은 대부분 협상 교육을 받지 않았기 때문에 이런 상황에 어떻게 대응해야 하는지 전혀 모르고 있다. 이들도 기본적인 협상 교육을 받는 것이 바람직하겠지만 그것이 어려울 경우에는 아래와 같은 정도의 기본적인 사항들에 대해서만 숙지하는 것도 상황을 유지하고 이후에 협상가가 바통을 이어받아 대화를 통해 사건을 해결하는 데 큰 도움을 줄 수 있을 것이다.

1) 최초 대응

신고를 받고 현장에 출동하게 되면 가장 먼저 하여야 할 것은 사건 현장을 봉쇄하고 고립시키는 것이다. 사건 현장이 봉쇄/고립되어야만 피해 확산을 방지하고 범인의 도주를 차단할 수 있다. 가능한 한 모든 자원을 동원하여 일단 현장을 봉쇄하고 주민들을 대피시키며 폴리스라인을 설치하여 주민들이 사건 현장으로 출입하는 것을 통제하여야 한다. 통제선은 내부 통제선과 외부 통제선으로 이루어지는데 핵심요원들을 제외하고는 모두 외부 통제선 바깥에 위치하도록 한다.

2) 평정심 찾기

처음 현장에 도착해서 기본적인 조치를 취하고, 지령실에 상황을 보고하여 지원을 요청하며 상황을 평가하여야 한다. 인질사건의 처음 몇 분 동안은, 특히 우발적인 위기 상황의 경우에는 더욱더, 대상자가 극도의 흥분 상태나 강렬한 감정에 휩싸여 있기 때문에 정상적이고 이성적인 사고가 불가능한 상태이므로 일단 흥분을 가라앉히고 평정심을 찾는 데 초점을 맞추어야 한다. 대상자는 자신이 봉쇄되었다는 사실이 점점 분명해짐에 따라 이 상황을 벗어나기 위해 더욱 더 난폭하게 행동하고 거칠게 나올 수 있을 것이다. 그러나 당황하지 말고 상대를 통제하기 전에 일단 자신을 통제하는 것이 필요하다. 궁극적으로는 대상자를 통제하는 것이 목적이지만 상황 초기에 흥분한 대상자를 통제하여 경찰관의 말을 듣게 하는 것은 거의 불가능하므로 일단 자신을 통제하여야 한다. 그런데 말이 쉽지 흥분해서 누군가가 나에게 소리 지르고 협박을 하거나 총을 쏘아 대면 나 스스로를 통제하고 평정심을 유지한다는 것은 매우 어렵다. 그렇기 때문에 현장에 도착하게 되면 "스스로를 통제하라(Control Yourself)."고 속으로 되뇌면서 자신을 먼저 진정시키도록 한다.

일단 어느 정도 상황이 안정되면 대상자와 대화를 시도하게 되는데 처음에 말을 걸 때 어떻게 시작을 하여야 할지 매우 난감할 것이다. 많은 대상자들이 경찰관에게 가장 처음 하는 말이 "꺼져"인데 상대방이 이렇게 나오면 말문이 막혀서 어떻게 이야기를 해야 할지 막막하기만 한데 이럴 때에도 이에 굴하지 않고

"저는 ○○경찰서에서 나온 ○○○입니다."

"우리는 당신을 도와주기 위해 여기에 왔습니다."

"우리는 아무도 다치는 것을 원하지 않습니다."

"일단 마음을 가라앉히시고 대화로 해결하시죠."

등의 문장으로 대화를 시도한다. 일단 대상자가 흥분을 누그러뜨리고 대화에 응하여 대화가 시작되면, 우선 함부로 원하는 것이 무엇인지 물어보지 않도록 주의한다. 대부분의 경우 훈련받지 않은 사람들은 일단 상대가 무엇을 바라고 이런 일을 벌이고 있는지를 파악하고 싶어 하고 어쩌면 그것이 매우 당연한 일일지도 모른다. 하지만 앞에서 설명한 것처럼 위기 상황에서 요구 사항이라는 것들은 대부분 경찰관의 입장을 난처하게 만들고 들어주기 어려운 것들이 대부분이기 때문에 가능한 대화를 요구 사항 중심으로 끌어가기를 원하지 않는다. 따라서 요구 사항이 무엇인지 경찰관이 먼저 이야기를 꺼내지 않도록 주의하면서

"무엇 때문에 이런 일이 벌어지게 되었나요?"

"저에게 어떻게 된 일인지 말해 주실 수 있나요?"

등의 문장으로 사건이 일어나게 된 배경을 파악하도록 한다. 위기 상황은 대부분 지난 24시간 이내에 촉발적인 사건(Precipitating Event)이 있기 마련인데, 이것을 파악하는 것이 사건 해결에 결정적인 단서가 된다. 대화를 할 때는 되도록 상대방이 말을 많이 하도록 '개방형 질문'을 하고, 경찰관은 대상자를 훈계하거나 설득하려 하지 말고 대상자의 이야기를 열심히 들어주도록 한다. 대상자가 말을 많이 하다 보면 흥분된 감정들이 가라앉고 여러 가지 정보를 파악할 수 있게 해 준다.

대상자와 초동 조치자 사이의 최초의 대화는 향후 협상에 지대한 영향을 미치게 된다. 대상자의 입장에서는 순찰 근무자이든 전문 협상가이든 아니면 경찰서장이든 모두 같은 경찰관이기 때문에 순찰 근무자가 말실수를 한 것들은 신경 쓰지 않고 협상가가 한 말들만 문제 삼는 것이 아니다. 따라서 초동 조치자가 협상의 근간을 깨뜨리는 일들을 할 경우 이후의 협상은 아무리 유능한 협상가가 오더라도 회복하기 어려워지게 된다. 이러한 일들은 현장에서 자주 발생하는데, 대구에서도 유사한 일이 벌어졌었다. 한 남자가 자신의 내연녀가 돈을 떼어 먹고 도망가자 그녀의 아이들을 인질로 잡고 난동을 부리기 시작했다. 신고를 받고 나간 형사반장이 아파트 경비실에서 그 집으로 전화를 걸어 인질범과 대화를 시도하였는데 자신의 내연녀를 잡아오라고 하자 자기가 데려오겠다고 하고서 얼마 있다가 내연녀가 도착했으니 나와서 이야기하자고 하자 인질범은 여자를 올려 보내라고 했다. 그러나 도주한 여자를 그렇게 단시간에 찾았을 리가 만무했다. 이 상황을 모면해 보기 위해 거짓말을 한 것이었기 때문에 당연히 여자를 올려 보낼 수가 없었고, 형사반장에게 속았다고 생각한 범인은 더 이상의 대화를 거부하였고, 이후에 형사과장과 경찰서장까지 와서 범인에게 내연녀를 찾아줄 테니 좋게 말로 하자고 설득하였으나 도리어 언성만 높아질 뿐 전혀 말이 통하지 않았었다. 이 사례에서 형사반장이 거짓말을 한 것은 대상자와의 신뢰 관계(Rapport) 형성을 가로막는 매우 부적절한 행동이었고, 경찰서장이 직접 범인을 설득한 것도 바람직하지 않은 선택이었다. 이처럼 초동 조치자가 결정적인 실수를 할 경우 이후에는 아무리 노력해도 돌이키기 어렵기 때문에 초동 조치자의 협상에서의 역할은 매우 중요하다고 하겠다.

3) 후속 대화

초기 대화가 성공하고 어느 정도 평정심을 찾으면 다음과 같은 점들에 유의하면서 상대방을 설득하기 위해 말을 많이 하기보다는 대상자의 이야기를 잘 들어주도록 한다. 2001년 HOBAS에 의하면 사건의 92%가량이 뚜렷한 목적 없이 감정적인 문제로 발생하였다고 한다. 따라서 특별히 문제 해결을 위한 대안을 제시할 필요 없이 대상자의 감정적인 문제들을 잘 들어주고 공감해 주는 것만으로 상황이 평화적으로 종료될 수 있다.

- 적극적 청취 기법을 사용하라.
- 대상자의 감정에 귀를 기울이고 공감해 주도록 한다.
- 해결책이 아니라 희망을 제시하는 데 초점을 맞추어라.
- 상황 진행 속도를 늦추고 가능한 시간을 지연하도록 한다.
- 신뢰 관계를 형성·유지하도록 하라.
- 사람의 생명을 구하기 위한 경우가 아니면 거짓말을 하지 마라.

- 당신이 대상자를 도와주기 위해 이곳에 와 있음을 인식하게 하라.
- 비난적이거나 평가적이 되지 마라(Non-judgemental).
- 위기 상황에서 중요한 것은 협상가가 아니라 대상자의 가치와 감정이 중요하다.
- 대화를 통해 내부 상황에 관한 정보를 파악하라.
- 요구 사항이나 최종 시한 등 중요한 정보들을 기록하라.
- 경찰관이 먼저 요구 사항을 물어보거나 최종 시한을 설정하지 않도록 하고, 되도록 최종 시한을 명시적으로 받아들이지 않도록 한다.

4) 교체 문제

초동 조치자가 성공적으로 협상의 물꼬를 텄다면 나중에 전문 협상가가 도착하였을 때 교체를 할 것인지 아니면 초동 조치자로 하여금 계속해서 협상을 하도록 할 것인지가 문제시된다.

우선 초동 조치자와 대상자가 어느 정도의 신뢰 관계를 형성하였고 대화가 잘 진행 중이라면 전문 협상가와 교체하는 것이 오히려 협상에 악영향을 미칠 수도 있다. 대상자는 다른 사람과 처음부터 다시 이야기를 해야 하기 때문에 스트레스를 받을 수 있고, 사람이 교체 투입되는 것이 지극히 공식적이고 격식적인 관공서의 행태처럼 보여 거부감이 느껴질 수도 있다. 따라서 여건이 허락한다면 이런 상황에서는 초동 조치자에게 코치를 해주면서 협상을 계속하도록 할 수도 있다.

그러나 이 방법은 먼저 초동 조치자가 제대로 된 협상 훈련을 받지 않은 사람일 경우, 이제까지는 잘 끌어 왔지만 중간에 결정적인 실수를 하여 협상이 결렬되거나, 대상자가 극단적인 행동으로 나아가 불행한 사태가 발생할 수도 있다. 그렇게 되면 훈련받지 않은 경찰관을 협상가로 투입한 데 대한 책임 문제가 발생하게 될 것이다. 따라서 이러한 문제를 방지하기 위해서는 훈련된 협상가로 교체하는 것이 좋은데 이렇게 할 경우 대상자가 납득할 수 있는 적절한 변명을 하여 거부감 없이 교체를 받아들일 수 있도록 해야 할 것이다.

14. 상황전개의 표지

1) 상황 진전의 표지들

초기의 흥분된 상태가 어느 정도 가라앉고 대화가 잘 진행되고 있다고 가정하고 상관이 와서 협상이 어떻게 진행되고 있는지, 진척은 있는지에 대해 물어보면 어떤 점들을 근거로 협상이 잘 진행되고 있다고 이야기할 수 있을까? 막연히 협상이 잘 되어 가고 있다는 것은 설득력이 별로 없고 협상가 스스로도 어느 정도 진척이 있는지 정확히 가늠하기 힘들다. 이러한 문제를 해결하기 위하여 아래와 같은 상황 진전의 표지들의 리스트를 만들어 놓고, 현재 상황이 여기에 해당할 경우 이를 표시하여 상사들에게 브리핑하면 훨씬 더 체계적이고 일목요연하게 상황의 진척 정도를 이해시킬 수 있고 본인 스스로도 협상이 제대로 된 방향으로 나아가고 있는지 여부를 판단할 수 있다. 한 가지 주의할 점은 아래의 표지들에 해당하는 일들이 발생하였다고 하여 항상 상황이 사건 해결의 방향으로 일관성 있게 나아가지 않는다는 것이다. 상황은 좋아졌다가 나빠지기를 반복하면서 요동치기 때문에 지속적으로 상황을 평가하여야 하며, 표지 현상들을 지나치게 단정적으로 받아들여서는 안 된다.

가. 상황 진전 표지 현상

- 협박과 폭언이 점차 순화되는 경우
- 협상 대상자가 자신의 개인사를 언급하는 경우
- 감정적 대화 내용이 이성적인 것으로 바뀌는 경우
- 위기 상황과 관련이 없는 주제에 대해서 대화하려 하는 경우

나. 협상 대상자의 대화 태도의 변화

- 조용해진 목소리
- 느려진 말의 속도
- 점점 길어지는 대화 시간
- 협상요원이나 경찰과 대화하고자 하는 태도

다. 기타 상황 진전의 기미

- 폭력적인 행동의 감소
- 인질 석방
- 최종 시한이 경과하여도 아무런 사건이 발생하지 않는 경우
- 협상요원과 협상 대상자 간에 친밀한 관계가 형성되는 경우
- 협상요원의 제안들을 받아들이려는 태도

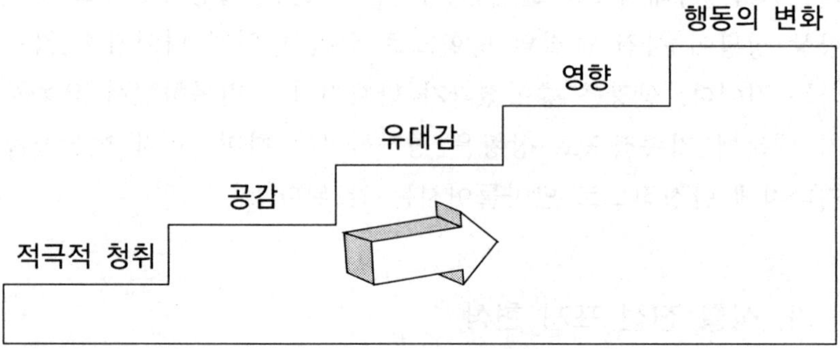

【협상에 의한 협상 대상자의 행동 변화 단계】

자료출처 : 경찰청(2005: 46)

2) 협상의 중단을 요구해야 할 경우

협상가의 자리에 앉으면 모든 사람들이 자신의 입만을 바라보고 있는 것처럼 느껴지기 때문에 무슨 말이든 계속해서 해야 할 것만 같은 압박감을 느끼게 마련이다. 그러나 협상이라는 것이 아무 때나 끊임없이 계속해서 대화를 나누어야 하는 것은 아니다. 필요한 경우에는 말을 끊고 잠시 생각할 시간이나 휴식 시간을 갖는 것이 필요한데, 아래와 같은 경우들이 그러한 때에 해당한다.

- 청취하고 습득한 내용의 검토가 필요한 경우
- 요구 사항의 변화 분석이 필요한 경우
- 전술과 전략의 재검토가 필요한 경우
- 실현 가능한 대안 모색이 필요한 경우
- 좀 더 설득력 있는 대화 내용 연구가 필요한 경우

- 구체적인 질문 구성이 필요한 경우
- 새로운 요구 사항과 사태에 대한 대처 방안 결정이 필요한 경우
- 기존 정보에 대한 논의가 필요한 경우
- 양보의 한계 설정과 이에 따른 새로운 전략 논의가 필요한 경우
- 정책이나 관련 법률 검토가 필요한 경우
- 협상요원 및 협상 대상자 등이 휴식이 필요한 경우

15. 항복시 고려사항

협상이 잘 진행되어 대상자가 애초의 의도를 포기하고 무기를 내려놓고 경찰에게 항복하기로 결정하였다면 협상은 매우 성공적이었다고 할 수 있다. 그러나 교통사고도 집을 나와서 5분과 집에 돌아오기 5분 전에 가장 많이 발생하고, 축구도 처음 5분과 마지막 5분에 골이 많이 나는 것처럼, 협상에서도 처음과 마지막에 변수가 발생할 가능성이 매우 크므로 대상자가 항복하기로 약속했다고 해서 마음을 놓아서는 안 된다. 최대한 신중을 기해 항복 계획을 짜고 조심스럽게 이를 이행하여야 한다.

우선 무엇보다도 항복 단계는 천천히 진행해야 한다. 협상 대상자는 항복하고 싶지만 어떻게 해야 하는지를 모르고 있을 수 있고 극도의 불안감을 느낄지도 모른다. 투항에 따른 유리한 점을 강조하고 어떻게 하면 안심하고 나올 수 있는지 물어야 한다. 협상 대상자가 항복 계획 수립에 관여하게 해야 한다.

항복 단계의 고려 사항은 다음과 같다.

- 협상 대상자를 계획에 동참하게 한다.
- 자신의 운명을 스스로 통제할 수 있다고 느끼게 한다.
- 제안된 계획에 이견이 있는지 질문한다.
- 협상 대상자의 관점과 의견을 존중한다.
- 협상 대상자 자신이 위기 현장으로부터 안전하게 나오는 과정을 구체적으로 상상할 수 있도록 돕는다.
- 협상요원은 항복 계획 시나리오를 제안, 단계별로 진행하여 협상 대상자를 나오게 해야 하는 경우도 있다.
- 계획 실행 전에 전술팀과 체포 작전을 충분히 논의한다.
- 융통성 있게 작전을 수립한다(돌발 사태에 대비).
- 협상 대상자의 손에서 무기를 압수하지 않는다.

※ 안전한 위치에 스스로 무기를 두게 한다.

- 협상 대상자가 협상요원에게 항복할 경우, 협상요원은 저격수를 포함한 협상팀과의 공조 속에서 모든 행동을 한다.
- 협상요원은 엄폐를 유지하고 전술팀의 지원과 보호를 받는다.
- 협상요원의 목소리로도 항복을 유도할 수 있다.
- 협상 대상자의 체면과 품위를 유지할 수 있도록 할 필요가 있다.

제6장 제3중재자
(Third Party Intermediary : TPI)

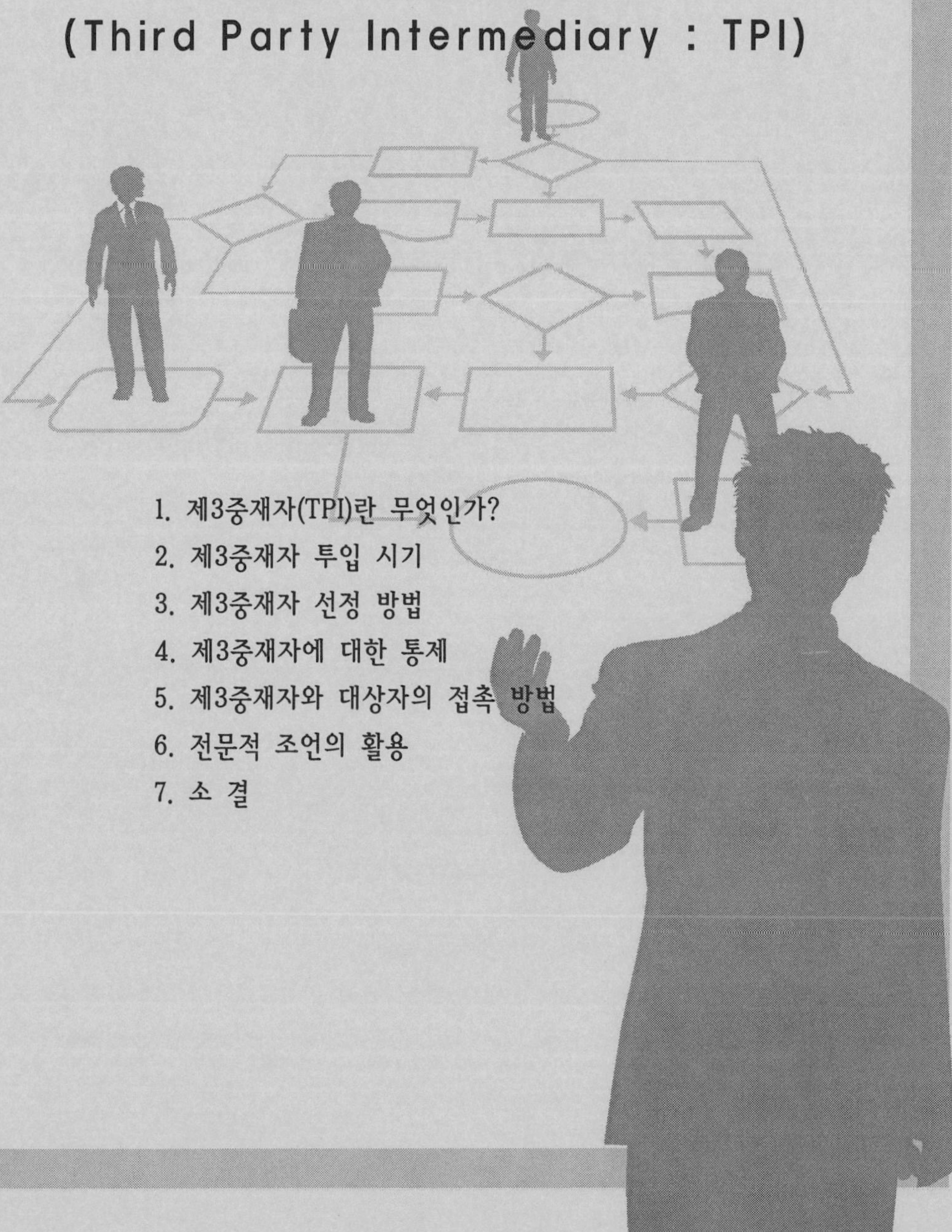

1. 제3중재자(TPI)란 무엇인가?
2. 제3중재자 투입 시기
3. 제3중재자 선정 방법
4. 제3중재자에 대한 통제
5. 제3중재자와 대상자의 접촉 방법
6. 전문적 조언의 활용
7. 소 결

제6장
제3중재자(Third Party Intermediary : TPI)

1996년 3월 25일부터 6월 13일까지 미국 몬태나 주에 있는 외딴 목장에서 발생한 사건은 미국 역사상 경찰과 무장한 용의자들 사이에 진행된 가장 긴 대치 상황으로 기록될 것이다. 자유인(Freeman)이라고 알려진 이 집단은 강한 반정부적 성향을 지니고 있었고, 정부 관료들을 위협하고, 차량 구입과 모기지 대출금을 갚기 위해 허위재정자료를 만들기도 하였다. 구성원들의 대부분에 대해 지역과 연방영장이 발부된 상태였다.

이 81일 동안의 대치 상황이 고통스럽기는 했지만 FBI로서는 그동안의 협상과 관련된 이론들을 실험하고 활용하며 협상 기법들을 재평가해 볼 수 있는 절호의 기회를 제공하였는데 특히 제3중재자 투입 기법의 활용과 재평가에 좋은 기회를 제공하였다.

1. 제3중재자(TPI)란 무엇인가?

제3중재자란 협상가 이외에 협상에 투입되는 제3의 사람으로 법 집행 기관에 소속되지 않은 사람을 말한다. 제3중재자는 크게 두 가지 형태로 구분될 수 있는데, 가족/동료와 공식/관료 중재자가 그것이다. 가족과 가까운 친구들은 대상자의 감정적인 면에 호소할 수 있어 '분리 후 타파' 전략에 도움을 주며 대치 상황에 있는 대상자들 사이의 결속을 약화시키는 역할을 할 수 있다.

이에 반해 관료들이나 다른 공식 중재자들은 대상자들의 상황 인식을 변화시키는 데 영향을 미칠 수 있고, 대상 집단이 받아들일 수 있는 중재안을 제시할 수 있다는 장점이 있다. 자유인(Freeman)과의 대치 상황에서 FBI 협상팀은 이 두 가지 형태의 제3중재자를 모두 사용하였다. 이 두 형태의 제3중재자 모두에 대해 협상팀에서는 적합성, 목적 달성을 위한 효과성 등을 철저하게 점검하였다. 이 사건에서는 다행히 제3중재자가 효과적인 것으로 드러났지만, 협상가나 위기 상황 관리자들은 모든 상황에서 제3중재자가 효과가 있는 만병통치약처럼 여겨서는 안 된다고 한다(FBI Bulletin, Oct. 1998).

우리나라에서는 인질 난동 사건이 1년에 전국적으로 약 10여 건 정도가 발생한다. 이는 미국에 비하면 사건이 거의 발생하지 않는 수준이라고 해도 과언이 아닌데, 이 얼마 안 되는 사건에 있어서도 거의 대부분의 경우에 제3중재자를 투입하였다. 충주 예성여고 사건에서는 인질범의 아버지를, 대구 팔공산 보성아파트 사건에서는 인질의 고모를 인질범과의 협상에 투입하였다. 물론 당시 이들을 투입한 경찰관들은 제3중재자가 무엇인지, 제

3중재자를 투입할 때는 어떤 점에 주의하여야 하는지도 제대로 알지 못했기 때문에 사전에 제3중재자와 인터뷰를 실시하여 인질범과의 관계, 중재를 하려는 목적 등을 파악하는 절차는 모두 생략되었다. 그 결과 두 경우 모두 협상을 타결시키는 것이 아니라 오히려 인질범의 감정을 더 격앙시켜 상황을 더욱 악화시켰을 뿐이었다.

경찰은 일단 사건이 발생하여 자신들이 범인과 대화를 해야 하는 상황이 되면 우선 일면식도 없는 낯선 사람과 무슨 이야기를 하여야 하는 두려움을 갖게 된다. 여기에다 범인은 극도로 흥분하여 소리를 지르고 호통 치며 경찰과는 얘기하고 싶지 않다는 말을 자주하기 때문에 범인과 잘 알고 있는 가족이나 친구에게 대화의 책임을 떠넘기고 싶어진다. 일반적으로 가족이나 친지들이 아무래도 범인과 말이 잘 통할 것이고 이들이 하는 말을 잘 듣지 않겠나 하는 기대를 하는 것이 사실이다.

그러나 조금만 주의 깊게 생각해 보면 실제로는 오히려 그 반대라는 것을 알 수 있다. 범죄자나 비행 청소년들의 가정을 한번 들여다보자. 이들은 대부분 가정 형편이 어렵고 가족 구성원들 사이의 관계가 원만치 않은 경우가 많다. 많은 범죄자들이 부모들의 무관심에 방치되고 가족의 보호와 후원을 받지 못하기 때문에 범죄 행위에 빠져들게 된다. 따라서 이렇게 관계가 좋지 못한 가족 구성원이 현장에 와서 인질범을 비난하면서 “너는 우리 가족의 불명예이다.”라는 식의 이야기를 하면 인질범은 극도로 흥분하고 화를 내게 된다. 예성여고나 팔공산 보성아파트 사태 때에도 범인의 아버지가 범인에게 호통을 치고, 인질의 고모가 범인을 비난하자 상황은 걷잡을 수 없이 악화되어 경찰이 억지로 제3중재자들을 끌어내야 하는 사태가 발생하였다.

2. 제3중재자 투입 시기

제3중재자는 다른 전략이 효과가 없을 때, 누군가 제3중재인으로 자원하거나 대상자가 제3중재자와 대화하기를 원할 때, 또는 정보 기능에서 영향력 있는 사람을 중재인으로 추천할 때 투입을 고려할 수 있다. 그러나 어떤 경우이든 투입 시기는 너무 이르지 않은 것이 중요하다.

3. 제3중재자 선정 방법

협상가들은 제3중재자를 신중하게 선정하여야 한다. 몇 가지 요소들이 선정 과정에 영향을 주게 된다. 먼저, 협상팀에서는 대상자가 어떤 특정한 사람과 대화하기를 요청했는지 아니면 가족이나 친지 동료 중의 한 사람이 스스로 나와서 대상자와 대화하기를 요청한 것인지를 파악해야 한다. 누가 먼저 접촉을 원했는가에 따라 의사소통의 다이나믹과 대상자의 감정 상태에 미치는 영향이 달라질 수 있다. 협상팀은 또 대화를 요구한 사람(대상자이든 제3중재자이든)이 왜 그러한 요구를 했는지 그 사람의 동기를 파악하도록 해야 한다. 마지막으로 대상자와 제3중재자 사이에 숨겨진 의제는 없는지를 파악해야 한다. 제3중재자로 자원하는 사람 중에 표면적으로는 자신이 대상자를 설득하여 안전하게 상황을 종료하기 위해 자원했다고 협상팀에 얘기한 후에 실제 대상자와 대화가 시작되면 대상자에게 폭언을 하거나 자신이 원하는 정보를 얘기하라고 요구하거나 자신에 대한 채무를 어떻게 변제할 것인가 하는 지극히 개인적이고 위기 상황에서 다루지 말아야 할 의제들을 꺼낼 수가 있다. 그렇게 되면 극도로 감정적으로 격앙된 상태에 있는 대상자에게 큰 악영향을 미치게 된다.

협상팀은 제3중재자를 투입하기 전에 대상자와 잠재적 제3중재자 사이의 관계에 관한 정보를 최대한 많이 수집하여야 한다. 독립적인 정보 수집과 제3중재자와의 심층 인터뷰를 통해 대상자와의 관계에 관한 정보를 파악할 수 있다. 그리고 협상팀은 제3중재자가 협상팀의 지시 사항을 이해할 수 있고 코칭을 받아들일 수 있는지 평가하여야 한다. 제3중재자는 자신의 감정과 상관없이 협상 과정에서 자신들이 수행해야 할 임무가 무엇이고 어떻게 행동해야 하는지를 잘 알고 있어야 한다. 자유인(Freemen)사건의 경우 제3중재자들은 상황에 대해 충분히 설명을 들었고, 접촉이 끝날 때마다 그에 대해 협상팀에 상세한 보고를 하였다. 그들은 지시받은 대로 행동해야 했고 그렇지 못한 경우 제3중재자로서의 역할은 거기서 끝이 났다. 이 사건에 투입된 45명의 제3중재자 중 2명만이 지시 사항을 따르는 데 실패하였다.

4. 제3중재자에 대한 통제

제3중재자를 일단 투입하기로 결정하면 협상팀은 반드시 제3중재자를 통제할 수 있는 방안을 강구하고 있어야 한다. 제3중재자에게 지속적으로 지시 사항을 전달하고 코칭을 할 수 있으면 가장 좋고, 이것이 불가능하더라도 최소한 계속해서 관찰할 수 있는 범위 내에 있어야 한다. 상황에 따라서는 제3중재자와 대상자 사이의 연결을 끊을 수 있어야 한다.

5. 제3중재자와 대상자의 접촉 방법

제3중재자 투입 효과를 높이기 위하여 협상팀은 대상자와 접촉하는 가장 적절한 방법을 선택해야 한다. 어떤 방법은 다른 방법에 비해서 안전과 통제라는 측면에서 월등한 반면 다른 방법은 특정한 상황에 가장 적합하기 때문에 상황에 따라 접촉 방법을 달리할 필요가 있다. 협상팀은 접촉을 모니터하고 필요한 경우 제3중재자에게 실시간 input이나 코칭을 할 수 있어야 하고, 제3중재자의 안전을 담보할 수 있어야 하며, 접촉이 잘못된 방향으로 진행될 경우 이를 끊을 수 있어야 한다(FBI Bulletin, 1998).

1) 전화 접촉

전화 접촉은 가장 안전하고 통제에 적절한 방법이다. 이 방법은 제3중재자가 물리적 위험에 빠지거나 인질로 잡히는 것을 방지할 수 있다. 또한 협상 내용의 모니터링과 메모 등을 통한 적극적인 코칭을 할 수 있다. 그리고 협상팀이 원할 때에 접촉을 시작하고 끝낼 수 있기 때문에 협상팀이 원하는 방향으로 협상을 끌고 가고 여러 가지 협상 전략을 구사하는 데 용이하다.

2) 목소리 접촉

육성으로 방어물 뒤에서 범인과 접촉하는 방법으로 전화 접촉과 유사한 면이 있기는 하지만 전화 접촉만큼 바람직하지는 않다. 협상팀은 대화 내용을 모니터하고 코칭할 수 있고 적절한 수준의 안전을 확보할 수 있다. 그러나 이 방법은 대화 내용이 자신들 마음대로 흘러갈 수 있고 통제하기 어렵다는 문제점이 있다. 또 협상팀이 원할 때 접촉을 끝낼 수 없을 가능성이 많기 때문에 상황을 잘 판단하여 사용해야 한다.

3) 일방 의사소통

편지나 음성 녹음, 비디오테이프 등을 통해 일방적으로 제3중재자의 메시지를 대상자에게 전달하는 것도 훌륭한 방법이 된다. 협상팀은 제3중재자가 무엇을 말하고 어떻게 표현할지 등을 구체적으로 지시하고 코칭할 수 있고 협상팀이 원하는 내용이 나올 때까지 여러 차례 연습하거나 반복해서 녹음하거나 촬영할 수 있기 때문에 통제라는 측면에서 가장 뛰어난 방법 중의 하나이다. 그리고 대상자와 물리적인 접촉을 할 필요가 없기 때문에 제3중재자의 안전도 보장할 수 있다.

대상자가 제3중재자의 메시지를 보고 이에 대해 긍정적인 반응을 보이면 다행이지만 화를 내거나 오랫동안 해결되지 않았던 둘 사이의 의제를 꺼낸다든가 하는 예기치 않은 반응을 보일 수 없기 때문에 협상이 통제 가능한 범위를 벗어나지 않도록 하는 장점이 있다.

4) 공식적인 미팅

공식적인 미팅은 대상자가 여러 명인 경우, 특히 교도소 폭동이라든가 자국의 테러집단과 대치시에 유용하다. 대상자들은 이러한 구조화된 미팅을 마치 전시에 중립 지역에서 대등한 당사자들이 갖는 회합 같은 것으로 생각한다. 이러한 상황에서 제3중재자는 적대적인 양 당사자(경찰과 범인들)들에게 회합을 제안하고 주재하게 된다. 협상팀은 이 회합이 기본적인 몇 가지 룰에 따르도록 신경 써야 한다. 우선 모두의 안전을 위해 무기를 소지하지 않아야 하며, 사방이 개방된 장소로서 누구든 관찰이 가능해야 한다. 이 방법을 사용하기 위해서는 협박이 잦아들고 양측의 관계가 어느 정도 정립되며 리더십도 명확해져야 한다.

5) 대면 접촉

위기 상황 발생 장소 안이든 바깥이든 제3중재자와 대상자가 서로 얼굴을 마주하고 대화하는 접촉 방법이다. 이 방법은 가장 낮은 수준의 안전과 통제를 담보한다. 따라서 이 방법을 쓰기 전에 협상팀은 대상자와 제3중재자 사이의 관계에 대해 완전히 이해하고 있고, 제3중재자가 경찰에 전적으로 협조적이며 긴장된 상황에서도 빨리 판단하고 효과적으로 대응할 능력을 갖추고 있어야 한다. 협상팀은 대화 내용을 모니터할 수 있는 장비를 갖추고 있어야 하고, 변수가 발생할 경우 신속하고 안전하게 제3중재자를 후퇴시킬 수 있는 방안을 강구하여야 한다.

6. 전문적 조언의 활용

위기 협상은 전문적으로 훈련받은 경찰관에 의해서 실시되어야 하는 것이 가장 바람직하지만 아무리 잘 훈련된 협상팀이라 할지라도 심리학자나 정신의학자 등 다양한 외부 전문가의 도움에 의존한다. 협상팀은 이들 전문가들을 사전에 파악하고 네트워크를 구축하고 있어야 하며, 사건이 발생하면 전화로 자문을 구할 수도 있고 사건이 장기화되고 중대할 경우 현장에 와서 도움을 줄 수도 있어야 한다. 협상팀은 이들의 전문 분야가 무엇이며 어떻게 협상에 도움을 줄 수 있는지를 알고 있어야 협상 상황에 이들을 적절히 활용할 수 있다. 미국의 경우 이러한 협상 자문단은 보수를 받지 않고 순수한 사회봉사 차원에서 이루어지는 경우가 많다.

우선 가장 첫 번째 고려 대상이 되는 사람은 정신 건강 분야에 종사하는 전문가들이다. 정신 건강에 관한 조언은 인질이나 위기 협상에서 매우 중요한 부분이기 때문에 협상에서 선택적인 사항으로 여겨져서는 안 된다. 정신 건강 전문가들은 협상 대상자의 정신 건강 상태에 대한 진단은 물론 협상가의 심리 상태의 변화와 사건이 종결된 이후에 스트레스를 관리하는 방법에 대해 조언하여 줄 수 있다.

7. 소 결

제3중재자는 잘못 사용되어질 경우 협상팀과 경찰에 큰 부담을 줄 수 있는 만큼 투입 전에 최대한의 정보 수집과 심도 있는 인터뷰를 통해 투입 여부를 신중하게 결정하여야 하고, 투입하기로 결정한 경우에도 제3중재자의 안전과 협상팀의 통제력 확보방안을 반드시 마련해야 한다.

이렇듯 제3중재자 투입에는 여러 가지 위험과 부담이 따르지만 현실적으로 제3중재자를 협상에서 많이 활용하는 데는 여러 가지 이유가 있다. 우선 대상자와 협상가 사이의 합의 사항에 대한 보증인의 역할을 해 줄 수 있다. 대상자는 경찰이 자신들에게 어떤 것을 약속하더라도 자기가 항복하고 이곳을 나가면 과연 그 약속이 지켜질 것인가에 의문을 품는 경우가 많으므로 경찰이 아닌 제3자가 이를 보증한다면 경찰의 약속을 신뢰할 가능성이 높아진다. 그리고 범인이 저항을 포기하고 항복하기로 마음먹었을 때 혼자 걸어 나오는 것보다 제3중재자와 함께 걸어 나온다면 저격수로부터의 공격에 대한 불안을 상당 부분 해소할 수 있다.

많은 범인들이 흥분 상태에서 위기 상황을 일으킬 때는 인식하지 못하지만 흥분이 가라앉고 이성을 되찾으면 자신의 행동을 이웃 사람들이나 주변 사람들이 어떻게 생각할까를 걱정하게 되고, 자신이 적대하는 경찰에 백기를 든다는 사실에 자존심 상해한다. 이럴 경우 경찰에 항복하는 것보다는 가족이나 친지, 가까운 친구에게 항복하는 편이 자존심을 덜 상하게 하고, 스스로에게도 자신은 경찰에게는 절대로 굴복하지 않을 것이었지만 내 친구가 와서, 내 가족이 와서 물러선 것이라고 스스로를 위한 변명을 할 수 있도록 해 준다.

제3중재자는 협상을 위기에 빠뜨릴 수도 있지만 여러 가지 장점이 있으므로 최대한 안전 지침과 가이드라인에 따라 신중하게 활용하도록 노력하여야 할 것이다.

제7장 정신적으로 이상이 있는 대상자와의 협상

제7장
정신적으로 이상이 있는
대상자와의 협상

봉쇄 후 협상 전략을 사용하면 인질 상황에서 범인과 인질을 포함하여 사상자가 전혀 발생하지 않고 사건이 해결될 확률이 95%에 이른다(Blau, 1994; McMains & Mullins, 1996). 위기 상황 개입의 여러 가지 방법 중 이처럼 높은 평화적 해결률을 보이는 방법은 쉽게 찾기 어려워 보인다.

인질 협상에는 3가지 가장 위험한 시기가 존재한다. 첫 번째는, 사건 발생 초기 15~45분 동안으로 혼동과 패닉 상태가 가장 극심한 순간이다. 두 번째는, 인질범이 항복하는 시기인데 상반되는 감정 상태, 인질범과 위기 대응팀 간의 항복 방법에 대한 사전 조율 부족 등이 평화적으로 종료될 수도 있을 상황을 다시 위기에 빠뜨릴 수 있다. 마지막으로 전술팀이 인질을 구출하기 위해 작전을 수행할 때로 이때가 가장 사상자 발생률이 높은 시기이다(Blau, 1994; McMains & Mullins, 1996; Russell & Biegel, 1990).

세 번째의 경우, 전술팀이 작전을 수행할 때는 물리력을 사용하기 때문에 당연히 인질범이든 인질이든 누군가가 다치거나 죽을 가능성이 매우 높아지게 된다. 또 전술팀이 투입된다는 것은 더 이상 원만하게 협상이 진행되지 못하기 때문에 무력 진압을 결정한 것이므로 협상 당사자 사이에 긴장과 갈등의 수위가 매우 높아졌다는 것을 의미하고, 이는 인질에 대한 위해가 가해질 가능성 또한 높으므로 이 시기에 사상률이 높을 수밖에 없는 것이다.

여러 가지 이유로 심리학자들이 협상가로 직접 나서지 못하는 경우가 많다. 그러나 이들은 법 집행 기관의 위기 대응팀에서 중요한 역할을 수행할 수 있다. 일반적으로 정신 건강 전문가를 보유하고 있는 위기 대응팀이 그렇지 않은 팀에 비해 훨씬 더 효과적인 것으로 평가되었다(Greenston, 2005; McMains, 1988a, 1988b; McMains & Mullins, 1996). 정신 건강 전문가는 상황 발생 시 협상팀에 자문을 해 줄 수 있을 뿐 아니라 협상가들에게 심리학적 기법을 바탕으로 한 커뮤니케이션 훈련을 시켜 인질범이나 자살 시도자와 대화시 보다 효과적으로 협상을 할 수 있도록 해 주기 때문일 것이다.

인질 상황은 여러 가지 이유와 형태를 가지고 있다. 정치적 테러 목적이나 할리우드 스타일의 영웅주의 등 특이한 경우를 제외하고 경찰 협상가들이 맞닥뜨리는 가장 일반적인 유형은 강도가 범행 중 현장에 봉쇄되거나 정신병력이 있는 사람이 인질극을 벌이는 경우인데, 후자의 경우 가정이나 직장에서 흔히 발생한다. 이처럼 협상가들은 정신 상태가 온전한 사람들뿐만 아니라 정신 상태가 비정상적이고 치료가 필요한 수준의 사람들과도 협상을 해야 하는 경우가 많기 때문에 인간의 본성, 성격과 정신병리학적 지식을 습득하여야 하며, 심리학자나 정신 건강 전문가의 도움을 받을 경우 보다 효과적으로 상황을 해결할 수 있다.

1. 정신분열증 인질범과의 협상

정신분열증은 생각과 행동의 파열과 파탄, 손상된 감정적 경험과 표현, 그리고 환상과 환각의 존재로 특징지어질 수 있다(APA, 2000). 대부분의 정신분열적 환각들은 청각적 '박해 환각'으로 자신을 비하하고 괴롭히는 목소리를 듣는다. 이 사람들은 대개 이러한 환청에 시달리면서 극도의 공포와 불안 상태에 있게 된다. 두 번째로 가장 흔한 환각은 '명령 환각'으로 대상자에게 무언가를 하도록 지시한다. 환영을 보는 환각은 비교적 흔하지 않은데 일반적으로 주변 사람들이나 환경에 대해 왜곡된 시각적 인식(Visual Perception)을 가진다. 정신분열증의 명확한 원인은 밝혀지지는 않았으나 원인을 밝히기 위해 연구되고 있는 분야는 도파민 등 신경 전달 물질 시스템의 이상, 변연계 및 기적핵 이상 등의 신경병리적 영역, MRI, MRS, PET 등을 이용한 뇌 영상학 연구 영역, 그리고 신경생리학적 영역 등이다. 정신분열증의 대표적인 증상은 망상과 환각이다. 망상의 내용은 피해망상, 과대망상부터 신체적 망상에 이르기까지 다양하다.

박해 환각과 명령 환각이 그에 수반된 망상과 함께 나타나는 경우가 흔히 발생한다. 어떤 목소리가 대상자에게 그는 나쁘고 사악하며, 자신의 죄를 사할 유일한 방법은 그의 전처와 아이들을 새 남자 친구로부터 구하는 것뿐이라고 말한다. 이런 경우, 가정 폭력에 의한 인질극으로 이어질 수 있다. 환청을 듣는 사람들은 또 TV에서 공항의 보안 상황에 방송하는 것을 보고 자신의 전 직장 상사가 자신의 머리에 감시 장치를 심으려고 하는 것에 대한 경고로 해석하기도 한다. 만약 이 사람이 이미 폭력적인 성향을 가지고 있었다면 이러한 환영과 환각에 대해 폭력적으로 반응을 보일 수 있는데, 이것은 즉흥적이고 충동적으로 거리에서 사람들을 공격하는 것부터 계획적으로 무기를 준비하여 인질극을 벌이는 형태까지 다양하게 나타날 수 있다. 환각의 가장 흔한 것은 환청인데 2명 이상의 사람이 정신분열증상자의 삶이나 행동에 대해 이야기하는 식의 내용을 가진다. 와해된 언어와 행동을 보이고 움직임과 의사소통이 심하게 둔화되는 긴장증적 행동을 보이는 경우도 있다. 충동 조절에 문제가 있을 수 있고 치료하지 않은 환자는 흔히 공격적인 행동을 보인다. 또한 자살 시도가 상당히 많기 때문에 주의를 기울여야 한다.

정신분열적 인질범과 협상을 할 때에는 바닥에 깔린 가장 중요한 감정은 공포와 분노일 가능성이 크다는 것을 명심해야 한다. 따라서 대상자를 일단 진정시키는 방법을 사용하는 것은 당연한 선택일 것이다. 그러나 정신분열적 대상자들은 일반적인 감정적 표지에 대해서는 별다른 반응을 보이지 않는 경향이 있기 때문에 협상가의 적극적 청취 기법과 대상자의 반응이 다른 일반적인 경우와 같이 상응될 것이라고 기대하지 않는 것이 좋다. 대개 이러한 상황에서 신뢰 관계 형성은 대상자가 자신의 동기와 스스로에 대해 해명하는 데서 나오기 때문에 어떻게 해서라도 그로 하여금 말을 하도록 하고, 대상자의 목소리나 대화의 내용이 극도의 흥분 상태를 나타내어 폭력으로 이어질 수 있을 경우에만 협상가가 끼어들어서 말을 하고 그렇지 않은 경우에는 가급적 대상자가 말을 많이 하도록 유도하여야 한다.

정신분열적 인질범의 환상을 상대할 때에는 건설적인 모호함이 매우 유용한 경우가 많다. 이것은 대상자의 환영적인 생각이나 동기에 대해 완전히 동의하지도 부정하지도 않는 것을 말한다. 대상자의 환상에 거짓으로 동조해서 기분을 맞추려는 시도는 진실성이 결여되고 기만적인 것으로 받아들여질 경우 신뢰관계(Rapport) 형성을 방해하게 된다. 정신분열 상태를 보이고 있는 대상자들이 반드시 바보나 멍청이는 아니라는 사실을 명심해야 한다. 이들도 자신을 조작하려 하거나 자신에게 선심을 쓰려는 척하는 것을 알아차릴 만큼 영민한 경우가 많다는 것을 명심해야 한다. 그리고 대상자에게 이성적인 생각을 불어넣으려고 하는 것도 효과적이지 않고 오히려 대상자와의 간격을 벌어지게 할 가능성이 있다. 보다 좋은 전략은 환영의 내용을 인정하고 일반적인 신뢰 관계 형성 방법과 적극적 청취 기법을 사용하여 대상자의 상황 인식에 공감하면서도 현실 인식을 유지하는 것이다.

어떤 전문가들은 정신분열적 대상자와 협상을 할 때, 가족 구성원에 대한 언급은 회피하는 것이 좋은데 이는 가족 구성원들이 인질범의 환영 체계의 일부일 가능성이 크기 때문이다. 이런 경우, 협상가는 개별적 상황과 대상자의 상태를 판단하여 가족에 대해서 언급할지 말지를 결정하여야 할 것이다. 이들은 또 정신 건강 전문가나 의사들에 대한 안 좋은 경험과 기억을 가지고 있을 가능성이 있다. 과거에 치료나 진단을 받을 때 자신들의 생각은 환상에 불과하고 비현실적 신념 체계를 가지고 있다는 등의 부정적 평가를 받아 정신병자 취급을 받았다면 정신과 의사나 상담사들에 대한 언급도 감정을 악화시킬 수 있다. 만약 대상자가 이러한 상태라면 협상팀에서 심리전문가가 전면에 나서기보다는 뒤로 빠져 있어야만 하는 전형적인 경우가 될 것이다. 같은 맥락에서 이런 대상자에게는 정신과의 전문 용어나 대상자의 환각에 대한 심리학적 해석과 조언을 하는 것은 오히려 대상자와의 간극을 더 벌어지게 할 수 있으므로 주의해야 한다.

아주 가끔은 과거에 정신과 치료를 받아 본 경험이 있는 정신분열적 인질범이 자신을 상담하거나 치료했던 의료진을 불러달라고 하는 경우가 있다. 그러한 경우 이렇게 하려는 대상자의 의도를 잘 파악해야 한다. 대개의 경우, 이러한 대상자의 의도는 두 가지 중의 하나이다. 첫 번째는, 대상자가 정신과 의료진과 좋은 관계를 형성하여 그 의료진이 자신이 유일하게 믿는 사람인 경우이다. 만약 그렇다면 그 의료진이 사태를 평화적으로 해결하는 데 큰 도움을 줄 수 있을 것이다. 그러나 두 번째는, 정반대 상황으로 대상자가 그 의료진 앞에서 보란 듯이 극적인 상황을 연출하고자 하는 경우이다. 이 경우는 그 의료진이 나타나는 것이 오히려 상황을 악화시킬 수 있다. 같은 맥락에서 인질범이 가족이나 성직자등과 얘기하고 싶으니 그들을 불러달라고 하면 그 사람들과의 평소 관계는 어떠한지, 어떤 의도에서 이들과 얘기하고 싶어 하는지 면밀히 파악해야 한다. 다시 한 번 명심할 것은 정신분열적 인질범이 반드시 멍청한 것은 아니며 때로는 일반인을 능가할 정도로 교활할 수 있으므로 자신은 순수한 의도에서 그들을 만나고 싶어 한다고 협상가를 속일 수도 있다는 것을 염두에 두어야 한다(Miller, 2007).

2. 편집증적 인질범과의 협상

편집증적이라는 카테고리는 편집증적 환상과 박해적 환각으로 특징지어지는 '편집증적 정신분열증'이라는 형태로 정신분열적 대상자와 자주 중첩된다(APA, 2000). 편집증은 괴이하지 않은 망상이 주 증상이며, 다른 정신과적 질환보다는 사회적 직업적 기능이 상대적으로 유지되는 경향을 보인다.

아직 명확하게 밝혀진 생물학적 원인은 없다. 신경학적 장애 중 망상과 가장 관련이 깊은 영역은 변연계와 기저핵이고, 이 영역과 망상 장애와의 연관성 등이 생물학 이슈의 한 예이다. 심리 사회학적 요인으로는 억압된 무의식적인 동성애적 경향이 부정, 반동 형성, 투사에 의한 방어 과정을 거쳐 편집 상태로 발전한다는 전통적인 프로이드의 정신분석적 이론이 존재한다. 이 외에도 다양한 심리 사회학 이론이 존재한다.

편집증 환자는 일반적으로 일상생활에 문제가 없고 성격이나 외모에 있어 뚜렷한 문제가 보이지 않으나, 의심스럽고 적개심이 많으며 다소 이상하고 기묘하게 보일 수도 있다. 기분은 망상의 성격에 따른다. 정신분열증에서 보이는 환청 등의 심각한 지각 이상을 보이지 않고 망상도 체계적이며 기괴하지 않다. 또한 망상 외의 사고 장애를 보이지 않는다.

미국 정신의학회(American Psychiatric Association)의 정신 장애 진단 통계편람(DSM-Ⅳ-TR)의 진단 기준에 따르면, 다음의 사항들을 모두 만족시켜야 한다(서울대학교병원, 2009).

1) 기괴하지 않은 망상(즉, 미행당한다거나, 누가 독을 먹인다거나, 감염되었다거나, 멀리서 타인이 자신을 사랑한다거나, 배우자나 연인이 부정하다거나, 질병을 가지고 있다는

등 현실에서 일어날 수 있는 상황과 관련된다.)

2) 정신분열증의 진단 기준 1)이 한 번도 충족된 적이 없었다.
   - 주의 : 망상적 주제와 연관되어 환촉이나 환미가 망상 장애에서 나타날 수 있다.
3) 망상이나 망상에 이어지는 판단 장애에 의해 영향받는 경우를 제외하고는, 기능 수준은 심하게 손상되지 않으며, 행동도 이상하거나 기괴하지 않다.
4) 망상과 동반되는 우울 삽화 등의 기분 장애 증상이 나타나는 경우(기분 삽화, mood episode), 기분 삽화의 기간이 전체 망상의 기간에 비해 상대적으로 짧아야 한다.
5) 장애가 남용 약물, 투약 약물과 같은 물질 또는 일반적인 의학적 상태의 직접적인 생리적 효과로 인한 것이 아니어야 한다.

편집증은 여러 가지 형태로 존재하는데, 표면적으로는 정상적으로 보이는 사람도 스트레스를 받을 때에만 표면으로 끓어오르는 '편집증 성격 장애'와 같은 것도 있다. 이런 사람들의 경우 직장 생활을 하면서 정상적인 삶을 영위할 수 있는 능력이 있으면서도, 자신들이 항상 감시하고 경계해야 하는 종교적·정치적 혹은 가족의 음모가 존재한다는 확고한 믿음을 가지고 있다. 이러한 사람들이 감당할 수 없는 위기 상황에 맞닥뜨리게 되면 자신을 방어하기 위해 폭력이나 인질극과 같은 극단적인 조치를 취할 수밖에 없다고 느끼게 된다.

편집증적 인질범과 협상을 하게 되면 그의 생각이나 신념 체계를 설득해서 바꾸려는 생각은 버려야 한다. 왜냐하면, 편집증의 가장 큰 특징 중의 하나가 논쟁의 불침투성이기 때문이다. 편집증적 대상자는 절묘할 정도로 자신을 속이거나 조정하려는 시도에 대해 민감하고 이런 점에 관한 한 매우 인지력이 높다. 따라서 속임수나 전략을 사용하는 것을 피하고 과거에 다른 인질범에게 통했던 것들이라도 함부로 사용해서는 안 된다.

편집증적 대상자에게는 차분하고 안정되지만 지나치게 인위적이거나 작위적으로 들리지 않는 목소리로 대상자의 현실 인식에 대해 물어보고, 분명치 않을 경우 이에 대해 자세히 물어볼 수 있다. 대상자가 화를 내면 냉정을 잃지 말고 대상자의 요구 사항이나 불만이 무엇인지를 분명하게 파악하도록 해야 한다. 만약 대상자가 단순히 화를 내는 수준을 넘어서 격심한 분노를 나타내거나 환상에 사로잡힌 증상을 보이면 정신분열적 대상자에게 사용했던 것처럼 완전한 부정도 완전한 긍정도 하지 않는 애매한 태도를 보이는 '혼란 기법(Distraction Technique)'을 사용한다. 하지만 이때에도 상대방이 조롱당하거나 비하되는 듯한 느낌을 갖도록 해서는 안 된다.

편집증적 인질범과의 협상에서 가장 민감한 이슈는 신뢰 관계 형성 기법의 사용이다. 대부분의 경우에 편집증적 대상자에게 다가가려는 어떠한 시도도 대상자를 통제하거나 위해를 가하고 조정하려는 의도로 해석될 수 있기 때문에 협상가들은 지나치게 친절하고 자상한 태도와 지나치게 차갑고 거리감 있는 태도 사이에서 줄타기를 할 필요가 있다. 모든 문제를 분명하고 직선적으로 접근하고 구체적 문제를 해결하는 데 협상의 주안점을 두어야 한다. 결국 솔직함과 차분함이 편집증적 인질범과의 협상을 성공으로 이끄는 열쇠라고 할 수 있다(Miller, 2007).

3. 우울증을 가진 인질범과의 협상

공식적으로 병원에서 아주 심각한 우울 증세라고 진단받은 경우이거나 순간적으로 극심한 우울 증세를 보이는 경우든 간에(APA, 2000) 협상가에게 앞의 경우들과는 전혀 다른 종류의 문제점을 안겨 준다.

우울증, 즉 우울 장애는 의욕 저하와 우울감을 주요 증상으로 하여 다양한 인지 및 정신 신체적 증상을 일으켜 일상 기능의 저하를 가져오는 질환을 말한다.

우울 장애는 평생 유병률이 15%, 특히 여자에서는 25% 정도에 이르며, 감정, 생각, 신체 상태, 그리고 행동 등에 변화를 일으키는 심각한 질환이다. 우울증은 일시적인 우울감과는 다르며 개인적인 약함의 표현이거나 의지로 없앨 수 있는 것이 아니다.[4)]

분명한 원인에 대해서는 아직 명확하지 않으나 다른 정신 질환과 같이 다양한 생화학적, 유전적 그리고 환경적 요인이 우울증을 야기할 수 있다.

1) 원 인

가. 생화학적 요인

최신의 뇌 영상 기기를 이용한 연구에서 우울증 환자의 뇌에 변화가 있음을 보고하고 있다. 이 변화의 중요성에 대해서는 아직 불분명한 면이 있으나 궁극적으로 원인을 가려내는 데 도움

4) 네이버 의학상세정보 (2009. 7월 15일 검색).
http://search.naver.com/search.naver?where=health_ detail&sm

을 줄 것이다. 신경 전달 물질이라 불리는 뇌 안의 물질이 감정 등의 뇌 기능과 연결이 되어 있고 우울증 발생에 역할을 하는 것으로 보인다. 호르몬 불균형도 하나의 원인이 될 수 있다.

나. 유전적 요인

일부 연구는 우울증을 가진 가족 내에서 우울증이 더 잘 발생하는 것으로 보고하고 있다. 연구자들은 우울증을 발생시키는 유전자를 찾기 위해 애쓰고 있는 중이다.

다. 환경적 요인

자신을 둘러싸고 있는 환경도 우울증 발생에 영향을 줄 수 있다. 이런 환경적 요인은 삶에 있어서 대처하기 어려운 상황들인데, 사랑하는 사람을 잃는 것, 경제적 문제, 그리고 강한 스트레스 등을 예로 들 수 있다.

2) 증 상

우울감과 삶에 대한 흥미/관심 상실이 우울증의 핵심 증상이다. 우울증의 가장 심각한 증상은 자살 사고로, 우울증 환자의 2/3가 자살을 생각하고, 10~15%가 실제로 자살을 시행한다. 일부 우울증 환자는 자신이 우울증인 것을 알지 못하고 일상생활에서 상당히 위축되어 기능이 떨어질 때까지도 자신의 기분 문제에 대해 호소하지 않는다.

거의 대부분의 우울증 환자는 삶에 대한 에너지 상실을 호소하는데, 과업을 끝까지 마치는 데에 어려움을 호소하고, 학업 및 직장에서 정상적인 업무에 장애를 느끼며, 새로운 과업을 실행할 동기를 갖지 못하고 있다.

우울증 환자의 4/5 정도가 수면 장애를 호소하는데, 특히 아침까지 충분히 잠을 못 이루고 일찍 깨거나 밤에 자주 깨는 증상을 보인다. 많은 환자가 식욕 감소와 체중 저하를 보이는데, 일부 환자는 식욕이 증가하고 수면이 길어지는 비전형적 양상을 보이기도 한다. 불안 증상도 90% 정도에서 보이는 흔한 증상이다. 성욕 저하 등의 성적(性的) 문제를 보이기도 한다. 절반 정도의 환자가 하루 동안 증상의 정도 변화를 보이는데, 일반적으로 아침에 증상이 심했다가 오후에 좋아지는 경향을 보인다. 집중력 저하와 같은 인지 기능 저하 증상도 상당수에서 나타날 수 있다.

일부 우울증 환자는 신체 증상을 주로 호소하는 경우가 있는데 이런 경우 내과적 검사를 반복적으로 시행하지만 명확한 원인은 나오지 않는 경우가 많고, 우울증 진단과 치료가 늦어져 고생하는 경우가 많다. 그러므로 원인이 명확하지 않은 신체 증상이 지속될 때는 우울증을 의심해야 한다.[5)]

3) 진 단

미국 정신의학회(American Psychiatric Association)의 정신 장애 진단 통계편람(DSM-Ⅳ-TR)의 진단 기준은 다음과 같다(서울대학교병원, 2009).

---

5) 서울대학교 병원 (2009. 7월 17일 검색). 〈 http://www.snuh.org/ 〉

다음의 증상 중 5가지 이상이 동일한 2주일 동안에 나타났고, 예전과 기능 차이를 나타낸다. 적어도 하나의 증상이 '우울한 기분' 또는 '흥미 또는 즐거움의 상실'이다.

① 거의 하루 종일 우울증을 보임. 주관적 설명(예 슬프거나 공허함)이나 타인에 의한 관찰(예 눈물을 글썽임)에 의해 거의 매일 하루 종일 우울한 기분이 보임.

② 주관적 설명 또는 타인에 의한 관찰로 거의 매일 하루 대부분의 활동에서 흥미가 현저하게 감소됨이 나타남.

③ 식이 조절을 하지 않는데도 불구하고 체중 감소 또는 증가가 나타남(예 1개월에 체중의 5% 이상 변화), 또는 거의 매일 식욕의 감소 또는 증가가 보임.

④ 거의 매일 불면 또는 과수면

⑤ 거의 매일 정신 운동 흥분 또는 지체(단순히 안절부절 못하거나 느려진다는 주관적 느낌뿐 아니라 타인에 의해서도 관찰이 가능함)

⑥ 거의 매일 피로 또는 에너지 상실

⑦ 거의 매일 단순한 자기 비난이나 아픈 데 대한 죄책이 아닌 무가치감 또는 과도하고 부적절한 죄책이 보임(망상적일 수도 있음).

⑧ 거의 매일 사고와 집중력의 감소, 결정 곤란을 보임(주관적 설명 또는 타인에 의해 관찰됨).

⑨ 죽음에 대한 반복적인 생각(죽음에 대한 공포가 아님), 구체적 계획이 없는 반복적인 자살 사고 또는 시도나 자살을 자행하려는 구체적 계획

대부분의 인질범들은 탈출이나 도구적 목표를 가지고 있다. 그들은 최소한 위기 상황에서 죽지 않고 생존하기를 원하는데

이로 인해 대부분의 경우 인질범과 타협의 여지가 있게 된다. 그러나 낙심해 있거나 자살 충동을 가지고 있는 우울 증상자들은 언제든 자살할 준비가 되어 있거나 인질들을 무덤으로 함께 데려감으로써 잃을 것이 하나도 없는 경우가 많기 때문에 매우 위험하다고 할 수 있다. 만약 인질들 중 하나가 인질범이 미워하는 직장 상사나 관계가 소원한 가족 구성원이라면 인질범은 자신이 복수를 할 수밖에 없는 이유를 들어달라고 하는 것 외에는 실질적인 요구 사항이 전혀 없을 수도 있다. 우울 증상을 보이는 다른 인질범들도 겉으로 드러나게 자살 지향적이지는 않더라도 감정적, 행태적 태만으로 인해 여전히 비교적 협의 사항을 잘 이행하지 않는 경향이 있다. 우울 증세를 보이는 범인들 중에는 나이가 많거나 지병이 있거나 수감 기간이 연장된 재소자들이 있는데 이들 역시 더 이상 삶을 지속해야 할 무엇도 남아있지 않다고 생각하고 있을 수 있다.

지나치게 생색내지 않는 범위 내에서 협상가들은 자상한 부모나 도움을 주는 기관의 사람들의 스탠스를 취하여 대상자에게 어필할 수 있다. 대상자를 몰아붙이지 말고 대화를 천천히 시작해서(Slow Pace) 점점 스피드를 끌어올리는 방식을 취해야 한다. 개방형 질문(Open-ended Question)으로 시작해서 대답을 얻기까지 오랜 침묵이 있더라도 인내심을 가지고 기다려 준다. 만약 이 방법으로 대답을 얻는 데 실패한다면 간단하고 직접적인 폐쇄형 질문(Close-ended Question)을 사용한다. 감정 상태 확인하기, 부연하기 등의 적극적 청취 기법을 사용한다. 만약 대상자가 고통스러운 경험이나 불공정한 과거나 암울하고 의미 없는 미래에 집착한다면 대화의 시점을 현재에 잡아두도록 노력해야 한다. 가능한 한 종교적이나 철학적으로 심오한 문제들에 대해 얘기하는 것은 피하되 대상자가 이러한 문제들에 대해 얘기하는 데 만족감을 표시하면 그로 하여금 이야기를 하도록 하고 대화의 방향을 현재와 여기(Here and Now)에 두도록 잘 유도해야 한다(Miller, 2007).

만약 인질범이 자살과 관련된 주제를 꺼내면 이에 대해 단도직입적으로 다루어라. 만약 인질범이 명시적으로 자살에 대해 이야기하지는 않지만 아무래도 자살적인 경향이 있다면 부드럽게 대상자가 무엇을 하려고 하는지 물어본다. 일반적으로 이러한 상태에 있는 사람을 말로 설득해서 그렇게 하지 않도록 하는 것은 매우 어렵다. 그러나 그에게 중요한 것들이 무엇이고 아직도 의미를 지니는 것들은 무엇인지를 찾아내도록 하고, 보다 나은 미래의 모습을 조금이라도 보여줄 수 있도록 노력한다. 그런데 이때 주의할 점은 대상자에게 협상가의 말이 훈계조로 들리거나 비난하는 듯한 뉘앙스를 띠어서는 안 된다는 것이다. 주의를 기울이지 않으면 "당신이 자살하면 당신 자녀들이 어떨지를 생각해 보세요."라는 등의 이야기를 하는 경우가 많다. 자살하려는 우울증상자들은 이미 자신의 삶이 가치가 없고 희망도 없다고 느끼고 있기 때문에 협상가가 결코 하지 말아야 할 것은 이러한 생각을 더 부추기는 일일 것이다. 위와 같은 말은 대상자의 자살이 무책임한 행동이며 자녀들에게 큰 상처를 준다는 점에서 비윤리적이라는 비난의 의미를 내포하고 있고, 자신이 가치 없고 희망도 없는 존재라는 생각으로 이어질 수 있으므로 신중해야 한다. 그러나 상황에 따라서는 여러모로 판단해 볼 때 대상자가 자녀들을 자랑스럽게 생각하고 정신적으로 많이 의지하고 있다면 대상자가 위기 상황을 안전하게 종결시켰다는 것을 아이들이 존경할 것이라는 메시지를 조심스럽게 전달할 수 있을 것이다.

효과적인 전략 중의 하나는 대상자를 설득해서 자살을 못하게 하기보다는 자살을 연기하는 것이다. “선생님, 저도 이것이 유일한 방법이라는 걸 알지만 저한테 한 시간만 주시겠습니까? 제가 무슨 말을 한다고 해서 선생님의 결정이 달라지진 않겠지만 왜 이 일을 하여야만 하는지에 대해서 얘기라도 들어보고 싶습니다. 괜찮으시겠어요? 이렇게 하시는 데는 무언가 이유가 있으시겠죠. 제가 한 번 들어보고 싶습니다.” 만약 대상자가 이 말에 동의하고 상황이 종료된 이후에 누군가와 더 이야기하고 싶다면 그것이 가능하도록 조치해 줄 것을 약속하고, 실제로 안전한 장소에서 전문 상담가 등과 대화를 나눌 수 있도록 자리를 마련해 준다.

끝으로, 자살 시도자가 아무런 이유 없이 갑자기 기분이 좋아지면 조심해야 한다. 이것은 방금 대상자가 죽음에 대해 평안을 찾고 자신의 삶을 즉시 끝내고, 어쩌면 인질들도 함께 데려갈 준비를 하고 있다는 신호일 수 있다. 이때가 인질범에게 이제까지 얘기하지 않은 목적들이 더 없는지 물어볼 적기이며 이에 대해 직접적으로 다루어야 한다. 만약 눈으로 인질범을 볼 수 있는 상황이라면, 좌우로 주변을 살핀다든가 호흡이 가빠졌다거나 숫자를 위아래로 세거나 반복적으로 몸을 흔들거나 허밍을 하는 등의 자살적 행동의 행태적 징후들이 있는지 살펴보아야 한다(Perrou, 2004). 이러한 징후가 발견되면 협상을 중지하고 전술팀을 투입할지 말지를 결정하여야 하는데, 정신분열적 인질범이나 편집증적 인질범의 경우 주로 시끄럽고 폭력적인 행태를 보일 때 전술팀 투입을 결정하는 것은 비교적 쉬우나 조용한 모습을 보이는 경우는 이를 결정하기 매우 어려운데 양쪽 모두 인질들에게나 범인에게 극히 위험한 상황이라는 점은 같다고 할 수 있다(Miller, 2007).

4. 조울증 인질범과의 협상

조울증은 몇 시간이나 며칠간의 간격을 두고 득의만만하다가도 격노하기도 하고 갑자기 우울하게 되는 등 극도의 감정 기복을 보이고 그 중간에는 정상적인 감정 상태를 보이지 않는 증상으로 알려져 있다(APA, 2000).

조울증은 기분 장애의 대표적인 질환의 하나로, 기분이 비정상적으로 고양되는 것과 관련된 다양한 증상을 일으키는 조증 삽화(Manic Episode)를 보이는 질환이다. 일반적으로 병의 경과상 주요 우울증 삽화(Depressive Episode)가 독립적으로 또는 혼합되어 나타나기도 한다. 여기서 말하는 조울증은 조증 삽화를 주 증상으로 하는 양극성 장애 I형(Bipolar I Disorder)이다. 경조증 삽화(Hypomanic Episode)를 주 증상으로 하는 경우 양극성 장애 II형(Bipolar II Disorder)이라 한다.

1) 원 인

아직 명확한 원인은 밝혀지지 않았다. 현재 유전적 요소, 신경 생물학, 정신 약물학, 내분비 기능, 두뇌 영상학 등의 영역에 대한 연구가 진행되고 있다. 정신 역동적 이론에서는 대체로 우울증을 갖고 있는 환자가 우울증에 대항하는 방어로 조증을 보인다는 견해가 많다.

2) 증 상

조증 환자는 흥분되어 있고 이야기가 많으며 과잉 행동을 보이기도 한다. 심한 경우 비정상적인 행동이 심해져 강제적인 입원이 필요한 경우도 있다. 대체로 기분이 고양되어 있으나 사소한 일에 분노를 일으키고 과격한 행동을 일으킬 수도 있다. 감정의 기복이 심해 즐거움에 웃다가 몇 분 안에 짜증을 내고 우울해질 수도 있다.

말할 때 목소리가 크고 상대방의 이야기에 정상적인 소통이 어려울 정도로 끼어든다. 비정상적인 사고의 흐름으로 심한 경우 말하는 내용을 이해하기 어렵다. 망상이나 환각이 나타나기도 한다. 조증 환자들은 증상으로 거짓말과 속이기를 잘해 신뢰성이 떨어지며, 적절한 판단 능력이 떨어져 경제적 문제 등 다양한 직업적·사회적 문제를 일으킨다. 충동 조절에 문제가 있어 본인이나 타인에게 해를 끼치기도 한다.

3) 진 단

미국 정신의학회(American Psychiatric Association)의 정신 장애 진단 통계편람(DSM-Ⅳ-TR)에 따르면 조증 삽화(Manic episode) 진단 기준은 다음과 같다(서울대학교병원, 2009).

가. 비정상적으로 의기양양하거나, 과대하거나, 과민한 기분이 적어도 1주간 (만약 입원이 필요하다면 기간과 상관없이) 지속되는 분명한 기간이 있다.

나. 기분 장애의 기간 도중 다음 증상 가운데 3가지 이상이

지속되며(기분이 과민한 상태라면 4가지), 심각한 정도로 나타난다.

① 팽창된 자존심 또는 심하게 과장된 자신감

② 수면에 대한 욕구 감소(예 단 3시간의 수면으로도 충분하다고 느낌)

③ 평소보다 말이 많아지거나 계속 말을 하게 됨.

④ 사고의 비약 또는 사고가 연달아 일어나는 주관적인 경험

⑤ 주의 산만(예 중요하지 않거나 관계없는 외적 자극에 너무 쉽게 주의가 이끌림)

⑥ 목표 지향적 활동의 증가(직장이나 학교에서의 사회적 또는 성적인 활동) 또는 정신 운동성 초조

⑦ 고통스런 결과를 초래할 쾌락적인 활동에 지나치게 몰두(예 흥청망청 물건 사기, 무분별한 성행위, 어리석은 사업 투자)

다. 증상이 혼재성 삽화의 진단 기준을 충족시키지 않는다.

라. 기분 장애로 인한 직업적 기능이나 일상적 사회 활동, 대인 관계에서의 뚜렷한 손상을 막고 자신이나 타인에게 해를 입히는 것을 방지하기 위해 입원이 필요할 정도로 기분 장애가 심각하거나 정신증적 양상이 동반된다.

마. 증상이 물질(예 약물 남용, 투약, 또는 기타 치료)이나 일반적인 의학적 상태(예 갑상선 기능 항진증)의 직접적인 생리적 효과로 인한 것이 아니다.

조울 증세를 보이는 사람에게는 감정 상태의 높고 낮음만이 있을 뿐이다. 조울증 단계는 전형적으로 한 개인이 기운을 받거나 지나치게 자신감을 가지게 될 때 시작된다. 이 사람은 지나

치게 활동적이고 과장적이며 때로는 신경질적이고 날카롭다가도 점점 더 충동적이고 완고하게 된다. 사고와 말하는 것이 급해지고 수면이 줄어들고 지나치게 성충동이 강할 수도 있다. 결국 모든 의욕이 과잉 상태에 놓이게 된다. 전체적으로 보아 흥분제를 먹은 사람 같아 보이는데 실제로 이들 중 많은 사람들이 흥분 상태를 지속시키기 위해 암페타민, 코카인이나 알코올을 복용한다.

조울증 단계에서 양극성 대상자는 십자군 원정이나 모든 일을 바로잡기 위해 직장 동료나 가족 구성원을 인질로 잡을 수 있다. 심각한 경우에는 인질범의 행동에 정신분열증 인질범과 유사한 환각성이 보일 수도 있다. 조울증 인질범은 이 주제에서 저 주제로, 이 생각에서 저 생각으로 널뛰기를 하면서 어떠한 종류의 유대감이나 지속적인 의사소통을 방해하는데, 몇 시간이 지나도 지치지 않고 끊임없이 에너지가 솟아나기 때문에 여러 시간이 지난 후에 협상가는 완전히 지쳐버리고 말 것이다. 그러한 경우에 협상가들은 교대를 하면서 범인으로 하여금 인질들에게 관심을 가지지 않도록 인질범의 주의를 흩뜨려 놓는 데 초점을 두어야 한다. 조울 증세를 보이는 인질범은 휘발적인 성격을 가졌다는 것을 명심해야 한다. 사소한 말실수나 농담이 그의 분노를 폭발시키고 인질에게 위해를 가할 위험성을 높일 수 있다. 협상가의 목소리는 느리면서도 굴곡이 없고 단호하면서도 지속적이어야 한다. 대상자는 자신의 생각이 너무 확고하기 때문에 좋은 의도에서 딱딱한 상황을 누그러뜨리려고 한 말을 잘못 받아들이는 경향이 있기 때문에 농담과 아이러니를 피하는 것이 좋다. 선심 쓰는 듯한 태도나 어린아이를 다루는 듯한 태도를 지양하고 대화가 구체적인 사항들과 여기와 지금의 문제에 중점을 두도록 노력한다.

만약 대치 상황 도중에 대상자의 사이클이 우울증 시기로 내려오면 협상가는 앞의 장에서 서술한 우울 증상을 보이는 인질범과 관련된 모든 종류의 문제들과 맞닥뜨리게 되는데 이때의 우울 상태는 더 강력한 감정적 격렬성, 충동성과 까칠함 등을 추가적으로 가지고 있어서 상황을 더욱 위험하게 만든다.

어떤 경우에는 우울 증세가 보이는 시기에 인질범은 극도로 피곤하고 귀찮아하면서 모든 일이 그냥 끝나기를 바라는데, 이럴 경우 협상팀의 일이 한결 수월해지기도 한다. 또 다른 경우에는 우울 증세를 보이면 죄책감에 빠진 인질범이 나른 사람들에게 한 일에 대해 보상하려는 생각에서 자신의 목숨만을 끊으려 하기도 한다. 그러나 경우에 따라서는 하강 단계의 자살 성향을 가진 양극성 인질범이 여전히 인질들의 목숨을 심각하게 위협하기에 충분한 정도의 분노를 가지고 있는데 이럴 경우 현장지휘관은 전술팀 투입과 협상 지속 여부를 잘 비교해 보아야 한다.

5. 반사회적/사이코패스적 인질범과의 협상

반사회적 성격 장애는 다른 사람의 권리에 대한 지속적인 경시나 침해의 패턴으로 충동성, 범죄적 행태, 성적 난잡함, 약물 남용, 착취적, 기생적, 약탈적 라이프스타일과 연관되어 있다(APA, 2000). 반사회적 인질범은 다른 형태의 범죄자들보다 양심의 가책을 덜 느끼고 다른 사람들을 자신의 욕망을 채우기 위한 단순한 도구로 생각하는 경향이 있다. 반사회적 인질범은 사이코패스로 불리기도 하는데, 많은 정신 의학자들은 후자를 교활한 방식으로 영민하고 주변 사람들을 조작하고 겁주는 데 뛰어난 특정한 형태의 잔인하고 죄책감이 없는 인질범을 명명하기 위해 남겨 둔다(Hare, 1986, 1998).

사이코패스는 반사회성 성격 장애의 하위분류로 본다. 성격 장애, 혹은 정신 장애가 범죄의 원인이 될 경우, 환자는 범죄에 대해 통제를 할 수가 없는 상태에서 범죄를 저지르지만, 사이코패스 범죄자의 경우는 죄책감을 느끼지 못할 뿐, 자신이 하는 일에 대해 명확히 인지한 상태로 범죄를 저지른다. 환자가 아닌 범죄자인 것이다.

강호순의 성격 검사를 위해 사용된 PCL-R의 저자인 범죄 심리학자 Robert Hare 박사는 사이코패스의 전통적 특징을 3가지 넓은 범주, 대인 관계, 정서, 행동/생활양식에서 기술하였다.

대인 관계상으로 사이코패스는 과장되고 이기적이며 교묘하고 지배적이며 강력하고 착취적이며 냉담하다. 정서적으로 그들은 피상적이고 불안정한 감정을 드러내며, 사람들, 원칙, 목표 등과 지속적인 유대 관계를 형성하지 못하고 공감, 죄의식, 그리고 양심의 가책이 결여되어 있다. 그들의 생활양식은 충동적이고 불안정하며 감각을 추구한다. 그들은 노골적이거나 암묵적으로 쉽게 사회 규범을 위반하고 사회적 의무와 책임을 이행하지 않는다.

법정 정신 의학자와 연구자들은 종종 사이코패스들이 외관상 매우 노골적이고 명백하게, 그러나 피상적이고 기계적으로 스스로의 행동과 자신이 한 일들에 대한 느낌, 그리고 그 행동이 타인에게 어떠한 영향을 미치는지에 대한 생각을 표현하는 것을 곤혹스러워 한다는 것을 느끼고 있다. 사이코패스의 후회하는 듯한 정서 표현은 종종 눈치 빠른 검사자들을 속이지 못하며, 심지어는 그들의 정서적인 단어와 어구의 사용이 단순한 흉내 내기에 불과하다는 인상을 받기도 한다. 대부분의 평범한 사람의 인식과 대인 관계 안에서 일어나는 상호 작용은 감정과 내적 성찰, 경험 등을 담고 있는 반면, 사이코패스의 행동은 얕고 정서적으로 메말라 보인다. Cleckley(1976)는, "사이코패스는 일반인처럼 말하는 법을 배울 수 있고, 타인의 감정을 토대로 마치 팬터마임을 하는 것처럼 적절하게 정서를 재현해내는 법을 배울 수 있다. 그러나 감정 그 자체를 느끼지는 못한다."고 이야기했다.

사이코패스가 아닌 범죄자 집단과 일반인 집단은 은유적 표현의 방향과 정도를 구분하는 데 있어 어려움을 겪지 않은 반면, 사이코패스 집단은 은유적 표현의 방향과 정도 판단에 있어 빈번한 분류 오류를 기록했다. 예를 들어, 일반인 집단이 매우 긍정적이라고 평가한 은유적 표현을 매우 부정적이라고 분류하는 등 극단적인 오류가 발생하는 것을 관찰할 수 있었다고 한다. 한 사이코패스는 "사람은 지구라는 시체 위에서 살아가는 한 마리의 벌레"라는 문장을 매우 긍정적이라고 평가했다. 또 다른 사이코패스는 "사랑이란 세계의 불행을 치료하는 약"이라는 문장을 매우 부정적인 의미를 담고 있다고 평가했다.

이와 같이 사이코패스들은 은유적 표현을 글자 그대로의 뜻은 올바르게 해석하는 반면, 내포된 정서적 느낌은 제대로 판단하지 못하는 특성을 보였다. 하지만 이러한 결과는 사이코패스들의 열등한 지적 능력에 의한 것은 아니다. 그들 중 몇몇은 대학 학위를 가지고 있었으며, 대부분은 평균 수준의 지능을 가지고 있었다. 그러나 그들의 정서적 이해와 경험의 폭이 넓지 않다는 것은 분명히 알 수 있다.

사이코패스를 판별하는 데 유용하다고 알려진 한국판 PCL-R은 알려진 바와 같이 재소자와 범죄 피의자를 대상으로 정신병질 및 성격 장애의 유무를 판단하는 검사이다. 기초 연구, 임상 현장, 혹은 법정 현장 연구에서 정신병질(Psychopathy)을 평가하기 위해 개발된 검사로서, 20개의 문항으로 이루어져 있다. 반구조화된 면담, 기록 문서, 그리고 부가 정보를 이용하여 정신병질의 전통적 구성 개념과 관련된 성격 특질과 행동을 측정한다.

반사회적 인질범과는 어떤 형태의 신뢰 관계 형성도 포기해야 한다. 스톡홀름 신드롬도 잊어버려라. 반사회적 인질범에게 인질은 협상을 할 때 자신의 목적을 달성하고 탈출하는 데 필요한 칩에 불과하다. 그는 인질이나 그의 안전에 대해 전혀 개의치 않고 그의 불안에 대해 공감하려는 당신의 노력에 의아해할 것이다. 왜냐하면 그는 불안감이라는 것은 애초에 가지고 있지 않기 때문이다.

만약 협상가가 인질들의 목숨을 살려주는 것이 당신의 목적을 가장 잘 달성할 수 있는 방법이라는 것을 확신하게 만들 수 있다면, 아이러니하게도 반사회적 인질범의 냉혈함이 협상을 실제로 용이하게 하는 역할을 할 수 있다. 상대의 마음을 얻기 위한 공감하기 등은 잊어버려라. 이런 형태의 협상에서 협상가는 말 그대로 협상을 하는 것이다. 인질범에게 이익이 되는 것에 호소하라. 예를 들어, 인질을 몇 명 내보내게 되면 인질범의 부담을 줄이고, 그가 원하는 것을 반대급부로 얻을 수 있으며, 선의를 보여 주는 것이 후에 형량을 감경시켜 줄 수도 있고, 극단적인 행동을 취함으로써 특공대가 진입할 수 있는 빌미를 줄 수도 있음을 일깨워준다.   다른 어떤 형태의 인질범을 대할 때보다 반사회적 인질범을 대할 때 가장 중요한 요소는 대상자를 속이지 않는 것이다. 반사회적 성격자들은 다른 사람을 속이거나 괴롭히는 데서 스릴을 느끼고 동시에 남들이 자신을 속이려는 것에 대해서 굉장히 민감하다. 만약 이들이 협상가가 자신을 속이거나 기만하려 한다고 생각하게 되면 이에 대해 신경질적으로 반응할 가능성이 크다. 당신이 실제로 해 줄 수 있는 것만을 약속하라.

협상가의 목소리는 단호하면서도 이성적이고 감정적인 접근보다는 문제 해결 중심의 접근 방법이 더 효과적일 것이다. 사이코패스들은 스릴과 권력을 추구하는 경향이 강하기 때문에 모든 것을 순하시키는 것이 좋다. 이와 동시에 일을 너무 지연시키지도 말아야 하는데 그렇게 되면 사이코패스는 아드레날린 비율을 높이기 위해 무언가 자극적인 일을 벌이고 싶어 할 수 있다. 반사회적 인질범들은 대개 실용적인 목표를 가지고 있지만 종종 순수한 복수를 주된 동기로 하기도 한다. 인질범의 주의를 인질에게서 멀게 하기 위해 인질범을 바쁘게 만들어라. 가능한 한 직접적으로 말하고 그가 말하는 어떤 것도 액면가 그대로 받아들여서는 안 된다는 것을 명심해야 한다.

다시 한 번 강조하지만 반사회적 인질범이 아이러니하게도 인질과 감정적으로 연관될 가능성이 가장 적기 때문에 인질의 생명을 살려 줄 가능성이 가장 크다. 그러나 반사회적 인질범은 인간적 유대가 낮기 때문에 인질을 죽이는 것이 자신의 결심과 힘을 보여 주는 것이라고 믿으면 눈 깜짝할 사이에 많은 인질을 무참히 죽여 버릴 수도 있다(Slatkin, 2005).

6. 경계선 인질범과의 협상

경계선 성격 장애는 대인 관계의 불안정성, 깨지기 쉬운 자아 이미지, 감정의 급변, 복수적 분노, 자기 파괴적 충동성 등의 패턴을 보인다(APA, 2000).

경계선이라는 단어는 신경증과 정신증의 '경계'를 언급한 것이다. 경계선 장애를 인격 장애로 생각하게 된 것은 최근의 일이다. 물론 이론적으로는 10년 전부터 논의되어 온 것이지만 일반화가 된 것은 1980년 전후이다. 그 이전에는 신경증으로도 정신병으로도 말할 수 없는 일군의 환자로서 이해되었다.

1) 신경증과 정신증의 경계선

신경증적 문제는 현실 인식과 생활 적응에 치명적인 결함을 가지지는 않지만 주로 정서적 또는 행동적 측면에서, 그리고 주변 사람들과 인간관계를 맺고 유지해 나가는 과정에서 상당한 정도의 불편과 고통을 느끼는 경우를 말한다.

감정의 변화가 심하거나, 우울, 불안, 공포 등 부정적 감정을 계속해서 경험하거나, 주어진 상황에 부적절한 행동을 되풀이하거나, 의기소침, 의욕상실, 무기력 등이 지속되거나, 상황에 적응해 나가는 데 도움이 안 되는 생각들을 자주 하게 되거나, 주변 사람들과 마찰과 갈등을 지속적으로 경험하는 것 등이 신경증적 문제의 예들이다.

정신증적 문제는 현실의 인식과 기본적인 생활 적응 자체가 심각하게 손상된 경우를 지칭하며, 흔히 정신병이라고 부르는 것들이 여기에 속한다. 현실 인식 능력에 있어서의 손상이다. 현실에 대한 지각이 심하게 왜곡되어 나무를 귀신이라고 하고 비행기를 우주선이라 하기도 한다.

2) 원 인

가. 생물학적 원인

경계선 환자들은 기질적으로 공격적이며 강한 애착 욕구를 가질 수 있다. 낮은 세로토닌 수치는 공격적인(자신들이나 타인들에게) 개인들에게서 발견되었다. 세로토닌 조절의 기능 장애는 기분 장애의 원인적인 인자로서 잘 정립되어져 있다. 더욱이, 도파민도 공격성을 촉진시키는 것 같으며, 정신증과 관련된 주요 신경 전달계이다. 두 체계 중의 하나 또는 둘 다의 조절 장애는 경계선 인격 장애의 일부 양상에 대한 신경 생물학적 기전을 제공할 수 있다고 가정되고 있다. 또 다른 가능성은 변연계의 흥분성에 대한 낮아진 역치와 연관된다.

나. 정신 사회적 원인

"경계선은 타고나는 것이 아니라 만들어진다."는 격언은 그들의 개인력들이 너무 비슷할 때 특히 사실로 들린다. 보편적인 것은 아니지만, 많은 환자들의 가족과 사회적 상황들에 있어서 어떤 기괴한 유사성이 여전히 있다.

경계선 인격 장애(BPD)는 우울증, 자기혐오, 분노, 그리고 절망을 포함한 강렬한 부정적 감정에 의해 전반적으로 특징지어지는 장애를 묘사한다. 스트레스와 관련된 불안과 정신병적 증후도 흔히 존재한다. 이와 같은 감정에 적응하려고 시도하면서, BPD 기준을 충족시키는 사람들은 흔히 알코올이나 약물 남용, 과식, 자해, 그리고 자살 가능성을 포함한 충동적인 행동을 한다. 이와 같은 감정적 행동적 조절 이상은 불안정하고 혼란스러운 대인 관계를 초래한다. 관념화 및 위협으로부터 모든 형태의 자해 및 의사 자살까지를 망라한 자살 행동은 매우 일반적인 BPD의 임상적 특성이라고 생각된다. BPD 진단을 받은 입원 환자의 최고 55%까지가 실제적인 자살 기도의 이력을 가지고 있는 반면에, 최고 40%까지는 그다지 심각하지 않은 자살 기도의 이력을 가지고 있으며(Fyer, 1988), 최고 80%까지는 과거 언젠가 자해를 한 사실이 있다.

경계선 인격 장애는 심각한 건강상의 문제이며, 특히 여성에게서 그러하다. 모든 외래 정신 건강 환자의 약 11%와 입원 정신병 환자의 19%는 BPD의 진단 기준을 충족시키며, 이 중 70~77%는 여성이다. BPD 환자의 자살률은 5~10%로서, 가장 높은 자살률을 보이는 정신병인 주요 정동 장애나 정신분열증과 그 비율이 유사하다(Frances & Katz, 1986).

경계선 성격 장애자들은 지나친 이상화(Idealization)와 친구, 가족, 직장 동료에 대한 평가 절하 사이를 왔다 갔다 하면서 변덕스럽고 강렬한 인간관계의 패턴을 평생 동안 나타낸다. 감정적 불안정성의 징후들로는 부적절하게 격한 분노와 우울 증세, 자살 충동성 등이 있다. 자아 이미지의 혼란, 불분명한 대인 관계와 범주, 공사 목표와 가치들에 대한 혼동, 그리고 약물 남용이나 폭력적 상황 촉발 등 지속적인 자아 정체성 파괴의 모습을 보인다. 경계선 장애를 가진 사람들은 스트레스를 받았을 때 지엽적인 것들에 집착하는 것을 빼면 보통 사람들의 눈에는 일상생활에 전혀 지장이 없는 - 어찌 보면 다른 사람들보다 더 탁월한- 것으로 보일 수 있다.

경계선 장애를 가진 인질범은 헤어진 가족 구성원이나 해고된 직장 동료처럼 옛집이나 그 전 직장으로 배신에 대한 앙갚음을 하기 위해 찾아오는 경우들처럼 기본적으로 관계에 관한 문제(Relationship-based)로 인해 발생할 가능성이 크다. 경계선 장애를 가진 인질범이 자신의 원한이나 복수심의 대상이 되는 사람들을 인질로 잡은 경우 본인들이 생각할 때는 정당한 분노의 표현이 가장 핵심적인 감정이기 때문에 이성적인 설득이나 공감이 효력을 발휘하기 어렵다. 이런 경우 인질범은 어떠한 요구 사항도 없고 그저 인질이 고통 받기만을 원할 수도 있으며, 어떤 경우에는 예전 동료로부터 앞으로는 절대 배신하지 않겠다는 맹세를 하라든가, 자신에게 잘못 대해 주었던 모든 회사 간부들의 공식적인 사과 등 매우 구체적인 요구를 할 수도 있다. 경계선 장애인은 이렇듯 어떤 때는 멀쩡한 사람처럼 굉장히 이성적인 것 같다가도 어떤 때는 매우 비이성적인 증상을 보인다. '경계선 장애'라는 이름이 붙여지게 된 것도 대상자가 정상적인 상태와 불합리한 상태 사이의 매우 가는 경계를 왔다 갔다 하기 때문이다.

경계선 장애를 가진 인질범을 상대할 때는 '관계'라는 요소를 잘 이용해야 한다. 적극적 청취 기법의 적절한 활용은 안 좋은 감정들을 발산시키고 신뢰 관계를 형성하는 데 도움을 줄 것이다. 대상자를 안심시켜 주고 공감과 지지, 관계의 틀을 제공함으로써 협상가가 대상자의 편에 서 있음을 보여 주도록 한다. 흥미롭게도 많은 경계선 장애를 가진 사람들이 끈끈한 인간관계에 너무 목말라 있기 때문에 신뢰 관계 형성적 접근 방법에 비정상적으로 쉽게 넘어올 수 있다. 그러나 그들의 감정들이 지나치게 휘발적이고 눈 깜짝할 사이에 변할 수 있다는 것을 항상 명심해야 하는데, 그들이 협상가와 마음이 통한다고 여기면 협상가를 전적으로 믿고 좋아하지만 조금이라도 거부되거나 속임을 당하거나 경멸을 받는다고 생각하게 되면 똑같은 열정으로 당신을 뼛속 깊이 미워할 것이다. 협상이 오랫동안 지속된다면 대상자는 이런 극단적인 감정들 사이를 몇 번이고 왔다 갔다 할 것이다. 대상자가 협상가를 극도로 미워하고 거부할 경우에는 협상가를 바꾸는 것 말고는 달리 방법이 없을 때도 있다.

비슷한 이유에서 위기 상황 동안에 스톡홀름 신드롬과 유사한 관계를 조장하는 것은 조심해야 한다. 특히 가정 폭력이나 직장에서의 위기 상황에서 더욱 그러한데, 경계선 장애를 가진 인질범들은 이미 인질들과 지나치게 고조된 감정적 관계를 가지고 있을 가능성이 크기 때문에 인질과 범인 사이에 강한 감정적 연관을 갖게 하면 감정이 폭발하여 극단적인 행동을 취할 가능성이 커지게 된다. 그렇지 않아도 위기 상황에 투입된 협상가는 기본적으로 인질과의 관계로부터 관심을 돌려 협상가와의 관계에 집중하도록 하고 상황을 안전하게 종료시키는 데 관심을 갖도록 해야 한다.

인질범이 충동적 행동을 보이려고 하면 다른 쪽으로 조심스럽게 유도하거나 대상자의 고통이나 분노의 원인에 초점을 맞춘다. 다른 형태의 대상자들과 마찬가지로 되도록 말을 많이 하도록 유도해야 하지만 감정 배출이 지나쳐서 감정이 제멋대로 토해져 나오거나 통제를 상실하는 수준에 이르지 않도록 주의해야 한다. 경계선 장애 인질범은 가족이나 제3중재자의 투입으로 감정에 불을 붙일 가능성이 크기 때문에 특히 주의해야 한다 (Miller, 2007).

7. 연기성 성격 장애 인질범과의 협상

연기성 성격 장애는 과도한 감정성, 주목 추구성, 흥분 욕구와 말과 행동에서 현란한 연극성을 보이고, 인상주의적이고 충동적 인지적이며, 다른 사람들로부터 존경이나 애정을 받기 위한 피상적 관계를 유지하기 위해 과장을 사용한다(APA, 2000). 연기성 성격 장애자들은 다른 사람이 자신을 좋아해 주고 인정해 줄 것 같은 모습이 어떤 것인지를 재빨리 파악하고 그에 맞추어 행동하고자 하기 때문에 마치 연기를 하는 것 같이 행동하므로 연기성 성격 장애라는 이름이 붙여지게 되었다. 마치 현재 상황은 무대이고 자신은 배우이며 다른 사람들은 관객이기 때문에 자신은 관객에게 사랑과 인정을 받아야 한다고 생각하는 것인데 정작 본인은 이를 거의 인식하지 못한다.

이들은 다른 사람들이 항상 자기를 바라보고 있다고 생각하기 때문에 외모에 대해 신경을 많이 쓰고 평범한 스타일보다는 튀는 옷차림을 하는 경우가 많다. 이런 성향으로 인해 이성의 관심을 끌고 유혹하는 행동을 많이 한다.

연기성 성격 장애자들은 감정이 지나치게 풍부하고 감정의 기복이 심하다. 상대가 나를 좋아해 주는 것 같으면 금방 기분이 좋아졌다가도 조금만 잘 대해주지 않으면 금방 토라지고 시무룩해진다. 이들은 마음 깊은 곳에 열등감 및 이로 인한 심한 우울감, 잘난 사람들에 대한 분노와 적대감을 가지고 있으나 이를 부정하고 인정하지 않으려 하기 때문에 감정에 깊이가 없고 피상적이다. 이들의 애정에 대한 욕구는 매우 필사적이라고 할 정도로 강렬하나 이 욕구는 아무리 채워도 채워지지 않는다. 관심과 애정에 대한 욕구가 강한 만큼 자신이 받아야 할 관심과 애정을 빼앗아 가는 사람에 대한 적개심과 시기심이 크다. 다른 사람의 무관심이나 비난에 지나치게 민감하며 강한 피해 의식에 사로잡혀 있어 조금만 자신을 비난하고 무시한다고 느끼면 강한 공격성을 보이기도 한다. 감정의 기복이 심한 반면 통제력이 부족하기 때문에 충동적인 행동을 하는 경우가 많다.

연기성 성격 장애자들은 알고 지내는 사람들은 많으나 깊은 관계를 유지하는 사람은 많지 않다. 처음에는 친절하고 좋은 인상을 남겨 사람을 쉽게 사귀지만 점점 가까워질수록 자신을 더 많이 공개해야 하고 상대방이 자신을 더 알게 될수록 자기를 싫어하지 않을까 하는 두려움을 느끼고 자신을 드러내는 데 주저하게 된다. 이들은 지나치게 상대방을 배려하고 친절을 베풀기도 하며 상대방과 그렇게 친밀하지도 않은데도 지나치게 자신에 대해 많이 공개하기도 하여 오히려 부담을 주는 경우도 있다.

경계선 장애와 회피성 의존형 장애와 유사하게 연기성 성격 장애자가 벌이는 인질 상황도 유대·애착의 문제를 중심으로 돌아가게 되며, 대개 격한 말다툼을 벌이다가 인질/봉쇄 상황으로 발전하게 된다.

협상을 하는 동안, 대상자로부터 일관성 있는 이야기를 듣기가 매우 어려운데 이는 연기성 성격 장애 인질범은 관객을 기쁘게 하고 만족시키려는 욕구를 가지고 있어서 협상가가 듣고 싶어 하는 방향으로 이야기의 내용을 계속해서 바꾸기 때문이다. 그런데 이것이 의도적인 사기는 아니지만 상대방으로 하여금 자신을 좋아하도록 하고 스포트라이트의 중심에 서기 위해 별다른 죄의식 없이 어떠한 일이라도 서슴없이 행한다. 협상가의 임무는 주목받고 싶은 그들의 욕구를 충족시켜 주면서도 지나친 흥분 상태에 빠져 감정이 과도하게 분출되지 않도록 주의해야 한다. 이런 형태의 대상자와의 협상에 있어서는 안전하게 상황을 종료시키는 것이 가족이나 미디어 등 모든 사람들로부터 박수와 존경을 받게 될 것이라는 것을 이해시키는 것이 사건 해결의 관건이 될 것이다(Slatkin, 2005).

8. 자기애적 성격 장애 인질범과의 협상

자기애적 성격 장애는 과장성, 특권 의식, 자만, 존중 욕구와 다른 사람의 감정과 의견에 대한 공감의 부족의 패턴을 보인다. 이들은 규칙은 다른 사람들에게나 적용되는 것이고 자신들은 특권과 통찰력, 판단력, 인지력 등이 뛰어나기 때문에 규칙을 바꿀 수 있다고 생각한다(APA, 2000).

자기애적 성격 장애자들은 객관적인 현실이나 남들이 자기에 대해 평가하는 것보다도 자신이 더 유능하다고 믿는다. 실제로 특출 난 재능도 없고 뚜렷한 성취나 업적을 이루지 못했어도 자신은 유능한 사람이라고 믿는다. 비디오로 자신의 모습을 찍어서 보여 주었을 때, 대부분은 자신이 나오는 비디오를 보면서 어색해 하거나 쑥스러워하는 반면, 자기애적 성격 장애자들은 자기가 무척 멋있게 나왔다고 평가하였다는 연구 결과도 있다. 이러한 결과는 자기 자신에 대해 객관적인 것보다 더 긍정적으로 평가하려는 자기 지각 편향을 지니고 있음을 뜻한다.

자기애적 성격 장애의 가장 주된 행동적 특징은 지나칠 만큼 자신감에 차 있다는 점이다. 확신에 찬 모습으로 거침없이 말하고 행동한다. 설령 자신이 잘 모르는 사실이거나 뚜렷한 증거가 없는 일이라고 하더라도 매우 자신 있고 당당하게 말하고 주장하며 행동한다. 어떤 어려움이 닥치거나 곤란한 상황에 처해도 아주 태연하게 별것 아니라는 듯한 태도를 보인다. 그렇기 때문에 매우 거만하고 이기적으로 보이기도 하고 때로는 낙천적으로 비춰지는 경우도 있다. 이들은 자기가 이루어낸 어떤 성취나 스스로의 재능에 대해 곧잘 자랑을 늘어놓는다. 쑥스러워하는 법이 없다. 이러한 자랑과 과시는 때로 사실보다 과장되어 있는 경우가 많으나 본인이 받아들이기에는 굉장한 것으로 생각하기 때문이다. 또한 이러한 자랑을 듣는 상대방이 듣기 싫어할지도 모른다는 생각은 아예 하지도 않는다.

이들은 자기가 다른 사람들과는 달리 매우 특별한 존재라고 생각하기 때문에 사회 구성원으로서 누구나 지켜야 할 공통의 규칙이나 의무가 마치 자신에게는 해당되지 않는 것처럼 생각하고 행동한다. 다른 사람이 배려나 양보를 해도 고마워하기보다는 당연한 것으로 여긴다.

자기애적 성격 장애자들은 평소 기분은 대체로 태평스럽고 즐거운 편이며. 자신이 뭔가 대단한 성공을 거두는 듯한 착각을 하거나 그러한 내용의 공상을 할 때에는 매우 신이 나고 기분이 고양되나, 타인이 자신을 인정해 주지 않거나 공격을 당했다고 느끼면 그 즉시 격렬한 분노와 적대감을 느끼고 복수하고 싶다는 강한 열망에 휩싸이게 된다. 아무런 나쁜 의도가 없는 충고나, 스스로의 형편을 고려한 합리적인 거절에 대해서도, 자신을 공격하는 것으로 왜곡되게 받아들이고 분노를 경험하게 될 가능성이 높다. 그리고 다른 사람이 가진 좋은 것이나 성공이 그 사람이 아닌 바로 자신에게 더 잘 어울리는 것이고 자기가 가져야 마땅한 것이라는 생각이 마음 깊은 곳에 자리 잡고 있기 때문에 다른 사람에 대해 시기와 질투의 감정을 자주 그리고 강하게 느낀다.

때로 자신이 설정한 높은 기대치에 스스로의 수행이나 업적이 맞지 않는 것처럼 느껴질 때, 이를 도저히 다른 사람의 탓으로 돌릴 수 없거나 무시할 만하지 않을 때, 자신의 완벽함과 유능함을 밝힐 수 없게 되면 어쩌나 하는 불안은 보통 사람이 겪음직한 평가 불안이나 수행 불안보다 훨씬 더 정도가 심한 우울감에 빠지게 된다. 공상이나 행동에서의 과장성, 칭찬에 대한 욕구, 권력에 대한 욕구와 강한 성취동기, 감정 이입의 결여 등의 광범위한 양상이 성인기 초기에 시작되어 다양한 상황에서 나타나며, 반복적인 일이나 일상적인 것에 쉽게 지루함을 느끼고, 뭔가 새롭고 자극적인 것을 찾고 싶어 하는 경향이 있으면서 막연하게 뭔가 텅 빈 것 같고 허무한 듯한 공허감을 느끼는 경우도 많다.

자기애적 성격 장애자는 다음 중 다섯 개 또는 그 이상의 항목을 충족시킨다(서울대학교병원, 2009).

① 자신의 중요성에 대한 과장된 지각을 갖고 있다.
(자신의 성취나 재능을 과장함. 뒷받침할 만한 성취도 없으면서 최고로 인정받기를 기대함.)

② 끝이 없는 성공에 대한 공상과 권력, 탁월함, 아름다움, 또는 이상적인 사랑에 대한 공상에 자주 사로잡힌다.

③ 자신이 특별하고 독특하다고 믿고, 특별한 사람이나 상류층의 사람들만이 자신을 이해할 수 있으며 또한 그런 사람들(혹은 기관)하고만 어울려야 한다고 믿는다.

④ 과도한 찬사를 요구한다.

⑤ 특권 의식을 가진다. 예를 들면, 특별 대우를 받을 만한

이유가 없는데도 특별 대우나 복종을 바라는 불합리한 기대감을 가진다.

⑥ 대인 관계가 착취적이다. 예를 들면, 자기 자신의 목적을 달성하기 위해 타인들을 이용한다.

⑦ 감정 이입 능력이 결여되어 있다. 타인들의 감정이나 요구를 인정하거나 확인하려 하지 않는다.

⑧ 자주 타인들을 질투하거나 타인들이 자신에 대해 질투하고 있다고 믿는다.

⑨ 거만하고 방자한 행동이나 태도를 보인다.

자기애적 성격 장애자들은 다른 사람들이 자신들을 존중하고 존경하기를 바라는데 그들이 원래부터 당연히 누려야 할 존중을 받지 못한다고 생각할 때 분노하게 된다. 이런 정당한 분노에 대한 믿음이 가정이나 직장에서의 다툼을 인질상황으로 변질되게 만드는 데 핵심적인 역할을 한다고 볼 수 있다. 자아도취적 성격 장애자들은 겉으로는 거만하고 자신이 가장 잘났다고 생각할지 모르지만 많은 경우 심리 상태의 근저에는 열등감을 가지고 있고, 자신의 자아를 형성하기 위해 닮고 싶어 하는 실제로 힘을 가진 사람은 병적으로 존경하는 경향을 보인다.

자아도취적 성격 장애자의 이러한 특징을 잘 이용하면 협상이 보다 용이해질 수 있다. 자아도취적 인질범은 협상가가 존경할 만하고 성공한 전문가라고 생각할 경우 먼저 손을 내밀고 유대감을 형성하려고 할 수 있다. 대상자는 협상가와 자신이 동등한 위치에 있다고 생각하고 동료를 대하는 듯한 태도를 취하거나 유대감을 공유하고 있다고 생각하는 경향이 있다. 다른 형태의 인질범의 경우 협상가가 먼저 손을 내밀어 유대감을 형성하려고 해도 대상자가 마음의 문을 쉽게 열지 않는 경우가 많은데 자아도취적 성격 장애자의 경우 지나친 자만심이나 잘난 척하고 싶어 하는 심리를 잘 활용하면 상대적으로 쉽게 신뢰 관계를 형성할 수도 있다.

그러나 협상팀이 대상자가 원하는 반응을 보여 주지 못할 경우, 예를 들어 인질범을 특별한 존재로 취급하지 않고 일반적인 잡범들처럼 다루려 한다고 느낄 경우 이에 대한 분노를 표시하고 대화를 거부할 수가 있다. 이런 경우 범인이 원하는 존중감을 보여 주되 협상가의 위엄을 유지하고 협상가의 협조 없이는 범인이 원하는 것을 얻을 수 없음을 인식시켜 주어야 한다(Miller, 2007).

9. 회피-의존성 인질범과의 협상

회피적 성격 장애는 사회적 금지, 부적합 의식, 부정적 평가나 비난에 대한 극도의 민감성 등을 보인다. 의존성 성격 장애는 보살핌과 지도에 대한 지나친 욕구로부터 기인하는 복종적이고 의존적인 태도를 보인다(APA, 2000). 일반적으로 이 두 가지 형태의 장애는 서로 섞여서 나타나는데, 대상자는 대개 수줍음이 많고 사회적으로 불안하지만 자신의 정체성과 삶의 목표가 되는 사람에게 의존하는 경향이 있다. 만약 대상자가 그 사람으로부터 거부나 분리되는 경험을 하게 되면, 이것은 마치 세상의 마지막인 것 같은 느낌이 들고 그 사람과의 연결고리를 되찾기 위해 애원이나, 협박, 스토킹, 인질 상황을 벌이는 등 어떠한 일이라도 벌이려 하게 된다. 많은 가정 폭력범들과 잘 알려지지 않은 여성 인질범들이 이 형태에 해당하는데 이들은 연극성 성격 장애나 경계선 성격 장애를 함께 가지고 있을 수 있다.

회피-의존적 인질범과 협상을 할 때는 일시적이지만 부모 내지는 권위 있는 사람처럼 단호하면서도 대상자를 지원해 주는 모습을 보일 필요가 있다. 협상가는 대상자가 자신이 다시 실패했다는 느낌을 가지지 않는 방향으로 사건을 해결하는 것이 매우 중요하다. 만약 대상자가 실패했다고 생각하면 자신의 확고한 의지를 다시 보여 주기 위하여 더욱더 심한 일을 저지를 수 있다. 평화적인 사건 해결을 위한 첫 번째 아이디어가 대상자로부터 나오도록 하고, 협상가는 이를 대상자와 함께 수정·보완하여 최종안을 만들도록 하며, 협상에 도움을 줄 수 있는 모든 좋은 아이디어는 대상자로부터 나온 것 같은 형태를 취하도록 한다. 이렇게 하면 대상자가 의존적이고 회피적 상태에서 탈피하여 긍정적인 자아 이미지를 형성하는 데 도움을 줄 수 있고, 그만큼 평화적인 사건 해결에 한 발 더 다가가게 된다. 회피-의존적 인질범과 협상할 때는 친구들이나 친척들을 현장에서 멀리하도록 하는 것이 좋은데, 대상자들은 가족이나 친구들에게 자신의 남성다움을 보여 주거나 복수하고 싶은 생각에서 극단적인 행동을 취할 수 있기 때문이다(Slatkin, 2005).

10. 발달 장애 인질범과의 협상

정신 발달 저지라고도 한다. 과거에는 정신 박약 또는 정신 지체라는 용어가 쓰였으나, 2007년 10월 「장애인복지법」의 개정으로 지적 장애라는 명칭으로 바뀌었다. 과거에는 지적 장애의 분류를 IQ(지능 지수)의 점수에 따라 백치 · 치우(痴愚) · 경우(輕愚) · 노둔(魯鈍) 등으로 불렀으나 지금은 지적 장애인 중에서 경한 자, 즉 IQ가 50~70을 경증이라고 하고, 35~49를 중등도, 20~34를 심도(深度) 지적 장애인이라고 분류한다. 전체 지적 장애인 중에서 경한 자가 약 80%이고, 중등도가 12%, 심한 경우가 7%, 극심한 경우가 1% 정도이며, 외국에서는 전체 지적 장애인 중 약 4%가 특수 시설에 수용되어 있다. 한국에서는 1972년 6~18세의 사람 중에서 IQ 60 이하의 발생 빈도가 0.55%라는 보고가 있다. 전 세계의 통계를 감안해 보면 일반 인구 중 지적 장애인은 적게 잡아서 약 1%라고 말한다.[6)]

사람의 정신 능력을 IQ의 점수에만 치중하는 경향이 아직 많은데 이것은 큰 잘못이다. 사람의 정신 능력은, IQ 외에 성장 특성, 교육 가능성, 사회 및 직업에 적응할 수 있는 능력 등을 총괄해서 판단을 내려야 하며, 특히 사회 성숙도를 중시하고 있다. 그러므로 어릴 때에 IQ가 높다 해서 다른 아이들과의 접촉을 차단하고 특수 교육을 시킬 경우 사회 성숙도가 발달되지 못하여 성장한 후에 대성하기가 매우 어려워진다. 또 하나 큰 문제는 학령기 이전의 어린이에 대한 IQ 측정 자체가 어려울 뿐더러 그때 얻은 수치가 평생 유지될 것이라는 생각은 큰 잘못이다. 어릴 때 높은 IQ가 소년기에 들어서 정체되는 수도 많기 때문이며, 또 하나 문제는 어릴 때에 IQ가 낮다 해서 교육에 힘쓰지 않으면 성장 후에도 그 상태에 머물지만, 힘써서 훈련과 교육을 시키면 성장 후에 IQ도 상당히 높아질 뿐만 아니라 간단한

---

6) 두산백과사전 EnCyber & EnCyber.com (2009. 7월 17일 검색). 〈http://100.naver.com/100. nhn?docid=775373〉

직업을 능히 감당할 수 있게 되는 예는 많기 때문이다.

발달장애 인질범과 협상시에는 일단 협상대상자의 지적 수준을 가늠하고 대상자의 눈높이에 맞추어 대화를 진행하도록 노력하여야 한다. 대상자는 아이들과 비슷한 지능과 행동양식을 보일 가능성이 크므로 무장한 경찰관들을 보게 되면 크게 두려움을 느끼고 움츠려 들거나 돌발적인 행동을 할 수 있으므로 되도록 경찰력을 노출시키는 것을 피하도록 한다. 같은 맥락에서 대상자의 주의를 흐트릴 수 있는 소음이나 사람들, 그리고 자극적인 요인들을 최대한 차단하여 협상에 집중할 수 있는 환경을 조성하여 준다. 대상자의 인지능력이 떨어지므로 농담이나 추상적인 개념을 사용하지 말고 간단하고 명료하게 대화를 이끌어가고, 위협적이지는 않지만 단호하게 입장을 표명하며, 지시사항을 내릴 때는 천천히 여러 번 반복해서 말해주고 '지금 제가 하는 말이 무슨 뜻인지 알아들었나요?'라고 하여 지시사항을 제대로 알아들었는지를 확인하도록 한다. 지시사항이 복잡할 때는 몇 단계로 나누어 단계별로 차근차근 따라 할 수 있도록 한다 (Slatkin, 2005).

11. 두뇌 손상 인질범과의 협상

치매는 인지력, 사고력, 언어, 기억과 행동에 장애를 유발하는 유기적 두뇌 신드롬을 의미한다(APA, 2000). 사회가 점점 고령화됨에 따라 경찰관들은 위기 상황뿐만 아니라 일상적인 순찰 활동시에도 점점 더 많은 치매 환자들과 접촉하게 된다. 노인들에게 치매를 유발하는 가장 중요한 원인은 알츠하이머병, 파킨슨병과 뇌출혈 등이다. 젊은이들의 경우는 치매가 에이즈나 약물 남용으로 인한 독성 신진대사, 신장·간질환, 또는 뇌진탕 후유증으로 생기는 경우 등이 있다.

유기적 뇌 신드롬의 증세들로는 방향 감각 상실, 주의/집중력 손상과 장·단기 기억력 상실, 언어와 이해력 장애, 인지적 변형, 감정 통제력 상실 등이 있다.

치매 증상을 가진 인질범의 행동은 혼란스럽기는 하지만 비교적 평화적이고 조용하다. 그러나 이들이 위협을 받으면 방어적 자원에서 매우 공격적이 될 수 있다. 이 유형의 인질범들은 일반적으로 겁을 먹거나 정신이 혼란스럽고 분노한 노인이 자신의 가족 구성원 중 하나, 대개는 배우자를 붙잡고 자신의 집안에서 인질-봉쇄 상황을 일으키는 경우가 많다.

또 다른 경우는 오랫동안 병든 배우자를 치료하고 간호해 오던 사람이 자신의 건강과 제반 여건들이 악화될 때 절망에 빠지거나 극도로 우울해져서 위기 상황을 연출할 수 있다. 이러한 경우의 인질범은 인질과 자신의 목숨을 모두 끊으려고 계획하고 있는 경우가 많다.

이러한 유형의 인질범과 협상을 하는 것은 대상자가 인지력이나 의사소통 능력이 현저히 떨어지기 때문에 대화하는 자체가 매우 어려울 수 있다. 따라서 대화 내용을 짧고 간결하며, 직접적이고 구체적이 되도록 해야 한다. 협상가로서 당신의 임무는 모든 사람의 안전을 확보하는 것임을 강조하도록 한다. 대상자의 손상된 주의력을 활용하여 폭력적인 행동을 하지 못하도록 혼란스럽게 하는 것도 좋은 방법이 될 수 있다. 어차피 치매 증세가 있는 대상자와 대화를 할 때는 상당 부분 대화가 이성적이거나 논리적이지 못하고 장황하게 전개될 가능성이 많기 때문에 이성적인 대화로 이끌어 가려는 부담을 가질 필요가 별로 없다. 대상자가 긍정적인 반응을 보이는 한 대화의 초점이 제대로 맞지 않는 것을 너무 걱정할 필요도 없다. 대상자가 순종하는 모습을 보이면 가능한 한 단순하면서도 직접적으로 협상가가 원하는 것이 무엇인지를 대상자에게 말한다. 이런 유형의 대상자들은 같은 얘기를 물어보고 또 물어보는 경향이 있기 때문에 이에 대해 심적 대비를 하는 것이 좋다.

치매증 인질범이 위험하기는 하지만 협상이 어려워 전술팀을 투입할 때는 계획적인 방어 라인을 구축할 가능성은 가장 적기 때문에 진압시에는 별다른 어려움이 없을 수 있다. 전술팀 투입에 대해서 다른 유형보다 더 긍정적으로 검토해야 하는 이유는 인질로 잡혀 있는 사람들이 중증 환자들일 가능성이 많기 때문에 갑작스런 호흡 곤란 등으로 상태가 악화되어 그대로 방치할 경우 사망에 이를 수 있기 때문에 인질범이 스스로 항복할 때까지 마냥 협상만을 진행할 수가 없기 때문이다. 대상자가 나이 들고 노쇠할 경우 진압시 최대한 부드럽고 조심스럽게 다루어야 한다. 경우에 따라서는 겁에 질리고 혼란스러운 인질범이 급격하게 공격적이 되고 높은 아드레날린 분비로 예상치 못한 힘을 발휘하는 수도 있으므로 충분히 주의를 기울여야 할 것이다 (Miller, 2007).

제8장 자살 기도자와의 협상

1. 자살 원인 관련 이론들
2. 자살 관련 통계
3. 미디어가 자살에 미치는 영향
4. 외국의 국가 자살 예방 전략
5. 자살 상황 개입
6. 경찰을 이용한 자살
7. 자살 상황 개입 요약

제8장
자살 기도자와의 협상

우리나라에서는 현재 5분에 한 명씩 자살 기도를 하고, 45분에 한 명씩 자살로 목숨을 잃으며, 124명 중 한 명이 가족 중에 자살자가 있는 자살 피해 가족이다(범국민 생명존중 운동본부 이홍식 사무총장).

자살은 영어로 'suicide'라고 하는데, 이 말은 원래 라틴어에서 '자기 자신'을 의미하는 'sui'와 '죽인다'의 의미를 지니는 'cædo'가 합쳐져서 생긴 것이다. 따라서 자살이란 개인이 자유의사에 의해서 고의적으로 자기 자신의 생명을 끊는 일체의 행위를 가리킨다(김덕영, 2004). 자살은 어원에서도 알 수 있듯이 매우 개인적인 행위이지만 사회적으로 커다란 영향력을 행사하며 많은 여파를 미친다.

인간의 생명은 그 무엇과도 바꿀 수 없는, 실로 이 세상에서 가장 고귀한 것이다. 자살은 이렇게 고귀한 생명을 앗아가는 행위라는 점에서 일차적인 심각성이 있다. 또한 자살은 당사자뿐만이 아니라 가족이나 친구 등 주변 사람들에게 말할 수 없는 정신적 고통을 안겨 주고, 더 나아가 경제적으로 의료비의 손실을 발생시키며, 국가적으로 노동력의 상실을 초래하기도 한다.

우리나라도 자살이 매우 심각한 상황에 이르렀다. 자살은 1992년 우리나라 사망 원인 10위에서 2003년에는 5위로 상승했다. 그런데 더욱 심각한 것은 자살이 한참 일할 나이인 20대 및 30대의 사망 원인 1위라는 것이다. 자살 사망률은 최근 21년간 연평균 6%씩 증가하여 3.4배가 증가하였고, 2002년 기준 OECD 국가 중 자살 사망률 4위, 자살 증가율 1위를 기록했으며, 2008년에는 자살 사망률 1위를 기록하는 불명예를 안았다. '세계보건기구(WHO)'와 '국제자살방지협회(IASP)'에 의하면, 매년 전 세계적으로 100만 명에 이르는 사람들이 자살로 목숨을 잃는다고 한다. 이는 살인(50만 명)과 전쟁(23만 명)의 희생자를 합한 것보다 많은 수치이다. 자살은 이제 교통사고와 각종 재난 및 질병에 이어 13번째로 많은 희생자를 내는 사인이다. 세계보건기구와 국제자살방지협회는 자살 예방에 노력을 기울이지 않는다면 오는 2020년에는 매년 자살자가 150만 명으로 증가할 것이라고 예측하고 있다. 이같이 심각한 현상을 인식하고 세계보건기구와 국제자살방지협회는 작년부터 매년 9월 10일을 '세계자살방지의 날'로 제정해서 자살이 가져다주는 심각한 개인적·사회적 심각성을 일깨워 주고 있다(김덕영, 2004).

세계 각국에서는 심각한 자살 문제에 대처하기 위해 자신들의 상황에 맞는 국가 차원의 자살 예방 전략을 개발하여 운영하고 있다. 자살은 일반적으로 범정부 차원의 대처가 필요한 사안인데 이제까지 경찰은 자살 예방과 대응에서 어떠한 역할을 하여야 할지 제대로 파악하지 못하고 있었다. 그러나 경찰은 모든 상황에 대한 초기 대응자(First Responder)이기 때문에 자살 상황이 발생하면 신고를 받고 현장에 가장 먼저 출동하게 된다. 따라서 선진국에서는 경찰 협상팀이 자살 상황에 가장 먼저 출동하여 자살자와 협상을 벌이게 되는데 HOBAS에 의하면 FBI 협상팀이 벌이는 협상 상황의 90% 정도가 자살 상황이고, 협상팀이 도착할 때까지 대상자가 살아있고 협상에 응하기만 하면 90% 이상이 자살을 포기하고 상황이 종료된다고 한다.[7)]

전 세계에서 가장 자살을 많이 하는 우리나라로서는 범정부적 대책 수립이 절실하고, 무엇보다 경찰관들의 자살 상황에 대한 인식을 제고하고 협상 기법을 교육시켜서 자살 예방 및 대응에 이바지할 수 있도록 해야 할 것이다.

1. 자살 원인 관련 이론들

1) 뒤르켐의 사회통합이론

뒤르켐(E. Durkheim)은 그의 저명한 저서 「자살론」에서 자살의 원인을 다각도로 제시하였고 이후의 자살 관련 연구에 많은 영향을 끼쳤다. 그는 통계치를 이용하여 가족력과 자살, 자살과 정신병의 관계, 지리적 위치와 자살의 관계 등 다양한 인자들과 자살의 연관성을 증명하려 하였다. 뒤르켐의 연구는 자살에 대한 고전적 연구이지만 그의 이론을 계승한 연구는 이후에도 계속되었다(Douglas, 1967).

뒤르켐의 자살 이론은 개인과 사회의 관계, 즉 개인과 사회의 통합의 정도에 초점을 두고 있다. 자살은 기본적으로 사회 분업

7) 경찰청, 「위기협상기법」. (2005). p. 103.

의 증가와 함께 개인주의가 팽배해지고 이에 따라 사회의 도덕적 규제가 약화되면 증가한다는 것이다. 뒤르켐은 사회 통합이 약하고 개인주의가 팽배하면 '이기적 자살'이 많이 일어나고, 반대로 사회적 통합이 강하고 집단의 규범이 개인에게 강하게 작용하면 '이타적 자살'이 많이 일어난다고 주장했다. 즉 사회 통합이 너무 강하거나 약해도 자살률이 높다는 것이다. 그리고 경제적 위기, 이혼의 증가에서 발생하는 자살을 '아노미적 자살'이라고 했는데, 사회 자체가 개인을 규제하는 힘을 잃고 무규범 상태가 될 때 아노미적 자살이 나타난다고 하였다(심영희, 1986; 안동현 등, 1997).

2) 프로이트의 대상이론

프로이트(S. Freud)는 「정신분석학 개요」에서 대상이란 "성적 혹은 공격적 에너지가 부착된 심리적 표상"이라고 정의했다. 대상 혹은 심리적 표상이라는 개념은 성 발달을 바탕으로 하는데, 아이가 젖을 주는 대상(어머니)에 대한 즐거움과 불쾌함이라는 양가감정을 가지면서 이 복합적인 감정 에너지를 대상에 접합시킨다. 이렇게 대상 부착이 이루어지는 관계를 대상관계라 하고, 이 관계의 상실을 대상 상실이라고 한다.

프로이트는 자살을 우울증과 연관시키면서 인간이 누구나 사랑하는 대상인 사람이나 사물 혹은 이데올로기 등을 상실했을 때 슬픔을 느끼지만 일시적인 현상에 그친다. 그러나 이러한 상태를 벗어나지 못하고 병적인 상태에 머무르게 되면 우울증이 나타난다고 한다. 그리고 어떤 사람들은 자신의 심리적 상태를 유지할 때 대상에 과도하게 집착하는 나머지 그 대상을 상실했을 때 자신의 전부를 잃은 듯한 느낌을 갖는다는 것이다. 우울증 환자들은 자아를 대상과 동일시하면서 대상에 대한 양가적 감정을 자신에 대한 가학적 처벌을 내려, 외부로 표출해야 할 분노를 자신에게 돌리게 되고, 결국 대상이 아닌 자기 자신을 죽이고자 하는 충동을 느끼게 되는 것이라고 하였다. 그의 이론은 후에 멜라니 클라인의 대상이론과 매닝거의 자살 이론에 영향을 주었다(박상철 · 조용범, 1997).

3) 정신 병리학적 모델

자살의 가장 일반적인 요소는 정신 병리 혹은 정신 질환이다. 영국의 클레어 해리스와 브라이언 베어클라우(Harris & Barraclough, 1997)는 13개국 38건의 연구 결과를 분석하였는데, 정신분열증 환자의 자살 가능성이 일반 사람들보다 8배 이상 높은 것으로 나타났다. 예전에 심각한 자살 기도를 한 적이 있는 경우는 예상 위험률이 38배였고, 우울증을 앓거나 약물 의존성을 보이는 사람들은 20배, 조울병을 앓는 사람들은 15배나 더 높았다. 그리고 다발성경화증이나 암과 같은 심각한 내과 질환에 따른 자살보다 정신 질환에 의한 자살이 더 많았다(Jamison, 2004).

4) 깁스(Gibbs)와 마틴(Martin)의 지위통합이론

깁스와 마틴의 지위통합이론은 인종, 연령, 결혼 상태와 같은 지위의 집합이 사회적으로 통합이 잘 되어 있을수록 그 지위 집합이 사회 구성원들에 의해 점유되는 빈도는 더 높고 자살률은 더 낮을 것이라고 가정한다. 이 이론은 자살률이 사회관계의 안정성과 지속성에 반비례한다는 뒤르켐의 주장을 바탕으로 하여 자살률을 지위통합의 정도와 연결시키고 있다. 따라서 지위통합의 정도가 높은 사회에서는 자살률이 낮을 것이라고 기대되는데, 이혼자나 미혼자 혹은 배우자와 사별한 사람들의 자살률이 기혼자보다 2.3배 정도 더 높다는 연구 결과가 이 이론의 주장을 뒷받침해 준다(심영희, 1986).

5) 사회정신의학이론

사회정신의학이론에서는 스트레스가 개인의 대처 능력을 넘어설 만큼 커질 때 자살을 포함한 부적응 행동이 생긴다고 본다. 대처 능력의 심리적 특성으로는 성격 특성, 우울 장애, 통제 기재(Locus of Control), 문제의 귀속, 문제 해결 기술이 포함되는데 이것이 스트레스와의 상호 작용을 통해 자살 행동에 영향을 준다는 것이다. 또한 통제 기재는 스트레스 대처 능력의 내적 자원, 사회적 지지도는 외적 자원으로서 정신 장애를 예방하는 완충 역할(Buffering Role)을 하고 있다고 하였다. 이러한 가설은 자살 기도자의 80%가 임상적으로 우울 증세를 보이며, 우울 환자의 10~15%가 자살을 시도한다는 연구 결과를 바탕으로, 정신의학이 자살을 질병의 하나로 보고 치료적 개입을 하도록 돕고 있다(이장희 등, 1990).

6) 스미스와 아이만의 자아허약성 모델

스미스와 아이만은 모든 인간이 '삶의 환상'을 갖고 있다고 한다. 그것은 개인이 자기 자신과 세계에 부여한 희망이며 신념체계로서 스스로 믿는 자신의 모습인 것이다. 그런데 자살자들은 삶의 환상이 매우 제한적이고 비현실적이며 완고하고 오로지 한 가지 삶의 목표를 가지고 살아가는데, 이 환상이 깨어지면 더 이상의 희망이 없는 상태가 되어 버리고, 이러한 상태가 심화되면 자살로 이어진다. 외적 사건이 내적 희망을 깨어 버렸을 때 이 부조리를 해결할 수 있는 방법은 죽음뿐이라고 생각한다는 것이다(박상철 · 조용범, 1997).

2. 자살 관련 통계

1) 자살 사망률의 변화 추세(1990~2003)

우리나라의 연간 사망자는 1990년 187,159명에서 2002년 489,383명으로 증가하였고, 이 중 자살로 사망한 사람들은 1990년 3,166명, 2002년에는 8,631명이었다. 전체 사망 중 자살 사망의 빈도는 1990년에 1.7%, 2002년에는 1.8% 정도였다. 1990년부터 2002년까지 자살로 사망한 사람은 72,782명(남성 : 50,795명 vs. 여성 : 22,142명)이었다. 같은 기간의 연령 표준화 자살률은 1990년 8.8명에서 2002년 18.7명(81%), 2003년 23.3명(165%)이었으며 이 기간 동안 연령 표준화 자살률은 유의하게 증가한 것으로 관찰되었다(남윤영, 2004).

표 1. 인구 10만 명당 연령 표준화 자살률(1990~ 2003년)

연 도	〈14세	15~24세	25~34세	35~44세	45~54세	55~64세	65~74세	≥75세	전체 연령
1990	0.4	9.0	10.5	10.4	11.8	12.6	16.9	17.2	8.8
1991	0.4	7.7	9.9	9.7	10.0	9.9	16.7	18.1	8.0
1992	0.4	8.4	11.0	10.6	12.0	12.0	18.4	15.7	8.9
1993	0.4	9.0	11.0	13.1	13.8	14.9	19.4	25.3	10.2
1994	0.5	8.7	11.9	11.8	14.6	16.1	19.1	25.1	10.3
1995	0.5	9.4	12.6	13.3	16.7	16.6	21.7	27.9	11.3
1996	0.7	11.8	14.6	16.4	18.3	18.9	25.7	35.5	13.4
1997	0.6	10.3	15.0	16.3	19.6	20.2	26.1	39.7	13.7
1998	0.7	12.4	19.9	24.4	29.7	32.2	34.6	49.1	19.0
1999	0.6	10.1	14.5	19.6	23.2	25.6	33.1	44.5	15.6
2000	0.3	8.6	12.3	17.7	19.4	25.2	29.8	48.2	14.1
2001	0.3	7.6	13.2	16.8	21.6	26.6	35.6	56.5	15.1
2002	0.3	8.2	15.5	20.7	26.0	31.8	43.4	83.4	18.7
2003	0.3	10.8	18.3	25.5	31.1	39.4	57.7	103.1	23.3

자료 출처 : 우리나라 자살의 경향과 특징(남윤영, 2004).

표 2. 주요 국가별 자살 현황 (단위 : 인구 십만 명당)

국가명	한 국		일 본	미 국	프랑스	스웨덴	영 국	독 일	헝가리	호 주
연 도	2002	2005	2003	2002	2002	2002	2002	2004	2003	2002
계	18.7	24.7	20.3	10.2	15.1	11.4	6.3	10.3	22.6	11.1

자료 출처 : OECD Health Data, 2006, 2005년 사망원인통계연보(통계청, 2006).

2) 성별, 연령별 자살의 변화 추세

1990년부터 2003년까지 각 성별, 연령별 자살률의 변화를 보면, 남성 15세 미만과 15~24세의 자살률, 여성 15세 미만의 자살률을 제외하고는 다른 모든 성별 연령대에서 자살률이 유의하게 변화한 것으로 나타났다. 특히 75세 이상 초고령 계층의 자살률은 전 연령대에 걸쳐 가장 높은 수준으로, 1990년대 중반부터 현저하게 증가하는 추세를 보이고 있었다(표 1, 2). 그리고 남성, 여성 모두 사회 활동과 참여가 가장 활발한 연령인 25~44세가 전체 자살의 40% 이상을 각각 차지하고 있는 것으로 나타났다.

표 3. 성별 자살 현황 (단위 : 인구 십만 명당)

연 도	1996	1997	1998	1999	2000	2001	2002	2003	2004	2005
남 자	19.4	19.5	28.8	22.7	20.3	21.8	26.4	33.2	34.5	34.9
여 자	8.7	8.7	11.0	9.6	8.9	9.2	11.9	14.9	15.8	17.3

자료 출처 : 1996~2005 사망원인통계연보(통계청, 1997~2006).

3) 혼인 상태

자살 사망자들의 혼인 상태는 미혼, 배우자 있음(유배우자), 이혼, 사별로 구분하여 분석하였다. 1990년부터 2002년 동안 자살 사망자 중 유배우자인 경우 35,338명(49%), 미혼은 23,560명(32%), 이혼 4,980명(7%), 사별한 사람은 8,509명(12%)이었다. 지난 13년 동안 미혼인 사망자는 점차 감소하고 있지만, 이혼이나 사별한 사람들의 비중이 조금씩 늘어가는 추세이다(그림 4). 이는 우리 사회가 고령화 사회로 진행하고, 이혼율이 증가하고 있어 사별자나 이혼자들의 총수가 증가한 결과일 수 있다. 그러나 1995년과 2000년도의 혼인 상태별 자살률을 비교해 볼 때, 사별 및 이혼자들의 자살률이 다른 혼인 상태의 자살률이나 일반 인구의 자살률에 비해 매우 높아 이혼과 사별이 자살의 위험 요인임을 시사하고 있다. 특히 남성 사별자나 이혼자들은 같은 기간의 여성 사별자나 이혼자에 비해 자살의 위험이 매우 높은 것으로 나타났다(남윤영, 2004)(표 4).

표 4. 혼인 상태별 자살 사망률(1995년, 2000년)

	1995년			2000년		
	남 성	여 성	전 체	남 성	여 성	전 체
미혼	24.4	10.5	18.1	21.9	10.0	16.8
유배우자	15.7	6.3	11.0	22.3	7.9	15.1
사별 · 이혼	83.3	16.7	27.3	104.3	23.7	39.2
사 별	–	–	–	88.6	21.7	29.7
이 혼	–	–	–	120	36.5	74.9

자료 출처 : 우리나라 자살의 경향과 특징(남윤영, 2004).

4) 직 업

자살 사망자들의 직업군으로 볼 때, 비경제 활동 인구의 자살이 전체 자살 사망자의 절반 이상으로 가장 많았으며 농축산, 어업과 같은 일차 산업 종사자들의 자살이 두 번째로 많았다. 1995년과 2000년도의 각 직업별 자살률을 비교해 보면, 직업군에서는 농업 및 어업 근로자들의 자살률이 가장 높아 자살 위험이 높은 직업군인 것을 보여주고 있다(표 5). 2000년 비경제 활동 인구 중 무직인 사람들의 자살률은 약 221명으로 당시 일반 인구의 자살률(14.6명)보다 약 15배나 높아 자살의 위험이 특히 높았다(남윤영, 2004).

아래 표에는 나타나지 않았지만 직업별로 볼 때 경찰관도 자살률이 매우 높은 직업군에 해당된다. 미국에서 인구 10만 명당 일반인들의 자살률이 12명인 데 반해 경찰관은 20~22명이며, 1년에 300명 정도가 자살하는데 이는 임무 수행 중 목숨을 잃는 숫자의 두 배에 해당한다. 경찰관들의 자살률이 높은 이유는 여러 가지가 있겠지만 다른 공직에 비해 많은 스트레스를 받고 무기를 소지하므로 쉽게 자살 수단에 접근할 수 있기 때문인 것으로 판단된다. 우리나라에서도 경찰관들의 자살이 심심치 않게 일어나고 있어 이에 대한 대책이 요구되고 있다.

표 5. 직업별 인구 10만 명당 자살률

	1995년	2000년
전문직, 기술직	3.4	6.2
행정, 관리직	0.9	2.8
사무직	13.2	11.0
판매, 서비스직	10.9	13.9
농업 및 어업 근로자	27.1	39.4
생산, 노동, 운전사	16.7	12.7
비경제 활동 인구 (무직, 가사, 학생)	18.5	24.4
가사, 학생	–	5.2
무직	–	220.9

자료 출처 : 우리나라 자살의 경향과 특징(남윤영, 2004).

5) 자살 방법의 추세

자살 방법으로는 목매달기, 음독, 추락이 가장 많았고 2008년에 가스 중독사가 급증하였는데, 이는 한 유명인의 자살 방법이 공개되면서 이를 모방한 사람들이 증가한 것이 아닌가 하는 의문을 불러일으키는 대목이다. 최근에는 자살 방법에 대한 정보를 인터넷을 통해 공유하고 오프라인에서 만나 동반 자살하는 형태가 늘어나고 있어 심각한 사회 문제로 대두되고 있는 실정이다.

표 6. 연도별 자살 수단별 발생 현황 (단위 : 명)

구 분	2003년	2004년	2005년	2006년	2007년	2008년
계	13,005	13,293	14,011	12,968	13,407	11,194
교사	140	55	77	74	79	226
의사	3,835	4,136	5,511	4,876	5,854	5,480
익사(물에 빠져 죽음)	510	562	570	475	510	327
도검	113	88	93	107	81	101
총포	27	8	8	16	6	5
폭발물	53	3	2	5	2	0
음독	4,101	3,988	3,893	3,456	3,160	2,770
기차	100	113	88	58	71	53
자동차	9	11	6	25	33	7
비행기	0	0	0	0	0	0
와사(가스 중독사)	45	46	52	38	66	239
추락	1,930	1,807	1,825	1,749	1,799	1,570
소사(불에 타 죽음)	163	140	132	109	86	68
전기	3	3	3	4	3	3
기타	1,976	2,333	1,751	1,976	1,657	345

자료출처 : 경찰청(2009)

6) 자살 원인

자살 원인으로는 염세, 비관이 가장 많고 병고가 그 뒤를 따르고 있다. 다른 원인들도 마찬가지이지만 특히 염세, 비관자들은 상담을 받거나 주위의 사람들과 적절한 의사소통이 된다면 충분히 좋아질 수 있는 사람들로 이들의 자살이 많다는 것은 그만큼 사회의 지원 시스템이 제대로 갖추어지지 않았다는 반증이라고 할 것이다.

표 7. 연도별 자살 원인별 발생 현황 **(단위 : 명)**

구 분	2003년	2004년	2005년	2006년	2007년	2008년
계	13,005	13,293	14,011	12,968	13,407	11,194
정신 이상	739	810	923	848	935	903
병고	2,976	3,114	2,808	3,061	2,947	2,052
염세, 비관	6,058	5,968	6,390	5,967	6,619	4,103
빈곤	731	722	659	501	406	433
낙망	153	214	466	331	666	859
치정, 실연, 부정	945	1,010	1,414	1,264	891	282
가정불화	977	980	882	643	648	766
사업 실패	426	475	469	353	295	435
기타	-	-	-	-	-	1,361

자료출처 : 경찰청(2009)

3. 미디어가 자살에 미치는 영향

자살 현상에 대한 과학적 연구는 자살 위험 요인을 밝히는 데 주력해 왔다. 자살을 일으키는 위험 요소를 알아낼 수만 있으면 자살 현상을 미리 예측할 수 있고 이에 따른 대응책을 마련할 수 있기 때문이다.

Mosciki(1995)는 위험 요소를 근거리 요소와 원거리 요소로 구분하였는데, 근거리 위험 요소는 사업 실패, 애인의 변심과 같이 자살 행위와 시간적으로 가깝게 연관되어 있는 상황 요소를 말한다. 이러한 근거리 요소는 자살 행위의 '촉발제 역할'을 한다. 원거리 위험 요소는 근거리 요소처럼 시간적으로 근접해 있지는 않지만 간접적으로 자살 행위에 영향을 미치는 요소로서 만성 질환, 약물 중독, 충동적 성격, 우울증 등과 같은 것들로서 정신병리적, 생물학적, 가족 환경적 유약성 요인들이 포함된다. 원거리 위험 요소와 근거리 위험 요소의 두 요소들이 상호 조합에 의해 자살의 필요충분조건이 형성되는데, 만약 자살 위험의 원거리 위험 요소를 가진 사람이 근거리 위험 요소에 노출된다면 자살할 위기에 처하게 되는 것이다(박상철 · 조용범, 1997).

미디어의 광범위한 자살 보도는 '모방 자살(Copycat Suicide)'을 촉발시킬 수 있다는 점에서 오랫동안 논란 대상이 되어 왔다. 1774년, 독일의 대문호 괴테의 『젊은 베르테르의 슬픔(The Sorrows of Young Werther)』이 출판되자 이탈리아, 코펜하겐 등 유럽 각지에서 많은 젊은이들이 자살하는 일이 발생하였다. 이에 유럽의 여러 국가들은 이 소설의 판매를 금지하기에 이르렀고, 자살의 전염성에 대한 사회적 인식이 생겨나게 되었다.

20세기에 들어와 사회 과학 분야에서 많은 학자들이 이러한 자살의 전염성을 '베르테르 효과(The Werther effect)'라고 부르며 연구하기 시작하였다(Phillips, 1974). 이후 자살로 인한 사망자 또는 자살을 시도했지만 실패한 생존자들이 급격히 증가하는 현상의 일부가 미디어의 영향으로 설명될 수 있다는 제안이 대두되면서 자살과 미디어의 관계, 나아가 미디어가 자살 보도에 대해 가지는 책임과 윤리성 등 민감하고도 중요한 사안들이 연구 주제로 각광받고 있는 추세이다(김영욱 · 허태균, 2004). 이러한 연구 성과를 바탕으로 한국자살예방협회, 한국기자협회, 보건복지부는 2004년 자살보도권고안을 채택하였다.

아래의 내용은 관련 분야 전문가들이 참여해서 만든 2004. 7. 5. 자살보도권고안의 내용 중 일부를 요약한 것이다(한국자살예방협회 · 한국기자협회 · 보건복지부, '자살예방전문가가 권고하는 언론의 자살 보도 기준', 2004. 7.)

언론은 자살에 대한 보도에서 매우 신중해야 합니다. 언론의 자살 보도 방식은 자살에 영향을 미칩니다. 자살 의도를 가진 사람이 모두 이를 실행에 옮기는 것이 아니며, 자살 보도가 그 계기가 될 수 있기 때문입니다. 더 나아가 자살 보도는 사람들이 삶의 어려움을 극복하기 위한 한 방법으로 자살을 고려하게 만들 수 있습니다. 자살이 언론의 정당한 보도 대상이지만, 언론은 자살 보도가 청소년을 비롯한 공중에게 미치는 영향에 대해 충분한 예민성과 책임감을 가져야 합니다. 우리는 언론인들이 자살에 대한 보도에서 아래의 가이드라인을 지켜주실 것을 권고합니다.

1. 언론은 자살 보도에서 자살자와 그 유족의 사생활이 침해되지 않도록 주의를 기울여야 합니다. 중요한 인물의 자살과 같은 공공의 정당한 관심의 대상이 되는 사건이 아닌

경우에는 자살에 대한 보도를 자제해야 합니다.

2. 언론은 자살자의 이름과 사진, 자살 장소 및 자살 방법, 자살까지의 자세한 경위를 묘사하지 않아야 합니다. 다만 사회적으로 중요한 인물의 자살 등과 같이 공공의 정당한 관심의 대상이 될 수 있는 경우에 그러한 묘사가 사건을 이해하는 데 필요한 경우는 예외입니다.
3. 언론은 충분하지 않은 정보로 자살 동기를 판단하는 보도를 하거나, 자살 동기를 단정적으로 보도해서는 안 됩니다.
4. 언론은 자살을 영웅시 혹은 미화하거나 삶의 고통을 해결하는 방법으로 오해하도록 보도해서는 곤란합니다.
5. 언론이 자살 현상에 대해 보도할 때에는 확실한 자료와 출처를 인용하며, 통계 수치는 주의 깊고 정확하게 해석해야 하고, 충분한 근거 없이 일반화하지 말아야 합니다.
6. 언론은 자살 사건의 보도 여부, 편집, 보도 방식과 보도 내용은 유일하게 저널리즘의 기본 원칙에 입각해서 결정하며, 흥미를 유발하거나 속보 및 특종 경쟁의 수단으로 자살 사건을 다루어서는 안 됩니다.

실천 세부 내용

【1】 자살은 전염된다.

- 자살에 대한 보도는 대중의 모방 자살을 부추길 수 있다는 사실을 항상 명심하자.
- 자살이 유행하고 있다거나 특정 지역의 자살률이 세계에서 가장 높다는 등의 표현을 피한다.

【2】 자살은 다수의 복합적인 원인들에 의해 발생한다.

- 실연, 실업, 질병 등의 고통스러운 사건들 자체가 유일한 자살의 원인은 아니다.
- 자살자의 90% 이상이 사망 당시 정신 질환을 앓고 있었지만 드러나지 않은 경우가 많다.
- 유명 인사의 자살은 일반인의 자살보다 모방을 유발하기 쉽다. 유명 인사의 자살이 특별한 주목을 받더라도 그의 개인적인 매력이나 명성 때문에 정신 건강상의 문제나 약물 남용 문제가 가려지지 않도록 해야 한다.

【3】 자살 보도문에서의 언어적 표현이 자살의 전염성을 높일 수 있다.

- 헤드라인에 자살이라는 말을 쓰거나 사인이 자해라고 표시하는 것은 위험하다.
- 자살한 사람의 신분에 상관없이 헤드라인에 이름, 나이, 거주지를 밝히는 것은 좋지 않다.
- '자살', '자살하다'보다는 '자살로 사망하다'라고 쓰는 것이 바람직하다. 전자의 표현은 기사의 초점이 죽음에 국한되어 있거나 그 죽음을 죄악시하는 것을 암시할 수 있다.
- '자살 사망' 혹은 '자살 미수'란 표현이 '자살 성공' 내지 '자살 실패'라는 표현보다 바람직하다.

【4】 자살 보도문이 암시하는 태도가 자살의 전염성을 높일 수 있다.

- 자살이 사회적이나 문화적인 변화 내지 타락 때문에 일어나고 있다는 식의 오해를 불러일으킬 수 있는 언급을 삼간다.
- 자살한 사람을 순교자로 미화하거나 자살 행위 자체를 용감하거나 아름다운 행위로 묘사할 경우, 자살 가능성이 있는 사람에게 자살을 실행에 옮기도록 부추길 수 있다. 그보다는 자살한 사람의 사망 사실에 대한 애도를 강조해야 한다.

【5】 자살 사건의 특성도 모방 자살에 영향을 줄 수 있다.

- 특히 유명 인사일 경우 자살을 흥미 위주로 다루는 것을 피해야 한다. 유명인의 경우에는 그 사람이 앓고 있었을지 모르는 정신 질환 문제에 대해 반드시 언급해야 한다. 특히 자살한 사람이나 자살 장면, 자살 방법에 대한 사진 등을 게재하지 말아야 한다. 1면 머리기사로 싣는 것은 결코 바람직하지 못하다.
- 특히 자녀를 포함한 가족 동반 자살의 경우 희생된 아이들과 그 아이들을 살해한 부모의 비정함에 초점을 맞추는 경우가 많은데, 이런 경우 자살을 결심한 부모에 대한 정보가 전달되지 못하거나 왜곡될 수 있으므로 주의를 기울여야 한다.

【6】 어떤 방법으로 자살했는지에 대해 자세하게 묘사하는 것은 매우 위험하다.

- 연구에 의하면, 자살에 대한 미디어 보도는 자살 빈도보다는 자살 방법에도 큰 영향을 미친다.
- 특정한 절벽, 고층 빌딩, 철도 같은 전통적으로 자살이 자주 발생하는 곳을 보도하면 대중의 관심을 환기·집중시켜 더 많은 사람들이 그 장소를 선호하게 된다(예 서울의 반포대교).

【7】 자살로 인해 일어날 수 있는 부정적인 결과를 함께 밝혀 준다.

- 자살에 대한 기사에는, 자살에 대한 편견과 정신적 충격으로 그 가족이나 주위 사람들이 겪을 고통이 언급되어야 한다.
- 자살을 시도했으나 실패하여 신체적 후유증(뇌 손상, 사지 마비 등)을 입을 수 있음을 자세히 보도하면 자살을 억제하는 효과를 거둘 수 있다.

【8】 자살 보도시 자살을 극복할 수 있는 정보도 함께 전달해야 한다.

- 자살률의 추이와 자살 위기에 놓인 사람들을 위한 최신 치료법을 알려 준다.
- 자살한 사람이 자살하는 대신 선택할 수 있었던 대안을 함께 알려 준다.

(위기 상담을 할 수 있는 곳의 전화번호와 인터넷 사이트 주소 등)

- 치료나 상담을 받고 위기를 넘긴 사람의 사례를 보도한다.

【9】 시민들이 자살에 대해 보다 정확하게 알 수 있도록 도와야 한다.

- 자살에 대한 편견을 소개하고 자살에 대한 정확한 이해를 돕는 정보를 포함한다.
- 통계 수치는 반드시 주의 깊고 정확하게 해석하여 인용해야 한다.
- 자료 출처는 정확하게 제시한다.
- 자살 예방 전문가들의 조언을 정기적으로 제공한다.
- 죽음을 너무 가볍게 여기거나 터부시하지 않고 진지하게 이야기할 수 있는 사회분위기를 조성한다.
- 시민 자신과 가족의 정신 건강을 체크하고 위기에 대처할 수 있도록 자살 징후가 무엇인지, 그런 징후를 발견하면 어떻게 대처해야 하는지를 설명한다.

Media Tip

▣ 이것은 피하라

- 자살을 영웅적 행위나 낭만적 해결책처럼 포장하기
- (새로운) 자살 방법을 소개하고 세세하게 설명하기
- 작은 사실에 근거하여 일반화하거나, 자살의 원인을 단순화하기
- 자살이 아무런 예고나 이유 없이 일어났다고 서술하기
- 자살한 사람의 매력이나 명성에 누가 될까봐 정신 건강 상태나 약물 중독과 같은 문제를 쉬쉬하기
- '자살'이란 용어를 헤드라인에 쓰거나, 사인(死因)을 자살로 밝히기
- 자살한 사람의 사진 넣기
- 유명인의 자살을 주요 기사로 싣기

▣ 이것을 넣어라

- 자살률의 최근 경향
- 최근의 치료 및 상담의 발전 양상
- 치료 및 상담을 받고 자살 위기에서 벗어난 사람들의 사례
- 자살하지 않고도 절망에서 일어선 사람들의 사례
- 자살의 신화(잘못된 상식)
- 자살 징후들 소개
- 자살 위기에 처한 다른 사람을 도울 수 있는 방법

출처 : 자살예방전문가가 권고하는 언론의 자살 보도 기준(한국자살예방협회, 2004).

4. 외국의 국가 자살 예방 전략

앞에서 살펴본 바와 같이 자살은 전 세계적인 문제이기 때문에 세계 각국은 자살예방 및 대응에 관한 대책을 세우고 있다. 특히, 출산율이 급격히 감소하고 있는 선진국의 경우 출산율을 증가시키는 것도 중요하지만, 그보다 이미 오랜 시간 교육을 받고 사회 활동을 하고 있는 사람들의 손실을 막는 것이 어찌 보면 인구 감소를 막고 국가 경쟁력을 유지하는 데 더 큰 도움이 될 수 있다. 따라서 자살은 국가의 존립과 사회의 안녕을 위협하는 심히 우려되는 현상으로서 이에 대한 예방과 적절한 대응이 반드시 이루어져야 한다. 그런데 자살의 예방과 대응은 어느 한 부처의 힘만으로는 불가능하며 전 국가 기능의 협력이 필요하다.

미국을 비롯한 구미 선진국의 자살 예방 전략은 대체로 다음과 같다.

가. 자살 예방 전략의 계획과 개발을 전담할 기구를 운영한다.

나. 자살 예방 전략은 자살 원인들의 다차원성을 모두 아우르고, 자살 예방을 위해 다양한 수준의 개인과 지역 사회의 개입과 민간, 정부 기관들의 협력과 공동 참여가 필요하다.

다. 각 자살 예방 전략은 다른 전략들과 서로 조화를 이루고 일관성을 유지해야 한다. 전략의 일관성은 정책 지원, 자살 예방에 대한 개념의 정의, 예방 전략의 일반적인 목표와 세부 목표들, 전략의 감시와 평가들에 의해 유지될 수 있다.

라. 자살 예방을 위한 전략적인 예방 접근의 대상이 되는 주요 주제들

표 8. 국가별 자살 예방 대책

주 제	미 국	영 국	호 주	핀란드
대중 교육	+	+	+	+
미디어 대책	+	+	+	+
학교 예방 프로그램	+	+	+	+
정신 질환 대책(우울증)	+	+	+	+
알코올 및 약물 남용 대책	+	+	+	+
신체 질환 대책	–	+	–	+
정신 보건 서비스 개선	+	+	+	+
자살 시도자 관리 대책	+	+	+	+
사후 관리 대책	+	+	+	+
자살 위기 개입 대책	+	+	–	+
직장 및 실업 대책	–	+	–	+
훈련과 교육 대책	+	+	+	+
자살 방법 제한 대책	+	+	+	+

자료 출처 : 자살 예방 국가 전략을 위한 전문가 대토론회(전우택, 2004).

위 표에서 경찰과 관련되는 것은 자살 위기 개입 대책이다. 선진 4개국이 대부분 자살 위기 개입 대책을 수립하고 있는데 여기에는 자살 상담 전문가와 경찰 협상 전문가 모두 포함된다. 그런데 경찰은 모든 사건 현장에 최초로 출동하는 초기 대응자(First Responder)이기 때문에 자살 상황에도 신고를 받고 현장에 가장 먼저 출동하게 된다. 미국에서도 자살 상황에서 자살 시도자와 협상을 벌이는 것은 대부분 경찰이나 FBI 협상가들이다. 따라서 국가적 자살 위기 개입대책은 경찰과 연계하여 세워져야 할 것이고, 경찰은 자체적으로 협상가를 보다 더 많이 양성하고 훈련 프로그램에 자살자와의 협상 기법을 포함시켜 협상가들을 교육시켜야 할 것이다.

다음은 위 토론회에서 논의된 주요 내용들이다.

가. 자살 예방을 위한 구체적인 가이드라인의 마련을 통해 국가 기관과 민간이 서로 연계, 협력하고 적절한 역할 분담이 필요하다.

나. 청소년 자살 예방을 위해서는 교육부와 복지부가 공동으로 학생 수준에 맞는 정신 보건, 생명 존중에 대한 교육과정을 개발하여야 한다.

다. 자살 위기 상황에서 현장 출동이나 위기 개입과 같은 사회적인 시스템이 필요하며, 여기에는 경찰이나 119 등과의 연계와 사회적인 지지 체계가 필요하다.

라. 자살 예방을 위한 전담 기구의 준비, 자살 예방 전문가 양성과 우리의 데이터를 확보하는 것이 필요하다.

5. 자살 상황 개입

1) 자살 위기 개입의 목적

자살 상황에 개입하는 목적은 다음과 같다.

- 대상자에게 손상이 발생하지 않고 위기가 지나가게 한다.
- 대상자에게 희망이 존재함을 알게 한다.
- 대상자로 하여금 자살은 여러 대안들 중의 하나라는 것을 인식하게 한다.

- 대상자에게 자신을 도와줄 자원(Resource)이 있으며 이 자원들을 동원하는 방법을 인식하게 한다.

2) 자살에 대한 잘못된 통념 (자료 출처 : 생명의 전화)

Mith 1. 자살 생각이나 계획이 있는 사람들은 자신의 생각을 다른 사람에게 말하지 않으며, 자살은 어떤 경고 없이 일어난다.

그렇지 않다. 10명 중 8명은 그들의 자살 의도에 대한 경고 신호를 보낸다. 어떤 경고 신호들은 인식하기가 힘들다. 하지만 이 신호들이 무슨 뜻이며 어떻게 나타나는지 이해한다면, 그/그녀의 자살 의도를 알 수 있다.

Mith 2. 자살에 대해 이야기하는 사람들은 자살을 하지 않을 것이다.

그렇지 않다. 자살 생각이나 자살 기도는 '도움을 찾는 외침'이다. 도움을 찾아 외치는데도 반응을 하지 않는다면 자살을 기도하는 사람은 주목받기 위해서 어떤 행동을 하게 되고 결국 비극적인 결과로 끝맺을 수 있다.

Mith 3. 자살에 대해서 말하는 사람은 단지 주의를 끌고 싶기 때문이다.

그렇지 않다. 아무리 사소한 일이라도 자살에 관해 이야기하거나 관심을 끄는 행동은 도움을 바라는 외침이므로 경청하고 반응을 해야 한다.

Mith 4. 자살하는 사람들은 죽음에 대해 몰두하고 있다.

그렇지 않다. 자살하는 사람들의 대부분은 경고 신호를 보낸다. 그들이 만일 죽음에 몰두해 있는 사람들이라면, 그들은 어떤 의도도 전달하지 않았을 것이다. 사실, 아무런 경고 신호도 없이 죽음에 몰두해 있는 사람들은 매우 적다. 그러나 절대 다수의 사람들은 죽기를 원하지 않는다. 그들은 자신이 겪고 있는 심한 정서적인 고통이 끝나기를 바라고 있다.

Mith 5. 자살에 대해 내놓고 이야기하는 것은 자살 시도를 하려는 사람들의 목숨을 끊게 할 수 있다.

그렇지 않다. 직접 내놓고 자살과 자살 감정에 대해 이야기하는 것은 자살하는 사람에게 그것에 대해 이야기해도 좋다는 것을 허용하는 것이다. 민감성을 갖고 보살피는 마음으로 이야기함으로써 당신이 그들을 보살펴 주며, 도와주고, 그와 함께 있다는 것을 전하게 된다. 만약 협상가가 자살 가능성에 대한 경고 신호를 포착했다면, 협상가는 조심스런 태도로 내담자에게 자살에 대해 질문하는 것이 중요하다. “나는 너에게 매우 중요한 질문을 갖고 있다.”, “너는 자살에 대해 생각하고 있느냐?”, “너 자신을 죽이는 것에 대해서 어떻게 생각하느냐?” 이것은 가장 어려운 질문 중의 하나일 수 있다. 그러나 또한 가장 자유롭게 요청할 수 있는 질문 중의 하나이다. 이 질문은 상담자가 자살 행동을 일으키게 할 것 같은 두려움을 갖게 할 수 있기 때문에 어렵다. 그러나 이 질문은 내담자의 심리적 고통을 더해 왔던 울적한 감정과 공포들을 환기하도록 한다는 점에서 대상자를 자유롭게 한다.

Mith 6. 자살하는 사람들은 모두 미쳐서, 정신병적 행동을 하는 사람이다.

그렇지 않다. 자살을 감행하는 사람의 대다수는 정신병을 가졌다고 진단을 내릴 수 없다. 그들은 어떤 특정한 시기에 고립감을 느끼며, 극심한 불행감과 외로움을 느끼는 당신과 나 같은 사람들이다. 자살 생각과 행동들은 그들이 대처할 수 없다고 느끼는 삶의 스트레스와 상실감의 결과일 수 있다.

Mith 7. 특별한 유형의 사람들만이 자살을 기도하거나, 자살을 하거나 혹은 자살 생각을 한다.

그렇지 않다. 자살 생각, 감정, 행동들은 어떤 사회 계층, 종교 집단, 연령 혹은 사회 수준에서 누구에게 일어날 수 있다.

3) 자살의 징후들

가. 높은 위험 요소

① 남자, 특히 청년 혹은 노인
② 결혼을 안 했거나 별거, 이혼, 미망인 등 혼자 사는 사람
③ 정신병적 장애를 가진 사람
④ 물질 남용 - 알코올, 약물, 가솔린, 흡연

나. 언어적 요소

① “내가 사라질 때 ~”

② “나는 더 이상 너를 괴롭히지 않을 거야.”

③ “이제 문제가 없어 ~. 더 이상 아무것도 문제가 아니야.”

④ “절망적이야, 아무것도 내 상황을 바꿀 수 없어.”

⑤ “나는 이것을 더 이상 다룰 수 없어.”

⑥ “나는 보여 줄 거야. 그들에게 미안하지만, 나는 그들이 만족하길 바란다.”

⑦ “나는 한 발자국도 더 나가기가 어려워.”

다. 행동적 요소

① 이전의 자살 시도 경험

② 갑작스런 비인격적 행동 변화 - 활동 수준의 증가 혹은 감소

③ 물건들의 정돈, 밀린 일의 정리 - 나는 내 물건들을 모두 줘 버렸다. 나의 일은 모두 끝났다. 빚은 모두 갚았다.

④ 사람들에게 ‘작별’ 인사를 함 - 나는 오늘 내 아들들에게 전화했다. 나는 최근 나의 친한 친구들을 방문했다.

⑤ 섭식 행동의 장애 - 먹지 못하거나 혹은 과식

⑥ 수면 형태의 변화

⑦ 청소년들이 외모를 돌보지 않음.

⑧ 받았던 상장이나 상품을 버리기

⑨ 가벼운 병 혹은 정신 신체 병의 증가 혹은 명백한 이유 없이 의사를 방문하기

라. 특별한 사례

깊은 우울증의 기간 후, 대상자가 더 많은 만족과 행복 혹은 평화로움을 보이는 갑작스런 향상은 자살을 결심했다는 것을 의미할 수 있다.

마. 상황적 요소

① 대상자의 중요한 상실과 관련된 상황 - 사랑하는 사람과의 별거 혹은 죽음, 특히 사별, 자살, 관계의 붕괴, 직업, 일, 개인적 꿈의 상실, 정체감 혹은 의미성의 상실, 자존감의 상실, 의미 있는 가치 혹은 신념의 상실

② 불치병

③ 최근 자기 선택권 없이 다른 기관으로 보직 이동

④ 신체적, 정서적, 성적 남용

⑤ 부모의 이혼 혹은 별거

⑥ 가출

⑦ 법정에 연루, 중요한 분야(시험, 사업 등)의 실패

※ 자료 출처 : 생명의 전화

4) 자살 상황 협상시 착안 사항

가. 자살 의도에 관한 질문 던지기

자살 협상에서 가장 어려운 문제 중의 하나는 대상자에게 정말 자살을 할 생각이 있는지 단도직입적으로 물어보아도 괜찮은

가 하는 것이다. 일반적인 위기협상의 기본 방향이 벼랑 끝에 서 있는 대상자를 최대한 자극하지 않으려는 데 초점이 맞추어져 있는데 자살처럼 종국적이고 민감한 문제를 직접적으로 거론하였다가 대상자가 자극을 받아 자살을 해 버리면 어떻게 할 것인가 하는 두려움을 갖게 된다.

협상가가 아닌 어느 누구라도 이 문제를 대놓고 이야기하기는 매우 어려운 것이 사실이다. 하지만 자살 상황에서 이 문제는 가장 중요하고 꼭 다루어져야 하는 핵심 사항이기 때문에 이 문제를 짚고 넘어가지 않을 수 없다. 대부분의 전문가들은 대상자에게 "자살할 생각이 있으신가요?"라고 물어볼 것을 권장한다(Divasto, Lanceley & Gruys, 1992). 자살이라는 문제는 회피한다고 해서 돌아갈 수 있는 것이 아니며, 대부분의 자살 기도자들은 이 문제에 대해 이야기하고 싶어 한다. 자신은 오랫동안 이 문제에 대해 고민해 왔지만 그 어느 누구와도 진지하게 이에 대해 이야기를 나누어 본 적은 없는 경우가 많다. 따라서 자살할 생각이 있는지, 만약 그렇다면 어떤 계획을 세우고 있는지, 그 전에 자살을 시도한 적이 있는지 등 구체적인 문제들에 대해 이야기를 하도록 한다. 이러한 사항들이 파악되지 않으면 대상자의 진정한 의도를 파악하기 어렵고 그에 따른 대응 방안도 제대로 수립할 수가 없다.

자살할 생각이 있느냐고 물었을 때 '예'라고 대답한다면 매우 난감할 것 같은 생각이 들지만 사실 이것은 좋은 징조이다. 일단 대상자가 자살을 생각하고 있는지 아닌지에 대한 의문점이 해결되었고, '예'라고 대답했다고 하는 것은 대상자가 자신의 가슴 깊숙이 숨겨진 이야기를 털어놓았다는 것이며, 이것은 그만큼 협상가를 신뢰하고 있다는 것이다. Strentz(2006)는 '예'라는 대답이 성공적인 협상이 가능하다는 가장 좋은 지표라고 볼 수 있다고 주장한다.

이와는 반대로 '아니오'라고 대답하였다면 일단 안심이 될 수도 있으나, 경우에 따라서는 상황이 더 복잡해질 수 있다. 말은 아니라고 했지만 목소리 톤이나 그동안 했던 이야기들, 그전의 자살 기도 전력 등을 종합적으로 판단해 볼 때 자살할 생각이 있다고 생각되는 경우가 있을 수 있다. '예'라고 했을 때와는 반대로 '아니오'라는 것은 자살을 할 생각은 있지만 협상가와 가슴 깊은 이야기를 나누고 싶지 않다는 의도에서 나온 말이라면 '예'라는 대답을 했을 때보다 상황은 더 나쁘다고 할 수 있다. 그렇다고 협상가가 보기에는 자살할 생각이 있는 것 같은데 왜 없냐고 물어보는 것은 자칫 자살할 생각이 없는 사람을 자살하도록 등 떠미는 행위가 될 수 있으므로 함부로 대상자의 진정한 의도가 무엇인지 캐묻기도 매우 어렵다. 따라서 대상자가 아니라고 대답하면 이에 대해 더 캐묻지 마라. 적극적 청취 기법을 사용하여 보다 가벼운 주제로 자신의 이야기를 하도록 유도하여 내면의 감정을 표출하고 협상가와 신뢰 관계를 형성하도록 한 후에 진심이 무엇인지 알아내도록 하여야 할 것이다.

나. 의구심 심어 주기

위기 협상가의 임무는 대상자의 문제를 완전히 해결하여 자살할 마음을 완전히 없애는 것이 아니다. 이것은 심리 상담가나 정신 건강 전문가들의 몫이다. 위기 협상가는 현재의 위기 상황을 벗어나도록 대상자를 돕는 것이다. 따라서 우선은 대상자가 여기서 뛰어내리거나 방아쇠를 당기는 일을 막는 것이 가장 시급한 일이다. 이를 위해 가장 좋은 방법 중의 하나는 대상자에게 의구심을 심어 주는 것이다. 의구심이란 과연 "내가 오늘 자살하는 것이 현명한 결정인가" 하는 의심이 들도록 하여 자살하려는 결심을 흔들리게 하고 행동으로 옮기지 못하도록 하는 것이다. 본인이 원한다면 언제든 다른 날 죽을 수도 있다(Strentz, 2006).

샌프란시스코의 금문교에서 그동안 뛰어내린 2,000명의 사람들 중에 기적적으로 살아난 사람이 24명 정도 된다고 한다. 생존자들은 자신들이 다리에서 뛰어내린 직후에 이것이 좋은 생각이 아니었고 다른 대안들에 대해서 깊이 생각해보지 않았다는 것을 깨달았다고 답했다(ASIST, 2003; Ritter, 2005). 협상가들은 이 이야기를 대상자들에게 들려주면서 많은 자살 기도자들이 다리에서 뛰어내린 후에 다른 대안들을 깊이 생각해 보지 않았던 것을 곧바로 후회한다, 그러니 지금 당장 죽으려고 하지 말고 다른 대안들에 대해 진지하게 고민하고 시도해 본 이후에 그래도 아니면 그때 해도 늦지 않다고 설득하여 대상자의 머릿속에 과연 이것이 좋은 선택인지에 대해 의심하는 마음을 심어 주는 것이다. 자살이라는 것은 본인이 마음만 먹으면 언제든 할 수가 있지만 지금 죽어 버리면 미처 생각지 못했던 대안들은 시도조차 못하게 되는 것이다.

금문교에서 뛰어내린 후 후회하는 사람들 이외에도 자살 직전에 마음을 바꾼 사람들은 얼마든지 있다. 우리나라에도 한동안 마포대교에서 사회적으로 저명한 사람들이 많이 뛰어내려 의경을 배치하여 이곳으로 가는 길을 차단하기까지 한 적도 있는데, 다리 위의 구조물에 올라가 뛰어내리려고 했다가 포기하고 내려온 사람들도 많이 있다. HOBAS(2005)에 의하면 FBI 협상가가 현장에 도착할 때까지 뛰어내리지 않고 있는 사람들의 90% 이상이 협상을 통해 자살을 포기하고 내려온다고 한다. 이렇게 많은 사람들이 자살을 시도하다가 마음을 돌리고 다시 일상생활로 돌아가 잘 적응하고 있다는 이야기를 들려주면 결심이 크게 흔들리게 된다. 이것은 Robert Cialdani 교수가 주장하는 '사회적 증거의 법칙'을 응용한 것으로 볼 수 있다. 대부분의 사람들은 다른 사람이 그렇게 한다고 하면 그대로 따라하는 성향이 있다는 것이다. 따라서 자살 직전에 마음을 돌리고 잘살고 있는 사람들이 많이 있다는 이야기는 대상자에게 상당한 설득력을 가지게 된다.

의구심을 심어 주는 것이 자살하려는 결심을 완전히 바꾸도록 하는 것은 아니지만 최소한 시간은 벌 수 있다. 앞에서 언급했듯이, 시간은 우리 편이다(Time is on our side!!!). 시간을 끄는 자체로 여러 가지 이득이 있다. 한 보고에 의하면 자살을 고려하거나 실제로 자살하는 사람 중의 50% 이상이 술이나 약물에 취해 있는 상태였다고 한다(ASIST, 2003). 술은 정상적인 판단력을 흐리게 하여 술을 마시지 않았더라면 하지 않을 행동을 하게 만드는 경우가 많다. 평소에는 얌전하고 조용한 사람인데 술을 마시고 평소에 하지 않았던 행동을 하거나 폭력을 행사하는 사람을 주변에서 심심치 않게 볼 수 있다. 그리고 누구나 술을 많이 마시면 평소에는 억압되어 있던 충동들이 흥분하여 날뛰기 시작하는 것을 경험한다. 일반적으로 기분이 좋을 때 술을 마시면 기분을 더 좋게 하지만 기분이 우울할 때 마시면 우울한 감정이 더 강화된다.

술에 취해서 비이성적인 행동을 했던 사람들도 술이 깨면 자신도 왜 그렇게 하려 했는지 이해를 하지 못하는 경우가 많다. 따라서 술이나 약물에 취한 사람들이 그 영향에서 벗어날 수 있도록 시간을 끌어줄 필요가 있고 의구심을 심어주는 것은 시간을 끄는 데 많은 도움을 줄 수 있다.

다. 병적 우울증 환자와 일시적 우울 상태 구분하기

자살을 유발하는 데는 여러 가지 이유가 있는데 그중에서도 우울증이 가장 흔한 원인 중의 하나이다. 그런데 대상자가 병적인 우울증 환자인 경우와 정상적인 사람인데 갑자기 견디기 힘든 일들이 일어나서 일시적으로 우울한 상태에 빠진 사람을 구분하여 이들에 대응하는 방식을 달리하여야 한다. 일시적 우울 상태에 빠진 사람은 적극적 청취 기법을 활용한 대화와 앞에서 언급한 내용들을 들려주면서 정상적인 사고 영역으로 되돌릴 수 있지만, 병적인 우울증 환자에게는 종국적으로 약물을 투여하는 방법이 고려되어야 할 것이다.

정상적인 사람인데 갑자기 우울한 상태에 빠진 사람은 지난 24시간 이내에 직장을 잃거나 사랑하는 사람이 죽었거나 실연을 당하는 등의 극심한 스트레스를 받는 일이 생긴 경우가 대부분이다. Holmes-Rahe 스트레스 점검표(Holmes & Rahe, 1967)에 나타난 것처럼 사람들이 스트레스를 받는 원인은 매우 다양하다. 한 가지 주의할 점은 이들이 많은 사람들을 상대로 조사하여 평균적인 스트레스 값을 구해 놓았지만 같은 일을 가지고도 어떤 사람은 큰 스트레스를 받지만 다른 사람은 전혀 그렇지 않을 수 있다는 것을 감안해야 한다. 예를 들어, 여자 친구와 헤어지는 것도 순정적인 사람은 큰 스트레스를 받지만 바람둥이는 거의 스트레스를 받지 않을 것이다. 어쨌거나 정상적인 사람이라면 어떤 형태로든 스트레스 제공 요인에 대해 반응을 보이게 되어 있고, 위기 상황으로 치달은 사람들은 지난 24시간 이내에 그러한 일들이 발생하였을 가능성이 크며, 이들은 그것들이 무엇인지 정확히 집어낼 수 있다는 것이다. 시험에 실패하든 직장에서 쫓겨나든 부도가 나든 정확한 원인을 지적할 수 있는 데 반해, 병적인 우울증 환자들은 자신이 우울한 원인이 무엇인지 정확히 집어내지 못하는 특징이 있다. "모든 게 엉망이야, 정말 XXX야." 라고 불분명한 대상을 향해 독설을 하면서도 정확히 무슨 일이 있었는지 얘기하지 못한다. 이런 경우는 병적인 우울증을 의심하여야 하며, 치료받은 경력이나 현재 치료받고 있는 병원이 있는지, 그렇다면 담당 의료진에게 연락하여 조치를 취하여 줄 것과 복용하고 있는 약물의 종류와 효과에 대해 문의하는 것이 좋은 방법이다.

6. 경찰을 이용한 자살(Suicide by Cop)

봉쇄 상황에는 처음부터 자살을 시도하는 자살 상황이 있고 인질극으로 시작되었지만 시간이 지나면서 자살 상황으로 발전하는 경우도 있다. 어느 쪽이든 자살 상황은 위기상황대응팀이나 다른 사람들에게 큰 해를 가하지는 않는다. 그런데 어떤 경우에는 난동을 부리던 사람이 자기 스스로 목숨을 끊을 자신은 없어 경찰관을 공격함으로써 경찰이 자신에게 발포하도록 하여 목숨을 끊는 방법을 택한다. 우리나라에서는 경찰을 공격하는 방법으로 자살하는 사람은 잘 찾아보기 어렵기 때문에 이러한 경우가 있다는 것에 대해 의아하게 생각하는 사람도 있을 것이다. 그러나 총기가 흔한 나라에서는 경찰을 위협함으로써 자기에게 발포하도록 하여 자살하는 방법을 택하는 사람들이 종종 나타난다. 여기에는 여러 가지 이유가 있을 수 있는데, 자살을 하고 싶지만 자기 자신에게 방아쇠를 당길 용기가 없는 경우도 있고, 종교에 따라서는 자살을 죄악시하고 자살을 한 사람은 천국에 갈 수 없으나 다른 사람에 의해 죽임을 당한 경우는 그렇지 않기 때문에 자살을 하지 않고 죽을 수 있는 방법으로 경찰을 이용한 자살을 택하기도 한다.

Strentz(2006)는 순수한 자살 기도자와 경찰을 이용해 자살하려는 사람을 '독 없는 뱀'과 '독 있는 뱀'으로 구분하여 설명한다. 그에 의하면 순수한 자살 기도자는 독 없는 뱀과 같아서 경찰관을 물더라도 별다른 피해를 주지 않고 상처에 대한 가벼운 치료만 받으면 되지만, 경찰을 이용한 자살 기도자는 독 있는 뱀과 같아서 물릴 경우 심각한 피해를 유발하기 때문에 해당 경찰관은 수술을 받거나 심한 경우 목숨을 잃을 수도 있다. 이것은 발포로 인해 대상자가 사망하였기 때문에 유족들에게 거센 항의를 받고, 총기 사용 규칙을 준수하였는지, 당시 상황이 총기를 사용하기에 적법한 상황이었는지 등에 대한 내부 조사를 받으며, 조금이라도 경찰의 잘못이나 책임이 인정될 경우 내부 징계나 손해 배상 소송에 휘말릴 수 있기 때문에 독 있는 뱀에게 물린 것처럼 위태로운 상황이 벌어질 수 있다는 의미이다.

LA 카운티 경찰서에서 조사한 바에 의하면 경찰을 이용한 자살은 해가 지날수록 점점 더 늘어가는 추세라고 한다. 이들이 조사한 바에 의하면 LA 카운티에서 1987년과 1997년 사이에 경찰을 이용한 자살 숫자가 100% 증가하였다고 한다. 같은 기간에 경찰관의 무기 사용에 의한 사망자 수가 27% 증가하였다(Hutson et al., 1998). 과거에는 단순히 경찰을 공격하려는 자와 경찰을 이용해 자살하려는 자를 잘 구분해 내지 못하였고 이들을 어떻게 해야 효과적으로 다룰 수 있는지도 잘 알지 못하였다. 그러나 오늘날에는 이들을 보다 정확하게 판별해 내고 보다 효과적으로 대응할 수 있게 되었다.

1) 경찰을 이용한 자살 기도자 판별하기

경찰을 이용하여 자살하려는 사람을 판별해 내기 위해서는 사전 행태에 대한 정보를 파악하고 위기 상황시 행동을 관찰한 후 종합적으로 판단하는 방법을 사용한다. 많은 연구자들이 이들을 판별해 낼 수 있는 방법에 대해 연구하여 체계화시켜 놓았기 때문에 문헌상으로 보기에는 아주 쉽게 경찰을 이용한 자살 기도자를 판별해 낼 수 있을 것 같은 생각이 들지만 실전에서 이들을 가려낸다는 것은 그리 쉽지만은 않은 일이다. 특히 위기 상황 당시 범인의 행동들은 현장에서 관찰이 가능하기 때문에 자살 기도자의 지표에 해당하는 행동들을 하는지 여부를 금방 파악할 수 있지만, 사전 행태에 대한 정보를 파악하기 위해서는 가족, 친구, 직장 동료, 이웃 등 여러 사람들과의 인터뷰와 관공서 기록을 검색하여야만 얻을 수 있기 때문에 정보요원들의 활발한 정보 수집 활동이 있어야 한다. 협상은 혼자 하는 것이 아니라 팀 단위 활동이라는 것을 다시 한 번 상기하도록 하는 대목이다.

아래에 소개된 리스트는 여러 학자들이 주장한 내용들을 바탕으로 Strentz가 제시한 것이다(Honing, 2001; Lindsay, 1999; Lord, 1999; Monahan, 1992; Strentz, 1991, 1995, 2006).

가. 위기 상황 전

- 가정 폭력이나 범죄 경력이 있는가?
- 사귀던 애인과 최근에 헤어지거나 헤어지자고 통보를 받은 일이 있는가?
- 최근의 폭력적 행위나 과거에 폭력적 행위를 한 일이 있는가?(특히 무기나 흉기를 사용한 것은 언제인가?)
- 생명이 위태로운 중병에 걸렸는가?(지난 24시간 이내에 그러한 진단을 받은 사실)
- 돈을 써버리거나 개인 소유물을 나누어 준 일이 있는가?
- 이전에 자살 시도를 한 일이 있는가?

※ 이전과 같은 방법으로 자살을 시도하고 있다면 관심을 받고 싶은 것이 주된 목적일 수 있고, 다른 방법을 사용하고 있다면 실제로 죽으려는 의도가 있는 것으로 볼 수 있다.

- 강렬한 기분 변화는 정신 질환을 악화시킬 수 있다. 대상자가 약물을 복용하고 있는가?
- 과거에 경찰의 반응을 이끌어 내기 위해서 의도적으로 범죄를 저지른 적이 있는가?
- 대상자가 자신의 죽음에 최종 시한을 설정하였는가?

나. 위기 상황시

- 대상자의 현재 계획을 평가하라.
- 대상자의 그전 행동을 평가하라.
- 대상자가 동원 가능한 자원으로 무엇이 있는가?
- 대상자가 아래와 같은 행동들로 긴장 상태를 악화시키고

있는가?

- 경찰에게 자신을 죽여 달라고 요청하였는가?
- 경찰의 지시와 명령에 불응하였는가?
- 경찰에게 다가오거나 경찰을 조롱하였는가?
- 대결을 조장하거나 인질을 데리고 건물을 나오거나 무기를 휘두른 일이 있는가?
- 대상자에게 무기를 묶어 두었는가?

다. 경찰관의 행동 전략

- 경찰관 배지를 주머니에 집어넣고 경찰관에서 상담가로 역할을 바꾸어라.
- 대상자에 대한 봉쇄와 고립을 확행하라.
- 무기를 소지하고 있는지 확인하라.
- 가능한 한 사전 행태에 관한 정보를 많이 수집하라.
- 비살상 무기의 사용을 우선적으로 고려하고 명확한 체포계획을 수립하라.
- 잠재적 폭력성과 자살 가능성을 평가하라.

라. 협상 전략

- 상황 진행 속도를 늦추어라.
- 신뢰 관계를 형성 · 유지하도록 하라.
- 사람의 생명을 구하기 위한 경우가 아니면 거짓말을 하지 마라.
- 잘 들어주고 공감하라.
- 대상자에게 자신을 상하게 하거나 자살할 생각이 있는지

물어보라.

- 당신이 대상자를 도와주기 위해 이곳에 와 있음을 인식하게 하라.
- 적극적 청취 기법을 사용하라.
- 대상자의 계획을 평가하라. 그것이 실효성이 있는가?
- 얼마나 오랜 시간에 걸쳐서 이 계획을 세웠는가?
- 대상자나 그의 가족이 자살을 시도한 경력이 있는가?
- 대상자나 지역 사회가 그를 도울 자원을 가지고 있는가? 그렇다면 이것이 활용된 적이 있는가?
- 해결책이 아니라 희망을 제시하는 데 초점을 맞추어라.
- 시간을 벌어라. "왜 꼭 지금이어야 하는가? 원한다면 내일 자살할 수도 있다. 만약 오늘 자살한다면 이러이러한 일들을 해 보지 못할 것이다."
- 의구심을 심어 주고 금문교 사례 등 자살을 포기하고 잘 생활하고 있는 사람들의 사례를 들려주라.

마. 추가적 징표들

- 대상자가 "무기를 버리고 투항하라, 손을 들어라, 정지하라"는 등의 경찰의 명령을 무시하였다.
- 대상자가 자신의 죽음에 최종 시한을 설정하였다.
- 그전에 자살을 시도한 경력이 있거나 자신의 죽음에 구체적인 계획을 세웠다.
- 자살할 생각은 없다고 하지만 목소리는 매우 우울하게 들린다.
- 대치 상황에서 경찰을 향해 발포하거나 흉기를 휘둘렀다.

- 경찰과 협상하기를 거부한다.
- 명확한 요구 사항이 없다.
- 대상자가 대면 협상을 요구하거나 은폐물 밖으로 몸을 드러낸다.
- 시간이 지날수록 협박이 늘어나고 목소리 톤이 높아진다.
- 무기를 더 달라고 요구하거나 현재 지니고 있는 무기가 자신을 향하도록 하고 있다.
- 대상자가 중요한 사람을 죽였거나 죽였다고 생각하고 있다.
- 대상자가 유언을 말한다.
- 경찰에게 자신을 쏘라고 요구한다.

7. 자살 상황 개입 요약

1) 위기 상황을 평가하라

평가를 통해 대상자가 자살 계획을 실행시킬 가능성이 높으면 협상가는 개입을 해야 한다. 대상자와 자살에 대해 얘기하는 것에 대해 두려워하지 마라. 만약 자살 의도가 지적되면, 상담자는 위험의 정도를 4가지 분야에서 평가하고 정보를 수집해야 한다.

가. 자살 계획 : 이용할 수 있는 치명적 수단을 갖고 명백한 자살 계획이 있는가?

나. 생활 스트레스 : 대상자에 의해 느껴진 혹은 지각된 중요한 변화, 상실, 성취할 수 없는 욕구들이 있는가?

다. 내적 대처 기제 : 대상자 안에서 무엇이 진행되고 있는가? 회피, 내재화, 무력감, 절망, 무가치감, 자살에 대한 부모의 모델

라. 외적 대처 기제 : 내담자가 기능상 혼자 있는가 혹은 이용할 수 있고 접근할 수 있는 지지자들이 있는가?

2) 대상자의 감정의 심각성을 평가하라

대상자는 자살하려는 게 아니고 매우 화가 난 것일 수도 있다. 또한 어떤 이들은 별로 화가 나 보이진 않지만 자살 성향이 높을 수가 있다. 대상자는 이 상황들을 평가할 수 있어야 한다. 평가는 한 번으로 끝나는 것이 아니다. 상황은 계속해서 요동치기 때문에 어느 순간 격앙된 감정이 가라앉고 평정을 되찾은 것 같아 보여도 갑자기 우울 모드로 돌아설 수 있다. 따라서 평가는 지속적으로 이루어져야 한다.

※ Assessment is continuous, while situation fluctuates ...

3) 대상자에게 개방적이고 정직하라. 비판적이 되지 마라

대상자의 이야기가 받아들이기 어렵더라도 반론을 제기하거나 논쟁하지 말고 일단 들어주고 공감하도록 노력한다. 사람의 생명을 구하기 위해 급박한 경우가 아니라면 절대로 거짓말을 하지 말아야 한다. 거짓말은 신뢰 관계 형성에 가장 큰 악영향을 끼친다.

'위대한 개츠비'의 가장 큰 장점 중의 하나는 사람을 금방 평

가하지 않고 판단을 보류하는 것이었다. 인간은 누구나 자연스럽게 다른 사람을 평가하고 판단한다. 그런데 이러한 판단과 평가는 자신의 기준과 잣대를 가지고 이루어진다. 나하고 같은 사람은 아무도 없기 때문에 다른 사람을 평가하다 보면 자연스럽게 비판적이 될 수밖에 없다. 아무리 좋은 점이 많아도 내 마음에 들지 않는 구석이 언제나 있기 마련이기 때문이다. 판단을 하기 시작하면 비판적이 되게 되고, 비판을 받은 사람치고 기분 좋은 사람은 거의 없으므로 처음부터 판단을 하지 않는 것(Non-Judgemental)이 좋다. 따라서 판단을 보류하고 대상자의 입장에서 모든 이야기를 열린 마음으로 들어주라.

4) 대상자가 위기 상황에 대해 더 넓은 전망을 갖도록 하라

사람들은 누구나 어떤 문제에 몰입하다 보면 터널 비전(Tunnel-Vision)을 갖게 된다. 터널 안에 들어간 사람들은 다른 것은 보이지 않고 오로지 터널 안의 공간만큼만 볼 수 있게 된다는 것이다. 자살을 생각하고 있는 사람들은 자신의 문제를 객관적으로 바라보지 못하고 자신이 가진 대안들도 매우 제한적으로 생각하는 경향이 있으므로 또 다른 대안들과 넓은 시야를 가질 수 있도록 유도하는 것이 바람직하다. 어떤 사람이 상담사에게 찾아와서는 자신은 직장도 잃고 여자 친구와도 헤어지고 돈도 없다고 하소연하면서 죽고 싶다고 하자, 그의 이야기를 한동안 들어준 후에, 이제 당신이 잃은 것들은 충분히 알았으니 종이에다 자신이 가지고 있는 것들을 한번 적어보라고 했다. 이 사람은 자신이 가진 것이 거의 없다고 했지만 생각나는 대로만

써 보라고 하자 조금씩 자신이 가진 것들의 목록을 써 나가기 시작했고 나중에 가서는 자신이 아직도 가진 것이 많은 것을 깨닫고 집으로 돌아갔다고 한다. 인간은 누구나 어두운 면을 먼저 바라보는 경향이 있는데 이런 사람들은 그런 경향이 더 심한 경우여서 긍정적인 측면을 바라보지 못하는 경우가 많다. 따라서 협상가는 대상자의 시야를 넓혀 주고 긍정적인 측면을 바라볼 수 있도록 도와주어야 한다.

5) 자살할 생각이 있는지, 구체적인 계획은 세웠는지 물어보라

일반적으로 협상에서 민감한 주제는 꺼내지 않고 피해가는 것이 최선이지만 자살 상황만큼은 가장 민감한 문제를 터놓고 이야기해야 한다. 자살할 생각이 있는지 직접적으로 물어보고, 만약 그렇다면 어떻게 자살할 생각이었는지, 구체적인 계획은 세웠는지, 과거에 시도를 한 적이 있는지 물어보아야 한다. 자살할 생각이 있느냐는 질문에 '예'라고 대답한다고 해서 두려워할 필요는 없다. 앞에서 논의한 것처럼 '예'라는 대답은 협상이 성공할 수 있다는 가장 좋은 지표일 수 있다.

6) 대상자가 문제를 해결할 수 있는 계획을 세우도록 도와주라

협상가의 임무는 대상자의 모든 문제를 해결해 주는 것이 아니다. 어쩌면 문제를 해결해 준다는 것은 처음부터 불가능한 일일지도 모른다. 대상자의 문제를 해결하는 것은 상황이 해결된 이후에 정신 건강 전문가나 사회복지사들이 도와주도록 하는 것이 좋다. 따라서 문제 해결책을 제시하여야 한다는 부담을 지나치게 많이 가질 필요는 없다. 가능한 방법이 있다면 해결책을 제시하는 것도 좋다. 하지만 이때도 가능한 본인이 자발적으로 계획을 세웠다는 인식을 가질 수 있도록 하고 협상가는 단지 힌트나 아이디어만 제공한 것처럼 보이게 하라. 협상 심리 편에서 자세히 언급하겠지만 일관성의 법칙이 일어나도록 하기 위해서는 자발성이 필요하기 때문에 본인이 직접 계획을 수립했다고 믿는 것이 중요하다.

대상자가 이용할 수 있는 지역 사회 안의 이용 가능한 자원들을 미리 조사하여 네트워크를 구성하고 있다가 대상자에게 관련 정보를 제공하도록 하라. 위기 상황에서 위기 협상가 혼자서 모든 문제를 해결하는 것이 아니므로 지원이 필요한 경우 이를 요청하는 데 대해 두려워하지 마라.

제9장 협상 심리

1. 설득의 심리학을 통해 본 협상 심리
2. 인질과 협상가의 스트레스
3. 위기 상황 관련 신드롬들

제9장
협상 심리

1. 설득의 심리학을 통해 본 협상 심리

Robert Cialdani 교수(2001)는 수년간의 연구를 통해 다른 사람을 설득하는 데 반드시 필요한 6가지 법칙을 주창하였다. Cialdani 교수는 심리학 관련 연구실험 등을 바탕으로 주로 세일즈 분야에서 다른 사람들을 어떻게 내가 원하는 방향으로 의사결정이나 행동하게 할 수 있는가에 대해서 연구하였다. 따라서 설득의 심리학에 제시된 내용들은 주로 비즈니스 협상이나 상품판매시에 적용될 수 있는 것들이지만 위기 협상도 비즈니스 협상과 협상이라는 점에서 공통분모를 공유하고 있기 때문에 Cialdani 교수의 협상의 법칙들은 위기 협상에도 여전히 적용될 수 있고, 상당히 시사하는 바가 크므로 이에 대해 간략하게 알아보기로 한다.

1) 상호성의 법칙

타이거와 폭스는 우리 인간은 '보은의 망(net of indebtedness)'을 통하여 노동을 분화시키고, 다양한 재화와 서비스들을 상호 교환하여 각 분야의 전문가를 탄생시켰으며, 각 개인들의 상호 의존성을 창출하여 마침내 매우 효율적인 인간 사회를 구성하게 되었다고 한다. 상호성의 법칙이라는 것은 말 그대로 사람들 상호 간에 상대방이 나에게 해 준 만큼 나도 해 준다는 것을 의미한다. 속된 말로 세상사 'Give and Take'이라고 하는 것이 바로 상호성의 법칙이라고 할 수 있다. 오는 말이 고와야 가는 말이 곱고, 오는 것이 있으면 가는 정이 있다는 것이다.

1985년 에티오피아는 극심한 가뭄에다 내전까지 겪고 있는 매우 심각한 상황이었다. 그런데 그해에 멕시코에서 지진이 발생하자 자기들 코가 석 자인데도 지진 구호를 위해 5,000달러의 구호 자금을 보내 주었다. 가뭄이 들어 자기들도 먹고 살기 힘들고 더구나 전쟁까지 겪고 있는 마당에 다른 사람을 도와준다는 것은 상식적으로 납득하기가 쉽지 않은데 어떻게 이런 일이 일어났을까? 그 이유는 1935년 에티오피아가 이탈리아를 침략했는데 이때 멕시코가 원조를 보내 주었던 것이다.

상호성의 법칙이 어떻게 막강한 설득의 도구로 사용되는지를 잘 보여 주는 심리학 연구가 있다. 1971년 Regan은 이에 관한 실험을 실시하였다. Regan은 대학생들을 상대로 두 사람씩 짝을 지어서 다양한 그림을 감상하고 평가하도록 요청하였다. 이때 피터라는 연구원이 어떤 피실험자들에게는 휴식 시간에 50센트짜리 콜라를 사 주었고 어떤 피실험자들에게는 콜라를 사 주지 않았다. 그리고 실험 종료 직전에 "기숙사 자선 모금을 위해 행운권을 팔고 있는데 가장 많이 판 사람에게 50달러의 상금을 준다. 행운권은 25센트인데 좀 도와주지 않겠니?"라고 하였는데, 콜라를 먹은 사람들이 그렇지 않은 사람들에 비해 2배나 많은 행운권을 구입했고 여러 장 산 사람도 많았다고 한다. 행운권을 여러 장 산 사람들은 50센트짜리 콜라를 먹고 그보다 더 큰돈을 쓴 것이었다. 이 실험을 통해 알 수 있는 것은 사람들은 기본적으로 남에게 받은 것이 있으면 돌려주고 싶어 한다는 것이다. 흔히들 빚지고는 못 산다고들 하는데 콜라가 어지간히 큰 빚도 아니지만 사람들은 작은 빚이라도 갚으려고 하는 경향이 있다는 것이다. 여기서 Cialdani 교수는 내가 상대방에게 원하는 것이 있으면 일단 "상대방을 빚진 상태로 만들어라."라고 말한다. 상대방에게 아무것도 해 준 것이 없이 그냥 무언가를 해달라고 했을 때보다 일단 빚진 상태로 만들어 놓으면 나중에 내가 어떤 요구를 했을 때 그것을 거절하기가 쉽지 않다는 것이다.

그런데 이러한 응보 내지는 빚을 갚는 것이 등가적(等價的))으로 일어날까? 대답은 '그렇지 않다'이다. 내가 100원어치를 해 주었지만 상대방은 10원어치를 해 줄 수도 있고 반대로 1,000원어치를 해 줄 수도 있다는 것이다. 우리 속담에도 되로 주고 말로 받는다는 말이 있는데 항상 준 대로만 받지는 않는다는 것이다. 따라서 다른 사람의 도움을 받거나 내 요구 사항이 관철되게 하기 위해 거창한 식사 대접을 하거나 좋은 선물을 해 주어야만 하는 것은 아니라는 것이다. 평소에 건네는 따뜻한 말 한마디, 커피 한잔, 사탕 한 개도 얼마든지 상대방을 빚진 상태로 만들 수 있다. 따라서 평소에 주변 사람들에게 작은 것부터 베푸는 것을 몸에 익히면 그런 것들이 쌓여서 결국에는 나에게 돌아오게 될 것이다. 옛날에는 학교에서 흥부처럼 사는 것이 옳다고 가르쳤는데 요즘 아이들은 흥부처럼 착하기만 해서는 잘살 수 없고 놀부처럼 자기 것을 확실히 챙기면서 살아야 한다고도 이야기한다는데, 흥부처럼 사는 것이 언뜻 보기에는 손해보고 사는 것 같아도 결국에는 자기에게 도움이 될 수 있다는 것을 보여 준 실험이라고 할 수 있겠다.

요즘은 거의 모든 마트에서 시식 코너를 마련하고 고객들에게 무료로 샘플을 맛보도록 한다. 어떤 사람들은 저녁때쯤 장을 보러 가서 시식 코너를 돌면서 배를 채워 저녁 식사를 해결한다는 우스갯소리가 있을 정도로 공짜라는 이유로 마음 편하게 시식을 하는데, 과연 이 공짜 샘플들은 정말로 공짜일까? 정답은 '그렇지 않다'이다. 미국의 한 치즈 가게에서 가게 앞에 무료 시식 코너를 마련해 놓고 무료로 치즈를 고객들에게 시식하도록 한 후 치즈를 판매하였더니 하루에 1,000파운드의 치즈를 팔았다고 한다. 공짜로 먹은 것 같지만 사람이 공짜로 먹은 만큼 자기 주머니를 보다 쉽게 여는 경향이 있고, 무료가 아니면 먹어 보지 않았을 것을 무료라서 맛을 보았더니 맛이 좋아서 실제로 사게 되는 효과도 있을 것이다.

제2차 세계 대전 때 한 독일 병사가 있었다. 이 병사의 임무는 상대 참호에서 적군 병사를 생포해 오는 것이었는데, 과거에 적군에 포로로 잡히면 갖은 고문을 받고 잘못하면 포로수용소에서 죽는 경우도 있었다. 그러던 어느 날 그날도 여느 때와 마찬가지로 적군을 생포하기 위해 적군의 참호로 뛰어들었는데 때마침 적군은 식사 중이었다. 그런데 이 독일 병사가 갑자기 뛰어들어 총을 겨누자 빵을 먹던 병사가 무의식중에 빵조각을 불쑥 내밀었고, 이를 보고 당황해하던 독일 병사는 그 빵을 받아 들고 잠시 망설이다가 그냥 참호를 빠져나오고 말았다. 다른 때는 가차 없이 적병을 생포하던 이 병사가 단지 빵 한 조각, 그것도 먹던 빵에 목숨을 살려주고 만 것이다. 상호성의 법칙이 매우 엄청난 결과를 가져올 수 있음을 단적으로 보여 주는 좋은 예라고 하겠다.

위에서 상호성의 법칙은 반드시 등가적으로 일어나지 않는다고 했는데, 차 한잔 같은 작은 호의도 빚진 감정을 유발할 수 있다고 한다. 미국에서 남녀가 데이트를 하는데 어떠한 이유에서든 자신의 비용을 남자 쪽에 부담시킨 여성은 이후에 그 남자와 성관계를 하게 될 가능성이 높다는 실험 결과가 있다고 한다. 작은 호의이지만 남에게 마음의 빚진 상태가 유발되는 것은 마찬가지이며 결국 어떤 형태로든, 때로는 받은 것에 비해서 훨씬 더 많이 되돌려 주게 될 때도 있다는 것이다. 그러나 이 사례는 문화적인 차이가 큰 다른 나라의 경우에 해당되는 것으로 우리나라의 경우에도 그대로 적용되기는 어려울 수 있으므로 단정적으로 말해서는 안 될 것이다.

상호성의 법칙을 협상에 활용해 보면 어떻게 될까? 일단 협상이라는 것이 대부분 요구 사항에 대해 이야기하게 되어 있기 때문에 양 당사자 사이에 요구 조건을 놓고 밀고 당기면서 거래를 하게 된다. 이때 상대방으로부터 얻기만 하고 나는 아무것도 내놓으려고 하지 않으면 거래가 제대로 이루어질 수 없다. 상호성의 법칙에서 강변하듯이 내가 궁극적으로 원하는 바를 쟁취하기 위해서는 일단 상대방을 빚진 상태로 만들어야 하고 그러기 위해서는 작은 부분들은 양보하고 상대방에게 베풀어 주는 것이 좋다고 하겠다. 그리고 대상자에게도 협상이라는 것이 'Give and Take'의 방식으로 이루어져야 한다는 것을 일깨워 주어야 한다. 범인이 총을 들고 인질을 잡고 있다고 해서 모든 것을 무조건 범인이 원하는 대로 응해 주다 보면, 자신은 내놓지 않아도 모든 것을 얻을 수 있다는 잘못된 생각을 가지게 되어 협상가가 원하는 방향으로 범인의 행동 변화를 이끌어 내기 힘들어지게 된다. 따라서 범인이 큰 요구 사항이 아닌 작은 요구 사항 - 예를 들어, 물이나 음식 같은 - 이라도 이것을 관철시키기 위해서는 자신도 무언가를 내놓아야 한다는 것을 알게 해야 하고, 어떤 것도 너무 쉽게 얻지 않도록 하여야만 기대치를 현실적인 수준으로 낮출 수 있고, 경찰이 제공하는 것들에 감사하고 만족감을 가질 수가 있다.

2) 일관성의 법칙

사람은 일관성이 있는 존재일까 아니면 시시각각 마음이 변하고 이랬다저랬다 하는 존재일까? 셰익스피어의 고전 중의 하나인 『햄릿』에 보면 고뇌하고 흔들리는 인간상을 잘 보여 주는데, 우리들 대부분은 인간이란 햄릿처럼 별로 일관성이 없고 마음이 수시로 바뀌는 존재로 생각하는 경향이 있는 것 같다. 그러나 많은 연구 결과에 의하면 인간이 상당히 일관성을 지키려고 하는 존재라는 것이 밝혀졌다.

첫 번째 경우를 한번 살펴보자. 사라라고 하는 영양사가 있었는데 사라는 팀이라는 방사선 기사와 사귀는 사이였다. 두 사람은 팀이 실직 중에 동거를 시작하였는데, 팀이 폭음을 하고 주사를 부려서 사라는 마침내 절교를 선언하고 갈라서게 되었다. 사라는 얼마 후 과거의 남자 친구를 다시 만나기 시작했는데, 사라를 잊지 못한 팀이 찾아와서 술을 끊겠다며 애걸하여 고민 끝에 다시 동거를 시작하였으나, 팀은 약속을 깨고 다시 폭음을 하기 시작했다. 주변 사람들이 보기에 객관적인 사정은 과거와 하나도 달라진 것이 없는데 사라에게 과거와 비교하여 언제가 더 행복하냐고 물었더니 현재가 행복하다고 대답했다는 것이다.

많은 여성들에게 필자가 이 질문을 하였더니 과거가 더 행복했을 거라고 답했다. 그 이유로는 다시 결합하게 되면 과거보다는 더 나아진 모습을 기대했는데 전혀 나아진 것이 없기 때문에 실망을 해서 그럴 것이라는 것이었다. 일리가 있는 대답들이었다. 심리학이라는 것이 어느 경우에나 천편일률적으로 적용되는 수학 공식 같은 것은 아니므로 경우에 따라 다르고, 여기서 법칙이라고는 하지만 다른 경우보다 확률이 더 높다는 것이지 언제나 정답은 아니라는 점에 주의해야 한다. 여기서 사라의 경우에는 양자택일 상황의 경험을 통해 팀에 대한 자기의 사랑을 확인하였고, 자신이 선택을 한 이후의 행동과 사고는 모두 그것에 일치하도록 하려는 경향이 있기 때문에, 과거보다 지금이 더 행복하다고 대답하는 것이라고 한다. 경마꾼들도 돈을 걸기 전보다 돈을 걸고 나면 우승에 대한 주관적인 확신이 올라간다고 한다. 다시 말해 인간은 누구나 자기 합리화를 하려는 경향이 있기 때문에 자신이 어떤 의사 결정을 내리면 자신의 결정이 옳았다고 주장하고 싶기 때문에 이와 같은 현상이 나타난다는 것이다.

일관성의 법칙의 극치를 보여 주는 또 다른 예가 있다. 한국전 당시에 미군이 북한군에도 포로로 잡혀가고 소련군에도 포로로 잡혀갔는데 유독 중공군에게 포로로 잡혀간 병사들은 탈옥을 해오는 사람이 거의 없고, 탈옥을 하더라도 옆에서 밀고를 하고, 전쟁 후에 미국에 돌아와서도 중공군을 옹호하는 발언을 서슴지 않았다고 한다. 이를 궁금하게 여긴 미 군 당국이 조사를 해 보았더니 중공군은 유화 정책(Lenient Policy)이라는 대포로 정책을 사용하였다고 한다. 중공군은 포로가 잡히면 일단 고문을 하지 않고 잘 대해 주었는데 단지 요구하는 것이 작문을 하라는 것이었다고 한다. 작문의 주제는 "미국이 완벽한 것은 아니다, 공산주의가 모두 나쁘기만 한 것은 아니다."라는 것이었는데 작문을 하면 이에 대해 토론을 하고 미군 측에 방송을 했다고 한다. 중공군들은 또 백일장을 자주 개최하였는데 상으로는 담배 같은 사소한 것을 걸었다고 한다. 일반적으로 적극적인 참여를 유도하려면 큰 상을 걸어야 하지만 의도적으로 사소한 것을 상으로 걸었다고 한다. 왜냐하면 상이 너무 크면 자신은 그렇게 생각하지 않았지만 상품이 커서 그랬다는 자기변명의 여지를 제공할 수 있기 때문이다. 이것은 자발성을 유지하기 위한 고도의 전략인데, 자발성이 없는 글쓰기는 그 효과가 오래가지 못하기 때문이다.

이집트의 사다트 대통령은 협상을 하기 전에 상대방의 협동심과 공평심을 잘 알고 있다고 칭찬했다고 한다. 이는 상대방에게 유지해야 할 체면을 부여하고, 자신이 이 이미지대로 행동해야 한다는 압력을 형성하기 위한 것이었다고 한다.

일관성의 법칙을 위기 협상에 활용하면 인질범이 스스로에 대한 긍정적인 이미지를 형성하도록 노력한다. 사다트 대통령처럼 대상자의 장점을 발견하였을 경우에는 칭찬을 해 주어 그러한 이미지의 틀에서 행동할 수 있도록 유도할 수 있다. 또 협상이 잘 진행되어 인질범이 인질 중 일부를 석방하기로 구두로 약속하였을 경우 상사에게 보고를 해야 하니 메모지에 그러한 내용을 써서 보내줄 수 없냐고 하여 이를 받아 둘 경우 이 약속을 이행할 확률이 더 높아질 수 있을 것이다. 일반적으로 구두로 했을 때보다는 문서로 했을 때 실행에 대한 심리적 압박감을 더 느낀다고 한다.

일관성의 법칙을 자녀 교육에 활용하면 어떨까? 자녀들이 사춘기가 되면 부모들과의 대화가 줄어들고 공부를 소홀히 하며 나쁜 친구들과 어울려 다니면서 술이나 담배를 하는 경우가 있어 부모들을 굉장히 골치 아프게 한다. 그렇다고 매일같이 자녀들 뒤를 따라다니면서 감시할 수도 없는 노릇이고, 그저 잘하겠거니 믿는 수밖에 없는데 아무래도 수상한 경우 어떻게 하면 좋을까? 이럴 때는 아이를 불러서 다그치거나 훈계하지 말고 학생이 왜 담배를 피우면 안 되는가에 대해서 글짓기를 해오면 용돈을 주겠다고 하고, 글을 써 오면 아무 소리 하지 않고 용돈을 주고, 다음날 다시 학생이 왜 술을 마시면 안 되는가에 대해서 글을 써 오도록 하고 용돈을 준다. 아이들도 학생이 그런 일들을 하면 안 되는 이유에 대해서는 부모들 못지않게 잘 알고 있기 때문에 굳이 붙잡아 앉혀 놓고 장광설을 늘어놓지 않아도 된다. 매일 잔소리나 늘어놓고 이거 하지 말아라, 저거 하지 말아라 하면 점점 부모를 피하게 되지만 잔소리 전혀 하지 않고 용돈이나 주면 부모가 싫을 리가 없다. 이렇게 자녀들과의 관계도 좋아지지만 글짓기 한 것을 받아 놓으면 자녀들이 실제로 담배를 피우거나 술을 마실 기회가 생겼을 때 자신도 모르게 억제력이 더 강하게 작용하여 그 일을 하지 않게 될 가능성이 커진다. 물론 일탈하려고 하는 아이를 이 방법으로 100% 잡아 놓을 수는 없겠지만 부모와의 관계가 나빠지지 않으면서 억제력은 더 높은 방법이 있다면 한번 써 보는 것이 좋지 않을까.

일관성의 법칙을 실제로 경찰 업무에 활용한 사례가 있다. 미국의 한 경찰서에서 어느 부자 마을에 가서 마을 입구에 "조심해서 운전합시다."라는 볼품없는 거대한 공공 간판을 설치하자고 하였더니 주민들의 17%만 찬성하였다고 한다. 부자 동네에 어울리지 않는 광고 간판이라는 것이 주된 이유였다. 그래서 이번에는 다른 부자 동네에 가서 일주일 전에 "나는 안전 운전자입니다."라는 스티커를 자동차 앞 유리창에 붙여주었다. 운전자들은 경찰관들이 친절하게 작은 스티커를 차에 붙여 주면서 "안전 운전 하세요."라고 친절하게 인사를 하였기에 스티커를 안 받을 이유가 없었다. 그렇게 스티커를 붙이고 일주일이 지난 후에 같은 내용의 공공 간판을 설치하자고 하자 주민들의 76%가 찬성했다고 한다. 왜 그랬을까? 주민들은 "조심해서 운전합시다."라는 스티커를 붙이고 다니는 안전 운전자이므로 안전 운전 캠페인에 동참하지 않는다는 것은 자신의 이미지에 배치되는 일이기 때문에 반대할 수가 없었던 것이다. 이러한 협상 전략을 '살라미 전술' 내지는 '한발 들이밀기(One Foot in the Door) 전법'이라고 한다. 처음부터 너무 무리한 요구를 하면 받아들이기 어렵기 때문에 일단 상대방이 받아들일 수 있는 요구 사항을 제시하여 이를 관철시킨 후 조금씩 허물어 가는 방법이다. 성을 무너뜨리는 일도 성벽의 한 귀퉁이를 무너뜨리는 것이 어렵지 일단 한 귀퉁이가 무너지기 시작하면 전체 성벽을 무너뜨리는 것을 시간문제이다. 그런데 후에 설명하게 될 대조의 효과를 생각하면 커다란 요구 사항을 먼저 제시하였다가 차츰 깎아 나가야 하지만 살라미 전술에 의하면 반대로 작은 것부터 요구하여야 한다. 두 가지 전략이 서로 상반된 어프로치를 가지고 있는데, 상황에 따라 어떤 때는 살라미 전술을, 어떤 때는 대조의 효과를 이용한 방법을 사용하여야 할 것이다. 어떤 것이 그 상황에서 더 효과적일 지를 판단하는 것은 협상가의 몫이 될 것이다.

3) 사회적 증거의 법칙

사람들은 대부분 창조자이기보다는 '따라쟁이들'이다. 오늘날 교육에서 창의성을 무척 강조하지만 사람은 본능적으로 새로운 것을 창조하기보다는 다른 사람이 하는 것을 따라 할 때 심리적 안도감을 느끼는 것 같다. 이처럼 다른 사람들이 많이 하고 있으면 그것은 그만한 이유가 있고 좋은 것이라고 생각하며 무비판적으로 따라 하는 경향을 '사회적 증거의 법칙'이라고 한다. 즉 다른 사람들이 하고 있다는 것은 내가 해도 괜찮다는 증거이므로 내가 그것이 옳고 좋은 것인지 따져보는 수고를 하지 않아도 된다는 것을 의미한다는 것이다. 그런데 이것은 인간의 본성만이 아니라 동물들이 보편적으로 가지는 습성인지도 모르겠다. 사슴들은 번식기가 되면 수사슴들끼리 치열한 전투를 벌이고 최후의 승자가 모든 암컷들을 차지한다고 흔히들 알고 있다. 그런데 학자들이 관찰한 결과 어떠한 이유에서든 한 암컷이 대장 수컷이 아닌 수컷과 짝짓기를 하면 다른 암컷들도 그 수컷과 짝짓기를 한다는 것이다. 그리고 이러한 현상은 일부 열대 물고기에서도 관찰된다고 한다. 카사노바와 사랑을 나눈 수많은 여성들도 어쩌면 많은 여성들이 카사노바를 선택하였기 때문에 자기도 아무런 생각 없이 카사노바를 선택했을지도 모른다.

유능한 바텐더들은 영업을 시작하기 전에 팁을 넣는 잔에 자신이 직접 1달러 지폐를 넣어 둔다고 한다. 만약 지폐를 넣어 두지 않으면 처음 누군가가 지폐를 넣는 데까지 많은 시간이 소요되고 그만큼 팁이 줄어든다는 것을 경험적으로 알기 때문에 이렇게 하는 것이다. TV 코미디 프로그램에서 가짜 웃음을 음향 효과로 삽입하는 것을 자주 볼 수가 있는데 실험 결과 사람들은 가짜 웃음을 사용할 때 더 자주 더 오래 웃고 더 재미있는 프로그램이라고 생각했다고 한다. 사람들은 유머 자체에 반응하여 웃는 것이 아니라 유머의 일부에 불과한 웃음소리에 반응하여 웃었던 것이다.

사회적 증거의 법칙을 가장 극명하게 보여 주는 사건이 1980년대 뉴욕에서 발생하였다. 제노비스라는 20대 후반의 처녀가 뉴욕시 퀸즈 구 집 근처에서 귀가하던 중 괴한에 습격당해 살해된 일이 발생하였다. 총 38명의 주민들이 거리에서 여자를 세 차례나 습격하여 칼로 찌르는 장면을 보았음에도 구경만 할 뿐 누구하나 경찰에 신고하거나 도와주지 않았다. 이 사실은 다음 날 '뉴욕타임즈'지에 대서특필되었고 "뉴욕 시민들의 시민 정신은 실종되었는가?"라는 강한 의문을 불러일으켰다. 당시 목격자들은 왜 아무도 도움의 손길을 내밀지 않았을까? 우선 너무 많은 목격자가 있었던 것이 문제였다. 너무 많은 사람들이 습격 현장을 목격하였기 때문에 내가 도와주거나 신고하지 않더라도 누군가는 하겠지 하는 안일한 생각을 하게 되었던 것이다. 실제로 사람이 많아지면 책임이 분산되는 효과가 발생한다. 줄다리기를 할 때 한 사람이 낼 수 있는 힘이 100이라면 5사람이 모이면 500이 되어야 한다. 그런데 실험을 해 보니 혼자일 때는 100의 힘을 내던 사람이 두 사람이 줄을 당기면 80, 세 사람이 당기면 70, 네 사람이 당기면 60으로 점점 더 힘을 적게 쓰는 것이 확인되었다. 또 다른 실험에서 5명이 있을 때는 간질 발작자를 31%만 구조, 1명일 때는 85%가 구조를 해 주었고, 어떤 집의 문틈에서 연기가 나오는 것을 혼자 목격하면 75%, 세 사람이 목격하면 38%가 소방서에 신고를 하였다.

사회적 증거의 법칙을 협상에 활용하면 일단 인질범과 인질 석방에 관해 협상을 벌일 때, 다른 인질범들도 인질을 여러 명 잡고 있는 경우에는 대부분 여자인질 몇 명과 부상자를 밖으로 내보내 주었다, 대개들 그렇게들 한다고 하여 범인에게 자신도 그렇게 따라 해야 할 것만 같은 압박감이 형성되도록 한다. 그리고 인질들에게도 이런 사건이 발생할 경우 대부분의 인질들이 놀라운 인내심을 발휘하여 대부분 무사히 집으로 돌아갔다고 이야기해 주게 되면 일반적인 경우보다 더 오랫동안 힘겨운 상황을 버텨낼 수 있을 것이다.

그리고 자살 협상 파트에서 언급했던 것처럼 자살을 시도하려는 사람들에게 '금문교 사례'를 이야기해 주는 것이 자살을 포기하게 만드는 데 매우 효과적일 수 있다. 금문교에서는 다리가 만들어진 이후 지금까지 약 3,000명이 뛰어내렸는데 그중에서 살아남은 47명에게 물어보았더니 대부분 뛰어내리자마자 자신의 결정을 후회하고 자신이 너무 경솔했다는 것을 깨달았다고 한다. 대부분의 사람들이 후회를 했지만 다리가 워낙 높고 물살이 거셌기 때문에 단지 일부만이 살아남을 수 있었지만, 살아날 수만 있었다면 대부분의 사람들이 자신의 결정을 후회한다고 이야기했을 것이라는 이야기이다. 자살하려고 했던 많은 사람들이 뛰어내리자마자 후회한다는 이야기는 자살 기도자들에게 상당한 심리적 압박을 형성할 수 있고, 궁극적으로 자살을 포기하게 만들지는 못하더라도 그날 그 자리에서 죽는 것은 막을 수 있을 것이다.

4) 호감의 법칙

우리는 흔히 외모에 의해 사람을 평가하는 것을 나쁜 것이라고 규정짓고 그러한 행위를 하지 말 것을 권고한다. 미스코리아 선발 대회와 같은 미인 대회의 경우에도 성을 상품화하고 외모 지상주의를 부추기기 때문에 폐지되어야 한다는 주장도 제기된다. 이러한 주장들은 사람들을 껍데기가 아닌 실체에 의해서 평가하고 겉모습보다는 능력에 의해 평가받는 사회를 구현한다는 측면에서 매우 바람직한 주장이라 할 것이다. 그러나 현실은 어떨까? 아무리 외모 지상주의를 비판할지라도 사람들의 눈은 본능적으로 아름다움을 찾고 아름다움에 마음을 빼앗기는 것 같다.

미 펜실베이니아 주의 한 연구에 의하면, 단정하고 예쁜 여성 피의자는 유죄 판결을 받지 않을 확률이 훨씬 더 높았는데, 매력적인 피의자들은 그렇지 않은 피의자보다 무죄 선고율이 두 배나 높았고, 매력적인 피해자의 손해 배상액 평균은 10만 51달러로 그렇지 않은 피해자의 5,634달러에 비해 거의 10배가 높았다고 한다. 그리고 1974년 캐나다 선거 결과 매력적인 후보가 그렇지 못한 후보보다 2.5배나 많은 표를 받았고, 미국과 캐나다에서 월급을 12~14% 더 받았다고 한다(Cialdani, 2001).

신체적 매력이 이런 차이를 낳는 것이 안타깝긴 하지만 사람들은 호감이 가는 사람에게 더 잘해 주는 경향이 있다는 것이 호감의 법칙이다. 그런데 호감을 느끼는 것은 신체적 매력만이 아니다. 신체적 매력이 분명히 중요한 인자임에는 분명하지만 사람들이 다른 사람에게서 매력을 느끼는 요소는 매우 다양하다.

우선 사람들은 공통점에 호감을 갖는다. 즉, 사람들은 나와 닮은 사람을 좋아하기 때문에 취미가 비슷하거나 고향이 같거나 이름이 비슷하다는 등의 공통점을 발견하면 왠지 모르게 마음이 가게 된다. 여성들이 자신과는 다른 남성성을 사랑하는 것 같지만 자세히 관찰해 보면 남성을 좋아하더라도 남성다운 터프함이나 무뚝뚝함보다는 부드럽고 자상한 남성이 가진 여성성을 좋아하는 여성이 많음을 알 수 있다.

그리고 사람들은 자신을 칭찬해 주는 사람을 좋아한다. 외모가 매력적이거나 상대방과 공통점을 가지는 것은 억지로 노력해서 얻기에 다소 어려운 측면이 있지만 남을 칭찬하는 것은 조금만 노력하면 누구나 가능하다. 『칭찬은 고래도 춤추게 한다』는 책이 있는데 일반적으로 사람들은 대형 놀이 공원에서 멋진 공연을 하는 범고래들, 일명 '킬러 웨일'들이 재주를 부리게 하는 것이 '먹이'라고 알고 있다. 물론 먹이를 주기도 하지만 멋진 재주를 부렸을 때 안아 주고, 기뻐해 주며, 격려해 주는 것만으로도 범고래들은 어려운 묘기를 해낸다는 것이다. 하물며 동물들도 이러한데 사람들은 어떠하겠는가? 칭찬은 그 어떤 것보다도 사람들에게 용기와 기운을 불어넣고 의욕에 가득 차게 한다. 옛말에도 "남자는 자신을 알아주는 사람을 위해 목숨을 바치고, 여자는 자신을 사랑하는 사람을 위해 화장을 한다."라고 하지 않았는가. 사람들은 자신을 인정해 주고 칭찬해 주는 사람에게 강한 호감을 느끼고 그의 말을 들어주고 싶어 한다.

또한 사람들은 익숙해지면 좋아한다. 사람들에게 A라는 사람의 정상 사진과 좌우 대칭이 바뀐 사진을 보여 주었더니, 친구들은 정상적인 사진을 더 좋아하고, 자신은 좌우 대칭이 바뀐 사진을 더 좋아했다고 한다. 이것은 친구들은 정상사진의 모습을 항상 보아 왔고, 나는 거울을 바라보기 때문에 좌우 대칭이 반대인 모습을 항상 보아왔기 때문일 것이다.

따라서 위기 협상시 맨 처음 경찰 협상가와 맞닥뜨린 대상자의 다수가 '꺼져버려'라고 말하는데 이것은 협상가들을 매우 당혹스럽게 한다. 상대방이 '꺼져 버려'라고 하면 말문이 막히고 어떻게 대화를 시작해야 할지 난감하기만 하다. 그리고 경찰과 대화하기 싫어하는 사람을 어떻게 구슬려서 협상을 해야 하는가 하는 생각이 들기 마련이다. 그러나 너무 걱정할 필요는 없다. 사람들은 처음에는 싫다가도 시간이 지나서 익숙해지면 마음을 여는 경향이 있기 때문이다. 물론 시간이 지나면서 Negative Input을 많이 한다면 더 싫어지겠지만 상대방과 공감해 주고, 공통점을 발견하며, 칭찬을 많이 해 주고, 그 사람이 전문성을 가진 분야에 대해 관심을 보여 주고 인정해 주는 등의 Positive Input을 많이 해 준다면 시간이 지나면서 협상가에게 점점 더 호감을 가지게 될 것이다.

그리고 사람들이 타고난 모습을 바꾸어서 모두가 매력적인 외모를 가지는 것은 어렵지만, 깨끗하고 단정한 옷차림과 정돈된 모양새를 갖추는 것은 얼마든지 가능하므로, 협상에 임할 때는 신뢰를 줄 수 있는 단정한 복장과 외모를 갖추도록 해야 한다.

5) 권위의 법칙

사람들은 권위(Authority)를 좋아할까, 싫어할까? 권위주의라는 것이 구시대의 산물로 조직의 창의성을 말살하고 의사소통에 장벽을 형성하여 조직의 민주성을 해치는 대표적인 것 중의 하나로 인식되고 있는 점에서 볼 때 우리나라에서 '권위'라는 말은 권위주의의 뉘앙스가 강하게 느껴지기 때문에 그리 좋은 의미를 가진 단어로 받아들여지지 않는 것 같다. 그러나 권위주의의 권위와 'Authority'라고 할 때의 권위는 약간의 차이가 있는 것 같다. 권위주의의 권위는 우리가 철폐해야 할 비민주적이고 고압적인 Mind Set이라고 한다면, Authority는 권력으로부터 나오는 권위뿐만 아니라 전문적 지식이나 오랫동안 숙련된 기술로 일가를 이루었을 때 나오는 존중과 존경의 대상으로서의 권위도 의미하는데, 권위의 법칙에서 말하는 권위는 후자의 권위를 의미한다고 하겠다.

인류는 역사적으로 부당한 권위에 저항하고 이를 혁파하기 위해 많은 노력을 기울여 왔기 때문에 사람들에게 "당신은 권위에 복종적인가, 저항적인가?" 하고 물으면 대부분 자신들은 권위에 쉽사리 복종하지 않는다고 대답하고 싶어 한다. 한 실험에서 대학생들에게 경찰관이 당신에게 다가와서 정류장 밖으로 나가 서 있으라고 지시한다면 이에 따르겠냐고 물었는데, 대학생 중 63%가 그럴 것이라고 대답했으나 실제는 92%가 경찰관의 지시에 따랐다. 사람들은 본인이 생각하는 것보다 더 권위에 복종적인 성향이 있음을 잘 보여 주는 실험이라고 하겠다.

미 국무성 보고에 의하면, 환자의 투약 과정에서 매일 평균 12%가 실수를 한다고 하는데, 가장 주된 원인은 주치의의 지시에 맹목적으로 복종하기 때문이라고 한다. 코헨과 데이비스가 보고한 사례에 의하면, 귀에 염증을 앓고 있는 환자 투약을 위한 처방전에 'Place in R ear'라고 적은 것을 'Place in Rear'로 오해해 항문에 투약한 일이 있었다. 이비인후과에서 항문에 주사를 놓는다는 것은 상식적으로 납득이 가지 않지만 그만큼 간호사들이 의사의 전문적 권위에 맹종함을 잘 보여 주는 사례라고 할 것이다.

인간이 권위에 대해 복종하는 성향을 가장 잘 보여 준 실험이 있다. 예일대학의 Milgram 교수는 '기억에 대한 연구'에 참여할 자원자를 모집하고 이들에게 학습과 기억에 대한 징계의 효과를 연구한다고 설명하였다. 이 실험에서 한 명은 학습자, 한 명은 선생 역할을 하고 단어를 제시한 후 기억력을 테스트하여 실수할 때마다 전기 충격을 내리도록 하였다. 학생들은 서로 연관이 깊은 두 단어를 기억해야 했는데 답이 틀릴 때마다 15볼트씩 충격 강도를 높였다. 그런데 충격이 강해질수록 주의가 산만해져 더 많은 실수를 하고 충격은 더 강해졌고, 이에 따라 학습자의 고통도 커져서 150볼트에 이르자 선생 역할을 맡은 사람에게 소리를 지르며 항의하면서 그만두겠다고 하였으나, 연구자는 선생에게 실험을 계속하라고 지시하고 강도는 결국 300볼트까지 이르지만 선생은 계속해서 실험을 진행하여 400볼트에 이르러 거의 실신할 때까지도 계속하였다. 단 한 사람도 300볼트 이전에 실험을 중단하지 않았고, 300볼트에서 극도의 고통을 호소하자 극소수만 실험을 중단하였다. 결국 선생 역할을 한 사람의 2/3가 최종 볼트인 450볼트까지 부과하였고 이 결과는 여성 지원자들도 마찬가지였다.

왜 이런 현상이 발생했을까? 실험 참가자들의 사디즘이나 공격적인 성향 때문일까? 이 실험에 참가한 사람들은 범죄자들이 아닌 평범한 예일대 학생들이었기 때문에 이러한 설명은 설득력이 없다. 이보다는 합법적인 권위에 대한 복종의 의무감이 이러한 결과를 가져왔다고 보는 것이 옳을 것이다. 실험 도중 두 명의 연구자가 상반된 지시를 했을 때 누가 더 높은 사람인지를 알아내려고 노력하다가 결국 알아내지 못하자 전기 충격을 중단한 사실은 이러한 주장을 뒷받침하여 준다.

Milgram 박사는 독일인이 수많은 유태인을 학살한 이유를 밝히고자 이러한 연구를 실시하게 되었는데, 이 실험을 통해서 히틀러와 같이 강력한 권위를 가진 사람이 명령을 내리게 되면 인간은 이에 맹목적으로 복종하려는 성향이 있음을 이해하게 되었다.

이러한 실험들은 위기 협상가에게 시사하는 바가 매우 큰데, 우선 협상가로서 전문적인 권위를 가지라고 한 이유를 알 수 있게 해 준다. 위기 협상이 강렬한 감정에 휩싸인 대상자를 되도록 자극하지 않는 데에 초점을 맞추고 있기 때문에 자칫 저자세로 일관해야 하는 듯한 인상을 줄 수 있지만, 부드럽고 협조적인 자세를 견지하면서도 이 분야에 대한 해박한 지식과 많은 경험을 가지고 있는 전문가로서의 권위를 보여 주게 되면 대상자는 여기에 따르려 한다는 것이다.

6) 대조의 효과

Robert Cialdani 교수는 여섯 번째 법칙으로 '희귀성의 법칙'을 제시하였는데 여기서는 협상에서 보다 유용하게 사용되는 대조의 효과로 대신하기로 한다. 대조의 효과는 어떤 것과 비교되는 것을 함께 제시하거나 먼저 제시하여 실제로 내가 보여 주려는 것이 커 보이거나 작아 보이게 하는 것을 말한다. 예를 들어, 춘향이를 더 돋보이게 하려면 못생긴 향단이를 함께 내보내는 것이다. 실제로 어떤 부동산 업자들은 주택을 구매하고자 하는 고객들이 오면 다 쓰러져 가는 '미끼 가옥'을 보여 준 후 마음에 들어 하지 않으면 자신이 팔고자 하는 집을 보여 준다고 한다.

다음은 화학과에 다니는 여대생이 부모님에게 보낸 편지를 요약한 것인데 대조의 효과가 단순해 보이지만 얼마나 효과가 있는지를 잘 보여 준다.

사랑하는 엄마, 아빠에게

집을 떠나 학교로 온 후로 자주 연락을 드리지 못해 죄송합니다. 그럼 그동안 밀렸던 이야기들을 들려 드리겠습니다. 저는 기숙사에 입주하자마자 불이 나서 2층에서 뛰어내리다가 골절상과 뇌진탕을 입었지만 지금은 괜찮아요. 다행히 제가 불을 피해 뛰어내리는 것을 근처의 주유소 직원이 목격하고 저를 위해 증언을 해 주었고 구급차까지 불러주는 친절을 베풀었답니다. 그는 친절하게도 불이 나서 갈 데가 없다면 자신의 집에 와서 함께 지내도 좋다고 하여 그의 지하 단칸방에 같이 지내게 되었고 우린 금세 사랑에 빠졌습니다. 아직 구체적인 결혼 날짜를 잡은 것은 아니지만 조금 있으면 제 배가 더 불러져서 보기 싫어지기 전에 결혼식을 올릴까 합니다. 그이가 비록 우리와 인종이 다르고 종교가 다르긴 하지만 부모님의 큰 이해심으로 그이를 우리 집안의 사위로 받아주시리라 믿습니다.

하하 엄마, 아빠 놀라셨죠? 이제 정말로 저의 근황을 말씀드릴게요. 사실은 기숙사에 불이 난 적도 없고, 부상을 당한 적도 없으며, 남자와 동거를 하지도 않았고, 당연히 임신을 하지도 않았습니다. 그런데 문제는 제가 미국사에서 D학점, 화학에서 F학점을 받았다는 거죠. ㅠㅠ. 매우 유감스러운 성적이지만 제가 건강히 학교를 잘 다니고 있으니 별걱정은 하지 마세요.

엄마, 아빠를 사랑하는 샤론 올림.

샤론의 부모님들은 샤론이 방학 때 집으로 돌아와도 학점이 나쁘다는 이유로 결코 꾸중을 하지는 못할 것 같다. 대조의 효과가 역사적으로 엄청난 결과를 가져온 일도 있다. 바로 그 유명한 워터게이트 사건으로, 공화당 당원들이 민주당의 워터게이트 전국위원회사무실에 침입한 것이 발각되어 닉슨 대통령을 사임하게 만든 사건이다.

이 계획을 기안한 Liddy의 최초 계획은 워터게이트 사무실에 도청 장치를 설치하고, 정보 추적 비행선을 띄우며, 강도로 위장하여 사무실에 침입하고, 민주당 정치인들을 유혹하기 위해 고급 창녀와의 요트 파티를 여는 등, 총 100만 달러 규모의 프로그램을 제안하였다. 지휘부에서는 당연히 무리한 계획이라는 이유로 거절했는데 일주일 후에 50만 달러, 그 후에 다시 25만 달러로 축소하자 처음의 100만 달러 계획보다는 훨씬 더 실행 가능해 보였던 것이다. 처음부터 민주당 사무실에 침입하여 도청하자고 했으면 받아들여지지 않았을 것이다. 공화당 지휘부도 대조의 효과의 희생양이 되었던 것이다.

위기 협상시 몸값을 목적으로 하는 납치범이라든가 은행 강도 등은 거의 대부분 돈을 요구하기 때문에 인질들의 몸값을 놓고 협상을 벌이게 된다. 이때 경찰에서 줄 수 있다고 생각하는 금액보다는 일단 적게 불러 놓고 조금씩 범인이 요구하는 금액과 절충을 해 나가는 것이 필요하다. 처음부터 자신이 줄 수 있는 수준의 금액을 부르게 되면 별로 커 보이지가 않기 때문에 일단은 낮은 금액에서 시작해서 최종적으로 결정된 금액이 많다고 느끼게 된다.

돈뿐만 아니라 모든 요구 조건에 대한 협상이 대상자의 기대를 점차로 낮추는 데 초점을 맞추어야 한다. 대상자들은 흔히 매우 비현실적인 요구 사항을 내세우는 경우가 많은데 경찰에서 줄 수 있는 것은 그것보다 훨씬 낮은 수준이거나 전혀 줄 것이 없음을 점차 인식하도록 해야 한다.

그렇다면 항상 무리한 요구를 하는 것이 효과적일까? 예를 들어 저쪽에서는 10억 원을 달라고 하고 내가 실제로 1억 원 정도를 쓸 용의가 있는데 1천만 원만 준다고 하면 어떨까? 이스라엘 바이란 대학의 연구팀은 처음에 극단적인 요구를 하게 되면 오히려 역효과가 나는 것을 관찰하였다. 이는 지나친 요구는 성실한 협상 의지가 없는 것으로 간주되기 때문일 것이다. 따라서 적정선보다 낮은 조건을 제시하더라도 상대방도 어느 정도 수긍할 수 있는 수준이어야 하지 지나치게 낮게 부를 경우 오히려 협상이 결렬될 수 있음에 주의해야 할 것이다.

2. 인질과 협상가의 스트레스

2006년 개봉한 브루스 윌리스 주연의 할리우드 영화 〈호스티지(Hostage)〉는 인질 협상가인 경찰관의 활약상을 그린 영화이다. 첫 장면에서 브루스 윌리스는 바람을 피운 자신의 아내와 아들을 총기로 위협하면서 가정 폭력 사건을 벌이고 있는 대상자와 마라톤협상을 벌이고 있었다. 장시간 계속된 협상에 브루스 윌리스 자신도 지치고 현장에 동원된 경찰들도 지쳐서 모두 상황이 빨리 종료되기만을 기대하고 있었다. 지치기는 봉쇄 상황을 벌이고 있는 대상자도 마찬가지여서 이제 아내와 아들을 죽이려고 하는 기미가 보이자, 전술팀장은 지금 진입하면 아이라도 살릴 수 있는 확률이 있으니 지금 당장 진입을 시도하자고 했으나, 브루스 윌리스가 고집을 부리며 자기가 대화로 해결할 수 있으니 진입 작전을 펴지 말라고 하여 작전을 지연시켰다.

그 순간 대상자는 하나님에게 마지막 기도를 하기 시작했고 깜짝 놀란 브루스 윌리스는 집 앞으로 달려가 대상자에게 무모한 짓을 하지 말라고 소리쳤지만 안에서는 몇 발의 총성이 들렸고 집 안으로 진입한 브루스 윌리스는 거실에 피를 흘리며 쓰러져 있는 대상자와 함께 안방에서 총에 맞아 숨져가고 있는 어린 남자아이를 발견하였다. 브루스 윌리스는 아이를 살리려고 안간힘을 써 보았지만 이미 때는 늦었다. 그렇게 자신의 잘못된 판단으로 아이가 죽었다는 죄책감에 시달리던 브루스 윌리스는 자진해서 대도시인 LA를 떠나 조용한 시골 마을로 내려가게 된다.

협상으로 인해 협상가가 겪게 될 정신적인 영향은 이 영화에서처럼 매우 심각할 수도 있고, 친한 친구와 만나서 한담을 나눈 것처럼 가볍게 지나갈 수도 있다. 일반적으로 사건이 평화적으로 잘 해결되면 정신적 영향이 덜 하겠지만 만에 하나 일이 잘못되어 인질범이 죽거나 인질이 죽게 되면 상당한 정신적 충격을 받게 된다. 그러나 누군가가 죽거나 다치지 않더라도 위기 상황에 선 사람들이 정신적으로 이상이 있거나 멀쩡하더라도 지금 현재 엄청난 감정의 기복을 겪고 있는 사람들이기 때문에 이런 사람들과 장시간 대화를 나누면서 이해해 주고, 공감하며 그들 편에서 이야기를 해주다 보면 자신도 정신이 혼란해지고 이상해지는 듯한 느낌을 받곤 한다. FBI 요원들 중에 아동 포르노 수사를 전담하는 사람들은 6개월에 한 번씩 정기적으로 심리 검사를 받도록 되어 있다. 이들은 수사를 하기 위해 어쩔 수 없이 아동 성애 인터넷 포르노 사이트를 검색하거나 포르노 비디오를 보아야 한다. 그런데 아무리 정상적인 사람이라 하더라도 장기간 이런 것들에 노출되다 보면 자기도 모르게 서서히 오염되어 경찰관 자신이 비정상적인 생각과 행동을 할 가능성도 있고, 이런 것들을 접함으로써 생기는 정신적 충격과 스트레스로 정신 건강에 이상이 생기는 수가 있다.

스트레스로 인해 여러 가지 문제가 생길 수 있지만 스트레스는 생활의 일부분이다. 스트레스를 전혀 받지 않고 살 수는 없다. 문제는 스트레스를 얼마나 잘 관리하느냐이다. 위기 협상은 일반적인 커뮤니케이션보다도 훨씬 더 스트레스를 유발하는 경우가 많기 때문에 이에 대한 관리가 필요하고, 잘만 관리하면 스트레스를 줄이고 협상팀의 정신 건강을 잘 유지하여 업무수행 능력을 향상시킬 수 있다.

1) 내부의 적

인질 사건, 자살 상황 등 모든 봉쇄·고립 상황이 내재된 스트레스 상황을 가지고 있는데 이들 중 상당 부분이 위기상황관리팀과 조직의 계층 구조로부터 유발된다. 다시 말해 스트레스를 주는 주요한 요인이 인질범이나 자살 소동을 벌이는 사람이 아니라 경찰관들 자신이라는 것이다. 여기에는 같은 협상팀에 속한 사람과 목표와 수단에 대한 의견의 불일치로 인해 발생하는 갈등도 포함된다. 어떤 사람은 최대한 빨리 사건을 종결짓는 것이 최선이라고 생각하는 반면, 다른 사람은 시간을 좀 더 끌면서 충분한 감정 배출(Ventilation)이 이루어지도록 하는 것이 좋다고 생각할 수 있다. 어떤 사람은 제대로 된 위기 협상 교육을 받고 경험도 많지만 계급이 낮은 반면, 다른 사람은 협상 교육을 받은 적은 없지만 나이도 많고 계급도 더 높을 수 있다. 어떤 사람은 팀플레이를 중시하여 전체를 생각하지만, 어떤 사람들은 자신의 승진과 이름을 알리는 데 욕심을 가지고 있을 수 있다.

많은 FBI 협상가들이 인질범이나 자살 시도자와의 협상은 쉬웠으나 자기들의 상사와 협상하는 것이 무척이나 어려웠다고 얘기한다. 조직 문화가 권위적이지 않고 서로 대등한 관계에서 업무를 처리하는 것 같아 보이는 미국에서도 이러하다면 이보다 권위적이고 경직되며 하의상달이나 민주적 의사 결정이 어려운 우리나라에서는 협상가들이 상사들을 설득시키기가 얼마나 어려울지 미루어 짐작할 수 있다. 더욱 문제가 되는 것은 대부분의 우리나라 경찰관들이 위기 협상에 대해 교육을 받아 본 적이 없기 때문에 협상이라는 것이 어떤 맥락에서 진행되는지 잘 알고 있는 사람이 거의 없다는 것이다. 그리고 협상가들이 사건 현장에서 그 바쁜 와중에 복잡한 협상의 맥락을 일일이 설명할 수가 없기 때문에 상사와의 협상은 더욱 어려워질 수밖에 없다.

이러한 문제 외에도 여러 가지 문제들이 더 있다. 협상가가 위기 상황을 제대로 평가하였는가? 이 위기 상황은 협상이 가능한 것인가? 협상가의 접근 방법이 대상자 성격과 맞는 것인가? 전술팀을 투입할 경우 성공적으로 작전을 수행할 수 있을 것인가? 작전이 실패하여 인질이 죽거나 다치면 어떻게 할 것인가? 등 많은 어려운 질문들이 던져지는데 이러한 문제들은 협상가에게 긴장과 불안, 두려움을 유발하는 스트레스 요인으로 작용한다.

Mitchell(1990)에 의하면 마지막 내부의 적으로 협상가 개인의 성격이 있는데, 개인의 성격에 따라 같은 상황이라도 스트레스를 더 많이 받기도 하고 덜 받기도 한다는 것이다. ①이 가장 강한 스트레스를 받을 가능성이 있고 아래로 내려갈수록 적어진다.

① 나서서 통제를 하고 싶은 욕구 – 지루함을 쉽게 느낌

② 완벽한 업무 수행에 관한 집착 - 완벽주의
③ 필요한 사람이 되고자 하는 강한 욕구 - 구원자 타입
④ 강한 내적인 동기 부여 - 업무 수행에의 헌신
⑤ 즉각적인 만족감에 대한 욕구 - 강압적
⑥ 자극에 대한 강한 욕구 - 행동 지향적

통제에 대한 욕구가 강한 사람이 스트레스 순위가 가장 높은 것은 협상가가 위기 협상시 자신이 주도권을 갖고 다른 사람들이 자신의 뜻대로 움직이도록 하는 것이 매우 어렵고, 오히려 인질범이 통제권을 쥐고 있고 협상가가 주도권을 찾아오기 전까지는 상당 부분 끌려다녀야 하기 때문에 위기 협상을 통해서 스트레스를 많이 받을 가능성이 크다(Mitchell & Bray, 1990).

이외에도 완벽에 대한 집착이 강하다거나 남을 도와주고자 하는 욕구가 강한, 슈퍼맨 콤플렉스가 있는 사람, 업무에 매우 헌신적인 사람 등이 스트레스를 많이 받을 가능성이 있다. 자극에 대한 욕구가 강한 사람은 대화를 통해 평화적으로 사건을 해결하는 협상보다는 행동으로 해결하는 진압 작전을 더 좋아하기 때문에 장시간 말만 하는 협상이 괴로울 수 있다.

2) 협상가의 스트레스

협상으로 인한 스트레스에 효과적으로 대응하는 방법 중의 하나는 문제를 구획화하는 것이다(Strentz, 2006). 여기서는 협상 과정을 사전 단계, 협상 단계, 사후 단계로 나누어 각각의 단계별로 발생할 수 있는 문제들에 대해 알아보기로 한다.

가. 사전 준비 단계

a. 정신적인 충격을 줄 수 있는 사건에서 스트레스와 충격을 줄이는 가장 좋은 방법은 협상에 가장 적격인 사람을 뽑아서 협상팀에 배치하는 것이다.

b. 훈련은 스트레스를 줄이는 가장 좋은 방법 중의 하나이다. 훈련은 실제 상황에서 발생할 수 있는 문제점들을 미리 짚어 보고 대책을 강구하며 사건의 성공적 해결에 대한 자신감을 갖게 한다.

c. 협상 전문 조직의 인원으로 활동하거나 관련 연구 논문을 지속적으로 읽어 협상 분야의 새로운 연구 실적과 노하우(Know-how)를 습득한다.

d. 신체적인 건강 상태를 유지하는 것이 스트레스를 줄이는 데 크게 기여한다. 술과 담배 등을 줄이고 적절한 운동을 하여 신체적 건강을 유지한다. 건강한 신체에 건강한 정신이 깃든다.

e. 사건이 발생하기 전에 지역에서 도움을 받을 수 있는 곳들을 파악하고 네트워크를 구성한다. 통역관, 심리학자, 정신과 의사, 유해 화학 물질 관리 기관, 소방서, 자살예방협회, 시설 장비 보수업체, 통신사, 한전 등 위기 상황에서 도움을 청할 필요가 있는 모든 기관의 연락처를 파악하고 평소에 업무 협조 관계를 만들어 둔다.

f. 사건 발생이 가능한 건물과 장소의 구조와 출입구, 창문, 지형 등을 파악하여 둔다.

나. 사건 발생시

a. 인질 사건에서 폭력 사태가 발생하는 것은 아무도 원치 않는다. 물리력을 사용하는 사태가 발생하면 인질범이 자신의 무기 사용이나 폭력으로 인한 피해자가 될 가능성이 매우 크다. 인질범도 결국 자신의 폭력적 행위로 인해 자신이 불이익을 받게 될 것이라는 것과 경찰이 더 많은 무기와 자원을 가지고 있기 때문에 자살하려고 생각하지 않는 한 최선의 방법은 협상을 통해 평화적으로 사건을 해결하는 것이라는 걸 알고 있다. 협상가의 역할은 이러한 점을 상기시켜 주고 협상에 응하도록 유도하는 것이다.

b. 협상가는 인질범으로 하여금 누군가를 상하게 하는 것의 무용성과 순순히 항복하는 것의 장점을 잘 인식하도록 하는 역할을 하여야 한다. 인질범으로 하여금 이미 나쁜 상황을 더 악화시키지 않도록 하고 이미 발생한 일의 심각성은 낮추어 이야기한다.

c. 협상가의 임무는 인질범의 모든 문제를 해결하는 것이 아니라 현재의 위기 상황을 슬기롭게 극복하도록 도와주는 것이다. 특히 비행 청소년들의 경우에 여러 가지 사회적, 심리적, 건강상의 문제가 있지만 이를 해결하기 위한 도움을 받지 못한 경우가 많다. 성인 인질범들의 경우도 문제가 많기는 마찬가지이고 이미 교도소에 있는 재소자들이라면 더욱 그러하다. 따라서 문제를 너무 복잡하게 만들지 말고 현재 가장 급박한 이슈들에 초점을 맞추도록 한다. 경찰의 임무는 대상자가 사태를 더 악화시키지 않고 손을 들고 순순히 걸어 나오도록 하는 것이고, 그가 가진 문제

들은 의사나 심리 상담사 등 다른 분야의 전문가들이 나중에 해결할 것이다.

d. 협상가는 우선적으로, 그리고 협상의 대부분의 시간을 대상자의 말을 들어주는 데 할애해야 한다. 대상자의 이야기를 들으면서 정보를 파악하고 감정 배출이 되도록 한다. 많은 경우에 이러한 과정을 통해서 대상자 스스로 자신의 문제를 해결하기도 한다.

e. 적극적 청취 기법을 통해 대상자의 이야기를 열심히 들어주고, 대상자의 상태에 대한 올바른 평가를 내리며, 그에 맞는 협상 전략을 채택한다. 일반적 인질범, 정신병자, 편집증 환자 등 대상자의 상태에 따라 접근 방법을 달리해야 한다.

f. 현장지휘관이나 타 부서에 근무하는 사람들은 협상의 맥락을 이해하지 못할 수가 있다. 이러한 무지로 인해 협상팀에서 하는 일들에 대해 적대적이거나 비협조적으로 나올 수 있다. 협상팀장이나 적절한 위치에 있는 사람이 협상의 논리와 진행 과정에 대해 사람들에게 간략하게 설명할 수 있는 준비가 되어 있는 것이 좋다. 현장지휘관에게는 진행 상황 보고서를 활용하여 협상 진행에 진척이 있음을 체계적으로 이해시키는 것도 좋은 방법이다. 많은 협상가들이 인질범과 협상하는 것이 지휘관이나 다른 경찰관들과 협상하는 것보다 쉬웠고, 나중에는 범인하고 사이가 더 좋아졌다고 이야기하는 것을 상기할 필요가 있다.

g. 정보 파악도 협상가의 주요한 임무임을 명심하라. 정보요원이 주변 인물과 관공서 기록을 파악하는 등 정보 수집 활동을 벌이고 있지만 대상자에 관한 가장 최신의 정보를

알게 되는 사람은 다름 아닌 협상가이므로 이를 협상팀과 전술팀에 알려 주어 혹시 발생할지 모르는 폭력 행위나 자해 등에 대비하도록 한다.

h. 당신이 가진 자원들을 활용하라. 보조 협상가와 상의하고 중간에 한 번씩 팀원들과 회의를 열고 현재까지 진행 상황에 대해 알려 주고 의견을 들어라. 머리를 맞대면 문제 해결에 대한 더 좋은 아이디어를 생각해 낼 수 있고, 팀원들에게도 같은 목표를 향해 함께 일하고 있음을 일깨워줄 수 있다.

다. 사후 단계

a. 상황이 종료되면 사후 스트레스 보고를 실시한다. 전술팀이 진압 작전에 대해 보고하는 것처럼 심리 전문가 등에게 심리적인 상태에 대해 보고하도록 한다(Mitchell & Everly, 1994).

b. 성공적이지 못한 협상 과정에 대해 지나치게 집착하거나 전적으로 책임지려고 하지 마라. 협상가 혼자 상황에 대해 책임을 지는 것이 아니다. 무엇보다도 자신을 위험한 상황에 빠뜨린 대상자에게 일차적인 책임이 있다.

c. 상황이 종료된 후에 술을 마시는 것을 자제하라. 술은 현재 자신이 가진 감정 상태를 증폭시키는 역할을 하고 숙면을 취하는 것을 방해하기 때문에 죄책감이나 우울한 기분이 더 강화될 수 있으므로 피하는 것이 좋다. 가벼운 운동과 심리 상담가와의 대화로 시간을 보내도록 하라.

d. 이번 협상을 통해 얻은 교훈과 시사점을 훈련에 활용한다.

e. 협상가의 죄책감이 적절히 다루어지지 않으면 장기적으로 문제가 발생할 수 있다. 사후 스트레스 보고시 이 문제를 짚고 넘어가야 한다.

라. 사후 스트레스 보고(Crisis Incident Stress Debriefing)

볼티모어의 전직 소방관이었던 Jeffrey Mitchell은 매우 효과적인 Debriefing 방법을 고안해 냈다. 비외상성 원인으로 사망하는 80%의 사람들이 스트레스와 연관된 질병으로 사망한다고 한다(Mitchell & Bray, 1990).

정신 장애의 진단 및 통계 매뉴얼에서는 스트레스를 이로 인해 부정적인 영향을 겪고 있는 사람의 관점에서 정의한다. 이 매뉴얼은 일상적인 경험의 범위를 넘어서는 사건을 경험한 사람을 스트레스를 받은 환자로 정의한다. 이 사건은 거의 대부분의 사람들에게 스트레스를 줄 수 있는 것이다. 스트레스 증상은 불안 장애와 유사한 증세를 보이지만 이보다는 심각하지 않으나 최소한 한 달 이상은 나타나야 한다(APA, 1994).

오늘날 이 정신 질환은 외상후스트레스 증후군(Posttraumatic Stress Disorder : PTSD)이라고 불린다. 여기서는 협상가의 외상후스트레스 증후군을 막고 추가적인 상담이 필요한 사람을 파악해내기 위하여 고안된 외상 사건 보고의 세 가지 형태에 대해 알아보기로 한다.

A. 사후 면담(Debriefing)

위키피디아 사전에 의하면 Debriefing은 방금 전에 스트레스를 받는 외상성 사건을 경험한 사람과의 일회적, 반구조적 대화를 지칭한다. 대부분의 경우에 Debriefing의 목적은 그러한 경험을 한 사람들에게 그들이 경험한 사건에 대해 알려 주고 그들로 하여금 그 일에 대해 이야기하도록 함으로써 심리적인 손상의 가능성을 줄이는 것이다. Debriefing은 주로 상담사와 재난 관리사들이 커다란 상처와 상실감을 경험한 사람들을 돕는 데 사용하는데, 이러한 사건에는 허리케인, 지진, 재산 파괴, 가족이나 친구의 죽음 등이 있다. Debriefing의 외상후스트레스 증후군을 비롯한 심리적인 문제들을 줄이는 것을 목적으로 한다. 위기 상황을 경험한 사람들도 커다란 충격과 상실감을 경험할 가능성이 많기 때문에 Debriefing 기법이 사용되는데 그 효과성에 대해서는 일치된 연구 결과가 없다. 다시 말해 Debriefing이 외상후스트레스 증후군을 줄인다는 경우가 있는가 하면 그렇지 않은 경우도 있다는 것이다. 2007년 5월, APJ(American Psychology Journal)에서는 환자들에게 해를 줄 수 있는 잠재성이 있는 치료 방법 리스트에 Debriefing을 올렸다. 따라서 무분별한 Debriefing은 자제되어야 하며 반드시 전문 훈련을 받은 전문가를 참여시켜서 실시하여야 한다.

Mitchell이 고안한 방법은 CISD(Critical Incident Stress Debriefing)라고도 불리는 것으로, 외상성 사건에 참여하거나 영향을 받은 사람들이 그룹 미팅을 가지고 이에 대해 토론하는 과정을 말한다. 이 토론 과정은 외상성 사건의 심리적 영향을 줄이고 외상성 증후군의 형성을 막으며 전문적인 정신 건강 전문가의 추가적인 치료가 필요한 사람을 파악해 내기 위해 고안되었다.

CISD는 팀 단위 활동을 필요로 한다. 여기에는 정신 건강 분야의 석사 학위 이상 소지자가 포함되어야 하는데, 심리학, 사회복지, 정신병 간호학이나 상담 등이 해당된다. 이들 전문가들이 CISD를 이끌기 위해서는 그 전에 CISD 활동 경험이 있고 전문 훈련을 받아야 한다.

이들 외에도 긴급 의료 서비스 제공 기관에서 일하는 사람이 동료 지원 staff member 역할을 한다. 이들 역시 CISD 훈련을 받고 실제 활동 경험이 있으면 더욱 좋다. 정신 건강 전문가와 동료 지원 staff이 위기 상황 대응 풀을 구성하고 이들 중에서 선발하여 실제 대응팀을 만든다(Conroy, 1990).

CISD는 사건 종결 24시간 이후 72시간 이내에 이루어지는 것이 가장 효과적이다. 두세 명의 동료 지원 staff의 도움을 받는 정신 건강 전문가가 열두 명에서 열다섯 명의 참가자들과 함께 CISD를 진행한다. CISD 리더와 staff들은 참가자들 사이사이에 골고루 끼어 앉는다. 미팅은 보통 몇 시간 동안 계속되는데 이것이 사이코테라피의 대체물은 아니다.

이 과정은 기본적으로 동료들이 주축이 되고 전문가는 동료들이 원활하게 역할을 수행할 수 있도록 하는 제한적 조력만을 제공한다. CISD는 7단계로 구성되는데 각 단계별 활동 사항을 살펴보면 다음과 같다(Mitchell & Everly, 1994).

1단계. 전문가들과 동료들에 대한 소개와 함께 전체 진행 과정에 대한 간략한 설명과, 여기서 얘기되는 모든 내용에 대해 비밀을 보장해 줄 것을 당부한다.

2단계. 참여자들은 각자의 시각에서 외상성 사건에 대한 사실관계만을 설명한다.

3단계. 참여자들은 방금 설명 받은 사실에 대한 자신들의 생각을 토론한다.

4단계. 이 단계에서는 사건의 감정적 영향에 초점을 맞춘다.

모든 사람이 자신에게 가장 상처를 주는 측면과 이 상처에 대한 자신의 감정적 반응을 파악하도록 한다.

5단계. 감정 상태에 대해 토론한 이후에는 참여자들은 각자가 겪고 있는 신체적·심리적 증상들에 대해 이야기한다.

6단계. 이 단계에서는 교육과 사건의 긍정적인 측면에 초점을 맞춘다. 여기서는 스트레스 관리법에 대해 토론하고 참여자들로 하여금 다른 사람들도 유사한 신체적·심리적 반응들을 경험하고 있다는 것을 알게 한다.

7단계. 마지막 단계에서는 애매한 부분들을 명확히 하고 미팅을 마무리할 준비를 한다. 만약 어떤 사람이 추가적인 상담이 필요하다고 판단되면 개인적으로 따로 상담을 실시하거나 외부 전문가에게 의뢰한다.[8)]

Mitchell의 CISD는 심리적·교육적 요소를 가지고 있지만 심리치료(Psychotherapy)는 아니다. CISD는 비정상적 수준의 충격적 사건을 경험한 사람들이 이 사건에 대한 감정적·신체적 반응에 적절히 대처하는 것을 돕기 위한 구조화된 그룹 미팅이다. CISD는 참여자들이 먼저 사실 관계를 확인하고, 이에 대한 자신들의 신체적, 정신적, 감정적 반응을 이야기하며, 서서히 덜 감정적인 주제와 이슈들에 대해 이야기하면서 사건의 긍정적인 측면에 대해 의견을 나누고, 향후 훈련 방향에 참고할 사항에 대해 논의하는 것을 마무리한다.

---

8) Mitchell, J. T., and Everly, G. S. (1994). Critical Incident Stress Debriefing: The Basic Course Workbook. Ellicott City, MD: International Critical Incident Stress Foundation.

B. 긴장 완화(Defusing)

Defusing은 CISD와 유사하지만 좀 더 짧으면서도 다른 형식을 가지고 있다. Defusing은 외상성 사건 직후나 시간적으로 근접한 때에 실시되며 보통 1시간 정도 진행되는데 CISD를 대체하거나 향후 CISD를 실시하였을 때 효과성을 높이기 위해 활용된다 (Mitchell & Everly, 1994). Defusing의 장점은 사건에 대한 방어기제(Defense Mechanism)가 작용하고 감정에 대한 표현이 폐쇄되기 전에 사건과 근접한 시간 내에 실시되어 보다 솔직하고 허심탄회한 대화가 가능하다는 것이다. Defusing은 참여자의 방어기제가 허술한 반면 도움에 대한 필요는 높아져 있을 때 실시된다. Defusing은 협상가나 진압 작전을 수행한 특공대원처럼 사건으로 인해 가장 큰 영향을 받은 사람들을 중심으로 이루어진다. 정신 건강 전문가는 이들이 스트레스증후군 증상을 보이는지 관찰하고 전문적인 심리 상담 치료를 해야 할지 아니면 추후에 CISD에 참가하는 것으로 끝내야 할지를 결정한다. 이 방법은 적절히만 사용된다면 매우 효과적일 수 있지만 현장에 심리 전문가가 임장해 있어야만 가능하다는 한계가 있고, 우리나라처럼 전문 인력이 부족하고 협상에 대한 인식이 일천한 상황에서는 아직 어려운 것이 사실이다. 다음은 Defusing의 과정이다(Mitchell & Everly, 1994).

1단계. CISD에서처럼 프로그램을 소개하는 단계로 간략한 설명과 함께 비밀보장을 약속한다.

2단계. CISD의 2, 3, 4, 5단계를 합친 것으로 사실 관계, 감정적 · 심리적 반응과 신체적 · 정신적 증상들에 대해 이야기한다.

3단계. 이 단계에서는 참여자에게 스트레스 증상과 관리법에 대해 알려 주고 반응 수위를 낮추며, 도움이 필요할 경우의 연락처를 알려 주고 추후에 이들이 스트레스를 잘 관리하고 있는지 점검하도록 한다.[9]

C. 동원 해제(Demobilization)

외상성 사건의 스트레스를 다루는 세 번째 방법은 Demobilization이다. Defusing과 마찬가지이고 사건 발생 직후에 실시되며 CISD staff들이 현장에 있어야 한다. Demobilization은 중요 사건이 마무리되고 동원되었던 사람들이 일상적인 업무로 복귀하기 전에 사건을 정리하는 차원에서 갖는 모임이다. 다른 접근 방법들과는 달리 Demobilization은 토론을 수반하지 않고, CISD 훈련을 받은 사람이 관련 정보를 제공하며, 간단한 다과를 즐기면서 휴식을 취하는 시간으로 활용된다. 이 과정은 아주 큰 재난 사태시 100명 이상의 참여자들이 있을 때 실시한다.

진화적 관점에서 보면 통증이나 스트레스는 위험에 맞닥뜨렸을 때 인체에 경고음을 보내 이에 긴장감을 가지고 철저히 대비하도록 만들어진 것이라고 할 수 있다. 고통이 없다면 누군가가 나에게 상처를 주어도 별다른 대응을 하지 않을 것이다. 그런데 생존을 위해 고안된 이러한 장치들이 올바른 방향으로 작동하지 못하면 생존을 위해 만들어진 메커니즘의 칼날이 우리 자신을 향하게 되고 우리 몸은 그 대가를 치르게 된다. 다시 말해서 스트레스를 받은 후 심리 상담가와 면담을 한다거나, 가벼운 운동

---

9) Mitchell, J. T., and Everly, G. S. (1994). Critical Incident Stress Debriefing: The Basic Course Workbook. Ellicott City, MD: International Critical Incident Stress Foundation.

이나 여가 활동을 통해 이를 해소하지 않으면 우리 몸은 스트레스의 부작용을 경험할 가능성이 커진다는 것이다.

스트레스는 신경계와 내분비선의 자극 반응 메커니즘의 결합체로 모든 장기와 인간의 신체 기능에 영향을 미친다. 많은 경우에 스트레스 자체가 사람을 죽이는 것이 아니라 스트레스에 대응하는 방식이 사람을 죽음에 이르게 한다. 그런데 많은 사람들이 어떻게 하는 것이 스트레스에 제대로 대처하는지 모르는 경우가 많고, 일상적인 스트레스에 대해서는 타성이 생겨 나름대로의 대처법을 터득하였다 하더라도 비정상적이고 커다란 충격을 주는 사건을 접하게 되어 스트레스의 수위가 심하게 높아지게 되면 혼자서는 감당하기 어려워지고 어떻게 대처해야 할지 모르게 되는 경우가 많다. 우리는 월남전에 참전했던 군인들 중 상당수가 고향으로 돌아온 후에 정상적인 삶을 영위하지 못하고 술독에 빠져 살거나 신체적, 정신적 이상에 시달리는 것을 보았다. 그 시절에는 옆에서 동료가 총탄에 맞아 숨지고 자신이 다른 사람을 죽이는 엄청난 경험을 한 사람들이 어떤 심리적 과정을 거치고 어떤 외상성 스트레스 증후군을 겪게 되는지에 대한 지식이 거의 없었기 때문에 이들에 대한 심리 치료는 거의 생각해 볼 여력이 없었다. 어쩌면 먹고 살기도 바빴던 시절 정신과 상담은 사치였을지도 모른다.

여기에 소개된 방법들은 전문 치료 프로그램은 아니며, 전문적 치료가 필요한 사람들을 판별해 내고, 참여자들에게 스트레스 관리법에 대해 알려 주며, 다른 사람들도 유사한 경험을 하고 있음을 알게 하여 동료들과 문제를 공유하고 서로에게 도움을 줄 수 있게 하여 위기상황대응팀원들이 건강한 상태를 유지하여 새로운 임무에 힘을 내서 다시 대응할 수 있도록 해 준다.

Holmes-Rahe Stress Test

순위(Rank)	사건(Event)	점수(Score)
1	배우자 사망	100
2	이혼	73
3	별거	65
4	교도소 수감	63
5	가까운 가족 구성원의 사망	63
6	부상이나 질병	53
7	결혼	50
8	실직	47
9	배우자와의 화해(재결합)	45
10	퇴직	45
11	가족 구성원의 건강상 문제	44
12	임신	40
13	성적인 문제	39
14	새로운 가족 구성원	39
15	사업상 변화	39
16	재정 상태의 변화	38
17	가까운 친구의 죽음	37
18	부부 싸움 횟수의 변화	35
19	1천만 원 이상의 대출이나 모기지론	31
20	모기지론의 저당권 상실	30
21	직장 담당 업무의 변화	29
22	자녀가 집에서 떠남	29
23	사돈들과의 갈등	29
24	탁월한 개인적 업적	28
25	배우자의 취업이나 실직	26
26	학교에의 입학이나 졸업	26
27	생활 여건의 변화	25
28	습관의 변화	24
29	상사와의 갈등	23
30	근무 시간이나 여건의 변화	20
31	주거지의 변화	20
32	학교에서의 변화	20
33	여가 활동의 변화	19
34	교회 활동의 변화	19
35	사회적 활동의 변화	18
36	1천만 원 이하의 대출이나 모기지론	18
37	잠자는 습관의 변화	16
38	가족 회합 횟수의 변화	15
39	식습관의 변화	13
40	휴가	13
41	크리스마스 시즌	12
42	경미한 법률 위반	11
	총 합	

한 해에 300점 이상인 경우 스트레스로 인한 신체적 문제가 발생할 가능성이 큼(Holmes & Rahe, 1967).

3. 위기 상황 관련 신드롬들

1) 스톡홀름 신드롬

1973년 8월 23일 10시 15분 스웨덴 스톡홀름 은행에서 자동소총으로 무장한 강도가 총성을 울리면서 "자, 지금부터 파티를 시작한다."라고 외쳤다. 이후 131시간 동안 2명의 인질범이 여자 은행원들을 포함한 4명의 인질을 잡아 놓고 경찰과 대치하였다. 협상 과정에서 인질 중 한 여인은 스웨덴 수상과의 전화 통화에서 경찰의 공격에 맞서 자신들을 보호하고 있는 것은 인질범이라고 주장하였다.

또한 인질범들은 사회의 희생자이며 어리석은 경찰들 때문에 자기가 죽을지도 모른다고 말하였다. 특히 한 여인은 대치가 계속되는 동안 인질범과 성관계까지 가졌다.

사건이 끝난 후 정신과 의사들은 여자 은행원들의 정신 상태를 분석하였는데, 이들은 "우리는 범인을 증오하지 않는다."라고 말하고 심지어는 "우리가 은행 강도를 증오하지 않는 이유가 무엇인지 아느냐?"라고 반문하기도 하였다. 이러한 특이한 감정의 전이를 이후 '스톡홀름 신드롬'이라고 부르게 되었다.

가. 스톡홀름 증후군의 심리학적 설명

- 스톡홀름 신드롬은 인질이 된 충격에 대한 자동적이고 무의식적인 반응이다. 또한 인질범을 증오하는 것보다 살려는 욕구가 강한 스트레스 상황 하의 자아(Ego)의 기본적인 심리 대응 과정이다.
- 인질이 인질범으로부터 호의적인 대화 등 긍정적인 지원을

받아들이고, 경찰 등 당국과는 생명의 위협 등 부정적인 접촉을 하게 됨으로써 초래되는 행동으로 거의 무의식 수준의 행동이다.

나. '스톡홀름 신드롬' 표지 현상

- 인질들이 법 집행 기관에 대해 반감을 드러내기 시작한다.
- 인질들이 인질범의 행동과 사상에 동조하기 시작한다.
- 인질범들이 인질들에 대하여 호의적인 태도를 보이기 시작한다.

다. 스톡홀름 신드롬의 원인

- 현 상황에서 인질 스스로 아무것도 할 수 없다는 공포와 무력감이 비정상적인 대응을 유발한다.
- 대치 상황의 긴박한 정도가 원인이 될 수 있다.
- 어떤 상황에서는 시간의 경과도 영향을 미칠 수 있다.
- 인질과 인질범들의 계속되는 대화가 원인이 될 수 있다.
- 인질과 인질범들 사이의 호의적인 대화도 원인이 될 수 있다.

라. 스톡홀름 신드롬의 발생을 막는 요소

- 인질범의 비호의적인 대화와 육체적 학대
- 인질이 인질범의 폭력 행위를 목격하는 경우
- 인질범과의 대화 단절 등 격리

마. 인질과의 대화시 유의 사항

- 인질에 대해 너무 많이 이야기함으로써 인질의 가치와 중요성이 부각되게 해서는 안 된다. 인질과 대화할 경우에는 항상 스톡홀름 신드롬을 염두에 둬야 한다. 따라서 인질이 제공한 정보를 맹목적으로 신뢰하지 않도록 주의하고 사건 관련하여 계획이나 전략을 알려 주면 안 된다. 항상 인질범이 대화 내용을 듣고 있다거나 혹은 대화 이후 그 인질을 심문할 것이라고 가정해야 한다.
- 인질은 협상요원의 협상 기법 자체를 이해하지 못할 수도 있다. 인질이 보기에 협상요원은 자신의 생명을 조건으로 협상을 하고 있고, 최소한의 요구 사항만을 이행하려고 하며, 인질보다 인질범 자체에 더 관심을 두고 있을 수 있다. 이 점을 염두에 두고 협상에 임해야 한다.

2) 리마 증후군(Lima Syndrome)

가. 개 념

○ 납치 및 인질 테러 사건에서 테러범이 인질들의 문화를 학습하거나 정신적으로 동화됨으로써 테러범 자신을 인질과 동일시하게 되어 결과적으로 공격적인 태도가 완화되는 현상을 말한다. 1996년 12월 페루 리마의 일본 대사관저 점거 인질 테러 사건에서 유래되었다.

나. 사건 개요

○ 페루 현지 시간 1996년 12월 17일 20시 30분경 페루 공화국의 수도 리마에서 일본 국왕 히로이토 탄생 기념 리셉션을 개최 중이던 페루 주재 일본 대사관저에 페루의 좌익 테러 단체인 '투팍아마루 혁명운동(Movement of Tupac Amaru : MRTA)' 소속 요원 18명이 폭탄을 터뜨리며 난입하여 주 페루 한국대사, 재일 교포 등 한국인 2명을 포함한 각국 대사, 페루정부 주요 요인, 대통령 가족, 상사원 등 인질 395명을 억류하였다.

○ 테러범들은 웨이터 복장으로 위장하여 샴페인과 각종 요리를 들고 일본 대사관 정문을 통과하여 위장 요원이 파티장으로 입장한 뒤 공포탄 발사를 신호로 주 행동조가 대전차 로켓포로 외곽 담을 부수고 진입하여 곧바로 인질극에 돌입했으며 이 과정에서 4명의 테러범이 경찰에 체포되었다.

○ 이후 주요 사건 경과는 다음과 같다.

1996년 12월 17일 : 페루 주재 일본 대사관 난입 점거
12월 18일 : MRTA, 투옥된 동료 440명 석방 요구
12월 21일 : 후지모리 페루 대통령, 강경 진압 방침 표명
12월 22일 : 페루 정부와 관련 없는 인질 225명 추가 석방
1997년 1월 1일 : 인질 수 72명으로 감소
1월 15일 : MRTA, 사태 종식을 위한 협상 참여 동의
2월 11일 : 정부와 MRTA 협상 시작
3월 3일 : 쿠바, 인질범에 망명처 제공 용의 표명

3월 4일 : MRTA, 제3국 망명 거부
3월 12일 : 정부와 MRTA 협상 결렬
4월 21일 : MRTA 지도자 세르파, 동료 석방 요구 변함없음을 천명

○ 마침내 1997년 4월 22일 15시 30분경, 페루 특공대 140여 명이 공격용 땅굴을 통하여 일본 대사관저에 전격 진입하여 무력으로 진압하였다. 40여 분간의 전격적인 작전으로 여자 3명을 포함한 테러범 14명을 전원 사살하고 인질 72명 중 1명을 제외한 71명을 무사히 구출함으로써 작전을 성공적으로 종결하였다.

다. 분석 및 교훈

○ 페루 정부는 테러에 대해 비타협·불양보 정책을 근본으로 하고 협상 전략을 고도의 정보 심리전 차원에서 활용하였다. 그러나 언론 관계에서는 많은 문제점이 드러났다. 인질범들은 대사관 점거 이후 그들의 요구 조건을 라디오 방송과의 인터뷰를 통해 제시했고, 그들의 선전을 극대화하는 데 이용했다. 언론은 '테러범들의 가장 절친한 친구'라는 낙인을 벗어나지 못하였다. 특히, 인질 사건이 교착 상태에 있는 상황에서 1월 7일 일본 아사히 TV 기자 2명이 페루 경찰의 봉쇄망을 뚫고 일본 대사관저에 들어가 취재를 한 사건이 발생했다. 이러한 언론의 행위는 인질극을 벌이고 있는 MRTA와 페루 정부가 직접 협상을 중단한 채 선전전을 강화하고 있는 가운데 돌출된 것으로 관련국의

사태 해결을 무산시킬 수 있는 무리한 취재로 많은 비난을 받았다.

○ 이후 언론은 테러리즘 관련 사건의 보도에는 언론사 나름대로의 보도 규칙을 정하는 등 자성의 자세를 보였다. 언론은 테러 사건 보도시 다음과 같은 사항을 고려해야 한다.

- 테러리즘은 어떠한 경우에도 여론의 지지를 받을 수 없는 범죄 행위로 규정하고 보도에 임해야 한다.
- 특공대의 훈련 기록 및 요원에 대한 신분 노출을 삼간다.
- 경찰이 취할 수 있는 대응에 관련된 정보의 유출을 방지한다.
- 추측을 배제하고 근거 없는 소문의 확산을 방지하며 사건 진행에 대한 정확한 사실 보도 수준에서 벗어나서는 안 된다.

제10장 알코올/마약 복용자와의 협상

1. 마약류의 의의와 관련 현황
2. 마약류 관련 증상들
3. 마약류별 증상
4. Strentz의 협상 가이드라인

제10장
알코올/마약 복용자와의 협상

1. 마약류의 의의와 관련 현황

마약은 대뇌 중 아편수용체에 특이적으로 결합하여 진통, 마취감 등 각종 약리 작용을 가지는 물질을 말한다. 강한 신체적, 정신적 의존성과 남용되기 용이하여 사회적으로 중대한 해독을 끼치는데 아편, 모르핀, 헤로인, 코카인, 메사돈, 염산페치딘 등이 있다. 향정신성의약품은 환각·각성 및 습관성·중독성이 있는 의약품을 말하는데 히로뽕, LSD, 바르비탈류, 벤조디아제핀류, 메스칼린 등이 여기에 해당한다. 한외마약은 마약으로 재제가 불가능하여 그 약품에 의하여 신체적·정신적 의존성을 일으킬 염려가 없는 것을 말한다.

우리나라에서는 1950년대 한국전쟁으로 인한 혼란 등으로 마약 중독자가 급증하였으나 1960년 이후 대대적 단속으로 중독자가 급감하였다가 1970년대에 연예인 등 일부 사회 계층이 대마를 사용하여 사회적인 문제가 되었다. 이후 1980년대에 필로폰의 일본 밀반출 행위를 차단하자 밀매 조직이 국내 시장을 개척

하여 국내에 급속하게 확산이 되었는데, 1989년 '범죄와의 전쟁'을 통하여 필로폰 제조를 근절하였다. 1990년대에는 중국산 등 외국산 필로폰의 밀반입이 증가함에 따라 1999년 이후 매년 1만 명 이상의 마약사범이 검거되었다. 2000년대에 들어와서는 국제 택배, 인터넷, 여행객 등 다양한 경로를 통한 외국산 마약류 밀반입 증가와 엑스터시, 야바 등 신종 마약류의 증가로 청소년, 가정주부 등 사회 전 계층으로 마약류가 급속하게 확산되었다. 마약류사범 중 향정신성의약품 관련 사범이 1997년 이후 60%를 상회하고 있으며 2008년도에는 71%를 차지하였다(경찰청, 2009).

표 1. 연도별 현황 **(단위 : 명)**

연도 / 유형	2003년	2004년	2005년	2006년	2007년	2008년
계	4,233 〈7,546〉	4,741 〈7,747〉	4,090 〈7,154〉	4,985 〈7,709〉	7,134 〈10,649〉	6,798 〈9,898〉
마약사범	828	822	498	659	767	1,208
대마사범	1,151	1,010	757	687	848	764
향정사범	2,254	2,909	2,835	3,637	5,519	4,826
전년 대비 증감	-1,361 (-24.3%)	+508 (+12%)	-650 (-13.7%)	+895 (+21.9%)	+2,149 (+43.2%)	-336 (-4.7%)
유해사범	700	734	722	535	836	1,015
전년 대비 증감	-389 (-35.7%)	+34 (+4.9%)	-12 (-16.3%)	-187 (-25.9%)	+301 (+56.3%)	+179 (+21.4%)

자료출처: 경찰청(2009)

표 2. 마약류별 현황

구 분	2003년	2004년	2005년	2006년	2007년	2008년	'09. 4월
계	4,233	4,741	4,090	4,985	7,134	6,798	1,418
마약사범	828	822	498	659	767	1,208	41
대마사범	1,151	1,010	757	689	848	764	264
향정사범	2,254	2,909	2,835	3,637	5,519	4,826	1,113
증감율	-	+ 12.0	- 13.7	+ 21.9	+ 43.1	- 4.7	- 37.0%

자료출처: 경찰청(2009)

표 3. 성별 현황

성 별	남	여
2006년	4,115	870
2007년	5,987	1,130
2008년	5,476	1,303
'09. 4월	1,291	121

표 4. 연령별 현황

연령별 / 연도	계	10대	20대	30대	40대	50대	60대 이상	미상
2006년	4,985	24	491	1,738	1,639	483	515	95
2007년	7,134	8	826	2,434	2,465	709	589	103
2008년	6,798	34	993	2,070	2,014	738	871	78
'09. 4월	1,418	11	206	512	521	131	20	17

자료출처: 경찰청(2009)

경찰에 의해 검거된 인원을 보면 2009년도에 총 6,748명이 검거되었는데 이중 향정사범이 4,729명으로 가장 많았고, 마약사범은 1,283명, 대마사범은 736명이었다. 성별로는 남자가 5,695명이었고 여자가 1,053명이었으며, 연령별로는 40대가 33.5%, 30대 30.3%, 50대 11.8%, 20대 11.2%로 경제적 활동력이 왕성한 30~40대가 전체의 63.8%를 차지하였다.

2. 마약류 관련 증상들

중독 현상을 설명하는 많은 가설 중에 가장 인정되고 있는 것이 도파민 가설이다. 도파민은 인간의 두뇌 바로 앞쪽의 뇌교 부위의 신경 세포에서 분비되는 신경 전달 물질의 하나로, 사람의 감정 중에 행복감과 만족감 등 쾌감의 전달을 담당한다. 술, 담배, 마약, 본드, 심지어 초콜릿 등이 우리를 기분 좋게 해 주는 이유는, 이들이 신경 세포의 도파민 분비를 촉진시켜 주기 때문이다. 심지어 누군가에게 칭찬을 받아도 도파민의 분비는 늘어난다. 그러나 도파민이 뇌 속에 지나치게 많이 존재하면 환각 상태 등이 일어나기 때문에 우리 몸은 자동적으로 적정량 이상을 즉시 제거한다. 따라서 도파민 가설에 의하면 "중독이란 인체가 중독 물질에 의해 이러한 도파민 적정량 유지 기능을 잃을 때 발생한다."라고 설명된다.

중독 물질의 대부분은 우리 몸에 들어오면 도파민 분비를 자극하고, 이런 도파민 과잉 상태가 지속되면 인체는 마치 항생제에 타성이 생기듯 늘어난 도파민 양에 적응한다. 즉, 과다한 도파민이 만들어 내는 환각 중독 증상을 마치 정상 상태처럼 인식하게 된다. 따라서 중독 물질 공급이 중단되어 도파민 분비량이 줄어들면 인체는 이를 견디지 못하고 도파민을 많이 만들어 줄 물질을 갈망하게 되는 것이다.

일반적으로 약물 중독 또는 남용의 정의는 약물에 의한 작용을 거듭 체험하고 싶기 때문에, 혹은 그 약물을 사용하지 않으면 불쾌하기 때문에 약물을 계속 사용하는 상태 또는 약물 사용을 중지하려고 생각해도 억제할 수 없는 욕구 때문에 약물을 계속적, 주기적으로 사용하게 되는 심리적, 생리적 상태를 말한다. 이 때 나타나는 증상으로는 사용하는 약물에 따라 다르나 대개는 다음과 같다.

- 일시적으로 기분이 좋아짐.
- 지나칠 정도로 자신만만해짐.
- 걱정이 없어짐.
- 소리나 보이는 것에 민감해지고 환각 상태도 나타남.
- 행동 방법이 변함. – 멍청하고, 잠에 취한 듯하거나, 광폭해짐.
- 사용을 중지하면 기분이 나쁘고, 고통스러운 증상이 나타남.

마약류에 중독되면 다음과 같은 문제점들이 발생할 수 있다.

1) 의존성/중독성

가. 다른 것에 의지하여 생활하거나 존재하는 성질

나. 금단 증상 때문에 계속하여 약물을 섭취하지 않으면 안 되는 상태. 마약하는 사람들은 마약에 중독되어 있기 때

문에 그것을 끊기 힘들어 하며 마약에 기대어 살게 되는데 이런 증상을 의존성이라 한다.

2) 내 성

가. 세균 따위의 병원체(病原體)가 화학 요법제(化學療法濟)나 항생 물질의 계속 사용에 대하여 나타내는 저항성

나. 약물의 반복 복용에 의해 약효가 저하하는 현상. 약을 계속적으로 복용하면 몸이 약에 무뎌져서 많은 양을 먹어야 그제야 비슷한 약효를 느낄 수 있는 현상을 말한다.

3) 금단 현상

알코올, 모르핀, 니코틴, 코카인 따위의 만성 중독자가 이런 것의 섭취를 끊었을 때 일어나는 정신·신체상의 증상을 말한다. 하품, 재채기, 불면증, 통증, 불안, 허탈감, 구토, 환각, 망상 따위의 증상이 나타난다. 알코올 중독자나 니코틴 중독자에게 술을 먹지 못하게 하거나 담배를 피우지 못하게 하면, 손을 부들부들 떨거나 안절부절못하거나 정서가 불안해하는 증상들이 나타나는데, 이들을 통틀어 금단 현상이라고 한다. 금단 현상은 행동뿐만 아니라 성격, 정신에도 영향을 미친다.

이런 약물 중독은 꼭 그런 것은 아니지만 주로 이런 사람들에게서 나타난다.

- 진통제나 신경 안정제의 사용을 필요로 하는 질환
- 약물 남용의 가족력이 있는 경우

- 유전적인 소인 : 사람마다 약물 탐닉에 대한 감수성이 모두 다름.
- 알코올 섭취 과다
- 피로, 과로
- 가난
- 우울증, 의존성, 자기 비하 등의 심리적인 문제

주로 인격적으로 미숙한 성격을 가진 사람이나 스트레스를 많이 받는 사람들이 약물에 중독되는 것을 알 수 있다. 미숙한 성격의 소유자는 열등감이나 자신감 부족을 약물에 의존하여 상쇄하려는 경향이 크며, 스트레스를 많이 받는 사람도 약물을 통해 불안과 긴장에서 벗어나려 하기 때문에 약물 중독이 될 가능성이 크다.

3. 마약류별 증상

1) GHB(일명 물뽕)

무색무취의 GHB는 소다수 등 음료에 타서 복용하여 '물 같은 히로뽕'이라는 뜻으로 일명 '물뽕'으로 불리기도 한다. 약물 효과로는 기분이 좋아지고 다소 취한 듯하면서도 몸이 처지는 듯한 느낌이 든다. 그러나 단순 음료가 아닌 알코올류에 타서 마시면 그 효과가 급속하여 의식 불명에까지 이르며, 당시 상황을 기억할 수 없게 된다. 미국, 캐나다, 유럽 등지에서 성범죄용으로 악용되어 '데이트 강간 약물(Date Rape Drug)'로도 불린다.

2) 아편

오심 · 구토 · 두통 · 현기증 · 변비 · 피부병 · 배뇨 장애 · 호흡 억제 · 혼수 등의 만성 중독을 일으켜서 폐인처럼 된다. 사용량은 1회 0.03g이고 1일 0.1g이다. 아편은 마약이므로 습관성이 되고 만성 중독증을 일으켜 차차 다량을 사용하지 않으면 효력이 없게 된다.

3) 헤로인

헤로인 남용자의 삶에는 기쁨이란 없고 진절머리 나고 품위 없는 삶일 뿐이다. 헤로인은 식욕을 떨어뜨려 몸무게가 상당히 감소되며 질병에 걸리기 쉽다. 더러운 주사기를 사용하여 간염, 황달, 매독, 말라리아, AIDS 등이 걸릴 수 있다. 헤로인 중독자의 특징 중에는 졸음, 불결함, 태만 등이 있다. 그들 자신에게 관심을 갖는 능력을 상실하고 청결에 대해 무지하게 된다. 헤로인을 남용하면 내성, 신체적 · 정신적 의존이 생긴다.

4) 코카인

코카인은 강력한 중추 신경 흥분제로서 흥분 효과는 암페타민과 유사하며 혈관과 신경 체제에 심각한 영향을 준다. 혈관을 수축하여 혈압을 급상승시키고 심장 박동을 빠르게 한다. 혈관에 영향을 줌으로써 심장은 산소가 풍부한 피를 더 많이 요구하게 된다. 산소가 좀 부족하면 가슴에 통증이 올 수 있고, 산소 결핍이 지속되면 심장 세포가 죽어 심장병의 고통을 받게 된다. 또한 동맥을 수축시켜 뇌졸중, 발작, 몸서리, 섬망증, 정신 이상 등을 야기할 수 있다.

5) 대마초

대마초는 사고력의 저하 · 비현실감 · 망상 · 흥분 · 주의력 저하를 일으키고, 시간과 공간에 대한 감각을 변화시키며, 시각과 운동 신경에 장애를 일으킨다.

6) LSD

LSD로 인한 신체의 변화는 크지 않지만 남용자에게서 뇌와 염색체에 손상을 일으키며, 눈동자가 풀리고 창백해지며, 심박동과 혈압이 빨라지고, 수전증, 오한 등의 현상이 나타난다. LSD의 환각 경험에는 기분 좋은 경험과 나쁜 경험이 있는데 예측이 불가능하다. 기분 좋은 환각 경험이란 즐거운 상상과 정서들로 이루어지고, 나쁜 환각 경험이란 그 반대로 몸이 산산조각 나는 공포감, 미칠 듯한 두려움, 무시무시한 불안 등을 느끼게 된다.

7) 암페타민(히로뽕)

소량 사용시 식욕 감퇴, 호흡 및 심박동 수 증가, 혈압 상승,

동공 확대와 같은 증상이 나타나며, 다량 사용시에는 발열, 두통, 발한, 현기증 등이, 매우 많은 양을 사용할 때에는 홍조나 안면 창백, 진전, 운동 실조, 심혈관계 이상을 나타낸다. 암페타민을 남용하면 뇌혈관 파열, 심부전, 고열 등의 원인으로 사망할 수 있다. 만성적인 남용자는 편집성 정신분열증과 유사한 정신병이 나타날 수 있다.

8) 엑스터시

육체적 증상으로는 근육 긴장, 무의식적으로 이를 꽉 묾, 구역질, 희미해진 시야, 빠른 눈 움직임, 심약함(실신), 오한이나 땀을 흘림 등이다. 심장 박동과 혈압이 증가하며 순환기 질환이나 심장 질환이 있는 사람에게 특히 위험하다.

다음은 청소년들도 비교적 쉽게 구할 수 있는 3가지 약물이다.

가. 니코틴(Nicotine)

주로 담배에 들어 있는 니코틴(C10H14N2)은 J. Nicot의 이름을 따서 명명된 성분인데, 무색의 유독 성분으로서 독성이 강하다. 담배 한 개비당 약 2㎎의 니코틴이 들어 있는데 치사량이 40~50㎎이어서 시가 한 개비나 궐련 한 갑의 니코틴 분량을 성인의 혈관에 주사하면 사람도 사망시킬 수 있다. 니코틴은 담뱃잎에만 함유되어 있는 화학 물질로 다른 식물에서는 거의 찾아볼 수 없으며, 담배의 특유한 맛을 내는 장본인이기도 하다. 미국의 식품의약국(FDA) 약물남용자문위원회는 1994년 니코틴을 습관성 약물로 규정하였다. 니코틴의 흡입량은 담배를 피우는 방법에 따라 달라지는데 우리 몸에 흡입된 니코틴은 주로 폐의 모세 혈관을 통해 체내에 흡수되며, 소량은 구강의 점막을 통해 흡수되고, 비교적 빠르게 분해되어 대부분은 소변으로 배설되고 그 나머지는 몸에 축적된다.

니코틴의 작용 기전을 보면 중추 신경계와 자율 신경계에 영향을 주어 기분을 흥분시키기도 하고 반대로 진정시키기도 하며 마약처럼 습관성이 되도록 하는 등 여러 가지 형태의 생리적 변화를 일으킨다. 생리적 영향은 신체 부위에 따라 복합적으로 작용하며 축적된 니코틴의 양에 따라 달라지는데 혈압과 심장 박동 수를 높이며 신경내분비 효과도 있다. 소량의 니코틴은 자극제로서 작용하며 다량의 니코틴은 억제제로서 사용되어지는데, 이는 니코틴이 교감 신경과 부교감 신경 양쪽의 신경절세포를 소량으로 자극시키며 다량으로는 마비시켜 버리기 때문이다.

나. 알코올

주로 술에 들어 있는 알코올은 화학적 용어로는 에틸알코올(Ethyl Alcohol) 또는 에탄올(Ethanol)이라 한다. 알코올은 과일, 곡류를 발효시킴으로써 생성되는 일종의 화학 물질이다. 알코올은 탄소, 수소, 수산기로 이루어진 화학 물질로 화학식은 CH3CH2OH로 표시되고 무색의 가연성 액체로 열량을 내는 물질이다. 따라서 식품으로 분류되기도 하나 몇 종류의 술을 제외하고 영양분이 없기 때문에 이를 텅 빈 에너지라고도 한다. 맥주의 경우 알코올 이외에 소량의 당질과 단백질이 들어 있고, 포도주에는 당질이 들어 있으며, 붉은색 포도주는 철분을 함유하고 있다. 그러나 독주는 알코올 이외에 영양소는 거의 없다.

알코올은 위벽 점막을 통해 흡수가 빨리 되는 편이지만 전체 섭취 알코올 중 약 20% 정도만 흡수되고 나머지는 소장에서 흡수된다. 소화 기관에서 흡수된 알코올은 혈액을 통해서 간으로 가고 다시 대정맥을 통해 심장으로 가서 신체 각 조직으로 퍼지게 된다. 일단 혈액 속에 흡수되어 몸으로 퍼진 알코올은 90% 정도는 간에서 분해되고 나머지는 소변, 땀, 호흡으로 체외 배출된다.

알코올은 알코올디히드로나제라는 효소에 의해 아세트알데히드로 변화된다. 이 물질은 아세트알데히드 디히드로게나제에 의해 초산으로 변화되고, 최종적으로 탄산가스와 물로 분해된다. 알코올의 중간 대사 물질인 아세트알데히드는 매우 자극적인 독성 물질이다. 아세트알데히드가 빨리 산화되지 못하고 체내에 남아 있으면 신체적으로 심한 불쾌감을 느끼게 되는데 얼굴이 붉어지고, 가슴이 뛰며, 구역질이 나는 등 신체적으로 견디기 힘든 상태가 된다. 사람에 따라서는 아세트알데히드 분해 요소가 유전적으로 결핍되어 있는 경우도 있는데 이런 경우 아예 술을 먹지 못하게 된다. 반면에 분해 효소가 많은 사람은 불편함을 느끼지 않고 오히려 정신적 행복감을 느끼게 되며, 아무리 술을 마셔도 취기를 느끼지 못하는 경우도 있다. 알코올이나 아세트알데히드가 간 조직에서 대사로 처리할 수 있는 허용 한계가 되는 혈중 농도일 경우에는 큰 문제가 없다. 그러나 간 조직에서 바로 처리되지 못하고 남아 있을 때는 신체 조직에 여러 가지 손상을 일으킨다.

ㄷ. 흡입제

최근 미국의 한 연구 조사에 따르면, 미국의 10대 청소년의 17% 정도가 흡입제를 사용해 본 경험이 있다고 한다. 그러나 청소년의 흡입제 남용 문제는 미국 등 선진국에만 국한된 것이 아니라 전 세계 대부분의 국가의 공통된 문제이다. 우리나라에서는 1970년대 이후 10대 청소년 사이에서 유행하기 시작해 1980년대를 지나 1990년대에 이르러 급속도로 확산되면서 10대 청소년들의 가장 대표적인 남용 물질이 되었다. 전 세계적으로도 흡입제 문제가 다른 마약류와 비교해 오히려 심각함에도 불구하고 일반 시민들이 잘 인식하지 못해 날로 확산되고 있다.

흡입제의 종류는 다음과 같다.

- 휘발성 솔벤트 : 접착제, 에어로졸(헤어스프레이, 스프레이 페인트, 탈취제), 솔벤트와 가스(페인트 시너, 가솔린, 담배 라이터액, 수정액, 매니큐어 제거제), 세척제(드라이클리닝 용액, 얼룩 제거제) 등
- 아질산염(Nitrites) : 실내 방향제
- 마취제(Anesthetics) : 할로탄, 웃음 가스로 알려진 니트로옥사이드

휘발성 솔벤트는 아주 빠르게 몸에 들어와 흥분시킨 다음, 이어 졸음, 비틀거림, 초조 등이 온다. 대부분의 흡입제는 하나 이상의 휘발성 솔벤트를 함유하고 있기 때문에 특정 화학 물질로 인해 뇌나 신경이 손상된다거나 사망한다고 명확히 말하기는 어렵다. 아질산염은 역사적으로 게이들에 의해 성적 효과와 기쁨을 높이기 위해 사용되어 왔었으나 미국의 경우 1991년 부틸 아질산염, 프로필 아질산염 및 그 밖의 아질산염을 함유한 제품을

금지시켰다. 마취제의 남용 기본 물질은 니트로옥사이드이다. 니트로옥사이드를 흡입하면 몸에 산소가 고갈되어 사망할 수 있다. 장기간 사용하면 말초 신경을 손상시킬 수 있다.

흡입제를 흡입하면 그 영향은 즉각적이며, 다른 유형의 약물에 비해 보다 빠른 쾌감 효과를 갖는다. 일반적으로 흡입을 중단한 후 5분부터 45분까지 지속된다. 흡입제의 영향은 한 번에 흡입한 양에 따라, 내성, 빈도, 다른 약물 사용 등에 따라, 개개인의 속성에 따라, 즉 나이, 성별, 체중, 건강 상태, 성격, 과거 경험과 활동 등이나 흡입하는 장소, 다른 사람과 함께하였는가의 여부 즉 환경에 따라 다르게 나타난다. 일반적으로 짧은 시간에 흡입제를 빠르게 호흡하거나 심호흡하면 방향 감각 상실, 자아 통제 상실, 무의식, 발작, 근육 조절력 감소, 억압된 반응, 코피, 핏줄선 눈, 불쾌한 호흡, 며칠 동안 두통과 숙취가 나타나게 된다.

사람이 흡입제를 흡입하는 이유는 흡입제의 화학 물질이 뇌의 활동 방식을 변화시켜 짧은 시간 동안 사람을 아주 행복하게 할 수 있기 때문이다. 그러나 흡입제는 아주 해롭다. 흡입제는 하나 이상의 화학 물질을 포함하고 있는데, 그중 일부는 빠르게 인체에서 배설되지만 일부는 뇌와 중추 신경계의 지방질에 흡수되어 장기간 머무를 수 있다. 이런 지방질 중의 하나가 마이엘린(Myelin)으로, 이것은 신경 세포를 둘러싼 보호막이다. 흡입제를 장기간 사용하면 발생하는 문제 중의 하나는 흡입제에 함유된 화학 물질이 마이엘린을 파괴할 수 있다는 것이다. 마이엘린이 파괴되면 신경 세포는 메시지를 전달할 수 없게 된다. 곧 몸이 정상적으로 기능하지 못하게 되는 것이다.

흡입제를 장기간 사용하면 대뇌피질(Frontal Cortex)의 신경 세포의 활동을 느리게 하거나 중단하게 한다. 흡입제가 소뇌로 들어오면 사람을 천천히 움직이게 한다. 해마의 신경 세포도 흡입제 때문에 충분한 산소를 공급받지 못해 손상을 받는다. 해마는 기억을 통제하기 때문에 흡입제를 반복적으로 사용한 사람은 새로운 것을 배울 능력을 상실하거나 친근한 것을 인식하지 못하게 되거나 간단한 대화도 알아듣지 못하게 될 것이다. 그러나 흡입제가 뇌에 미치는 영향이 충분히 밝혀지지 않고 있는 것이 사실이다. 흡입제가 몸에 미치는 영향을 다시 요약하면 다음과 같다.

흡입제는 자신의 신체, 정신뿐만 아니라 사회적으로도 여러 가지 해를 입히는데 그 위해는 다음과 같다.

A. 신체적 변화

- 눈이 침침해진다(시력이 나빠짐).
- 눈의 초점이 흐려진다.
- 나쁜 환상이 꿈에 나타난다.
- 코와 입 주위가 헌다.
- 상처가 잘 아물지 않는다.
- 머리가 아프다.
- 피로감을 자주 느낀다.
- 행동이 느려진다.
- 잠잘 때 누우면 귀에서 이상한 소리가 들린다.
- 흡입제 사용 결과 나타나는 신체적 이상 증세는 중단 후에도 아래와 같이 흔적이 남는다.
  - 눈동자가 초점 없이 멍해 보인다.
  - 황달 현상으로 인해 눈의 흰 부분이 누렇게 변한다.

- 얼굴빛이 노랗고 피부에 윤기가 없다.
- 언어나 사고 기능에 손상

B. 정신적 변화

- 자기 것밖에 모른다.
- 내성적인 성격이 외향적이 된다.
- 신경질적이다.
- 매사에 귀찮다는 생각을 많이 한다.
- 멍하게 앉아 있는 일이 많다.

4. Strentz의 협상 가이드라인

1) 마약 복용자

- 협상가가 대화를 먼저 시작해야 한다.
- 주의를 계속해서 집중시키기 위해 목소리 톤을 적절하게 변화시킨다.
- 대상자의 개인적인 이슈에 대한 관심으로부터 협상가의 상황적 관심사로 주의의 초점을 옮기는 것은 인내심과 끈기가 필요한 작업이다.
- 대상자의 마약 사용에 대해 비평가적인(Non-judgemental) 자세를 견지하라.
- 법 집행 기관, 정신 병원이나 가족 구성원들이 적개심의 원천일 수 있다.

- 공감하되 대상자가 '피해자'라는 인식에 대해 지지하지는 않는다.
- 약효가 떨어짐에 따라 발생할 수 있는 금단 현상에 대해 주의한다.
- 적절한 때에 상황을 종료하는 것이 중요하다. 대상자는 약효가 떨어져 가는 것을 알고 있고, 약효가 떨어질 때 오는 고통을 피하고 싶어 한다. 이때가 협상가가 대상자에게 의료적인 도움을 제시하여 항복을 권유할 수 있는 좋은 기회가 된다.
- 대상자와 논쟁하지 말고 눈을 맞추려고 시도하지 않는 것이 좋다.
- 협상가가 대상자의 문제를 해결해 줄 수 있는 능력이 있음을 보여 주라.

2) 항우울제 복용자

- 대상자를 협박하거나 논쟁하지 않아야 한다.
- 대상자에게 상황 해결에 관한 조언을 구하라.
- 대상자의 의구심을 줄이기 위해 노력하라.
- 약효가 떨어지면서 나타나는 금단 현상이 대상자의 호전성을 더 강화할 것이다.
- 대상자의 응답은 느릴 것이고, 반복해서 같은 말을 할 것이다.
- 대상자의 기분을 바꾸는 것은 더 어렵기 때문에 대상자의 행동을 연기하도록 노력하라.

3) 자극제 복용자

- 느리고, 위안을 주며, 간략한 대화 방식을 유지하라.
- 잘 들어주는 것이 신뢰 관계(Rapport)를 증가시키고 대상자의 공포심을 줄여줄 것이다.
- 전술적 움직임에 대해 대상자가 인식하게 되면 편집증 증상을 더 악화시킬 것이다.
- 대상자에게 약물의 효과가 강하게 나타나는 동안은 대상자로 하여금 대화를 지배하게 하고, 약효가 떨어지게 되면 서서히 대화의 균형을 찾아가도록 한다.
- 약효가 떨어지면서 대상자의 높은 흥분도가 우울함이나 분노로 바뀌게 된다.
- 대상자를 바쁘게 하라.
- 대상자는 피로에 매우 느리게 반응한다.

4) 주취자

- 술에 취한 상태의 대상자를 위협하거나 논쟁하지 않아야 한다.
- 알코올의 효과가 사라지기까지는 대상자의 기분을 바꾸는 것이 거의 불가능하므로 대상자가 취하려는 행동을 연기하도록 노력한다.
- 대상자의 관점에 대해 반대하거나 논쟁하지 마라.
- 음식과 물을 제공한다.
- 전술적 움직임에 대해 대상자가 인식하게 되면 대상자의 분노를 더 악화시킬 것이다.
- 가족 구성원은 되도록 협상 과정에서 배제하는 것이 좋다.

제11장 납치범과의 협상

1. 의 의
2. 납치 사건 발생시 조치 사항
3. 테러리스트와의 협상

제11장 납치범과의 협상

1. 의 의

납치에는 여러 가지 유형이 있을 수 있다. 몸값을 목적으로 하는 납치에서부터 마약과 관련된 납치·살인에 이르기까지 다양한 형태의 납치 사건이 발생한다. 이들 중 협상에서 가장 큰 관심을 두는 분야는 몸값을 목적으로 하는 납치사건이다. 우리나라에서는 IMF사태 이후 경제가 어려워지면서 몸값을 요구하기 위해 어린이와 부녀자들을 납치하는 사건이 많이 발생하고 있어 사회적으로 큰 문제가 되고 있다. 2008년에는 아프가니스탄에서 선교 활동을 하던 샘물교회 신도 28명이 테러 단체에 납치되어 억류되어 있다가 2명이 죽고 20여 일 후에 어렵게 풀려난 사건도 발생하였고, 아프리카 해역에서 조업하던 동원호 등 우리나라 선박들이 해적에 의해 납치되어 6개월 가까이 억류되었다가 풀려난 일이 발생하는 등 해외에서 우리나라 국민들이 테러 단체와 해적들에 의해서 납치되는 일이 자주 발생하고 있어 온 국민을 불안하게 하고 있다.

납치는 어떤 목적으로 이루어지느냐에 따라서 협상이 전개되는 양상이 매우 다를 수가 있다. 김선일 사태 때처럼 테러범들의 요구가 몸값이 아니라 파병 철수나 외국인들에 대한 테러 자체가 목적인 경우와, 아프리카 해적들이나 경제적인 이유에서 부녀자를 납치하는 범인들처럼 피랍자를 해치는 것이 아니라 몸값을 받는 것이 목적인 경우는 협상의 다이나믹이 달라지게 된다.

2. 납치 사건 발생시 조치 사항

일반적인 인질 상황이 일정한 장소에서 인질을 잡고 경찰과 대치 상황을 벌이는 봉쇄·고립 상황인데 반해 납치 사건은 봉쇄·고립이 없는 인질 상황이라고 할 수 있다. 따라서 인질 상황 초기에 필수적으로 하여야 하는 사건 현장 봉쇄, 고립 조치는 불필요하다. 그러나 다른 상황들과 마찬가지로 협상센터(Negotiations Operations Center : NOC)를 설치하고 협상센터의 구성 요소들을 모두 갖추어야 한다.

1) 커뮤니케이션 전략

- 되도록 대화를 길게 끈다.
- 피랍자의 생존 증거를 확보한다.
- 적극적 청취 기법 활용
- 피납자를 인격화한다.
- 문제 해결과 거래(Bargaining)

2) 시간 지연/연장

- 제3중재자가 아닌 다른 사람이 전화를 받도록 한다.
- 납치범이 요구하거나 지시하는 사항을 종이에 받아 적는데 시간이 걸린다는 핑계를 사용한다.
- 납치범의 지시 사항을 반복한다.
  "그러니까 을지로 3가 전철역 4번 출구 쪽에 있는 물품 보관함 …"
- 납치범의 지시 사항을 이해하는 데 어려움이 있는 척한다. 범인으로 하여금 다시 한 번 지시 사항을 자세히 이야기해 달라고 요구한다.
- 범인을 칭찬하는 등의 방법을 사용하여 정신을 산란하게 한다.
  "지금까지 차분하고 논리적으로 말해 주셔서 감사합니다."

3) 인질을 인격화하기

- 기회가 있을 때마다 인질의 이름을 사용한다.
- 인질이 아동이라면 인질의 상처와 두려움을 강조한다.
- 가족과 친구들의 걱정에 대해 논의하라.
- 병이나 알레르기 등 특수한 사정에 대해 알려 주라.

4) 인질범과의 접촉 시도

- 다음 통화 시기를 언제로 할지를 정하라.

- 일정한 스케줄을 잡도록 노력하라.
- 인질범이 전화할 때마다 항상 통화되는 일은 피하도록 하라.

5) 인질범과의 협상시 주요 이슈들

- 몸값 요구
- 협박
- 최종 시한
- 생존 증거
- 몸값 전달 방법

6) 몸값 요구에 대한 대응

- 어떠한 몸값 요구도 단도직입적으로 거절하지는 않는다.
- 요구에 응하는 데 있어서의 문제점을 설명할 준비를 하고 있으라.
  "당신과 함께 이 문제를 해결하고 싶습니다만 당신이 요구하는 사항이 쉽지 않을 것 같습니다. 하지만 제가 어떻게 할 수 있는지 알아보도록 하겠습니다."
- 기대치를 낮추어라. 지나치게 원하는 바를 모두 들어주어서는 안 된다.
- 요구 사항을 들어줄 용의가 있고 문제를 평화적으로 해결하고 싶어 함을 보여 주라.
  "당신이 원하는 것을 어떻게 해드릴 수 있는지에 대해 이야기해 봅시다."
"당신은 당신 돈을 받게 될 것입니다."

- 반대 요구(Counter Offer) 전략을 구사하라.
- 최초의 제안 수준은 지나치게 낮아서는 안 된다(협상 심리 부분 참조).
- 몸값 제안을 지나치게 빨리, 지나치게 많이 하는 것을 피하라.

7) 협 박

- 가족, 친지들에게 협박이 있을 것에 대비하도록 하라.
- 침착과 평온을 유지하도록 한다.
  - 우선, 침묵 내지는 효과적인 정지(Effective Puase) 기법을 사용한다.
  - 감정적이나 즉흥적으로 대응하지 않는다.
  - 인질의 안전과 몸값 지불을 연계시키도록 한다.
    "소현이가 다치게 되면 당신이 원하는 것을 얻을 수가 없습니다."

8) 최종 시한

- 가능한 최종 시한을 설정하는 것을 피하라. 스스로 언제까지 무언가를 해 주겠다는 제안은 결코 하지 않는다.
- 만약 불가피하게 최종 시한이 설정되었다면 대화를 하는 과

정에서 부지불식간에 자연스럽게 시간이 도과되도록 한다.

- 모든 최종 시한을 정확히 기록하며, 모든 최종 시한을 진지하게 받아들인다.

9) 생존 증거(Proof of Life : POL)

- 인질범에게 POL을 제시하도록 설득하는 것은 미묘하고도 상당히 영향력 있는 방법으로서 인질범으로 하여금 피해자를 살려두려고 노력하게 만드는 효과가 있다. 이것은 또 협상을 통해 인질을 석방시킬 가능성을 높여 준다.
- 생존 증거는 단순히 인질이 살아있다는 것 이상의 것들이 있다.
- 인질과 이야기할 수 있게 해 달라고 요청한다.
- 만약 이 요구가 거절당할 것에 대비하여 두 번째 요구 사항을 준비해 두어라.
- 인질만이 대답할 수 있는 질문을 준비하라.
  "소현이는 3학년 때 왜 다리가 부러졌었나요?"
- 정기적으로 POL을 얻도록 하여야 한다.
  - 인질의 안전에 대해 고집스럽게 집착하여야 한다.
- 몸값 지불과 인질의 안전을 지속적으로 연계시킨다.
- POL은 몸값 지불 전에 반드시 확보되어야 한다.
- POL의 대가로 돈을 지불하는 일은 없어야 한다.

10) 몸값 전달

- 가능한 대안들
  - 직접 전달
  - 부분적 전달
  - 몸값 drop 후 찾아가도록 하기
- 위 치
  - 전달 장소에 대해서는 협상이 가능
  - 안전과 관련한 고려 사항들
  - 대상자의 취약성 - 감시

11) 인질과의 면담

- 석방시, 적시적이고 철저한 인질과의 면담이 협상가에 의해 이루어져야 한다.
- 인질의 신체적, 정신적 건강 문제를 고려한다.
- 인질의 석방을 위해 들인 노력들을 강조한다.

3. 테러리스트와의 협상

미국이나 우리나라에서 애초에 협상 기법을 발달시키게 된 계기는 일반 형사범과의 협상이라기보다는 테러범과의 협상을 염두에 둔 것이었다. 특히 우리나라는 협상 조직이 형사국이 아닌 경비국 대테러계에 의해서 88올림픽을 대비하여 조직되게 되었다. 당시에는 테러범들에 의한 항공기 납치 등의 테러가 매우 성행하였고 납치한 인질들을 지렛대로 이용하여 감옥에 수감된 동료들의 석방을 요구하는 일이 흔히 발생하였기 때문에, 만약에 우리나라에서도 이러한 테러 납치 사건이 발생할 경우 테러범들과 협상을 하기 위해 협상 조직을 발족시켰던 것이었다. 그러나 다행히 우리나라 국내에서 납치 테러가 발생하지 않았기 때문에 테러범과의 협상에 협상가를 투입한 일은 없었으나 2000년 이후 우리나라가 지속적으로 테러의 위협을 받고 있고 실제로 해외에서 김선일 사건 이후에 한국민을 대상으로 한 테러 행위가 계속하여 발생하고 있기 때문에 테러범과의 협상에 대한 연구를 게을리 할 수 없다.

1) 일반 범죄자와 테러범의 차이

테러리스트들은 일반 범죄자와 구별되는 여러 가지 특징들을 가지고 있다. 그 중 가장 두드러지는 것은 대부분 정치적 목적을 가진 확신범들이라는 것이다. 확신범은 우발적으로 범죄를 저지르는 것이 아니라 어떤 특정한 목적에 대한 신념을 가지고 있기 때문에 언뜻 보아서는 협상이 불가능할 것 같은 선입견을 줄 수 있다. 그러나 결론부터 말하자면 테러리스트와도 얼마든지 협상이 가능하다. 다만, 그러기 위해서는 테러리스트들의 특성과 성향에 대한 깊이 있는 이해가 선행되어야 할 것이다.

White(2002)는 Street Criminal과 테러리스트 간의 차이를 아래와 같이 정리하였다.

표 1. 일반 길거리 범죄자와 테러리스트의 차이점

전형적 일반 범죄자	테러리스트
기회를 노린 범죄	정치적 목적을 위한 투쟁
비헌신적	사상 또는 종교적 동기
자기중심적	집단 중심적
목표의 부재	목표 지향적
훈련의 부재	사명을 위한 훈련과 의식화
노주 시항적	공격 지향직

자료출처: White, 2002 재구성

위 표에서 제시된 바와 같이 길거리 범죄자들은 일반적으로 사전에 범행을 계획하거나 훈련을 하는 일은 거의 없으며 대부분 충동적으로 범죄를 저지르고 뚜렷한 사명감이나 소명 의식이 없으며 자기 파괴적이지 않다. 이에 반하여 테러리스트들은 뚜렷한 목적을 가지고 범죄를 저지르며, 집단적으로 훈련을 받고, 공격 대상 선정이나 공격 방법에 대한 치밀한 계획을 세우며, 범행을 저지르고 나서 은폐하기보다는 자신들의 범죄를 드러내기를 원하고, 경찰과 대치하게 되더라도 도주하기보다는 맞서 싸우려는 경향이 있다. 또 자폭 테러범의 경우에는 자신들의 목숨을 던지는 것도 불사하기 때문에 경찰과의 협상의 여지가 적어 보이게 만든다.

2) 테러리스트에 관한 인구 통계학적 고찰

1960~1970년까지의 인류 통계학적인 연구들은 테러리스트들의 전형적인 프로파일을 구축하였는데 이들은 테러리스트들을 중류층 출신의 잘 교육받은 미혼의 20대 남성으로 파악하였다. 예를 들어, 1976년에 18개의 조직을 연구한 것을 보면, 조직원들의 평균 연령은 23.2~31.3살이었으며, 유죄로 선고된 테러리스트들은 대부분 중산층 또는 중상류층 출신이고, 전문대학 교육을 받았다(Russell & Miller, 1983).

1980년대에는 미국 테러리스트 조직들의 활동의 축소, 유럽의 혁신적인 무국가주의적 막시스트들의 숙청과 급진적인 이슬람주의 테러리스트들의 성장 등이 맞물려서 테러리스트들의 구성에 변화가 있었는데, 전형적인 팔레스타인의 테러리스트들은 17~23살의 나이에 가난한 환경에서 대가족을 가지고 있으며 낮은 교육 수준을 가지고 있음이 밝혀졌다(Strentz, 1988).

1970~1980년대에 전형적인 테러리스트들의 심리적 특징에 대해서 연구한 자료가 몇몇 있기는 하지만 심리학적인 자료들은 사회 경제적인 자료에 비해 빈약하다. 조직적이지 않은 인터뷰를 기반으로 하여, 미국의 심리학자 David Hubbard(1971)는 비행기 공중 납치범의 5가지 특색을 밝혔다. (a) 폭력적이고, 종종 알코올 중독자인 아버지, (b) 깊은 신앙심을 지닌 어머니, (c) 성적으로 부끄럼이 많고 소심하며 수동적인, d) 테러리스트의 행동을 지원하는 여동생이 있고, e) 사회적 성취가 낮음.

독일의 West German Ministry of the Interior의 후원을 받아 1980~1983년에 진행된 프로젝트에서 227명의 좌파 테러리스트와 23명의 우파 과격론자들에 대한 준조직적인 인터뷰를 통하여 진행되었다(Jager, Schmidtchen, & Sullwold 1981; Victoroff, 2005).

- 25% : 14살에 양친이나 혹은 부모 중 한 분을 잃었음.
- 33% : 부모와 갈등을 종종 겪었음.
- 33% : 유죄 판결을 받은 적 있음.

이 연구에서도 테러리스트들의 2가지 공통적인 인격적 특성을 주장했다. 외향적이고 자극/격려를 추구하며, 의지하려는 경향이 있는 패턴과 적의가 있고, 의심이 많으며, 방어적인 패턴이 바로 그것이다.

1990년대 후반과 20세기 초반의 중동 지역 테러리스트들은 좀 더 광범위한 인류 통계학적인 범주를 보여 준다. 대학생, 교수, 40대의 기혼자, 젊은 여자 등 보다 다양한 계층이 테러에 참여하게 된다. 예를 들어 9/11의 비행사 역시 중년의 나이에, 도시의 중산층 출신인 Mohammad Atta와 부유 계급의 Ziad Jarrah였는데 이들은 크리스천 학교 출신에 디스코와 맥주를 즐겼다고 한다(Carey, 2002; Laabs & McDermott, 2003; Anonymous, 2004).

3) 심리학적 이론의 개관

테러리스트의 행동의 원인을 밝혀내려는 시도는 크게 두 개의 범주로 나누어 살펴볼 수 있다. 거시적 접근 방법 - 테러리즘의 근원을 정치, 사회, 경제적 영향에서 찾으려는 접근 방식 - 과 미시적 접근 방법 - 개인이나 조직의 성격에의 연구 - 이 그것이다(Wieviorka, 1993, 2004; Victoroff, 2005).

이 두 가지의 접근 방식은 일면 서로 배타적인 것처럼 보이지만 상호 보완적이라고 할 수 있다. 합리적 선택 이론이나 박탈/

압박 이론 등은 환경과 행위자 간의 상호 작용을 바탕으로 위의 두 이론을 혼합한 것이다.

가. 거시적 접근 방법

A. 정신 병리학적 이론

거시적 접근 방법 중의 하나로 테러리스트들은 미친 사람이거나 정신병에 걸렸을 것이 틀림없다는 대중적인 의견이 존재한다(Hacker; Cooper, 1977; Pearce, 1977; Taylor, 1988). 현대 서구의 정신병학에서는 성인의 행동 장애를 다양한 Axis들로 구분하는데, Axis Ⅰ은 대부분 병리학적 질병, 예를 들면 정신분열증이나 우울증 같은 질병들을 포함하고, Axis Ⅱ는 인격 장애, 주로 반사회적 성격 장애(APD)를 포함한다(APA, 2000).

Psychosis(정신병)는 Axis Ⅰ에 속하는 장애로서 현실성의 상실이 요구되지만 Axis Ⅱ의 장애에서는 이러한 것이 필요하지 않다. 정신 착란(Insanity)은 행동과학상의 용어가 아니고 법적 용어로 주로 Psychosis(정신병)를 의미한다. 그러므로 정신병(Psychosis) 또는 정신 착란(Insanity)은 정신적으로 장애가 있어서 옳고 그름을 모르는 것인 반면, Sociopath는 옳고 그름을 알면서도 이기적인 이유로 아무런 양심의 가책 없이 옳지 못한 것을 선택하는 것을 말한다.

정신병적인 장애가 테러리스트에게 있다고 말하는 많은 자료에서는 무자비한 인격적 스타일인 Psychopath나 Sociopath에 대하여 거론한다. 일례로 요르단 출신의 테러범 Nezar Hindawi는 1986년 임신한 자신의 애인을 이스라엘에서 결혼식을 올리자며 이스라엘 행 비행기에 타도록 하였는데 사실은 애인이 모르게 가방에 폭탄을 숨겨놓았던 것이었다. 그러나 다행히 런던 공항의 보안요원들에게 폭탄이 적발되는 바람에 테러 시도는 무산되었으나 임신한 약혼녀와 뱃속의 아기까지 희생하려는 Hindawi의 행동은 Psychopath에 가까운 것이 아니냐는 의심을 받았다. 이 외에도 무고한 사람들이 있는 식당이나 호텔 로비에 폭탄을 던져 수많은 사람들이 죽게 하는 행동은 정상인의 상식으로 잘 이해가 되지 않기 때문에 테러범들을 Psychopath나 Sociopath로 보는 관점들이 존재하게 된다.

그러나 테러리스트가 Axis Ⅰ의 병리학적인 장애를 가지고 있는지에 대해서는 아주 적은 수의 조사만이 행하여졌고, 게다가 통제된 연구는 공식적 자료에서 찾기 힘들다. 독일의 좌파군인, PIRA, AFLN, Hezbollah에 관한 실증적인 연구에 의하면 테러리스트에게 Axis Ⅰ이나 심지어 Axis Ⅱ의 정신적 장애로 관련시킬 만한 것이 전혀 나타나지 않았다는 것이다(Crenshaw, 1981; Jager, Schmidtchen & Sullwold, 1981; Heskin, 1984; Merari, 1998).

독일의 심리학자 Wilfred Reach(1979)는 11명의 테러 용의자들과 40명의 테러리스트로 수배된 사람들에의 연구를 통하여 그들의 어떤 대답에서도 정신적인 질병이 있다는 증거를 찾을 수 없었다고 Federal Police에 게재하였다. Post, Spinzak & Denny(2003) 역시 21명의 비종교적 테러리스트, 14명의 중동 지역의 급진 이슬람 테러리스트에게서 정신적 평가상 Axis Ⅰ과 같은 장애를 찾지 못하였다.

테러리스트 조직은 때때로 미친/정신분열이 있는 개인에 의해서 지도되기도 하지만 적은 수의 테러리스트의 행동이 명백하게 미친 사람의 탓으로 돌려질 뿐 거의 대부분의 테러리스트들은 정신분열이라는 정신병적인 영역에 속하지 않는다.

일부 사람들이 테러리스트들을 Sociopathy라고 주장하는데 이 물음에 답하기 전에 우선 "과연 테러리즘이 반사회적인 행동이냐, 친사회적 행동이냐?"는 물음에 답하여야 할 것이다.

개인의 순수하지 못한 의도로 남에게 해를 끼치는 것을 반사회적이라고 한다는 것은 우리 사회에서 통용되는 생각이다. 그들의 사회를 거부하거나, 그것을 공격하는 사람들 - 예를 들면, 1970년대 Red Army Faction에 가입한 독일의 학생이나 크리스천에서 이슬람으로 개종한 현대 급진 이슬람 종교 가입자 등- 은 그들만의 것에 반항하려 하고, 그렇기에 반사회적으로 간주된다.

아래의 몇 개의 증거가 반사회성이 테러리스트 간의 공통적이고 전형적인 특징이라는 단순한 주장을 믿지 않을 수 있도록 해준다(Victoroff, 2005).

a. 사회에서 제외당하는 추방자들과는 다르게 테러리스트들은 그들이 속한 단체에서 영웅적인 자유 투쟁가로서 인정, 존경받는다는 광범위한 증거들이 있다. Post(2004)가 지적했듯이 국가 분리주의 테러리스트는 혁명적인 테러리스트와는 구분되어야 한다. 전자는 사회의 복지와 안녕을 위하여 그들의 목숨을 위험에 맡기는 반면, 후자는 그들의 사회의 근원을 공격한다. ETA에 가입한 바스크인 학생, 모스크바의 극장을 공격한 체첸반군, 자살 폭탄 테러리스트 모두 그들이 속한 그룹을 대신하여 싸우는 방식으로 테러리즘을 채택하고 있다. 그들만의 특수한 국가적, 지역적 상황 때문에 PIRA에 가입한 아일랜드 인이나 급진이슬람 단체에 가입한 중동 지역 학생은 상당한 대중적 지원/인기를 누리고 있을 것이며, 성실하게 친사회적 방식으로 그들의 사회를 도울 것이다. 모순적으로, 자기가 속한 집단의 아이덴

티티에의 존중이 있다면, 어떤 유형의 테러리즘은 친사회적인 환경을 대표하기도 한다.

b. 테러리스트의 행동(비록 그가 실패하여 죽었다고 하더라도)은 그의 가족, 일족과 사회에까지 이익이 된다는 증거들이 많은 자료에서 발견된다. 약간의 테러리스트의 친사회성에 대한 더 나은 증거는 이탈리아의 사회학자 Dorta(1988)의 실험적인 증명에서부터 밝혀진다. 1,213명의 이탈리아 군인 중에서 351명(45.6%)이 그가 테러리스트 조직에 들어가기 전에 18명 또는 그 이상의 그룹 내 사람들과 인간적인 연대를 즐겼다고 대답했다.

c. Pedahzur, Perliger & Weinberg(2003)의 80명의 팔레스타인 자살 테러리스트(1973~2002)에 관한 연구를 살펴보면 높은 비율이 종교적 교육을 받은 것으로 드러났고, 원리주의 조직에 조직원으로서 동질감(Membership)을 가지고 있었으며, 자살 테러가 아닌 다른 테러들과 비교해 보았을 때 반복하는 모습을 보였다. 이 저자는 위의 것들을 결합해 보았을 때 그들이 아마도 이타주의적 동기에서 그 행위를 하였다고 볼 수 있다고 주장했다.

타깃이 되는 테러리스트 그룹 밖의 입장에서 반사회성을 판단하는 것은 개념적으로 명확히 부적당하다. 그러나 아직 이런 한정된 연구에 의존하여 대부분의 종교적, 윤리적 또는 국가 분리주의적 테러리스트 조직이 친사회성을 보인다고 결정짓는 것은 성급하다. 약간의 반사회적인 개인들의 그들의 공격적이고 무자비한 행동을 위장하기 위하여 조직에의 가입이라는 윤리적 포장을 하기도 한다. 그러나 이것을 반증할 만한 자료를 기다리는 동안 많은 테러리스트가 친사회적 방식으로 행동하며, 그들 스스로 사회적 봉사를 하고 있다고 볼 수 있다.

B. 합리적 선택 이론

합리적 선택 이론은 테러리스트의 행동이 사회적, 정치적 목적을 달성하기 위한 최적의 전술로서 양심적이고, 합리적이며, 계산된 결정에서 나온 것이라는 이론이다(Crenshaw, 1992; Wilson, 2000).

역사적으로 증명되듯이 테러리즘이 때로는 실용적으로 저비용이며 성공적으로 하류층 사람들의 목적을 성취할 수 있는 전략이다. 사실상 근대사는 정치적 폭력(테러)이 성공한 사례로 가득 차 있다. Irgun의 폭탄 테러는 대표적인 사례로 Erzet Israel의 독립을 영국으로부터 획득했다. Irish Republic Army에 의해 이루어진 테러는 지도층인 Irish Free State를 침몰시켰다. 더욱이 최근의 9.11은 빈 라덴의 공식적으로 사우디아라비아에서 대규모 미군을 철군시키는 목적을 지닌 것뿐만 아니라, 궁극적으로 그들의 세력을 확장하는 도구가 되었다.

이러한 예에서 나타나듯이 합리적 선택 이론은 테러리스트들이 왜 테러라는 수단에 호소하게 되는지를 일부 설명하기는 하지만 이에 대한 반론도 만만치 않다. Schbley(2000)는 테러리즘이 자신들의 목적을 신장시킬 수 있다고 믿는 사람들 중 아주 소수만이 테러리스트가 되었다고 주장했다. 그리고 제2차 세계 대전에 참전하였던 보병 중에서 적군과 맞닥뜨렸을 때 적을 향해 발포하는 것이 명백하게 현재의 이익에 부응함에도 불구하고, 85%는 적군을 향하여 방아쇠를 당기지 못하였다고 한다(Groosman, 1995). 곧 베버의 경제 논리에 의해 자신에게 이득이 되기 위한 이성적 판단으로 테러리스트가 된다는 이론은 평범한 이성을 갖고 있는 보통 사람에게는 적용될 수 없는 것이다. 즉, 다시 말하자면 심지어 명백한 전략적 이득도 인간을 폭력적이 되도록 만들 수는 없다는 것이다.

C. 사회학적 원인론

가) 사회학습이론

사회학습이론은 폭력은 공격적인 모델에 대한 관찰과 모방에 따라 발생하며 본성적으로 나타나기보다는 학습에 의한 도덕 체계의 변화로 나타난다고 한다. 테러리스트들이 활동하는 지역의 청소년들이 그것을 목격하고 이를 모방하며 테러리스트들의 행동이 숭고한 것으로 추앙받는 문화로부터 학습을 하는 것이 그 예이다(Crenshaw, 1992; Kelly & Rieber, 1995).

마호메드 시대 때부터 존재하였던 파키스탄과 팔레스타인에 있는 마드라사스(Madrasas)라는 무슬림 남자아이들을 위한 학습기관이 많은 무슬림 테러리스트들을 양성했다. 최근에는 이슬람 근본주의의 세계적 확대로 인해 마드라사스의 숫자와 폭력성에 대한 메시지가 증가한 것으로 보고 있다(Armstrong, 2000; Kepel, 2002; Atran, 2003). 또한 국제 테러범들 중 일부가 마드라사스에서 교육을 받은 것으로 알려지고 있다(Sageman, 2004; Anonymous, 2004).

테러리스트 교육은 테러 철학과 방법을 가르치는 테이프, 시디, 책 그리고 웹 사이트 등을 통해서도 이루어진다. 가장 대표적인 예로서는, 브라질의 테러리스트인 Marighella가 썼고 여러 나라 언어로 번역된 1969년의 『미니 매뉴얼』과 『게릴라전 핸드

북』이 있다.

위에서 살펴 본 바와 같이 교육이 분명 청소년들로 하여금 테러리스트가 되게 하는 요소 중의 하나임은 사실이다. 그러나 그러한 테러기자제와 테러숭배의 환경에 노출되어있는 수백만의 사람들이 테러리스트가 되는 것은 아니기 때문에 사회학습이론은 왜 수백 수천의 학습된 학생들 중 오직 소수만이 테러리스트가 되는가에 대해서는 설명해 주지는 못한다.

나) 좌절-공격가설

이 가설은 궁지에 몰린 사람들이 자신들의 잠재적 에너지를 어떻게 폭력적인 행동으로 전환시키는가를 설명한다. 정치 심리학자인 Davies(1973)는 "폭력은 항상 좌절에 의한 반응"이라고 말하였다. 애초의 좌절-공격 가설은 개인의 행동을 설명하기 위한 것이었지만 조직이나 그룹의 행동도 설명할 수 있는 사회학적인 가설이라고 할 수 있다. 일반 범죄학, 특히 사회 구조론에서 주장하는 것도 이와 비슷한 맥락인데 관습적인 목표를 달성하는 합법적인 수단을 가지지 못한 사람들은 좌절을 경험하고 결국 사회적으로 승인되지 못한, 범죄 내지는 일탈 행위에 의존하게 된다는 것이다.

그런데 절망적인 환경에서 살고 있는 수백만의 사람들이 반드시 테러리즘에 빠지는 것은 아니며, 많은 테러리스트들이 그러한 좌절과 실패의 상황에 있었던 것만도 아니다. 그 예로서 1970년대의 유럽의 급진 테러주의자들은 그 사회에서 특권층에 속하는 사람들이었고, 9.11 테러의 주범으로 지목되는 Osama bin Laden은 왕족 출신에 건설업 등을 통해 많은 부를 축적한 부유층이었다. 따라서 좌절감의 형성이 일부 정치적 폭력의 이

유일 수 있지만 그 자체만으로 테러리즘을 설명하기엔 충분하지 못하다고 할 것이다.

다) 상대적 박탈감 이론

상대적 박탈감 이론은 경제적인 어려움이 테러리즘을 야기한다는 견해이다. 최근에는 가진 자와 가지지 못한 자 간의 격차가 점점 커지고, 그것이 그러한 정치적인 폭력의 새로운 경향을 가져온다는 것이다. 이러한 심리학적인 분석과는 상관없이 많은 학자들이 가난과 테러리즘 사이의 사회학적인 연관성에 대해 주장하였다(Schmid, 1983; Harmon, 2000).

가진 자와 가지지 못한 자 사이의 갈등에 의해 테러가 발생한다는 주장도 일단 타당한 면이 있으나, 위에서 언급과 바와 같이 유럽의 급진 테러리스트들이나 이슬람의 테러 지도자들 중 다수는 결코 빈곤한 계층이 아니었다. 그러므로 빈곤이 어느 정도 사회 테러리즘을 유발시키는 역할은 할 수 있지만 상대적 박탈감은 혁명이나 테러리즘을 설명하기에는 불충분하다고 할 것이다.

라) 억압 이론

억압 이론은 사회학자에서부터 혁명가에 이르기까지 억압된 상황이 테러를 일으킨다고 주장한다. 인종 차별적인 테러에 있어서 테러리스트들은 그들의 정체성과 위엄과 안전과 자유를 박탈했기에 정부에 대한 불만을 토로하는 하나의 방식으로서 테러를 일으킨다고 주장하다.

억압이 일정 부분 분노와 반발의 형성에 기여하는 것은 사실이나 억압을 받는 모든 사람이 테러리스트가 되는 것은 아니며 억압과 그 반응의 형성 과정에 대한 설명이 부족하다는 문제점이 있다.

마) 문화적 차이 이론

문화적인 차이에 대해서는 많은 관찰이 이루어졌지만 Weinberg & Eubank (1994)는 '전체주의'와 '개인주의'를 테러리즘에서 가장 핵심적인 변수라고 주장한다. 전체주의 문화에서는 개인의 정체성은 사회 구조로부터 나오고, 그에 소속되어 있는 개인은 세계를 자신이 속해 있는 사회와 그 외부 사회로만 구분하며, 자신의 안녕을 집단의 안녕과 결부시켜 생각한다. 이에 반해 개인주의 문화에서 정체성이란 개인의 목표로부터 나온다. 학자들에 의하면 전체주의자들은 자신의 집단 밖에 있는 사람들에 대해서 개인주의자들보다 훨씬 배타적이며 공격적이라고 한다.

IBM사가 자신들의 40개국에 있는 직원들을 대상으로 개인주의와 전체주의를 측정한 결과 개인주의 측면에서 미국이 91점, 이스라엘이 54점이었으며, 제3세계 국가들, 예를 들어 콜롬비아와 파키스탄이 각각 14점, 13점을 획득하여 가장 전체주의적인 성향이 강한 것으로 나타났다. Weinberg & Eubank(1994)는 이들 점수를 테러 발생 통계와 비교하여 전체주의 문화를 가지고 있는 곳에서 외국인을 공격할 가능성이 크고, 개인주의 문화를 가진 곳에서는 자국민이나 같은 문화 내의 사람들을 공격할 가능성이 크다고 주장하였다.

그러나 이 이론은 몇 가지 문제점을 안고 있는데 첫째, IBM 직원들이 그들의 문화를 대표한다고 할 수 없고, 둘째, 테러리스트들이 그들의 주류 문화가 아닌 하위문화에서 생겨났을 수 있으며, 셋째, 개인주의 문화라고 하더라도 테러리스트가 생겨난 예가 많이 있다. 따라서 문화적 차이만으로 테러리즘의 발생 원인을 단정할 수는 없다고 할 것이다.

나. 심리학적인 이론들

그룹 전체의 행동 양식에 영향을 주는 요인들을 강조하는 사회학적인 이론들과는 달리 심리학적인 이론들은 주로 개인적인 요인을 강조한다.

A. 정체성 이론

일반적으로 잠재적 테러리스트들은 절박하고 강렬하게 자신의 정체성을 통합할 필요를 느끼는 자부심이 부족한 젊은 사람들인 것으로 인식되어 왔다. Bollinger(1981)는 8명의 테러리스트와의 인터뷰를 통해 과잉으로 통제하는 부모들이 이들로 하여금 독립심을 키우는 것을 방해하였고, 이것이 정체성 위기를 가져오고, 결국 폭력적인 몸부림으로 이어지게 되었다고 보았다. 극단적인 경우는 정체성 혼란을 가지고 있는 자들은 소외감에 의해 고통스러워하고 그 아노미적 고통에 대해 적응하는 반응으로 테러에 가담하게 된다는 것이다(Ferracuti, 1982).

현재까지 이 이론은 젊은 테러리스트에게 얼마나 적용이 되는지에 대한 경험적인 연구가 이루어진 것이 없다.

B. 나르시시즘 이론

심리분석학자 Kohut(1972)는 프로이트의 고전적인 자아 심리학(Ego Psychology)과 구별되는 자기 심리학(Self Psychology)을 개발하였다. 자기 심리학은 정상적으로 성장하기 위하여 유아에게 애정의 공급을 강조하고 있다. 모성의 감정 이입이 제대로 되지 못하면 자기 이미지의 손상을 일으키게 되는데 이것을 나르시시즘적 부상(Narcissistic Injury)이라고도 한다. 이것은 다음

두 가지 중 하나의 발달을 저지한다. (a) 지속적인 유아적 과대망상, (b) 이상적 부모 이미지의 내재화 실패가 그것인데 양쪽 모두 어른으로서의 정체성과 정상성의 형성을 저해한다.

나르시시즘 이론이 부모로부터 사랑받지 못하여 자아(Ego)에 상처를 입고 성인으로서의 정체성을 획득하지 못한 일부 테러범들에게는 타당할지 모르나, 나르시시즘 격노와 정체성 부족이 테러리즘으로 이루어진다는 것을 뒷받침할 만한 과학적인 증거가 부족하기 때문에 이 이론 역시 테러리즘의 원인을 설명하는데 일정한 한계가 있다.

C. 편집증 이론

조지 워싱턴 대학 정신학 의사 Jerrold Post는 정치적 심리학적 테러리즘 이론에 대한 주요한 공헌자 중 한 명이다. 포스트는 테러리스트의 심리에서 현저한 특징은 투사(Projection)라고 가정한다. Projection은 손상된 자아상을 가지고 자란 사람이 올바른 자신을 이상화하고 나쁜 자신을 분리시키면서 개인이 참을 수 없는 내부적인 감정을 외부적인 대상에 발산하는 유아적 방어를 말한다. 이 투사가 Melanie Klein이 이야기한 '편집증적 정신분열적 포지션'으로 성인에 있어서 지속되는 유아기의 근원이 된다(Robins & Post, 1997).

포스트의 망상증 이론은 왜 정치적인 불만을 가진 소수의 개인들만 테러를 하는지와 왜 테러리스트들이 절박한 위협이라고 보이지 않는 대상을 죽이는지에 대한 이해의 틀을 제공한다.

그러나 Sageman(2004)의 연구에서 밝힌 바와 같이, 10명의 무슬림 테러리스트들 중 9명이 전혀 편집증적 증상을 보이지 않았다는 점과, 독일의 심리학 연구팀이 행했던 1970년대 좌 혁명가들에 대한 연구는 방법론상의 문제를 가지고 있었고 편집증을 정확히 측정할 수 있는 타당성 있는 변수를 사용하지 못했기 때문에 아직까지 학문적으로 지지를 받기는 어려워 보인다.

다. 협상의 전략

위에서는 테러범의 심리학적 측면에 대한 여러 이론들에 대해 살펴보았는데, 위에서 드러난 바와 같이 어떤 이론도 다양한 테러리스트의 성향과 심리적 특성에 대해 포괄적으로 설명할 수는 없고, 다만 단편적이고 부분적인 이해를 가능하게 할 뿐이다. 여기서는 이러한 테러리스트에 대한 심리학적 이해를 바탕으로 실무적으로 어떻게 협상을 전개할 것인가에 대한 일반적인 설명을 제시하고자 한다. 테러리스트와의 협상에서도 일반 인질범이나 자살자와의 협상에서 제시된 기법들과 착안 사항들이 그대로 적용되므로 이에 대해서는 다시 중복하여 언급하지 않고 테러리스트와의 협상에만 적용될 수 있는 특이 사항들에 대해서만 서술하기로 한다.

① 테러범의 주요 목적이 메시지 전달에 있는 경우 테러리스트의 목적이 이미 달성되었음을 강조한다. 테러범과의 대화를 통해 자신들의 메시지를 전 세계에 알리는 것이 목적인 경우 언론 보도를 통해 그러한 내용이 이미 방송이 되었다는 점을 상기시키고, 이미 목적이 달성되었는데 폭탄을 터뜨려 소중한 목숨을 끊을 필요는 없지 않느냐고 설득할 수 있다. 많은 사람들이 테러범들은 자신들의 종교적 신념을 위해 기꺼이 목숨을 바치려고 하고 죽음을 두려워하지 않기 때문에 이러한 방법으로 설득하는 것은 효과가

없지 않을까 하고 생각할 수도 있다. 그러나 테러범들과 협상을 해 본 FBI 요원들은 한결같이 그들도 죽음에 대한 인간적인 두려움을 가지고 있기 때문에 자기 합리화할 수 있는 적당한 변명거리만 제공된다면 자살을 하지 않으려고 한다고 말한다. 테러범들도 결국 인간이기 때문에 아무리 신앙심이 깊고 확고한 신념을 가지고 있는 것처럼 보여도 자신의 목숨을 쉽게 던져 버릴 수 있는 사람은 많지 않다는 것이다.

② 앞에서 살펴본 바와 같이 테러범들은 일반적인 생각과 달리 정신분열증이나 편집증 환자가 아니기 때문에 충분히 이성적인 대화가 가능하므로 Active Listening Skill을 사용하여 그들이 하고 싶은 이야기를 들어준다면 의외로 좋은 성과를 거둘 수 있을 것이다. 따라서 Active Listening Skill을 사용하여 그들의 현실 인식과 가치관, 감정 등에 귀 기울이면 진지한 대화를 이끌어 내고 평화적으로 사건을 해결할 수 있는 발판을 마련할 수 있다.

③ 다른 위기 상황에서와 마찬가지로 시간을 끄는 것이 매우 중요하다. 시간 연장의 유용성에 대해서는 앞에서 상술하였으므로 여기서 다시 길게 언급하지는 않겠으나, 인질이 있는 경우 경험적으로 볼 때 초반에 인질을 해하지 않으면 시간이 지날수록 인질을 해치지 못할 가능성이 커지므로 시간을 끄는 것은 이러한 면에서도 매우 중요하다고 할 수 있다. 모두 다 그런 것은 아니지만 시간이 지날수록 인질을 해치기 어려운 것은 인질과 함께 보낸 시간이 길어질수록 인질을 단순히 자신의 목적을 달성하는 데 필요한 객체로 인식하기보다는 하나의 사람으로 인식하고, 짧은 기간

이지만 인질과 함께 보낸 시간 동안 어느 정도의 결연 의식(Bonds)을 생성할 가능성이 크기 때문이다. 이것은 인질 사건이 발생할 경우 범인에게 피해자를 단순히 '그 사람(he, she)'으로 부르기보다는 이름을 불러서 인격화하려는 노력을 기울이는 것과 같은 맥락이라고 할 수 있다.

제12장 협상 가이드라인 및 상황 보고서

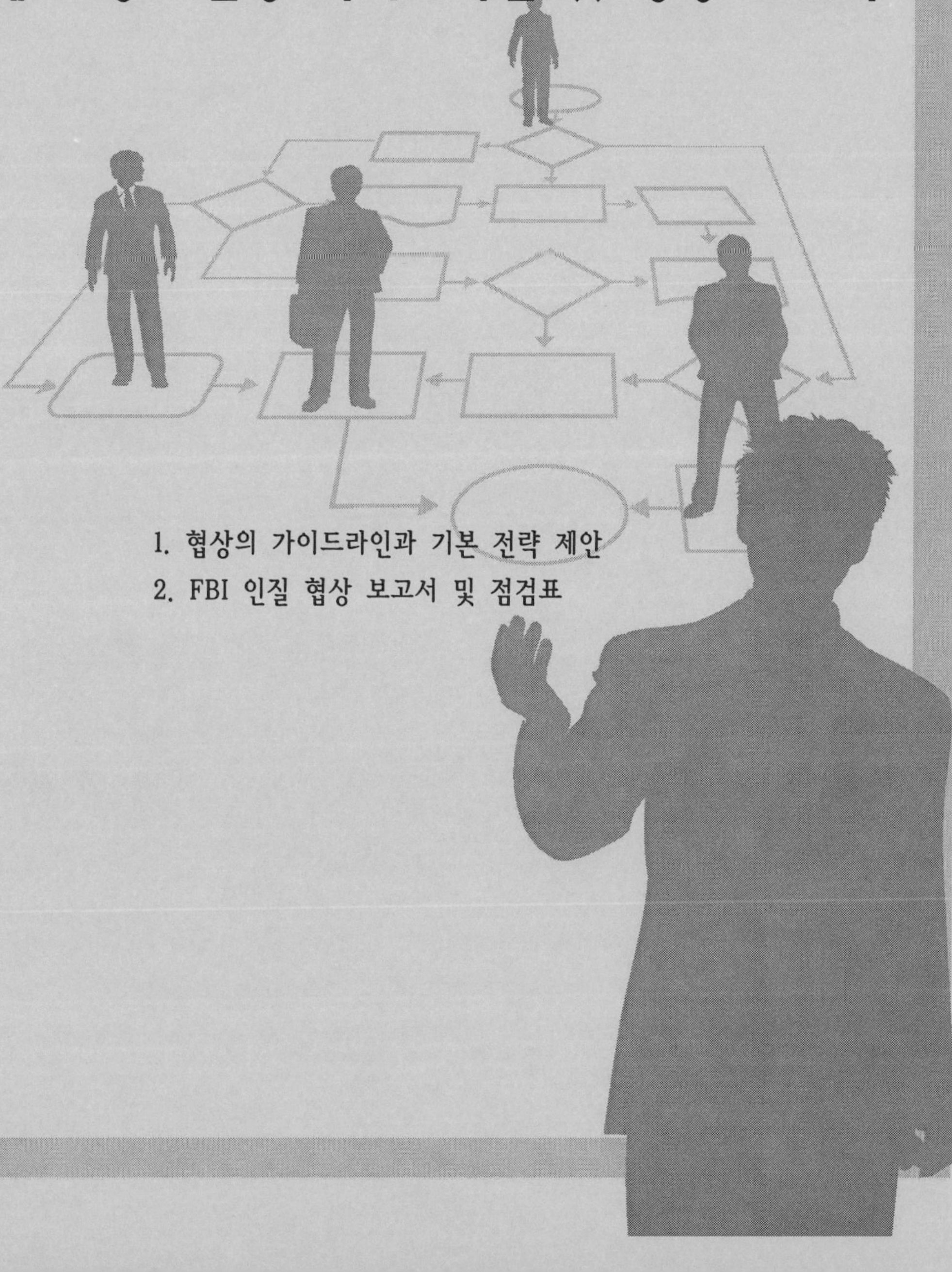

1. 협상의 가이드라인과 기본 전략 제안
2. FBI 인질 협상 보고서 및 점검표

제12장
협상 가이드라인 및 상황 보고서

자료 출처 : 경찰청(2005)

미국 협상연합회

– National Council of Negotiation Associations –

미국 협상연합회는 FBI 협상팀의 지원을 배경으로 2001년 6월 20일 설립된 단체로 미국 전역 16개 단체, 5천 명의 협상요원으로 구성되어 있다. 다음은 미국 협상연합회(NCNA)에서 2001년 10월 4일 배포한 「협상의 가이드라인과 기본 전략 제안」을 요약 정리한 것이다.

1. 협상의 가이드라인과 기본 전략 제안

1) 기본 원칙

가. 협상의 목적은 경찰관, 국민, 피해자, 협상 대상자의 위험을 최소화하면서 인명을 보호하고 사건을 해결하는 것이다.

나. 협상 기술은 가장 효과적인 위기 상황 대응 기법이다.

2) 사건 해결을 위한 의사 결정

가. 협상 대상자의 행동에 따라 적용하는 기법이 다르다.

나. 비폭력적인 방법에 의한 사건 해결을 목적으로 한다.

다. 협상 기법이 사건 해결에 가장 효과적이다.

※ 미국 HOBAS(Hostage Barricade Database System)에 의하면 인질 및 대치 사건의 83%가 협상에 의하여 사상자 없이 해결되었다.

3) 위기 협상 : 우선 고려 수단

가. 일반적으로 전술팀 투입은 협상에도 불구하고 폭력 사태가 예상될 때 제한적으로 이루어진다.

나. 무력 사용은 그 위험 부담 때문에 필요성, 효과성, 합리성을 근거로 필요 최소한으로 해야 한다.

4) 협상 능력

가. 모든 법 집행 기관은 협상팀을 운용해야 한다.

※ 소규모 부서는 합동으로 협상팀을 운용할 수 있다.

나. 전술팀을 운용하는 기관은 반드시 협상팀이 있어야 한다.

다. 협상팀은 전술팀과 함께 운용해야 효과가 극대화된다.

라. 법 집행 기관은 협상팀을 구성, 협상 교육·훈련을 지속적으로 실시해야 한다.

(1) 협상요원은 정기적으로 개인 및 팀 훈련을 해야 한다.

(2) 협상팀은 전술팀처럼 장비 및 행정 지원을 받아야 한다.

5) 협상에 대한 사회적 기대 및 요구

가. 법 집행 기관은 위기 상황에 대비 전문 협상 능력을 갖춰야 한다.

나. 협상 능력이 없는 법 집행 기관에도 협상에 대한 요구가 있을 수 있다.

6) 협상팀 구성

가. 협상팀의 규모는 법 집행 기관의 필요에 따라 다양하다.

나. 1건의 사건에 최소 3명의 협상요원이 필요하다.

다. 복잡하고 난해한 사건은 교대팀 및 행정·공보요원 등 추가 인원이 필요할 수 있다.

7) 심리 전문가 공조

가. 사건 해결을 위해 심리 전문가에게 자문을 구할 수 있다.
나. 심리 전문가는 협상팀의 일원으로 다음과 같은 활동을 한다.
  (1) 협상이 아닌 협상팀 자문 역할을 한다.
  (2) 협상팀 훈련에 동참한다.
  (3) 협상팀 요청시 즉각 출동할 수 있도록 준비한다.
  (4) 협상 대상자의 행위 분석에 초점을 맞춘다.
  (5) 중요 사건 후에는 사건 분석 · 보고에 참여한다.

8) 협상요원 선발 유의 사항

가. 자원자를 선발한다.
나. 자기 통제 및 감정 절제 능력이 뛰어난 사람을 선발한다.
다. 스트레스 상황에서도 침착하고 차분한 사람을 선발한다.
라. 대화 및 의사 소통 기술이 뛰어난 사람을 선발한다.
마. 차분하고 자신감 있는 사람을 선발한다.
바. 상대방의 말을 주의 깊게 잘 듣는 사람을 선발한다.
마. 팀워크(Team Work)가 좋은 사람을 선발한다.

9) 협상요원 양성을 위한 필수 사항

가. 최소 40시간 이상의 기초 교육 · 훈련이 필요하다.

나. 교육 과정에는 기본 개념, 기초 협상 기법, 이상 심리, 행위 분석 평가, 위기·자살 상황 개입, 적극적 청취 기법, 사례 연습, 역할극 실습, 종합적인 사건 관리 등이 포함되어야 한다.

다. 기초 훈련 외의 추가 교육 및 훈련을 고려할 수 있다.

10) 정기 협상 교육·훈련

가. 협상요원도 전술요원과 마찬가지로 최상의 상태를 유지하기 위해 주기적으로 교육·훈련을 받아야 한다.

나. 1년에 최소 5일 이상 협상 교육·훈련을 받는 것이 좋다.

다. 지역 단위 혹은 전국 단위의 협상요원 워크숍, 발표회 등에 참석하여 협상 사례 경험을 교류하는 것은 협상 기법 향상에 매우 중요하다.

11) 협상팀 조직 – 관계 기관별로 다음 사항에 유의하여 조직

가. 작전 지시, 팀 선발, 훈련, 장비 관리 등을 위한 책임자를 지정하여 팀의 리더 역할을 하도록 한다.

나. 출동 상황을 위한 대응 지침 및 표준 매뉴얼을 개발한다.

다. 협상본부 설치 및 운용을 위한 지침을 마련한다.

12) 지휘본부에서 협상팀의 역할

가. 현장지휘본부 체제에서도 협상팀의 리더는 지휘관에게 현장 상황을 직접 보고할 수 있고 자문 역할을 수행한다.

나. 의사 결정을 위한 정보는 협상팀과 전술팀에게 개별적으로 그리고 대등하게 제공되어야 한다.

※ 협상팀이 전술팀의 하부 조직일 경우에도 마찬가지이다.

13) 지휘는 지휘관, 협상은 협상요원

가. 협상 사례를 분석해 볼 때, 지휘관은 최종 결정 권한을 가진 책임자이므로 협상을 직접 수행하는 것은 적합하지 않다.

나. 일반적으로 협상요원은 최종 결정권이 지휘관에게 있다고 말하면서 시간을 지연하는데 지휘관은 그렇게 할 수 없다.

14) 협상 관점의 사건 접근

가. 2001년 HOBAS에 의하면 사건의 92%가량이 뚜렷한 목적 없이 감정적인 문제로 발생한 것이다.

나. 사건 현장의 긴장과 위험을 완화하기 위해 비위협적이고 가치 중립적인 의사소통 기술이 필요하다.

다. 대부분의 사례에서 사건 초기 대응 기법은 흥분을 가라앉히고 긴장을 완화하는 것이다.

라. 사건 초기에 협상팀을 투입하게 되면 '대화만으로도 현장

을 차단'하는 역할을 한다.

(1) 긴장을 완화하고 협상 대상자의 오해를 최소화한다.

(2) 전술팀이 현장에 도착하지 않은 상황에서도 협상팀의 우선 투입을 고려할 수 있다.

마. 경찰의 의도와는 무관하게 경찰의 행동이 협상 대상자에게는 위협적으로 느껴질 수 있고 사태를 악화시킬 수 있다.

바. 협상 대상자에게 법 집행이 이루어지고 있다는 인식을 주게 되면 사건 해결을 위한 대화 분위기 형성과 심도 있는 대화에 어려움이 있을 수 있다.

(1) 실제적으로 감정적·우발적인 사건에 대해서는 협상 대상자에게 법 집행을 위해 강압적인 자세로 접근하기보다는 열린 자세로 접근하는 것이 바람직하다(2001년 HOBAS 사건의 92%가량 해결).

(2) 전형적인 인질 사건의 경우에는 보다 강압적인 접근 방법에 의해 해결할 수도 있다(2001년 HOBAS 사건의 7%).

※ 저항할 경우 위험과 투항할 경우의 이점을 비교해 보라.

사. 대부분의 협상 대상자는 자신의 주거지에서 대치 상황을 벌인다(2001년 HOBAS 78.3%).

아. '집안 고양이'와 같은 심리가 있다.

(1) 방어적이고 저항적인 자세를 보인다(벙커 심리).

(2) 이러한 심리 상태에서 협상 대상자는 공격받는다고 생각하게 되면 과도하게 경계하거나 매우 민감하게 반응할 수 있다.

자. 일반적으로 경찰에게 '꺼져'라고 말하고 싶어 한다.

차. 경험칙상 협상 대상자는 '위기 상황'에 있다.

카. 협상 대상자는 최근에 있었던 스트레스, 절망, 상실감 등

을 견디지 못하고 있는 것일 수 있다(실직, 관계 단절, 자존심 손상 등).

타. 사건은 일반적으로 우발적으로 그리고 말도 안 되는 이유로 발생한다(2001년 HOBAS의 65%).

파. 협상요원은 흥분 상태의 협상 대상자가 진정하고 이성적으로 생각할 수 있도록 주의를 기울여야 한다.

하. '시간 지연' 전략은 가장 중요한 협상 기법으로 다음과 같은 기능이 있다.

(1) 사건 해결을 위한 인력과 장비가 도착할 시간을 번다.

(2) 사건 해결을 위한 정보 수집을 보다 용이하도록 한다.

(3) 피해자들이 탈출할 수 있는 기회를 준다.

(4) 전술팀의 진압 계획 수립을 돕는다.

(5) 사건 현장의 긴장을 낮추고 협상 대상자와 유대를 형성한다.

(6) 협상 대상자가 흥분을 가라앉히고 이성적으로 생각하도록 한다.

거. '시간 지연'은 사건 해결에서 다음과 같은 중요한 역할을 한다.

(1) 전체 사건의 64%가 4시간 이내에 해결된다(2001년 HOBAS).

(2) 전체 사건의 91%가 9시간 이내에 해결된다(2001년 HOBAS).

너. 인내를 가지고 사건을 해결하는 것이 무리한 법 집행에 의한 소송보다 비용이 훨씬 적게 든다.

15) 바람직한 결과

전술팀의 투입이 필요한 사건의 경우, 대부분의 폭력 사태는 사건 초기와 끝 부분에 발생하는 경향이 있다.

(1) 전술팀이 투입될 때가 경찰관, 인질, 협상 대상자 등 모두가 가장 위험한 시기이다.

(2) 인질 사건의 87%가 협상 과정 중에 해결된다(2001년 HOBAS).

(3) 사건의 90%가량이 인명 피해 없이 해결된다(2001년 HOBAS).

16) 전술팀과 공조의 필요성

가. 협상팀과 전술팀은 상호 임무를 이해하고 협력 관계를 유지·발전시켜야 한다.

※ 협상팀과 전술팀이 서로 이해하지 못하거나 합동 훈련을 제대로 하지 못하면 문제가 발생할 가능성이 높아진다.

나. 사건 현장에서 물품 반입, 인질 석방, 협상 대상자의 투항 등을 안전하게 하기 위해서는 협상팀과 전술팀의 긴밀한 공조가 필요하다.

17) 지휘관과의 관계

가. 지휘관의 협상의 개념 및 목적에 대한 이해가 중요하다.

나. 지휘관은 의사 결정을 위해 협상팀과 전술팀의 의견을 종

합하여 수렴하는 절차를 마련해야 한다.

다. 지휘관, 협상팀, 전술팀으로 이루어지는 3자 관계에서 가능한 모든 대안의 제시와 합의가 자유롭게 이루어져야 한다.

18) 언론과의 관계

가. 공보관은 언론 브리핑 범위를 사전에 정해야 한다.

나. 가급적 주기적으로 브리핑을 하고 언론에 협조를 구한다.

다. 언론 접촉은 현장지휘관 및 공보관으로 한정하고 협상요원 및 전술요원의 신상이 공개되지 않도록 주의한다.

라. 협상요원은 사건 진행 중에도 보도 사항을 점검해야 한다.

마. 언론을 협상의 도구로 활용할 수 있다.

19) 언론 보도 이후 대응

가. 각 사건에 대하여 시의적절하게 대응해야 한다.

1) 문제점 및 해결책을 분명히 한다.

2) 후속 보도에 대비한 적절한 행동을 준비한다.

나. 부정적 보도를 최소화하기 위해 오보 및 잘못 알려진 사실 등을 바로잡는다.

다. 사건의 결말로 인해 사회적 충격 및 반향이 예상되는 경우에는 위기 상황 스트레스 해소법이 실시되어야 한다.

20) 기 타

가. 현재까지 제시한 가이드라인이 모든 협상 기법을 포괄하거나 모든 협상 상황에 적합한 것은 아니다.

나. 각각의 고유한 상황과 임무 수행에 적합한 표준 매뉴얼과 같은 지침을 갖추고 있어야 한다.

다. 협상을 위한 대응 지침 등은 법의 통제를 받을 수 있다.

2. FBI 인질 협상 보고서 및 점검표(경찰청, 2005)

인질/차단 상황 보고서

M(MANDATORY ENTRY) 필수 기재 사항

섹션 A : 사건

1. 형태 : 하나를 고르시오 M

__ 자살 기도　　__ 차단 상황

__ 자살 상황　　__ 인질

__ 결합 상황　　__ 피해자가 있는 차단 상황

자살 수단

__ 총기　　__ 투신

__ 약물 __ 날카로운 흉기

__ 기타(구체적으로 기술) ________________

2. 사건은

__ 계획적이다 __우발적이다

3. 일시 M

시작 ________________ ________________

(연도/월/일) (시간)

종료 ________________ ________________

(연도/월/일) (시간)

4. 장소 : 하나를 고르시오 M

__ 아파트/콘도미니엄 __ 이동식 주택 __ 대중교통

__ 자동차/오토바이 __ 사무실/작업 현장

__ 공공기관/다중이용시설

__ 차고/외부 건물 __ 호텔/모텔 __ 병원

__ 교도소 __ 개인 주택/농가 __ 외곽지역

__ 기타(구체적으로 기술)

5. 폭력 발생(해당 사항 모두 표시)

__ 개시 상황

__ 상황 내내

__ 요구 상황/최종 시한

__ 항복/결말

6. 폭력 발생 상대

__ 경찰 등 법 집행관

__ 불특정 인질/피해자

__ 특정 인질/피해자

7. 종교의 사건 관련성

__ 그렇다

__ 아니다

섹션 B : 외부와의 연결

8. 협상 대상자와의 의사소통 시작(해당 사항 모두 표시)

__ 피고용인

__ 가족 구성원 __ 이웃

__ 경찰 등 법 집행관 __ 사회복지사

__ 최초 대응자

__ 협상요원

__ 피해자 __ 목격자/행인

__ 배우자/전 배우자 __ 친구

__ 중요한 다른 사람 __ 협상 대상자

__ 전문 의료인

__ 기타 (구체적으로 기술) ______________

9. 의사소통 수단(해당 사항 모두 표시) M

__ 확성기 __ 필기

__ 전화 __ 로봇

_ 직접 대면　　　　_ 의사소통 없음
_ 인질의 전화　　　_ 기타(구체적으로 기술)
_ 휴대전화　　　　_ 협상용 전화
_ 육성
_ 무전기/인터폰
_ 인터넷(예 채팅)

10. 제3중재인 사용 여부　M
_ 그렇다　　　_ 아니다

11. 제3중재인 유형(해당 사항 모두 표시)
_ 성직자(종교를 특정하시오)
_ 가족 구성원(관계를 특정하시오)
_ 친구(구체적으로)
_ 심리 상담가(구체적으로)
_ 공무원(구체적으로)
_ 법적 대리인(구체적으로)
_ 언론(구체적으로)
_ 기타(구체적으로)

12. 제3자 중재
_ 효과가 있었다.　_ 효과가 없었다.

13. 사건에 심리 상담가를 투입하였는가 M
_ 그렇다　　　　_ 아니다

섹션 C : 사건 해결

14. 주된 사건 해결 방법 M

__ 협상/항복

__ 협상과 무력 진압의 조합

__ 무력 진압/중재

__ 자살/자살 시도

__ 탈출

__ 경찰력 철수

15. 무력 진압의 유형

__ 계획적인 공격

__ 긴급 공격

__ 기타(구체적으로)

__ 인질/피해자에 의한 공격

__ 저격수

__ "경찰관을 이용한 자살"

__ 비사살상 수단(해당 사항 모두 표시)

__ 고무탄 __ 그물

__ 압력 물호스

__ Bean Bag(분말죄루탄을 주머니에 넣어 발사하는 진압용 무기)

__ 화학 약품 __ 경찰견

__ 전자충격총 __ 공격 없음

__ 기타(구체적으로)

16. 공격 일시

시작 ________________ ________________

(연도/월/일) (시간)

※ 협상 대상자가 자살을 하였다면 44번까지만 기입하시오. 협상 대상자 정보

섹션 D : 사건 후기

17. 부상자(해당 사항 모두 표시) M

__ 주변 인물

__ 경찰관 등 법 집행관

__ 없음

※ 협상 대상자/피해자의 추후 상황 기록을 서술하시오.

18. 사망자(해당 사항 모두 표시) M

__ 주변 인물

__ 경찰관 등 법 집행관

__ 없음

※ 협상 대상자/피해자의 추후 상황 기록을 서술하시오.

19. 중대한 손상이 있었는가?

__ 그렇다 __ 아니다

20. 협상은 어떤 언어로 행하여졌는가

__ 영어 __ 스페인어 __ 기타 다른 언어 ________________

※ 통역 사용 여부 __ 그렇다 __ 아니다

21. 현장 협상요원의 수 ________________

섹션 E : 부수적 기재 사항(선택하여 기재 가능)

22. 훈련된 협상팀이 있었는가?
   __ 예 __ 아니오

23. 사전에 선임된 정신과 전문 의료인이 있었는가?
   __ 예 __ 아니오

24. 헌신적인 전술팀이 있었는가?
   __ 예 __ 아니오

25. 협상팀과 전술팀은 정기적으로 훈련을 받았는가?
   __ 예 __ 아니오

26. 지휘관은 정기적으로 협상팀과 전술팀 훈련에 참여하였는가?
   __ 예 __ 아니오

섹션 F : 협상 대상자 정보

27. 이름 M ________________

28. 나이 ________________

29. 성 __ 남 __ 여

30. 결혼 __ 미혼 __ 기혼

31. 인종

__ 흑인 __백인 __ 동양인 __ 남미인

__ 미국 원주민 __ 기타(구체적으로) ____________

32. 영어 능력

__ 영어에 능통 __ 기타(구체적으로) ___________

33. 직업 __ 있음 __ 없음

(해당 사항 모두 표시)

__ 교사 __ 은퇴

__ 공무원 __ 대학생

__ 가정주부 __ 노동자

__ 경찰관 등 법 집행관

__ 전문가/기술자

__ 자영업자/사업가

__ 상인/기계 기사

__ 관리인

__ 기타(구체적으로)

34. 학력(최종 학력) M

__ 중퇴 __ 불상

__ 고졸 __ 대학 중퇴 __ 대졸 __ 상고

35. 군 경력(하나를 고르시오) M

__ 군 경력 있음 __ 현재 군 복무 __ 없음 __ 불상

36. 범죄 경력(해당 사항 모두 표시) M

__ 없음

__ 불상

__ 범죄 경력 있음

__ 인질/차단 상황

__ 다른 범죄(구체적으로)

__ 폭력

37. 자살 시도 경력(하나를 고르시오)

__ 불상 __ 없음

__ 한 번 이상(해당 사항 모두 표시)

__ 총기 __ 약물 __ 투신 __ 날카로운 흉기

38. 신경 정신과 이상(해당 사항 모두 표시) M

__ 과거 의료 기관 치료 여부

__ 입원 치료 __ 통원 치료

__ 현재 알려진 문제없음

__ 알려진 이전 병력 없음

__ 기타(구체적으로)

__ 상담/약물 치료를 받고 있음

__ 치료 기관에 거주

39. 약물 등 오남용 경력(해당 사항 모두 표시)

__ 술

__ 통제된 위험 물질(구체적으로)

____

__ 처방전 없는 약물 리스트
__ 처방전 약물 리스트
__ 불상
__ 없음

40. 사건에서 사용된 약물(해당 사항 모두표시)
__ 술
__ 통제된 위험 물질(구체적으로)
____
__ 처방전 없는 약물 리스트
__ 처방전 약물 리스트
__ 불상
__ 없음

41. 폭발물 사용 여부 M
__ 그렇다(폭발물 장치와 유형을 구체적으로 기술)
____
__ 아니다

42. 사용된 무기(해당 사항 모두 표시) M
__ 무기 사용
__ 둔기 __ 화학제 __ 권총 __ 견착식 무기
__ 기타(구체적으로) ____________
__ 무기 사용 없음

43. 협상 대상자에 대한 법원 금지 명령 여부(하나를 고르시오)

__ 현재 __ 이전 __ 없음

44. 협상 대상자의 상황(하나를 고르시오)

__ 자살 __ 부상 __ 피살된

__ 경찰관에 의한 살해 __ 사상 없음

※ 주의 : 관련 대상자가 수인일 경우 해당 양식을 복사하여 다음 사항을 기입하여 이름순으로 작성하시오.

작성 요원 ____________ 보고 일시 _____/_____/_____

섹션 G : 인질/피해자 정보

45. 인질/피해자 이름 M ________________

46. 나이 ________________

47. 성 __ 남성 __ 여성

48. 인종 M

__ 흑인 __백인 __ 동양인 __ 남미인

__ 미국 원주민 __ 기타(구체적으로) ________________

49. 영어 능력

__ 영어에 능통 __ 기타(구체적으로) ____________

50. 인질/피해자 처우(해당 사항 모두 표시)

__ 언어 학대 __ 육체적 학대 __ 성적 학대 __ 무시

__ 부당 대우 없음 __ 자유로운 의사 발언

__ 기타(구체적으로) ____________

51. 인질/피해자 이동성 M
__ 자유로운 이동이 허용됨
__ 이동이 제한됨
__ 신체적 구속
__ 고립 · 감금

52. 인질/피해자의 이동성이 개선되었는가? M
__ 그렇다 __ 아니다

53. 인질/피해자 생존 정보(해당 사항 모두 표시) M
스톡홀름 신드롬
__ 경찰 등 법 집행관에 대한 부정적 감정
__ 협상 대상자를 향한 긍정적 감정
__ 협상 대상자가 인질/피해자를 향해 긍정적 감정을 갖게 됨.
__ 해당 요소 아님

54. 협상 대상자가 인질/피해자로부터 긍정적인 영향을 받았는가?
__ 그렇다 __ 아니다

55. 인질/피해자와 협상 대상자의 관계(해당 사항 모두 표시)
__ 직장 상사 __ 가족 구성원
__ 친구/직장 동료 __ 경찰 등 법 집행관
__ 관계없음 __ 기타(구체적으로) ______________
__ 배우자/전 배우자 __ 중요한 다른 사람

56. 인질/피해자 방면(하나를 고르시오)
　__ 협상에 의한 항복으로 인한 방면
　__ 사건 해결 전 방면(하나를 고르시오)
　　__ 협상에 의한 방면
　　__ 비협상에 의한 방면
　　__ 건강 문제로 인한 방면
　__ 전술팀에 의한 구출

57. 인질/피해자 최종 상태(하나를 고르시오) M
　__ 부상 없음
　__ 부상
　__ 사망(하나를 고르시오)
　　__ 협상 대상자에 의한 피살
　　__ 사망(구체적으로) ________________

58. 협상 대상자는 인질/피해자가 경찰 등 법 집행관과 대화하는 것을 허용하였는가? M
　__ 그렇다　__ 아니다

59. 협상 대상자가 인질/피해자를 이용해 경찰 등 법 집행관과 대화를 하였는가?
　__ 그렇다　__ 아니다

섹션 H : 서술 M

경찰관의 사건 요약

○ FBI 협상요원 상황 평가 점검표

- 사건 형태

  인질 __ 비인질 __

  차단 상황 __ 피해자 있는 차단 상황 __

- 사건의 시작

  협상 대상자에 의한 시작 __ 911전화 __

  인질/피해자에 의한 시작 __ 기타 ________

- 위기 현장

  선정된 장소 __ 무작위 장소 __ 협상 대상자의 주거지 __

- 준비

  계획된 __ 우발적인 __ 사전 준비된 __

- 구금된 사람

  제3자 __ 선택된 사람 __ 가족 구성원 __

  연인 관계 __ 인질/피해자 방면

- 요구 사항

  중요한 요구 사항 __ 중요하지 않은 요구 사항 __

  비현실적인 __ 기타 ________

- 폭력의 정도
  사망 __ 부상 __ 위협 __ 위협 없음 __

- 폭력의 시기
  시작 __ 접촉 이후 __ 요구 사항과 관련하여 __

- 최종 시한
  특정 __ 불확실 __ 없음 __ 사건 없이 지나감 __

- 위협
  공격적인 __ 방어적인 __ 무조건적인 __

- 협상 대상자의 행동
  침착/제어되는 __ 분노한/공격적인 __
  당황한/모순된 __ 슬픈/침울한 __
  기타 ______________________

- 범죄 경력
  폭력 __ 불상 __ 없음

- 의사소통 정도
  의사소통이 없는 __ 간략한 의사소통 __
  말하려고 하는 __ 긴 시간의 대화 __

- 상실
  관계 __ 직업 __ 자존감의 상실 __
  건강 __ 금전 __ 자유 __

• 자살

언급된 __ 경찰관에 의한 자살 __ 살려고 하는 __

• 약물/술

사건 계속 __ 사건 전 __

사용 경험 __ 종류/마지막 복용 양 __

• 탈출

탈출하기를 원하는 __ 언급하지 않은 __

• 평가 사항의 변화가 있는가?

○ FBI 상황 진행 보고서

• 협상 대상자의 의사소통 내용

( ) 위협적이고 공격적인 언어에서 비위협적인 언어로 전환

( ) 협상 대상자의 개인 정보 비공개

( ) 감정적인 내용에서 이성적인 상황으로의 전환

( ) 사건 진행과 관련 없는 화제를 말하려 함.

• 협상 대상자의 의사소통 형태

( ) 낮은 목소리

( ) 약간 빠른 속도의 말

( ) 대화 길이의 증가

( ) 협상요원/책임자와 대화하려는 의지 증가

• 다른 진행 표지

( ) 폭력적 행동의 감소

( ) 인질 방면

( ) 아무 일 없이 최종 시한 경과

( ) 협상요원과 신뢰 관계 발전

• 협상요원의 제안을 따르려는 협상 대상자의 증가된 의지

( ) 다른 누구도 해치기를 원치 않는다고 표현함.

( ) 협상 대상자가 나오면 어떻게 되냐고 질문함.

( ) 항복 과정에 대하여 질문함.

제13장 협상 사례

1. 뮌헨 올림픽 이스라엘 선수 인질 사건
2. 에어 프랑스 여객기 점거 사건
3. 애리조나 교도소 인질 사건 협상 사례
4. 대구 팔공산 보성아파트 인질 사건
5. 대전 신탄진 그린회관 인질 사건
6. 한반도 최초의 위기협상가, 박제상

제13장
협상 사례

1. 뮌헨 올림픽 이스라엘 선수 인질 사건

1) 개 요

○ 1972년 9월 초 제20회 올림픽이 뮌헨에서 개막되었을 때, '검은 9월단(Black September)'의 테러범들은 이미 뮌헨에 잠입하여 테러를 주도면밀하게 계획하고 있었다. 1972년 9월 5일 이른 새벽에 이들은 형식적으로 경비를 하는 선수촌의 담장을 넘었다. 그래도 경보는 울리지 않았다. 아무리 공식적으로 엄하게 막아도, 외국 선수들이 몰래 또는 시비를 걸며 담을 넘어 다니는 사례가 적지 않았던 것이 주요한 원인 중의 하나였다.

○ 새벽 5시 30분에는 이스라엘 선수촌의 숙소 둘을 점거하여 항거하는 이스라엘 선수 2명을 사살하고 9명을 인질로 잡았다. 뮌헨 경찰국장이 사건 현장인 이스라엘 선수 아파트로 접근하였으나, 테러범들은 그들의 요구 사항이 후에 전달될 것이라고 소

리쳤다.

○ 오전 9시 30분에 영어로 쓴 메모가 아파트 창문 밖으로 던져졌다. 그 종이에는 이스라엘 형무소에 수감되어 있는 아랍인 236명의 명단이 있었고, 이들의 즉시 석방과 더불어 테러범들과 인질들이 레바논과 요르단을 제외한 아랍 국가로 안전하게 탈출할 수 있도록 조치해 달라는 요구 조건이 적혀 있었다. 이러한 '검은 9월단'의 요구 조건이 3시간 내에 충족되지 않는다면, 그 이후부터 30분 간격으로 인질 2명씩을 사살하겠다는 위협도 포함되어 있었다.

○ 이스라엘 정부는 즉시 이 사건을 처리할 다음과 같은 3대 원칙을 서독 정부에 통고하였다.

— 이스라엘은 이스라엘 형무소에 수감되어 있는 아랍인들을 절대로 석방하지 않을 것이며, 테러범들과 어떠한 경우에도 협상하지 않는다.
— 이스라엘은 서독 정부가 이 인질 사건을 해결할 책임이 있다고 간주한다.
— 이스라엘 정부는 서독 정부가 이스라엘 인질들의 안전을 보장할 수 있다면, 서독 정부에 의한 테러범들의 안전 출국과 국외 추방을 반대하지 않는다.

2) 협상 과정

○ 서독의 내무장관이 협상 책임을 맡고 나섰다. 그들 테러범

들의 요구 조건에 대하여 다음과 같은 대안을 제시하였다.

— 테러범들은 무제한 인질 석방금을 지급받을 수 있다.

— 이스라엘 인질 대신 서독의 자원자들을 대리 인질로 교환하자.

○ 그러나 테러범들은 이를 모두 거부하였다. 협상팀은 인질들이 살아있다는 것을 확인하게 해달라고 요구하였다. 테러범들은 내무장관이 직접 와서 인질들을 확인하도록 하였다. 이러한 협상 과정에서 인질을 2명씩 살해하겠다는 최종 시한이 3시간 연장되고, 다시 오후 5시로, 그리고 다시 저녁으로 두 번 더 연장되었다.

○ 서독 정부는 오후 늦게 협상 전략을 결정하였다. 서독 수상은 인질들의 운명에 대하여 서독 정부가 전적인 책임을 져야 한다고 내외에 발표하고, 테러범들이 이스라엘 인질과 함께는 절대로 서독을 떠날 수 없음을 선언하였다. 대신 서독 수상은 그가 할 수 있는 모든 권한을 동원하여 서독 형무소에 있는 2명의 아랍 테러범을 석방하겠다고 통보하였다.

○ 개인 자격으로 두 사람의 아랍인이 협상에 참여하였다. 한 명은 이집트 출신 국제올림픽 위원인 토우니(A. D. Touny)였으며, 또 다른 사람은 주 서독 투니시아 대사인 칼리프(Mohammed Khalif)였다.

○ 협상팀에는 두 가지의 기본 대안이 있었다.

첫째는, 테러범들이 정말로 인질을 살해하는가를 확인할 때까지 집중적으로 심리 소모전을 계속하는 것이다. 둘째로는, 허위의 협상을 계속하면서 결국 무력 진압으로 인질들을 구출하는 것이다. 서독 정부는 두 번째 방법을 택하였다.

○ 서독의 내무장관은 테러범과 인질들을 세계 어느 곳에라도 공수시켜 주겠다는 서독 정부의 제안을 전달하였다. 이 제안은 물론 속임수였다. 이러한 협상 과정에서 서독 정부는 만일 테러 두목만 살해할 수 있다면 다른 테러범들은 투항할 것이라고 판단하게 되었다. 서독 정부는 테러범들과 인질들이 그들을 서독 국외로 탈출시킬 비행기에 탑승하는 과정에서 테러범들을 기습할 작전을 수립하였다.

○ 밤 10시에 테러범들은 인질들과 함께 버스에 올라탔다. 버스는 헬리콥터가 대기 중에 있는 몇 개의 교차로를 지나갔다. 그러나 특공대는 테러범들을 공격할 순간을 포착하지 못하였다. 헬리콥터 2대에 분승한 테러범들과 인질들은 공항에 도착하였다. 공항은 특공대로 포위되었으며, 5명의 저격 전문 경찰관이 배치되었으나 이들은 야간 저격에 확고한 자신이 없었다. 테러범들은 그들의 착륙 예정지가 이집트의 카이로가 아닐 수도 있다고 발표하며, 승무원 8명을 탑승시켜 달라고 요구하였다. 저격 전문 경찰관 5명에게는 테러범들이 비행기에 탑승하기 전 아무 때나 그들이 할 수 있을 때 테러범들을 저격해도 좋다는 명령이 하달되었다. 그렇지만 테러범들은 절대로 3명 이상이 한 번에 노출되지 않을 만큼 노련하였다.

○ 드디어 테러범 3명이 동시에 노출되면서 작전이 개시되어

바로 3명이 저격·살해되었다. 그러나 진압 작전은 이로부터 거의 한 시간 동안이나 교전이 지속되었다. 총성이 끝났을 때, 이스라엘 인질 전원이 살해되었고 테러범 5명이 사살되었다. 그리고 특공대 1명이 순직하였고, 헬리콥터 조종사 1명이 부상당했으며, 살아남은 테러범들은 항복하였다. 사건이 비극으로 끝난 후 서독의 경찰 간부는 다음과 같이 털어놓았다.

○ "이스라엘 정부가 테러범들이 요구한 범인들을 석방시키기를 거부하였을 때, 인질들은 이미 죽은 것이었다. 우리들이 할 수 있었던 최선이란 테러범들이 실수를 저지를 경우를 포착하여 인질들의 일부를 구출해 내는 것이었다. 그러나 극도로 조직화되고 훈련된 테러범들은 실수를 저지르지 않았다."

3) 분석 및 교훈

○ 뮌헨 사건은 인질 테러범과의 협상과 대화에 있어서, 다음과 같은 6단계 과정이 필요하다는 결론을 유도하였다.

— 제1단계 : 탐색 접촉
— 제2단계 : 지연 작전과 정보 분석
— 제3단계 : 진지한 협상의 시작
— 제4단계 : 심리적 압력과 상호 양보의 유도
— 제5단계 : 대화의 지속과 특공 작전 준비 완료
— 제6단계 : 특공 작전의 강행과 수습

○ 이 사건은 협상 진행 과정과 시간에 대한 적절한 통제로

바람직한 협상 결과를 유도할 수 있다는 점을 시사한다. 협상에서 테러범들의 기대 심리를 적절히 이용하여 협상 진행의 긍정적 변수를 만들어 나가고 협상 과정에서 가능한 시간을 최대한 지연하여 사건 전개를 유리하게 유도해야 한다.

○ 협상으로 해결된 테러 사건은 대부분 3일 내지 15일의 설득 기간이 소요되었음을 유념하여, 당국과 관련자들 및 국민들은 협상 속도와 시한에 인내심을 잃지 말아야 한다. 각국 정부들이 근래 공식적으로 테러범과의 협상을 엄격히 금하고 대화만을 추진하는 정책을 채택하고 있기 때문에 테러범들과만 편법적으로 협상이라는 단어를 사용하는 것이 바람직할 것이다. 즉, 협상이란 테러범을 설득시키기 위한 편법적이며 비공식적인 단어로 사용하고, 그 밖의 모든 사항들에 대하여는 테러범과 협상하는 것이 아니라 오직 대화하고 설득하는 것이라고 홍보하는 것이 필요하다.

○ 정부는 공식 협상의 결과에 대하여는 성실히 집행할 책무가 있지만, 협상팀에 의한 협상은 후에 테러범과 협상가 개인 간의 약속 또는 대화라고 밝힘으로써 정부의 공식 의지가 아니었음을 주장하며, 협상 내용 결과를 철회시킬 수 있다. 따라서 '협상팀'이라는 용어는 인질 테러 사건이 발생하였을 경우에 범인을 상대로만 사용하고, 국민을 상대로는 '대화팀' 또는 '설득팀'이라고 공식적으로 지칭하는 것이 바람직하다고 할 수 있다.

2. 에어 프랑스 여객기 점거 사건

1) 개 요

○ 1994년 12월 24일 알제리의 알지어 와리 부메디든(Houari Boumedienne) 국제공항에서 오전 11시 15분 227명의 승무원이 탑승한 에어 프랑스 소속 A300 기종의 AF8969편은 파리의 오를리 공항으로 출발하기 위하여 지상에 계류 중 무장 이슬람 그룹(the Armed Islamic Group) 소속의 괴한 4명에 의하여 무력 점거당했다. 이들 괴한들은 AK-47 자동소총과 권총으로 무장하고 있었지만 알제리 항공사의 유니폼을 착용하고 있어 승객들은 별로 놀라지 않았다.

○ 이들은 곧 승객들의 신분증을 조사하기 시작했다. 항공기의 출입구를 닫고 "알라신은 위대하다."라고 고함을 지른 후 총기를 휘둘러 승객들을 위협했다. 이들은 알제리에 수감 중인 2명의 이슬람구원전선(Islamic Salvation Front) 소속의 지도자를 방면할 것을 요구한 후 지명을 밝히지 않은 곳으로 항공기를 운항할 것을 요구했다. 사건 발생 3시간 동안 무장 괴한들은 2명의 승객을 살해하여 항공기 밖으로 던져버렸다. 한 사람은 알제리 경찰관이었고, 나머지는 베트남 대사관의 상무관이었다. 다시 12월 25일 저녁에 세 번째 승객을 살해했다. 그동안 58명의 인질들을 풀어 주고 12월 26일 오전 3시 30분경 프랑스 마르세유의 마리냥 공항에 착륙했다.

2) 협상 개시

○ 항공기는 터미널에서 수백 미터 거리에 계류하고 있어 알제리 정부 당국과 무장 괴한들의 협상은 조종석의 통신 장비로 이루어졌으며, 괴한 중 한 명의 신분이 확인되어 그의 가족을 불러와 현장에서 애원하도록 했다. 괴한들은 앞에서 밝힌 2명의 수감자를 석방하여 줄 것을 요구했다. 시한을 두 번씩이나 넘기고 최종 시한을 12월 25일 오전 10시로 정했으나 이것도 수감자 방면 없이 넘겼다.

○ 괴한들은 요구를 바꾸어 알지어를 떠나기를 원했다. 그러나 당국은 항공기의 출발을 저지하기 위하여 탑승교를 항공기에서 떼지 않았다. 괴한들은 다시 항공기를 계류장에서 이동시킬 것을 요구하고 시한을 12월 25일 오후 9시 30분으로 정했다. 불응하면 프랑스 인 인질 1명을 살해하겠다고 말했다. 시한이 지나자 프랑스 대사관에서 근무하는 요리사를 조종실로 데리고 가서 인질의 애원에도 불구하고 사살하여 시신을 항공기 밖으로 던졌다.

○ 프랑스 인의 피살 후 프랑스 정부는 항공기를 프랑스로 보내 줄 것을 요구했다. 알제리 정부는 인도주의적 이유를 들어 항공기의 출발을 허가했다. 항공기는 원래 연료를 탑재하고 있었으나 계류장에서 엔진을 계속 가동시키고 있어 항공기가 출발했을 때는 파리까지 비행하기에는 연료가 부족했다. 남은 연료로는 프랑스의 남부 지방까지 비행할 수 있을 정도였다.

○ 항공기가 알지어에 있을 때 괴한들은 수차례에 걸쳐 모두 58명의 여자와 어린이들을 풀어 주었다. 이들에 의하면 괴한 중 한 명은 완전히 미친 것 같았다고 말했다. 항공기는 다음날 오전 3시 30분경 마르세유에 착륙했다. 프랑스 정부 당국은 테러범들과 협상을 시작하였다. 테러범들은 이곳을 중간 급유지로 취급했다. 당국은 항공기를 격리시키고 특수공격부대원(Gendarmerie Intervention Unit Commandos)으로 포위했다.

○ 괴한들은 수차례 급유를 요구했지만 들어주지 않았다. 첩보에 의하면 괴한들은 항공기를 파리 상공에서 폭파시킬 폭약을 가지고 있다는 것이었다. 협상은 관제탑에 있는 당국자들이 맡았다. 12월 26일 아침 괴한들은 항공기 내에서 기자 회견을 열도록 요구했다.

○ 오후 3시경 음식물과 물을 항공기 탑승교 밑에 갖다 놓았다. 괴한들은 2명의 노인 승객을 추가로 풀어 주었다. 그리고 테러범들은 곧바로 항공기의 엔진을 가동하여 격리 지점에서 국제선 여객터미널 수백 미터 안쪽으로 비행기를 이동했다. 당국은 모종의 조치를 기대하면서 공항에서 철수했다.

○ 오후 늦게 괴한들은 항공기 급유와 출발을 요구했다. 오후 5시를 시한으로 정하고 또 한 명의 인질을 죽이겠다고 위협했다. 당국은 인질 전원을 풀어 주지 않으면 급유도 출발도 없다고 통보했다.

3) 상황 종료

○ 12월 26일 오후 5시 15분경 테러범들이 요구한 최종 시한 5시가 조금 지나 항공기에서 관제탑 쪽으로 사격이 있었다. 검은 복장에 복면을 한 특공대가 행동 개시 명령을 받았다. 항공기 후미와 우측 부분을 공격하기로 되어 있었다. 우측 앞 출입구를 폭발물로 열고 들어가서 사격과 동시에 섬광수류탄을 던졌다. 다행히 4명의 무장 괴한은 조종실에 함께 있었다. 이들은 즉시 응사하면서 사제 수류탄을 던졌으나 피해는 없었다. 다른 두 팀의 특공대도 동시에 문을 폭파하고 돌입했다. 항공기 앞쪽에서는 사격전이 벌어지고 있었는데 이들 팀은 비상 미끄럼대를 이용, 승객들이 항공기를 탈출하도록 도왔다.

○ 오후 5시 32분경, 약 17분 동안의 작전으로 상황이 끝났다. 9명의 특공대원 부상, 4명의 테러범들 조종실에서 사망, 부조종사는 사격 중 조종실에서 약 5미터 아래 지상으로 뛰어내려 부상, 조종사와 항법사는 죽은 알제리 인을 방패로 삼아 경상을 입었다. 10명의 인질이 탈출 중 경미한 상처를 입었고, 항공기는 1천 발 이상의 탄흔이 남는 극심한 피해를 입었다.

4) 분 석

○ 사건 후 바로 '무장 이슬람 그룹'은 아장스 프랑스 프레(Agence France Press)에 성명을 발표, 프랑스가 알제리의 군사정부에 준 "무조건의 정치적, 군사적, 그리고 경제적 원조를 응

징하기 위한 거사"라고 주장했다.

○ 승객들에 의하면 4명의 알제리 무장 괴한들은 사전에 충분한 준비를 했으며, 그중 2명은 '훈련된' 자로 보인다고 증언했다. 또 괴한들은 계속 헤드셋을 끼고 프랑스의 텔레비전과 라디오를 청취하여 보안군의 동태를 감시하고 있었다고 말했다.

○ 최후에 4명이 모두 조종실로 들어가기까지 한 명은 항상 객실에서 승객들을 감시하고 있었다. 이들은 모두 공항 직원이 사용하는 출입구를 통하여 세한 지역에 들어온 것이 분명하며, 모두 알제리 항공사의 유니폼과 공항 출입증을 패용하고 있었다.

○ B747 기종과 달리 단층 객실 앞쪽에 조종실이 있는 A300 기종은 납치범들이 통제하기가 용이하며, 또한 4명이 중무장을 하고 있어서 사전에 치밀한 준비와 훈련을 하였다고 하더라도 협상 상대로는 결코 만만하지 않았다. 전체적으로 협상에만 국한하여 언급하면 알제리 정부 당국과 프랑스 정부 당국의 협상 역량에는 엄청난 차이가 있었다.

○ 총 54시간 중 피랍기가 마르세유에 도착하기 전 알제리 정부 당국의 관할 하에 있는 시간이 38시간, 비행시간 1시간을 제하고 나머지 15시간은 프랑스 정부 당국의 관할 하에 있었다. 알제리에서 총 4명의 인질이 살해되었으나 프랑스에서 상황 종료시까지 인질범에 의한 인질 살해는 없었다.

3. 애리조나 교도소 인질 사건 협상 사례

2004년 1월 18일 미국 애리조나 주립 교도소에서 리치 와세나와 스티븐 코이라는 2명의 수감자가 2명의 교도관을 인질로 잡고 15일 동안 감시탑에서 경찰과 대치하는 미국 사상 최장의 교도소 인질 사건이 발생했다. 지역 경찰, FBI, 교도국, 전술팀 등이 애리조나 교도소로 출동했고 주 협상요원만 12명이었다. 그럼에도 불구하고 사건은 결국 협상을 통해 평화적으로 해결되었다.

사건 일지와 함께 협상요원의 인터뷰 내용을 소개한다.

1) 사건 일지

◆ 1일 : 1월 18일

- 수감자인 리키 와세나와 스티븐 코이 감시탑 점거
- 협상요원들과 첫 접촉
- 인질 가족들에게 연락, 가족들 교도소 도착

◆ 2일 : 1월 19일

- 인질들이 가지고 있는 무기 일부와 교환을 조건으로 음식, 담배, 무전기 반입
- 전술팀이 감시탑에 감청 장치를 설치함.
- 인질범 가족들에게 대치 상황을 알림.

◆ 3일 : 1월 20일

- 와세나는 협상요원들에게 자신은 2000년도부터 탈출을

준비해 왔다고 말함.

- 인질을 보여 주고 무전기로 통화하는 조건으로 치즈버거, 프렌치프라이, 담배를 반입함.
- 감시탑에 단수 조치함.

◆ 4일 : 1월 21일

- 전술팀이 밤새도록 감시탑 주변 벽에 구멍을 뚫음.
- 와세나가 감시탑 주변 벽에 구멍이 뚫린 것을 보고 감시답 옥상에서 발포함.
- 교도국은 남은 수감 기간 동안 다른 교도소에서 복역할 수 있도록 하겠다고 말함.

◆ 5일 : 1월 22일

- 와세나는 텔레비전 기자와의 인터뷰를 요청함.
- 인질들을 감시탑 옥상에서 보여줌.
- 로봇으로 인질범들에게 다른 교도소에서 복역할 수 있도록 해 준다는 각서 전달

◆ 6일 : 1월 23일

- 와세나가 라디오 생방송 인터뷰를 요청함.
- 협상 진행이 악화됨. 인질범들이 여자 인질의 손가락을 자르겠다고 위협함.
- 인질범들이 다음날 남자 인질 제이슨 아호를 풀어 주겠다고 밝힘.

◆ 7일 : 1월 24일

- 감시탑으로 특별식이 반입됨.
- 늦은 오후, 남자 인질 아흐가 감시탑에서 사다리를 타고 내려 옴.
- 협상요원들은 인질의 목소리를 듣고 그녀가 침착한 상태에 있음을 확인함.

◆ 8일 : 1월 25일

- 협상요원들은 이동이 제한된 상태에서 협상을 계속함.
- 와세나의 친척이 미국 중서부에서 애리조나 교도소로 도착함.
- 와세나가 교도국 각서의 유효성을 의심함.

◆ 9일 : 1월 26일

- 와세나가 남자 인질을 죽이기가 보다 쉽다며 여자 인질을 남자 인질로 교체해 줄 것을 요청함.
- 협상요원들은 계속해서 시간을 지연함.
- 교도국은 인질 구출을 위해 무력 투입 작전을 준비

◆ 10일 : 1월 27일

- 전술팀이 수건, 담요 등을 전달함.
- 여자 인질을 감시탑 옥상에서 보여 줌.
- 와세나가 협상요원들과 사건 종결 후에 자신이 받을 처벌에 대해 말함.

◆ 11일 : 1월 28일

- 와세나가 처음으로 여동생과 전화 통화를 함. 여동생은 사건을 평화적으로 끝낼 것을 호소함.
- 여자 인질의 건강 확인을 조건으로 의약품을 감시탑으로 반입함.
- 인질로 있었던 교도관 아흐가 퇴원함.

◆ 12일 : 1월 29일

- 전술팀이 감시탑으로 멕시코 음식과 담배 등을 반입함.
- 전화상으로 의료진이 여자 인질과 통화함.
- 와세나가 KTRA 라디오 방송국과 녹음 인터뷰를 함.

◆ 13일 : 1월 30일

- 전술팀이 멕시코 음식과 음료수 등을 감시탑으로 반입함.
- 전화상으로 의사가 여자 인질과 면담함.
- 야간에 타워에 전조등을 비춤.

◆ 14일 : 1월 31일

- 와세나가 무장한 채 감시탑 옥상에 모습을 보임.
- 전화상으로 의사가 여자 인질과 면담함.
- 협상요원들이 와세나와 접촉하기가 어려워짐.

◆ 15일 : 2월 1일

- 인질들이 사건을 끝내겠다며 스테이크, 구운 감자, 맥주와 깨끗한 옷을 요구했고 음식 등이 반입됨.
- 투항 과정의 구체적 사항들이 협의됨.
- 인질범 두 명과 인질 모두가 감시탑에서 내려 옴.

2) 당시 협상요원의 방송과의 인터뷰 기록

인질 상황 처음 몇 시간 동안 협상요원들은 리키 와세나를 정신병자로 생각했다.

당시 협상요원으로 일했던 러튼버그는 상황이 어떻게 갈지 비교적 명확했다고 한다. 왜냐하면 와세나가 대화 통로였고 모든 것이 와세나를 통해 진행되었기 때문이다.

현재 사건은 끝이 났고 인질범들은 인질범들의 가족이 살고 있는 지역의 교도소로 이송될 것이다. 와세나는 위스콘신 주 교도소로, 코이는 메인 주 교도소로 이송될 것이다. 그러나 다른 교도소로의 이송 수감이 인질을 방면하도록 하는 협상 포인트였는지는 알려지지 않았다.

협상을 하는 동안 협상요원들은 음식을 인질범들의 탄약과 교환했다. 그러는 동시에 물, 커피, 담배 등도 거래의 다른 무엇인가를 위한 수단으로 사용하였다. 그러나 아주 작은 거래도 이행을 하는 데 몇 시간이 걸렸다. 시간이 그렇게 많이 걸린 데에는 많은 이유가 있었으나 그 이유는 명확히 말하지 않았다.

중요한 사항이 있을 때마다 여러 그룹의 사람들이 모였고 지휘부의 결정은 전술팀, 협상팀, 상황 감독관들의 합의를 기초했다. 사항에 따라서는 시장과 교도국장이 모여 협의를 하기도 했다.

협상은 점차적으로 인질범 와세나에 초점이 맞춰졌다. 협상요원들은 그에게 초점을 맞추었고 대화 중에 와세나는 아동 범죄에 관련된 사람이나 수감되는 보호 구역에 수감되는 것에 대해 불만을 나타내곤 하였다.

협상요원들은 50여 명의 행정요원들과 함께 비좁은 곳에서 일해야 했다. 다른 협상요원들과 마찬가지로 러스튼버그는 처음

며칠 동안은 잠을 거의 자지 못했다. 그 후 협상요원들은 3~4시간의 잠을 자기 위한 수감자용 침대를 지휘부 거처로 가져왔다. 침대가 부족하여 다른 사람들은 책상 아래나 마룻바닥에서 잠을 잤다.

국토방위부를 위해서도 일을 하는 계약직인 핼럿은 협상팀 부근 외부에 자리를 잡았다. 그녀는 자기가 정리하는 정보에서 인질범들과 인질들의 행동을 예측할 수 있는 단서를 찾기를 바라면서 그들의 프로파일을 정리했다.

심리학자들은 와세나를 정신병자로 분류했는데 정신병자는 일반적으로 주의가 산만하고 심지어 사람을 죽이고도 죄책감이나 양심의 가책을 느끼지 않는다. 정신병자는 폭력적이고 규범을 지키지 않는다. 정신병자는 사람을 목적을 위한 수단으로 사용하고 때로는 단순히 충동적인 욕구의 만족을 추구하는 사람으로 변할 수도 있다. 정신병자는 종종 자기중심적이고 사람들의 관심을 끌기 원하며 그를 위해 위험을 감수하기도 한다. 많은 정신병자들이 유년기에 문제가 있다.

핼럿은 정신병자에게는 자신의 관심사가 가장 중요한 것이라고 말한다. 핼럿은 인질범들의 프로파일을 정리하고 협상에 필요한 것이 무엇인지 알기 위해 그들의 언어를 분석했다. 가끔은 인질범이 분열 단계로 진행할 때는 혼란스러울 때도 있었지만 어떤 때는 그가 감정을 발산하도록 하기도 하고 때로는 이성적인 사고를 할 수 있도록 하였다고 한다.

협상요원들은 때로는 신속하게 협상요원들을 교체하면서 와세나의 경계를 풀도록 하려고 노력했고, 그와는 반대로 그와 접촉을 계속하기 위해 그의 전화를 계속해서 기다리기도 하는 등 유연한 자세를 보였다.

와세나는 가끔씩 무장을 한 채 몇 시간 동안 감시탑 옥상에서 난간을 잡고 아래를 내려다보곤 했는데 협상요원들은 매일 그가 나올지를 물었다. 협상요원들은 그의 행동이 거래를 위한 것인지 혹은 연극인지 아니면 실제로 위협을 하려는 것인지, 무엇이 일어나는지 계속해서 물었다.

헬럿은 인질 가족들이 와세나와 대화를 하러 오기 전에 인질 가족들과 대화를 하는 데 많은 시간을 할애했다. 오랜 동안의 숙고 끝에 협상요원들은 사건의 평화적 해결을 위해 인질들의 가족들을 데려오기로 결정했다. 사건이 끝나갈 무렵 지휘부와 협상요원들은 그들이 방향을 제대로 잡았다는 것을 느꼈다. 인질범들과 긍정적인 상호 작용을 할 수 있었고 알려지지는 않았지만 많은 사항들에 대해 합의를 도출할 수 있었다.

사건 관계자들은 인질범들이 협상요원들을 점차 신뢰하고 있다는 것을 알게 되었다. 협상요원들은 와세나가 심적으로 동요하고 있다고 생각했다. 그러나 아무도 여자 인질이 풀려날 때까지 확신할 수는 없었다. 모든 사람들이 안전하게 감시탑에서 나올 때까지는 예측하지 못한 변수가 발생할 가능성이 있었기 때문이다.

4. 대구 팔공산 보성아파트 인질 사건

1) 사건 개요

○ 피의자 윤○○(42세)은 피해자 최○○(17세, 여)의 생모인

김○○(41세)과 약 2년 전부터 내연의 관계를 맺고 있던 중, 김○○(41세)이 결혼을 미끼로 15회에 걸쳐 4,470만 원을 교부받아 편취하고 자취를 감추자 이에 앙심을 품고 회칼(30cm)과 석유(PET병 3개)를 소지한 후,

○ 2004. 12. 30. 08:20경 피해자 집으로 찾아가 엄마를 찾아내라고 행패를 부리자 피해자 최○○(17세, 여)이 전화 연락하여 찾아온 삼촌인 최○○(39세)와 언쟁하던 중 소지하고 있던 회칼로 등 부분을 찔러 중상을 입힌 후, 신고를 받고 출동한 경찰과 대치하다가 동일 14:35경 현장에 투입된 경찰 특공대에 의해 진압, 검거된 것임.

2) 시간대별 조치 사항

○ 09:32 - 112 신고 접수 및 공산PB 112 순찰차 현장 출동
○ 09:38 - 공산PB장 등 직원 4명 현장 출동
○ 09:41 - 형사과장, 강력5반장 등 6명 현장 출동
○ 09:45 - 112 타격대(1/8명) 현장 출동
○ 10:40 - 경찰 특공대(1/18명) 현장 출동
○ 13:55 - 피의자 母 현장 도착, 대화 시도
○ 14:35 - 경찰 특공대 및 광역 수사대 현장 투입, 피의자 검거

3) 보도 진상

○ 경찰은 이날 피해자의 집 바로 위층인 아파트 옥상에서 로

프를 이용, 앞 베란다와 뒤 베란다 창문을 통해 동시에 진입했다. 그러나 경찰은 앞 베란다에 설치된 방충망에 걸려 단숨에 진입하지 못하고 시간을 지체했다. 이 때문에 피해자 최○○(17세, 여)가 범인이 휘두른 흉기에 찔려 추가 피해를 입었다.

- 경찰은 사건 발생 후, 경찰서장, 형사과장 등이 피의자와 계속 협상을 진행하는 한편, 피의자의 母를 통해 40여 분에 걸쳐 대화를 시도하였으나 대화가 이루어지지 않고 피해자의 생모인 김○○(41세, 여)을 데려올 것을 요구하며, 회칼로 피해자의 목에 겨누고 불을 지른다고 계속 난동을 부려 피해자들이 극도의 외포 상태에 있었고,
- 피의자가 음주 상태로 정신 상태가 극히 불안정한 상태로 방화와 인질 살상의 우려가 있었으며, 일몰시에는 작전이 더욱 어려워지므로 경찰 특공대와 광역 수사대를 활용, 강제 진압을 하게 되었음.
- 진입시 경찰 특공대 4명은 앞 베란다, 3명은 뒤 베란다, 광역 수사대원들은 현관 출입문을 통한 진입 계획을 수립, 진입하는 과정에서 앞 베란다 중앙 고정 유리문 윗부분에 샷건을 발사, 구멍을 크게 뚫은 후, 거실에 뿌려 놓은 휘발유로 인해 거실에 던질 경우 화재의 우려가 있어 스턴탄을 베란다에 던져 폭발과 동시에 좌우 방충망을 제거하고 유리문을 발로 차 깨뜨리면서 진입하여 거실에서 충격을 받고 서 있는 피의자를 제압한 것임.
- 진입 시 우측으로 진입한 2명은 좌측에서 진입한 2명이 스턴탄 투척과 동시에 발로 유리를 차서 넘어뜨린 후 즉시 진입하였고 좌측 2명은 스턴탄을 투척하고 방충망이 있어 손으로 우측으로 밀고 신속히 진입하였음

- 피해자들은 피의자 1m 앞에서 쪼그리고 앉아 이불을 두르고 있었으며, 최○○(17세, 여)이 언제 피의자에게 상해를 입었는지 목격하지 못함.

○ 피의자는 특공대 진입시 피해자를 흉기로 찔렀다고 진술하고 있으나, 현재 피해자들이 병원 중환자실에서 치료 중에 있어 치료 후, 정확한 피해 경위를 조사할 예정임.

○ 연막총을 쏘아 구멍을 뚫고, 투척용 연막탄을 투척하여 진입하는 등 작전 수행에도 문제가 있었다.

- 앞 베란다 중앙 유리문 상단을 샷건을 발사하여 구멍을 크게 뚫고, 스턴탄을 베란다에 투척한 후 진입한 것으로 연막총이나 연막탄을 사용한 사실은 없음.

○ 피의자 윤씨가 집에 다량의 휘발유를 뿌려 놓고 손에는 라이터를 들고 있었지만 소방관들은 잠긴 현관문 밖 복도에만 배치, 자칫 큰 피해로 이어질 뻔했다는 지적도 받고 있다.

- 경찰에서는 강제 진압으로 인한 방화, 투신, 인질 살상 등 제2의 피해를 방지하기 위해 현장 주변에 폴리스라인을 설치하여 일반인과 언론 기자들의 출입을 통제하고,
- 방화에 대비하여 고가 사다리차에서 살수 준비 및 현관문 앞에 배치된 소방관 4명은 아파트 소화전에 연결된 소방호스를 준비하고 있었으며,
- 119구급차 2대, 에어매트 4개를 설치하여 투신에 대비하고, 전기·가스안전공사 직원들을 현장에 배치, 사전에 단전 및 가스 차단 조치 등을 취하는 한편, 맞은편 아파트 옥상에

는 저격수 2명을 대기시키는 등 만전의 준비를 한 후, 경찰 특공대와 광역 수사대 대원들을 활용, 강제 진압을 하게 된 것임.

5. 대전 신탄진 그린회관 인질 사건

1) 발생 일시 및 장소

- 2001. 8. 1. 06:30경부터 동일 11:40경까지
- 대전시 대덕구 상서동 175-70 그린회관

2) 사건 개요

피의자는 특수강도 등 전과 4범인 자로 애인이 변심하여 도망가자 애인을 찾아다닐 비용을 마련하기 위해 강도 범행을 하기로 마음먹고, 2001. 8. 1. 06:30경 피해자가 운영하는 그린회관 식당에 침입하여 피해자와 피해자의 딸들을 회칼(칼날 길이 21.5cm, 손잡이 13cm)로 위협하여 금품을 요구하고 피해자와 함께 금융기관에서 돈을 인출하려 하던 중 마침 신고를 받고 출동한 신탄진 파출소 소속 경찰관과 마주치게 되자, 체포되지 않기 위해 피해자와 피해자의 두 딸을 옥상으로 끌고 올라가서 그때부터 경찰관과 대치하던 중, "어머니의 산소가 있는 금산까지 피해자를 인질로 데리고 가겠다."라면서 차량을 요구한 후, 피해

자들의 목에 칼을 들이대고 준비된 차량 쪽으로 이동하던 도중, 경찰관이 피해자들을 구출하기 위해 뒤쪽에서 쇠파이프로 머리를 내리쳤음에도 불구하고 들고 있던 칼을 마구 휘둘러 피해자 송○○의 목을 칼로 찔러 중태에 빠뜨리는 등 위와 같은 피해를 입힌 것임.

3) 시간대별 경찰관 조치 사항

- 06:30 피의자가 칼을 들고 침입하여 피해자, 피해자 딸 2명 및 여종업원 등에게 칼을 들이대며 금품 요구(당시 현장에서 피해자와 같이 있다가 탈출한 식당 종업원 정○○(47세, 여)의 진술)
- 09:10 피의자가 피해자로 하여금 종업원들을 출근치 못하도록 하라고 요구하여 피해자가 위 식당의 주방장 박○○에게 전화하여 출근치 말라고 함.
- 09:30 위 박00이 아무래도 낌새가 이상함을 느끼고 위 식당 앞에 당도하여 본 바 창문의 커텐이 모두 내려져 있는 등 수상하다고 판단하고 피해자에게 다시 전화하여, "사장님, 지금 전화받기 곤란하지요. 파출소에 신고할까요?"라고 묻자 피해자가 "그래, 그래."라고 대답함.
- 10:30 위 박○○이 신탄진 파출소에 "가게에 이상한 사람이 있는 것 같으니까 와 주세요."라고 신고
- 10:33 신고를 받은 신탄진 파출소 경찰관 2명이 사건 현장에 도착하여 방문을 여는 순간 피의자가 피해자들의 목에 칼을 들이대고 2층 옥상으로 끌고 간 후 그때부터 경찰관

과 대치

- 10:40 신탄진 파출소에서 대전 북부서 형사계에 지원 요청. 지원 요청을 받은 즉시 형사계장이 직접 형사 10명을 소집하여 사건 현장으로 출동. 출동과 동시에 형사계장이 북부경찰서 상황실에 무전으로 타격대 지원 요청 및 119구급대 지원 요청토록 지시
- 10:44 형사계장 및 형사 10명, 파출소 직원 2명, 타격대 10명, 119구급대 등 현장에 출동하여 피의자와 대치
- 11:00 피의자에게 요구 사항이 무엇이냐고 묻자 "충남 금산에 있는 어머니 산소까지 피해자들을 데리고 갈 테니 오토매틱 차량을 준비하라."고 요구. 당시 범인은 극도의 흥분 상태였고 "10분 내로 차량을 준비하지 않으면 무슨 일을 저지를지 모른다."고 말하며 칼을 피해자들에게 들이대는 등 험악한 상황이어서 일단 차량을 준비토록 조치. 단 피의자가 피해자들을 데리고 차량에 탈 경우 상황이 더욱 악화될 수 있고, 피해자들의 안전이 보장되지 않을 뿐 아니라 피의자가 자포자기한 심정에서 2차, 3차의 범행을 저지를 가능성이 있어 차량에 타지 못하도록 하면서 시간을 끌기로 결정
- 11:10 피해자의 모친으로 하여금 피의자에게 "제발 손녀들만이라도 보내 달라."고 애원토록 하였으나 거절당함.
- 11:15 피의자가 계속 차량 도착 여부를 물어 우선 진정시키기 위해 북부 형사계장이 빵과 음료수를 사다 주면서 "이것 좀 먹고 진정하고 얘기 좀 하자. 아이들만이라도 보내 달라. 그리고 내가 인질로 대신 남아 있을 테니 풀어줘라."고 설득

- 11:50 피의자가 왜 차량이 준비되지 않느냐며 계속 위협하는 등 분위기가 험악하게 되어 더 이상 시간을 끌 경우 위험하다고 판단하여 피의자에게 "이미 차량은 준비되었으니 진정하라."고 설득하자, 피의자는 피해자들을 앞세우고 차량이 있는 쪽으로 가기 위해 아래층으로 내려오기 시작
- 11:52 피의자가 피해자들을 데리고 차량에 탑승하지 못하게 하기 위해 형사반장이 방탄조끼를 착용하고 피의자를 막아서며 "피해자들을 풀어 주고 차라리 나를 인질로 데리고 가라."고 설득하자 갑자기 피의자가 피해자의 어린 딸의 복에 칼을 들이내며 바로 찌를 듯이 위협하여 할 수 없이 길을 열어 줌.
- 11:55 이미 피의자가 준비된 차량의 6~7보 앞까지 진행하였고, 더 나갈 경우 넓은 장소여서 구출 작전이 불가능하다고 판단되어, 미리 잠복시켜 놓은 형사들이 피의자의 뒤쪽에서 접근하여 쇠파이프로 피의자의 뒷머리를 내리쳤음에도 불구하고 피의자가 갑자기 무자비하게 칼을 휘둘러 위 피해자 송00와 형사계장 등이 자창 등의 손상을 입었고 피의자도 자신의 복부를 칼로 찔러 자해함.
- 11:56 미리 대기하고 있던 119구급대의 앰뷸런스를 이용하여 부상자들을 병원으로 후송함.

4) 참고 사항

당시 현장에 출동하면서 형사들이 가스총을 휴대하였고, 신탄진 파출소 경찰관들의 권총을 형사계장이 인계받아 소지하고 있

는 등 사용할 준비를 하였으나, 가스총이나 권총을 사용했을 때 오발이 될 경우 흥분한 피의자에 의해 피해자들이 다칠 염려가 있는 상황이었고, 준비된 차량에 도착하기 직전이었는데 만약 피의자가 피해자들을 데리고 차량에 탑승할 경우 더욱 상황이 악화될 것으로 판단하여 피의자의 뒤쪽에서 접근하여 쇠파이프로 머리를 내리치는 방법을 선택하게 된 것임.

(2001. 8. 7. 16:00경 을지대학병원에서 과다 출혈로 사망함.)

6. 한반도 최초의 위기협상가, 박제상

1) 머리말

박제상은 5세기 초반에 활약한 신라인으로, 외국에 인질로 보내진 두 왕자인 복호와 미사흔을 구출하고 장렬한 죽음을 택하여 역사에 남은 인물이다. 그에 대해서는 『삼국사기』 열전과 『삼국유사』 내물왕김제상조, 그리고 『일본서기』에 자세한 내용이 전해지고 있다. 각각의 사료들은 내용 상 약간의 차이를 보이고 있지만, 기본적으로 '등용 → 고구려로부터 복호 구출 → 왜국으로부터 미사흔 구출 → 장렬한 죽음'의 스토리는 같다고 할 수 있다.

'충절을 지킨 신라인의 표상'으로 널리 알려져 있는 만큼 박제상에 대한 연구 또한 상당히 이루어졌다. 그의 출자 및 신분에 대한 기본적인 검토에서부터 시작하여, 5세기 초 국제관계 속에서 이루어진 신라의 볼모파견 및 박제상의 발탁 배경, 5세기 초 신라의 정치적 동향 등 다양한 방면으로 연구가 진행되었다. 이에 따라 박제상의 활약상과 그 시대적 상황을 구체적으로 파악해 볼 수 있는 토대가 마련되었다.

본고에서는 기존의 연구를 바탕으로 박제상의 출신과 등용배경을 살펴보고, 5세기 초반 신라의 대외적 상황 속에서 이루어진 신라의 볼모 파견과 박제상의 구출과정을 검토해볼 것이다. 앞서 언급했듯이 『삼국사기』·『삼국유사』·『일본서기』에 박제상 관련 내용이 비교적 구체적으로 전해지고 있다. 하지만 『일본서기』의 내용은 다른 두 사료와는 달리 축약되어 있으며, 시기적으로 사실과 맞지 않으므로[10], 『삼국사기』와 『삼국유사』의 내용을 중심으로 그의 활약상을 살펴보도록 하겠다.

2) 박제상의 출자(出自)와 신분

박제상의 활약상을 살펴보기에 앞서 그의 출자와 신분에 대해 검토해 볼 필요가 있다. 이는 박제상이 어떠한 정치적 배경으로 눌지왕代 외교 문제에 등용되었으며, 또한 어떻게 복호와 미사흔을 무사히 귀환시킬 수 있었는지 파악해 볼 수 있는 단서를 제공해주기 때문이다. 먼저 박제상의 출자와 신분을 전하는 『삼국사기』와 『삼국유사』의 기록을 보면 다음과 같다.

10) 『일본서기』에는 신공황후(神功皇后) 5년, 즉 205년 3월의 일로 기록되어 있어, 5세기 초 눌지왕 때의 일로 기록된 『삼국사기』·『삼국유사』와 시기적으로 큰 차이를 보이고 있다. 야마토 정권 중심으로 윤색된 『일본서기』의 사료적 가치를 고려해 본다면, 『일본서기』의 내용 그대로 신빙하기는 어려울 것 같다.

A. 박제상(朴堤上)[혹은 모말(毛末)이라고 한다)은 시조(始祖) 혁거세(赫居世)의 후손이고 파사이사금(婆娑尼師今)의 5세손이다. 할아버지는 아도(阿道) 갈문왕(葛文王)이고, 아버지는 파진찬(波珍飡) 물품(勿品)이다. 제상은 삽량주간(歃良州干)으로 임금을 섬겼다.[11]

A-2. 내물왕(奈勿王) 김제상(金堤上) …(중략)… 삽라군(歃羅郡) 태수(太守) 제상(堤上)[12]

위의 두 사료는 제상(堤上)의 성씨에 대해 다른 내용을 전하고 있다. 즉 『삼국사기』에서는 박혁거세의 후손인 박씨로, 『삼국유사』에서는 김씨로 기록하고 있는 것이다. 하지만 일반적으로는 『삼국유사』에서 제상(堤上)의 계보를 구체적으로 전하지 있지 않는 점을 지적하면서, 『삼국유사』의 전승 과정에 문제가 있다고 파악하고 있다. 따라서 제상(堤上)은 사료에서 뚜렷한 계보를 확인할 수 있는 '박씨 족단의 인물'로 보는 것이 좀 더 옳을 듯하다.

한편 박제상이 활약하던 곳은 삽량주(歃良州) 혹은 삽라군(歃羅郡)으로 나타나고 있다. 이곳은 지금의 경상남도 양산시 일대로, 박제상이 왕경인 수도 경주에 있었던 것이 아니라 지방에 있었음을 보여준다. 여기서 문제는 박제상의 출신 성분이라 할 수 있는데, 이에 대해서는 크게 두 가지 견해로 나뉘어진다. 첫째는 왕경인(王京人)으로서 지방에 파견되었다는 입장이고, 둘째는 처음부터 지방 세력이었다는 입장이다.

---

11) "朴堤上[或云 毛永] 始祖 赫居世 之後 婆娑 尼師今五世孫祖 阿道葛文王父 勿品 波珍飡 堤上 仕爲歃 良州干"(『삼국사기』 권45, 열전5 박제상)

12) 『삼국유사』 권1, 기이1 내물왕 김제상.

초기의 연구에서는 '박혁거세의 후손·파사이사금의 5세손·할아버지는 아도갈문왕·아버지는 물품파진찬'이라는 명확한 계보가 기록되어 있으므로, 박제상을 왕경인으로 간주하는 것이 일반적이었다. 하지만 이후의 연구에서는 그의 조부인 아도의 활동연대가 148년이라는 점을 지적하면서, 5세기 초에 활약한 박제상과 시기적으로 일치되지 않기 때문에 그의 계보는 조작된 것이라 이해하기도 한다. 또한 그의 관직인 삽량주간(歃良州干)에서 간(干)은 지방의 유력자에게 주어졌던 칭호였으므로, 눌지왕 당시에 박제상은 지방 세력일 가능성이 높다고 보고 있는 것이다.

이렇듯 박제상의 출자는 왕경인과 지방 세력으로서의 특성을 모두 지니고 있다. 이에 따라 최근의 연구에서는 박제상의 계보에 관한 두 가지 특성을 절충하여, 파사이사금과 혈연적으로 연결된 왕경 출신이지만 오래 전에 지방으로 이주한 세력이라고 이해하고 있다. 결국 박제상의 가계는 '왕경 출신 전승을 가진 양산 지방의 유력한 세력' 정도로 정리해 볼 수 있다(양정석, 1996 : 229~261).

이와 같은 박제상의 출자와 신분, 그리고 그가 머물렀던 양산 지방은 뒷날 눌지왕대에 등용되었던 중요한 요인이 되었는데, 자세한 내용은 4장에서 논의하도록 하겠다.

3) 5세기 초 신라의 국내외 정세와 미사흔·복호의 볼모파견

다음으로 살펴볼 것은 4~5세기 신라의 대외관계이다. 박제상이 미사흔과 복호를 구출하기 위해 각각 고구려와 일본에 파견된 것은 당시 신라의 대외적 상황과 밀접한 관련이 있다. 본장에서는 이에 대해 구체적으로 살펴봄으로써, 박제상이 어떠한 국제정세와 정치적 상황에서 등용되어 외교관계에 임하였는지를 파악해 보고자 한다.

가. 신라의 대내외적 상황과 미사흔의 볼모파견

볼모는 대립하는 국가 사이에 발생하는 정치적인 이해관계를 해결하기 위해 상호 안전을 보증하거나 배신에 대비하는 일종의 정치적인 담보물이다(양기석, 1981: 40~43). 이는 무조건 정치적인 약자가 강자에게 신속을 표현하는 형태만이 아니라 현실적인 다양한 목적을 달성하기 위한 방편으로 행해졌으며, 볼모의 파견은 국내의 정치 동향과도 긴밀한 관련이 있다.

신라사에서는 4세기 후반에서 5세기 초에 걸쳐 볼모파견 사례가 집중적으로 보이는데, 이는 당시 신라가 대내외적으로 상당한 어려움을 겪고 있었음을 방증하는 것이다(주보돈, 1998: 21~22). 이 점을 주지하면서, 먼저 신라와 왜 사이에 행해진 볼모파견 관련 사료를 살펴보도록 하자.

> B-1. 이보다 앞서 실성왕(實聖王) 원년 임인(壬寅, 402)에 왜국과 강화(講和)하였는데, 왜왕은 내물왕(奈勿王)의 아들 미사흔(未斯欣)을 볼모로 삼기를 청하였다. (실성)왕은 일찍이 내물왕이 자기를 고구려에 볼모로 보낸 것을 원망하여, 그의 아들에게 감정을 풀고자 하는 생각이 있었다. 때문에 거절하지 않고 미사흔을 (왜에) 보냈다.[13]

13) "先是 實聖王 元年壬寅與 倭國 講和 倭 王請以 奈勿王 之子 未斯欣 爲質王

B-2. 제17대 나밀왕(那密王) 36년 경인(庚寅, 390)에 왜왕이 사신을 보내 와서 이르기를 "우리 임금이 대왕께서 신성하다는 말을 듣고 신 등을 시켜 백제가 지은 죄를 대왕에게 아뢰게 하는 것이오니, 원하옵건대 대왕께서는 왕자 한 분을 보내어 우리 임금에게 성심을 나타내시기 바랍니다." 라 하였다. 이에 왕은 셋째 아들 미해(美海)[미토희(未吐喜)라고도 한다]를 왜국에 보냈는데 이때 미해의 나이가 열 살이었다. 말과 행동이 아직 익숙지 않았으므로 내신(內臣) 박사람(朴娑覽)을 부사로 삼아 왜국에 보냈다. 왜왕이 이들을 억류하여 30년 동안이나 보내지 아니하였다.[14]

사료 B-1은 『삼국사기』의 내용으로, 402년에 실성왕이 자신의 원한을 해소하기 위해 내물왕의 아들인 미사흔을 왜국에 볼모로 파견했던 사정을 전하고 있다. 반면 『삼국유사』(사료 B-2)에서는 390년에 내물왕이 왜의 요청으로 자신의 셋째 아들인 미해(미토희)를 왜국에 보냈는데, 결국 30여 년 동안 억류되었다고 기록되어 있다.

위의 두 사료는 볼모파견 주체와 시기 그리고 볼모대상자 등에 있어서 차이점을 보이고 있다. 일단 『삼국사기』와 『삼국유사』 기록 모두 박제상과 관련된 동일 내용이므로, 볼모대상자였던 미사흔(『삼국사기』) · 미해 혹은 미토희(『삼국유사』)는 같은 인

嘗恨 奈勿王 使己質於高句麗思有以釋憾於其子故不拒而遣之"(『삼국사기』 권45, 열전5 박제상)

14) "第十七 那密王 即位三十六年庚寅 倭 王遣使來朝曰寡君聞大王之神聖使臣等以告 百濟 之罪於大王也願大王遣一王子表誠心於寡君也於是王使第三子 美海[一作 未吐喜] 以聘於 倭 美海 年十歲言辞動止猶未備具故以内臣 朴娑覽 爲副使而遣之 倭 王留而不送三十年"(『삼국유사』 권1, 기이1 내물왕김제상)

물이라고 판단할 수 있다. 문제는 볼모파견 시기와 주체의 차이점이다. 즉 『삼국사기』의 '402년 실성왕'으로 보느냐 아니면 『삼국유사』의 '390년 내물왕'으로 이해할지의 문제인 것인데, 이는 당시 신라의 국내 정치 동향과 대외관계에서 해결점을 찾아야 할 듯싶다.

『삼국유사』에서는 390년에 내물왕이 미해 즉 미사흔을 왜에 파견한 것으로 되어있다. 하지만 「광개토왕릉비」에 나타나는 내용으로 볼 때, 정치적인 목적을 달성하기 위하여 왜에 볼모를 보내야 할 정도로 당시 양국 간의 관계가 그렇게 심각한 상황에 다다른 것은 아니었다(주보돈, 1998: 24). 즉 390년에 미사흔이 왜에 볼모로 파견되었던 구체적인 동기를 찾을 수 없다는 것이다. 이에 반해 『삼국사기』에서는 402년 미사흔의 볼모파견 이유를 '실성왕의 원한'이라고 구체적으로 명시하고 있어, 해당 사건은 실성왕 때의 일이었을 가능성이 좀 더 크다.

또한 미사흔의 파견 시점인 390년과 관련하여 『삼국사기』에는 비슷한 시기(392년)에 실성이 고구려에 볼모로 간 것으로 기록되어있다. 이로 보면 『삼국유사』의 찬자가 실성의 고구려 파견 사실과 미사흔의 왜국 파견 사실을 혼동했던 것으로 생각해 볼 수 있다(주보돈, 1998: 24). 결국 당시 국내외 정세와 사료에 기록된 구체적인 파견 이유를 종합해 볼 때, 미사흔은 402년 실성왕에 의해 왜국으로 파견되었다(사료 B-1)고 이해하는 것이 가장 타당하다고 여겨진다.

그렇다면 실성왕이 내물왕에게 원한을 갖게 된 이유는 무엇이며, 어떠한 정치적 상황에서 미사흔을 왜국에 볼모로 보냈던 것인가? 실성은 내물왕에 의해 392년 고구려에 볼모로 가게 되었는데, 이는 광개토왕의 즉위(391년)를 계기로 고구려와 돈독한 외교적 관계를 맺는 한편 백제·왜의 공격으로부터 고구려의 도움을 받기 위함이었다. 실제로 「광개토왕릉비」에 보이듯 399년에 신라는 왜·가라의 연합세력의 공격을 받아 王城이 함락되는 위기를 맞았으며, 이에 고구려는 400년에 병력을 파견하여 신라를 구원하기도 했다. 이렇듯 실성은 고구려에 대한 화친과 군사적 원조를 위해 볼모로써 희생되었으며, 이로 인해 자신을 볼모로 보낸 내물왕을 원망하게 되었던 것이었다.

하지만 내물왕이 401년에 사망하게 되면서, 신라의 정치적 상황은 완전히 뒤바뀌게 되었다. 혈통상 즉위 순서에서 상당히 멀리 떨어져 있던 실성이 볼모생활을 통해 구축한 친고구려적 기반을 배경으로 그 이듬해인 402년에 즉위하게 되었던 것이다. 애초에 실성의 귀국 자체는 사실상 고구려의 계획적인 의도에서 비롯되었을 가능성이 높으며, 지지기반이 취약했던 실성왕은 보다 적극적으로 친고구려 정책을 취하게 되었다.

고구려의 도움을 받아 즉위한 실성왕이 가장 먼저 취한 정책은 바로 '402년 미사흔의 왜국 볼모파견'이었다. 실성왕은 자신의 정치적 적대세력이라 할 수 있는 '내물왕 직계 자손'을 볼모로 보냄으로써, 반대세력의 약화 내지 제거를 시도한 것이다. 이렇듯 미사흔이 왜국에 볼모로 파견된 것은 사료 상에 보이는 실성왕의 개인적인 원한과 아울러, 고구려의 지원 속에 반대세력을 제거하려 했던 실성왕의 정치적인 목적에서 비롯된 것이었다. 특히 미사흔의 왜국 볼모파견 이후에도 왜가 신라 왕성을 공격했다는 사실로 볼 때, 당시의 볼모파견은 화친 등의 효과는 없었으며, 오히려 그것이 실성왕의 적대세력 제거를 위한 정치적 행동이었다는 점을 잘 보여주고 있다.

나. 對고구려관계와 복호의 볼모파견

앞서 살펴보았듯이 고구려의 지원을 받아 즉위한 실성왕은 즉위 원년(420)에 내물왕계 직계 자손이었던 미사흔을 왜국에 볼모로 보냈다. 이와 같은 실성왕의 정책은 자신의 정치적 적대세력을 제거하는 것과 아울러, 당시 신라를 간헐적으로 공격했던 왜국과 통호(通好)를 맺기 위한 것이었다. 하지만 실성왕 4년(405)에 왜의 군사들이 신라 왕경의 명활성(明活城)을 공격하였으며, 6년(407)에는 봄 3월과 여름 6월 두 차례나 왜로부터 변경을 침략 당하였다. 결국 실성왕은 재위 7년(408)에 왜가 대마도를 신라 공격의 전진 기지로 삼고 있다는 정보를 입수하고 먼저 급습할 계획을 세웠으나, 서불한(舒弗邯) 미사품(未斯品)의 만류로 그만두었다.

이처럼 실성왕은 인질을 통한 왜국과의 통호(通好)에 실패하였으며, 오히려 세 차례나 왜의 침략을 받는 등 對왜국 정책에 실패하는 모습을 보여주었다. 특히 408년 대마도 공격 계획은 당시 초초해졌던 실성왕의 무리수를 잘 보여주는 사례라고 할 수 있다(조한정, 2011: 25~49). 이러한 대내외적 상황에서 실성왕은 다시 한 번 정적(政敵)을 추방하는 정책을 선택하였다.

C-1. 또 (실성왕) 11년 임자(壬子, 412)에는 고구려 또한 미사흔의 형 복호(卜好)를 볼모로 삼고자 하였다. (실성)대왕은 또 복호를 (고구려에) 보냈다.[15]

---

15) "又十一年王 子高句麗亦欲得 未斯欣 之兄卜好 爲質大王又遣之"(『삼국사기』 권45, 열전5 박제상)

C-2. 눌지왕(訥祗王) 3년 기미(己未, 419)에 이르러 고구려 장수왕(長壽王)이 사신이 보내 와서 이르기를 "우리 임금님께서 대왕의 아우 보해 (寶海)가 지혜와 재주를 갖추었다는 소식을 듣고 서로 가깝게 지내기를 원하여 특별히 소신을 보내어 간청하기에 이르렀습니다." 왕은 이 말을 듣고 매우 다행스럽게 생각하여 이로 인해 화친을 맺기로 하고 아우 보해에게 명하여 고구려로 보냈는데, 이때 내신 김무알(金武謁)을 보좌로 하여 고구려에 보냈다. 장수왕도 또한 억류하고 돌려보내지 아니하였다.[16]

위의 사료는 고구려의 요청으로 복호를 인질로 파견했던 내용을 보여주는데, 인질 파견 시기에 대해서는 두 기록 간의 차이를 보인다. 이 중 『삼국유사』(사료 C-2)의 내용을 좀 더 신뢰하여 눌지왕 3년(419)에 복호를 파견했다고 이해하기도 한다(장창은, 2008: 117~118). 하지만 실성왕의 정치적인 행보를 고려하면, 『삼국사기』(사료 C-1)의 내용처럼 복호의 고구려 인질 파견은 실성왕에 의해 이루어졌을 가능성이 더 크다고 볼 수 있다. 더욱이 고구려 장수왕이 412년에 즉위하고 있어, 복호의 인질 파견은 장수왕의 즉위와 관련된 것으로 여겨지기 때문이다(주보돈, 1998: 30).

412년 복호의 볼모파견 또한 미사흔의 경우와 마찬가지로 내물왕계 세력 약화의 일환으로 추진된 실성왕의 정책이었다. 여기에는 물론 고구려의 요청이 가장 큰 요인이라 할 수 있으며,

16) "至 訥祇 王即位三年己未句麗 長壽王 遣使來朝云寡君聞大王之弟 寶海 秀智才藝願與相親特遣小臣懇請王門之幸甚因此和通命其弟 寶海 道於句麗以内臣金武 謁為輔而送之 長壽王 又留而不送"(『삼국유사』 권1, 기이1 내물왕김제상)

고구려의 지원 속에 신라 국정을 장악했던 실성왕은 적극적으로 고구려에 협조한 것이었다. 이와 같이 고구려는 신라의 왕위계승을 좌지우지할 정도로 신라 국내정치에 강력한 영향력을 행사하고 있었다. 결국에는 실성왕이 살해되고 눌지왕이 즉위할 수 있었던 것도 사실상 고구려의 지시와 협력 속에서 이루어진 일이었다.

4) 눌지왕의 즉위와 박제상의 등용

실성왕은 미사흔과 복호를 각각 고구려와 왜국에 인질로 보내는 것에 그치지 않고, 눌지를 제거하여 내물왕계 직계 자손을 완전히 신라 중앙정치에서 소멸시키려 하였다. 『삼국사기』와 『삼국유사』에 따르면 실성왕은 고구려 사람을 불러 눌지를 살해하라는 명령을 내렸다고 한다. 하지만 눌지의 풍모와 덕망에 감화된 고구려 사람은 눌지에게 실성왕의 살해 계획을 알려주고, 그에 더해 군사력까지 제공함으로써 눌지가 실성왕을 시해하는 데 큰 도움을 주었다.

실성왕은 즉위 이전부터 고구려에 의지하면서 내물왕계의 견제를 받았으며, 즉위한 이후에도 고구려의 지원이 없으면 실성왕의 세력 기반은 내물왕계에게 무너지기 쉬운 것이었다(조한정, 2011: 51). 이에 따라 실성왕은 내물왕계의 직계 자손들, 즉 미사흔·복호·눌지를 차례대로 제거하려 했던 것이다. 하지만 앞서 살펴보았던 실성왕의 對왜국 외교행위는 고구려에게 신라의 자립화(自立化)를 모색하는 행위로 여겨졌으며, 실성왕 14년(415) 혈성(穴城) 들판에서의 군대 열병과 같은 군사적 활동 또한 실성왕의 왕권강화 및 탈(脫)고구려화 정책으로 오해받았을 가능성이 컸다. 즉 실성왕은 정치적 적대세력을 견제하는 데 주력한 나머지, 고구려와의 우호관계 유지에 실패하였던 것이다(장창은, 2008: 102~103).

이와 같은 이유로 고구려가 실성왕이 아닌 눌지를 지원함에 따라, 눌지가 실성왕을 시해하고 왕위에 오르게 되었다. 눌지왕은 즉위 이후 외국에 볼모로 가있던 동생들을 데려오기 위해 노력하였는데, 이와 관련된 자료는 다음과 같다.

> D-1. 곧 눌지왕(訥祇王)이 즉위하자 말 잘하는 사람을 얻어 (왜와 고구려에) 가서 (두 아우를) 맞이하여 올 것을 생각하였다. 수주촌간(水酒村干) 벌보말(伐寶靺)과 일리촌간(一利村干) 구리내(仇里迺), 이이촌간(利伊村干) 파로(波老) 세 사람이 현명하고 지혜가 있다는 말을 들었다. (그들을) 불러서 묻기를, "나의 동생 둘이 왜와 고구려 두 나라에 볼모가 되어, 여러 해가 되었어도 돌아오지 못하고 있다. 형제의 정이라서 그리운 생각이 그치지 않소. 살아서 돌아오기를 원하는데, 어찌하면 좋겠는가?" 라고 하였다. 세 사람이 똑같이 대답하기를, "신들은 삽량주간(歃良州干) (박)제상이 강직하고 용감하며 꾀가 있다고 들었습니다. (박제상이) 전하의 근심을 풀어 드릴 수 있을 것입니다." 라고 하였다. 이에 (박)제상을 불러 앞으로 나오게 하고 세 신하의 말을 알려주며 (고구려와 왜에) 가주기를 청하였다. (박)제상이 대답하기를, "제가 비록 어리석고 변변하지 못하나, 감히 명령을 공경하여 받들지 않을 수 있겠습니까!" 라고 하였다.[17]

17) "及 訥祇王 即位思得辯士往迎之聞 水酒村干 伐寶靺 一利村干 仇里迺 利伊村干 波老 三人有賢智召問曰吾弟二人質於倭 麗二國多年不還兄弟之故思念

D-2. (눌지왕) 10년 을축(乙丑, 425)[18]에 왕이 친히 여러 신하와 나라 안의 여러 호협한 사람들을 모아 잔치를 베풀었는데, 술이 세 순배 돌게 되자 모든 음악이 시작되었다. 왕이 눈물을 흘리면서 여러 신하에게 일러 말하기를 "옛날 아버님께서는 성심으로 백성의 일을 생각하셨기 때문에 사랑하는 아들을 동쪽의 왜로 보냈다가 다시 못 보고 돌아가시었고, 내가 왕위에 오른 후에는 이웃 나라의 군사가 강하여 전쟁이 그치지 않았소. 고구려만이 화친을 맺자는 말이 있었으므로 내가 그 말을 믿고 아우를 고구려에 보내었소. 그런데 고구려에서도 아우를 억류해 보내지 않고 있으니, 내가 비록 부귀를 누린다 하여도 일찍부터 하루라도 이들을 잊거나 울지 않는 날이 없소. 만일 두 아우를 만나 함께 선왕의 사당을 보게 될 수만 있다면, 나라 사람에게 은혜를 갚으려 하오. 누가 능히 이 계책을 이룰 수가 있겠소." 라고 하였다. 이 말을 듣고 백관이 모두 말하기를 "이 일은 결코 쉬운 일이 아닙니다. 반드시 지혜와 용맹이 있어야 가능합니다. 신들의 생각으로는 삽라군(歃羅郡) 태수(太守)로 있는 제상(堤上)이 좋을 듯 합니다" 라고 하였다. 이에 왕이 불러서 묻자 제상은 두 번 절하고 대하여 아뢰기를 "신이 들은 바에 따르면 임금에게 근심이 있으면 신하는 욕을 당하고, 임금이 욕을 당하면 그 신하는 죽는다고 하였습니다. 만일 일의 어려움과 쉬운 것

不能自止願使生還若之何而可三人同對曰臣等聞 歃良州干 堤上 剛勇而有謀可得以解殿下之憂 於是徵 堤上 使前告三臣之言而請行 堤上 對曰臣雖愚不肖 敢不唯命祗承"(『삼국사기』 권45, 열전5 박제상)

18) 눌지왕 10년은 병인(丙寅)으로 서기연도 426년에 해당된다. 반면 을축(乙丑)은 눌지왕 9년(425)에 해당되고 있어, 본 기록의 연대표기는 잘못된 것으로 보인다. 다만 을축이라는 구체적인 간지명이 있으므로, 본 기사의 연대는 눌지왕 9년 을축(425)으로 보는 것이 좀 더 타당할 듯 하다.

을 헤아려서 행한다면 이는 불충성한 것이며, 죽고 사는 것을 생각하여 행한다면 이는 용맹이 없다고 할 것이니, 신이 비록 불초하나 명을 받들어 행하기를 원합니다." 라고 하였다. 왕은 그를 매우 가상스럽게 생각하여 술잔을 나누어 마시고 손을 잡아 작별했다.19)

위 사료의 내용은 박제상이 눌지왕에게 등용되는 과정을 잘 보여주고 있다. 다만 사료 D-1(『삼국사기』)에서는 박제상이 눌지왕 즉위 직후에 등용되었던 것처럼 서술하고 있는데, 같은 기록 내에서 '복호가 고구려에 있은 지 10년이었다'라는 내용으로 볼 때, 박제상의 등용 시점은 사료 D-2와 같이 눌지왕 9년(425)이라 판단된다.

눌지왕 또한 고구려의 지원 속에서 즉위하였지만, 이 시기에 이르러 내정간섭 등의 정치적 부담과 공납 등의 경제적 부담 때문에 조금씩 고구려의 간섭으로부터 벗어나고자 하였다~(주보돈, 2002: 26; 장창은, 2008: 108). 그러한 측면에서 눌지왕의 복호 귀환 계획은 신라의 탈(脫)고구려화 정책을 알리는 일종의 신호탄이었다고 할 수 있다. 또한 복호와 미사흔의 귀환은 두 동생에 대한 눌지왕의 배려임과 동시에 정치적으로 왕권강화 및 내물왕계의 세력화를 위한 것이기도 했다.

이처럼 국운(國運)을 건 중요한 '구출 업무'의 적임자로 선택된

19) "至十年乙丑　王召集群臣及國中豪俠親賜御宴進酒三行衆樂初作王垂涕而謂群臣曰昔我聖考誠心民事故使愛子東聘於倭　　不見而崩又朕即位已來隣兵甚熾戰爭不息句麗獨有結親之言朕信其言以其親弟聘於句麗句麗亦留而不送朕雖處富貴而未嘗一日暫志而不哭若得見二弟共謝於先主之廟則能報恩於國人誰能成其謀策時百官咸奏曰此事固非易也必有智勇方可臣等以爲 歃羅郡 太守 堤上 可也　於是王召問焉　堤上　再拜對曰臣聞主憂臣辱主辱臣死若論難易而後行謂之不忠圖死生而後動謂之無勇臣雖不肖願受命行矣王甚嘉之分觴而飮握手而別"(『삼국유사』 권1, 기이1 내물왕김제상)

인물이 바로 박제상이었다. 수주촌간(水酒村干) 벌보말(伐寶靺)·일리촌간(一利村干) 구리내(仇里迺)·이이촌간(利伊村干) 파로(波老)는 삽량주간(歃良州干) 박제상을 추천하였고, 눌지왕이 이를 받아들였다. 여기서 흥미로운 점은 눌지왕이 왕경이었던 경주 지역의 인물이 아닌, 지금의 예천·성주·영주 지역의 인물에게 추천을 의뢰했다는 것이다(조한정, 2011: 52). 이는 소백산맥 인근의 지방유력자들이 고구려의 사정에 밝았기 때문이라고 할 수 있으며(이도학, 2006: 428) 한편으로는 왕경 내 친고구려적인 세력을 최대한 배제하려는 의도도 있었다고 생각된다.

위의 사료에 따르면, 박제상은 언변에 능하고 지혜와 용기를 갖추고 있어 천거되었다고 한다. 이에 따라 『삼국사기』의 내용을 근거로, 박제상은 사람을 꿰뚫어 보는 안목과 설득력 있는 언변을 지녔고, 국제정세에 정통한 지식을(엄기영, 2003: 311~312) 바탕으로 외교적·전략적 수완을 발휘할 수 있는 능력을 갖추고 있었던 인물로 평가하기도 한다(선석영, 2001: 273). 또 『삼국유사』를 통해서는 박제상이 언행이 일치하며, 절개가 굳고, 지략이 풍부하며, 신라에 대한 충성심이 남다른 인물로 평가한다(조한정, 2011: 37). 이와 같은 박제상의 비범한 능력은 '복호와 미사흔을 구출할 수 있었던 그의 특출함'과 '등용 배경'을 설명해주는 대목이라 할 수 있다.

그리고 박제상의 이런 자질들은 미 FBI 협상가이드라인에 나타난 협상가 선발조건에도 부합하는 것이다. 미 FBI 협상 가이드라인에서는 다음과 같은 사람을 협상가로 선발할 것을 권고하고 있다(황세웅·이주락, 2009: 340).

㉮ 자기통제 및 감정 절제 능력이 뛰어난 사람

㉯ 스트레스 상황에서도 침착하고 차분한 사람

㉰ 대화 및 의사소통 기술이 뛰어난 사람
㉱ 차분하고 자신감 있는 사람
㉲ 상대방의 말을 주의 깊게 잘 듣는 사람
㉳ 팀워크가 좋은 사람

이러한 현대적 기준에서도 볼 때도 타국에 들어가 볼모를 구출하려면 엄청난 용기와 침착성이 요구되므로 ㉮, ㉯, ㉱번의 덕목을 지니고 있어야 하고 상대국 사람들을 설득하고 자신을 믿게 하여 인질을 구출하려면 ㉰, ㉲, ㉳의 덕목 또한 지니고 있어야 하는데 박제상은 이러한 덕목을 모두 갖추고 있으며 나아가 인질의 안전한 탈출을 위하여 자신을 희생하는 희생정신과 임무를 완수하려는 책임감까지 갖추고 있기 때문에 과히 진정한 위기협상가의 모든 조건을 갖추고 있다고 해야 할 것이다.

한편 박제상이 등용된 이유로 그의 출신성분과 지역성을 생각해 볼 필요가 있다. 앞서 2장에서 살펴보았듯이 박제상은 왕경출신 전승을 가진 양산 지방의 유력한 지배세력이었다.[20] 박제상은 지방인이기는 하나 혈연적으로 왕경의 박씨 집단과 계보로 연결되어 있었고, 이를 기반으로 신라 중앙 정치에 일정부분 참여하고 있었던 것으로 보인다. 즉 박제상 세력은 양산 지방에 있었으나 그렇다고 중앙 정치에서 완전히 배제되지는 않았던 것이다(주보돈, 1998: 19). 이러한 가운데 눌지왕은 친고구려적인 세력을 배제하기 위해 왕경이 아닌 지방의 인물, 즉 양산 지역

20) 이와 달리 박제상의 출신지를 울산으로 보는 견해도 있다.(木村誠, 1992, 「신라국가생성기의 외교」, 『アジアのなかの日本史(Ⅱ)』) 이는 『일본서기』에 보이는 지명을 음운상 해석을 통해 '굴아화촌' 즉 울산지방으로 추론한 것이다. 하지만 『삼국사기』 등에 분명한 지명이 확인되므로, 굳이 『일본서기』의 기록을 해석할 필요는 없으리라 생각된다.(신현웅, 2006, 「박제상의 출자와 신분 문제」, 『신라문화』 27, 13쪽)

의 박제상을 발탁한 것이라 할 수 있다.

또한 그가 머물렀던 양산 지역은 지리적인 위치상 가야·왜와 접해있었던 곳이었으며, 특히 왜가 낙동강 하류 지역에서 공격해 올 때 쉽게 접근할 수 있는 곳이었다. 따라서 박제상은 양산 지역에서 왜 세력과 자주 접하면서 왜국의 정세(政勢)에 밝았던 것으로 보이며, 이 같은 박제상의 경륜과 경험이 등용의 중요한 요인이 되었던 것으로 판단된다.[21)]

눌지왕은 이와 같은 배경에서 '미사흔과 복호의 구출 임무'의 적임자로 박제상을 선택하였고, 박제상은 눌지왕의 부탁을 받아들이게 되었다. 그리고 박제상은 '볼모 구출'의 임무를 수행하기 위해 신라를 떠났는데, 처음으로 간 곳은 눌지왕의 둘째 동생인 복호가 인질로 잡혀있는 고구려였다.

5) 박제상의 외교 활동

가. 對고구려 사신 파견과 복호 구출

인질은 갈등 관계에 있는 국가 사이에 정치적 갈등을 해소할 목적으로 복속·화친 등의 명분과 함께 보내진 것이라 할 수 있

---

21) 조한정, 2011, 앞의 논문, 40쪽. 한편 박제상의 출신지를 양신 지역으로 보되, 그 성격을 일종의 해상세력으로 규정하는 연구도 있다.(김용선, 1979, 「박제상 소고」, 『전해종박사화갑기념사학논총』, 일조각, 609~610쪽) 여기서는 박제상의 인질 구출 과정이 해로(海路)를 통해 이루어졌음을 근거로, 박제상이 해양의 사정에 밝은 인물이라 추론하였다. 하지만 박제상을 해양세력으로 볼 구체적인 근거가 없으며, 내륙의 양산 지역을 과연 해양세력과 연결시킬 수 있는지 의문이 든다.(신현웅, 2006, 앞의 논문, 12쪽) 따라서 여기서는 박제상 세력의 성격은 양산 지역의 지방 세력 정도로 이해하고자 한다.

다. 대외적 인질의 종류로 출질(出質)·교질(交質)·납질(納質) 등이 있다. 출질(出質)은 강대국이 약소국에 파견하는 것이고, 교질(交質)은 대등한 두 국가 사이에 우호를 위해 이루어지는 것이며, 납질(納質)은 강대국에 대한 약소국의 복속 표시라고 할 수 있다(양기석, 1981: 39~66).

앞서 살펴보았듯이 5세기 초 신라는 고구려로부터 왕위계승문제를 비롯하여 여러 측면에서 정치적 간섭을 받고 있었다. 따라서 실성왕이 복호를 고구려에 복호를 파견한 것은 위에서 언급한 인질의 개념 중 납질(納質)에 해당된다고 볼 수 있다. 이러한 상황에서 박제상이 '복호 구출'의 목적을 가지고 고구려에 간 것은 정치적으로 상당한 위험성을 갖고 있었던 행위였다. 더구나 복호를 무사히 신라로 귀환시키는 것은 당시 고구려-신라 관계로 볼 때 쉽지 않은 일이었음이 분명하다.

이러한 상황에서 박제상은 고구려로 들어갔는데, 그 과정에 대해서는 『삼국사기』와 『삼국유사』의 내용이 서로 다르게 나타나고 있다.

E-1. 마침내 사신의 예로써 고구려에 들어갔다. (고구려) 왕에게 말하기를 "저는 이웃 나라와 교제하는 도는 성실과 신의뿐이라고 들었습니다. 만일 볼모를 서로 보낸다면 오패(五覇)에도 미치지 못하는 것이니, 참으로 말세의 일입니다. 지금 우리 임금의 사랑하는 아우가 여기에 있은 지 거의 10년이 되었습니다. 우리 임금은 형제가 어려움에 처했을 때 도와준다는 생각을 오랫동안 마음에 품고 그치지 못하고 있습니다. 만약 대왕께서 호의로써 그를 돌려보내 주신다면 소 아홉 마리에서 털 하나가 떨어지는 정도와 같아서 잃을 것이 없으며, 우리 임금은 대왕을 덕스럽다고 함이 한량이 없을 것

입니다. 왕은 그것을 생각하여 주십시오!" 라고 하였다. (고구려) 왕은 "허락한다" 라고 말하고, 함께 돌아가는 것을 허락하였다.22)

E-2. 제상이 왕 앞에서 명을 받고 바로 북해로 길을 떠나 변복을 한 다음 고구려로 들어갔다. 보해가 있는 곳으로 가 함께 도망할 날짜를 약속하고 (제상은) 먼저 5월 15일 고성(高城)의 수구(水口)로 돌아와 배를 대어 놓고 기다렸다. 약속한 기일이 가까워지자 보해는 병을 핑계로 며칠 동안 조회에 나가지 아니 하다가 야음을 틈타 도망하여 고성의 바닷가에 이르렀다. (고구려)왕이 이 일을 알고 수십 명의 군사를 시켜 그를 뒤쫓게 하였다. 고성에 이르러 따라 붙었으나 보해가 고구려에 있을 때 늘 좌우 사람들에게 은혜를 베풀었기 때문에 군사들은 그가 다치는 것을 안타까이 여겨 모두 화살촉을 뽑고 쏘아 드디어 부상당하지 않고 돌아올 수 있었다.23)

두 기록을 간략히 정리해보자면, 『삼국사기』(사료 E-1)에서는 박제상이 고구려에 사신(使臣)으로 파견되어 입국한 후, 고구려 왕에게 '형제간의 정(情)'을 호소함과 동시에 복호의 귀환을 허락하는 것이 대왕(大王)의 덕(德)을 보이는 것이라고 속임으로써, 복호를 무사히 귀환시킬 수 있었다고 하였다. 즉 박제상이 뛰어

22) "遂以聘禮入高句麗 語王曰 臣聞交鄰國之道誠信 而已若交質子 則不及五霸誠末世之事也 今寡君之愛第 在此殆將十年寡君以鶺 鴒在原之意永懷不已 若大王恵然歸之 則若九牛之落一毛 無所損也 而寡君之徳大王也 不可量也 王其念之 王曰諾許與同歸"(『삼국사기』 권45, 열전5 박제상)

23) "堤上 簾前受命径趨北海之路變服入句麗進於 寶海 所共謀逸期先以五月十五日歸泊於 高城 水口而待期日将至 寶海 稱病數日不朝乃夜中逃出行到 高城海濱王知之使數十人追之至 高城 而及之然 寶海 在句麗常施恩於左右故其軍士憫傷之皆拔箭鏃 而射之遂免而歸"(『삼국유사』 권1, 기이1 내물왕김제상)

난 언변으로 그 임무를 성공적으로 완수했다는 것이다.

반면 『삼국유사』(사료 E-2)에서는 박제상이 변복(變服) 즉 고구려 옷으로 갈아입고 바닷길로 몰래 입국한 뒤, 고구려 몰래 복호를 도망하게 하여 지금의 강원도 고성에서 만나 고구려 군사를 뿌리치고 함께 신라로 귀환했다고 하였다.

두 기록의 차이는 결국 '고구려와 정상적인 외교 관계를 통해 구출한 것인지' 아니면 '고구려를 속여서 몰래 빼낸 것인지'라고 할 수 있다. 5월 15일이라는 구체적인 날짜와 고성(高城)이라는 구체적인 지명이 보이고 있기 때문에, 『삼국유사』의 기록(사료 E-2) 또한 어느 정도 신뢰성을 갖고 있는 것으로 보인다.

다만 『삼국유사』 기록이 다소 극적 · 설화적 요소를 많이 보이고 있으며, 5세기 초중반 고구려-신라 관계를 고려할 때 『삼국사기』의 내용이 좀 더 타당하지 않을까 생각된다. 즉 박제상이 고구려 몰래 복호를 빼내왔다면 신라는 고구려와 정치적으로 상당한 마찰을 일으켰을 것인데, 고구려의 지원 속에 즉위한 눌지왕이 재위 초반에 과연 그러한 선택을 했을지 의문이 들기 때문이다. 게다가 당시 신라가 고구려의 정치적 간섭에서 벗어나려는 움직임을 서서히 보여주고는 있었지만, 5세기 중반까지는 양국의 정치적 갈등이 표면적으로 드러나지 않고 있었다. 따라서 『삼국사기』 의 기록과 같이 정상적인 외교루트를 통해 복호의 귀환을 추진하여 성공했다고 보는 편이 당시 국제정세 상 더 자연스럽다고 여겨진다.[24)]

---

24) 이에 대해서는 연구자들마다 달리 해석하고 있다. 즉 『삼국유사』의 내용을 좀 더 신뢰하여 박제상이 복호를 몰래 구출시켰던 것으로 보는 견해가 있는가 하면(장창은, 2008, 앞의 책, 118쪽), 위의 서술과 같이 『삼국사기』의 내용을 좀 더 긍정하기도 한다(조한정, 2011, 앞의 논문, 54쪽). 어떠한 견해가 좀 더 옳은지를 판단해내기는 쉽지 않지만, 당시 고구려군이 신라 영토 안에 주둔하는 상황인데다가 고구려군 모르게 선박을 정박한 뒤

정리하면, 박제상은 고구려에 외교사절로 파견되어 고구려 장수왕을 만나 복호의 귀환을 추진하였다. 그는 탁월한 언변으로 고구려가 복호를 인질로 잡고 있는 것은 인의(仁義)에 어긋나는 일이며, 복호를 귀환시키는 것은 고구려에게 큰 손해가 아니지만 신라에게는 큰 은덕(恩德)이 될 것이라는 말로 장수왕을 설득하였다. 이에 장수왕이 박제상의 요청을 허락함으로써, 박제상은 복호와 함께 무사히 신라로 돌아올 수 있었다.

사료의 내용이 장수왕과 박제상 사이의 대화의 핵심적인 부분만 담고 있기 때문에 자세한 내용을 확인할 수는 없으나 위의 대화내용으로 미루어 짐작컨대 박제상은 위와 같은 대안을 제시하기 전에 고구려의 상황과 장수왕의 입장에 대해 많이 듣고 충분한 정보를 파악한 것으로 보인다. 이러한 정보를 바탕으로 볼모를 돌려보내는 것이 고구려에 큰 손실이 되지 않는다는 점을 지적할 수 있었고 장수왕이 이를 받아들일 수 있었던 것으로 보인다. 이는 협상의 기본원칙인 적극적청취가 선행되었음을 의미한다. 충분한 정보파악이 되지 않은 상태에서의 섣부른 대안제시는 협상결렬로 이어질 수 있기 때문에 먼저 상대방의 이야기를 충분히 들어주고 난 이후에 대안제시가 이루어져야 실수할 확률을 줄일 수 있는 것이다. 박제상이 이러한 협상의 기본원칙에 충실했기에 성공적인 협상이 가능했던 것으로 판단된다.

나. 미사흔 구출 계획과 왜국 입국

신라 눌지왕 9년(425) 박제상은 '복호 구출 임무'를 성공적으로 마치고 신라로 귀국하였고, 이에 눌지왕은 다시 '미사흔의 귀환'

신라 왕자를 구출하러 드나들기는 쉽지 않다는 지적(조한정, 2011, 위의 논문, 53~54쪽)은 타당하고 생각된다.

을 추진하였다. 하지만 왜국에 인질로 파견된 미사흔은 정상적인 외교관계를 통해 귀환한 복호와 다른 상황에 처해있었다. 즉 미사흔의 볼모 파견은 앞서 언급한 인질의 개념 중 출질(出質) 혹은 교질(交質)에 가까운 형태로서, 실성왕이 정치적인 목적으로 갈등관계에 있었던 왜국에 보낸 것이었다."

따라서 왜국은 고구려와 달리 정식적인 외교관계를 통해 미사흔을 쉽게 보내줄리 없었으며, 더욱이 당시 여러 차례 신라를 침략하여 노략질 하는 등 양국의 관계는 갈등 관계에 있었다. 박제상은 이와 같은 국제정세를 감안하여 미사흔의 귀환 계획을 세웠는데, 이에 관한 내용을 살펴보면 다음과 같다.

> F-1. 곧 귀국하자, (눌지)대왕이 기뻐하고 위로하며, "내가 두 아우 생각하기를 좌우의 팔과 같이 하였는데, 지금은 단지 한 쪽 팔만을 얻었으니, 어찌하면 좋겠는가?"라고 말하였다. (박)제상이 아뢰기를, "저는 비록 열등한 재목이나, 이미 몸을 나라에 바쳤으니 끝내 명령을 욕되게 하지 않겠습니다. 그러나 고구려는 큰 나라이고 왕 또한 어진 임금이었습니다. 이 때문에 신의 한 마디의 말로 고구려왕을 깨우칠 수 있었습니다. 왜인의 경우는 입과 혀로 달랠 수 없습니다. 마땅히 거짓 꾀를 써서 왕자를 돌아오도록 하겠습니다. 신이 저 곳에 가면 청컨대 나라를 배반했다고 논하여, 저들로 하여금 이 소식을 듣도록 하소서!"라고 하였다. 이에 죽기를 맹세하고 처자를 보지 않고 율포(栗浦)에 다다라 배를 띄워 왜로 향하였다. 그 아내가 그 소식을 듣고 달려 나가 포구에 이르러 배를 바라다보며 대성통곡하면서, "잘 다녀오시오."라고 하였다. (박)제상이 돌아다보며, "내가 왕의 명을 받아 적국으로 들어가니, 그대는 다시 볼 것이라는 기대를 하지 말라!"고 하였다.25)

F-2. 눌지왕은 보해를 보자 미해가 더욱더 생각나 한편으로 기쁘고, 한편으로 슬펐으므로 눈물을 흘리면서 좌우의 사람들에게 말을 하였다. "마치 몸에 한쪽 팔만 있고 얼굴에 한쪽 눈만 있는 것 같아서 비록 하나는 얻었으되 하나는 잃은 상태이니 어찌 마음이 아프지 않으랴." 이 때 제상은 이 말을 듣고 두 번 절을 한 다음 왕에게 다짐하고 말에 올라타 집에 들르지도 않고 달려 바로 율포(栗浦)의 해안가에 이르렀다. 제상의 아내가 이 소식을 듣고 말을 달려 율포에 이르렀으나 남편이 벌써 배에 타고 있는 것을 보았다. 아내가 그를 간절히 부르자 제상은 다만 손만 흔들어 보일 뿐 멈추지 않았다.26)

위 기록을 보면, 박제상은 언변으로 미사흔을 귀환시키는 것은 어렵다고 판단한 뒤 눌지왕에게 계략을 통해 미사흔을 귀환시켜야 한다고 주장하였다. 그 계획이란 박제상이 신라를 배반하고 왜국에 투항한다는 소문을 내어 왜왕을 속이고, 그 틈에 미사흔을 구출하는 것이었다. 결국 박제상은 왜국과 정상적인 외교관계로는 임무를 수행할 수 없는 상황을 파악하였고, 미사흔 구출의 방법으로 왜왕에 대한 '기만'을 선택하였던 것이다.

한편 박제상은 출발 전에 자신이 신라에 반역하고 도망하였다는 소문을 크게 내도록 준비하고, 왜국 입국을 은밀하고 조용하

25) "及歸國大王喜慰曰我念二弟如左右臂今只得一臂奈何 堤上 報曰臣雖奴才旣以身許國終不辱命然高句麗大國王亦賢君是故臣得以一言悟之若 倭 人不可以口舌諭當以詐謀可使王子歸來臣適彼則請以背国 論使彼聞之乃以死自誓不見妻子柢 栗浦 汎舟向 倭 其妻聞之奔至浦口望舟大哭曰好歸來 堤上 回顧曰我將命入敵國爾莫作再見期"(『삼국사기』 권45, 열전5 박제상)

26) "王旣見 寶海 益思 美海 一欣一悲垂淚而謂左右曰如一身有一臂一面一眼雖得一而亡一何敢不痛乎時 堤上 聞此言再拜辭朝而騎馬不入家而行直至於 栗浦 之濵其妻聞之走馬追至 栗浦 見其夫已在舡上矣妻呼之切懇 堤上 但摇手而不駐"(『삼국유사』 권1, 기이1 내물왕김제상)

게 진행하였을 것으로 생각된다. 또한 뒤의 내용에서 확인되듯이 박제상의 왜국 입국 직후에는 그의 가족들을 옥에 가두도록 조치하여, 박제상과 미사흔이 왜왕의 신임을 얻고 자유롭게 활동할 수 있는 증거를 마련했던 것으로 보인다. 이와 같은 눌지왕과 박제상의 모의는 극비(極秘)의 일이었던 만큼, 그 정보를 공유하는 인물은 눌지왕과 박제상을 비롯한 몇몇에 한정되어 있었을 것이다. 그와 같은 준비를 마치고 난 뒤, 박제상은 율포(栗浦) 즉 지금의 울산광역시 울주구 강동면 지역에 있는 포구에서 왜국으로 출발하였다.

이와 관련하여 『삼국사기』에서는 당시 박제상의 아내가 그를 보기 위해 율포(栗浦)로 왔으나, 박제상은 아내에게 다시 볼 것을 기대하지 말라고 하고는 그대로 출발하였다고 한다. 또한 『삼국유사』에서는 박제상이 배를 멈추지 않고 단지 손만 흔들었다고 한다. 출발 당시의 모습에 대해서는 두 기록의 차이가 있지만, 국가를 위해 비장한 마음으로 출발하였던 박제상의 모습이 잘 나타나고 있다.

상대방과의 협상에 임하기 전에 반드시 수행되어야 하는 것이 협상대상자에 대한 파악이다. 이는 현대적 용어로 '대상자 프로파일링'이라고 할 수 있는데 대상자의 성향과 속성에 대한 정확한 파악이 이루어져야 어떤 방식으로 협상전략을 구사할지를 결정할 수 있다. 박제상은 일견 볼모가 잡혀있는 동일한 상황처럼 보이지만 고구려와 왜의 성향이 확연히 차이가 남을 사전에 분석하고 상황에 맞는 협상전략을 세웠음을 알 수 있다.

다. 왜왕의 신임과 미사흔 구출

왜국에 도착한 박제상은 일단 왜왕의 신임을 얻는 데 주력했던 것으로 보이는데, 그에 대해서는 다음의 기록을 통해 알 수 있다.

G-1. 마침내 곧바로 왜국으로 들어가서 마치 배반하여 온 자와 같이 하였다. (그러나) 왜왕이 그를 의심하였다. 백제인으로 전에 왜에 들어간 자가 신라가 고구려와 더불어 왕의 나라의 침략을 도모하려고 한다고 참소하였다. 왜가 마침내 군사를 보내 신라 국경 밖에서 정찰하고 지키게 하였다. 마침 고구려가 쳐들어 와서 왜의 순라군(巡邏軍)을 포로로 잡아 죽였다. 왜왕은 이에 백제인의 말을 사실로 여겼다. 또한 신라왕이 미사흔과 (박)제상의 가족을 옥에 가두었다는 말을 듣고, 제상을 정말로 배반한 자라고 말하였다. 이에 (왜왕은) 군사를 내어 장차 신라를 습격하려 하였다. 겸하여 (박)제상과 미사흔을 장수로 임명하고 아울러 그들을 향도(嚮導)로 삼아, 해중(海中) 산도(山島)에 이르렀다. 왜의 여러 장수들이 몰래 의논하기를, 신라를 멸망시킨 후에 (박)제상과 미사흔의 처자를 잡아 돌아오자고 하였다. (박)제상이 그것을 알고 미사흔과 함께 배를 타고 놀며 고기와 오리를 잡는 척 하였다. 왜인이 그것을 보고 다른 마음이 없다고 여겨 기뻐하였다. 이에 (박)제상은 미사흔에게 몰래 본국으로 돌아갈 것을 권하였다. 미사흔이 "제가 장군을 아버지처럼 받들었는데, 어찌 혼자서 돌아가겠습니까?"라고 말하였다. (박)제상은 "만약 두 사람이 함께 떠나면 계획이 이루어지지 못할까 두렵습니다."라고 하였다. 미사흔이 (박)제상의 목을 껴안고 울며 작별을 고하고 귀국하였다. (다음날) (박)제상은 방 안에서 혼자 자

다가 늦게 일어나니, 미사흔을 멀리 가게 하려고 함이었다. 여러 사람이, "장군은 어찌 일어나는 게 늦습니까?"라고 물었다. (박제상은) "어제 배를 타서 몸이 노곤하여 일찍 일어날 수 없다."고 대답하였다. 곧 (박제상이) 나오자, 미사흔이 도망한 것을 알았다. 마침내 (박)제상을 결박하고 배를 달려 (미사흔)을 추격하였다. (그러나) 마침 안개가 연기처럼 자욱하고 어둡게 끼어 있어 멀리 바라볼 수가 없었다.[27)]

G-2. 그는 왜국에 도착하여 거짓으로 꾸며 말하기를 "계림왕이 아무런 죄도 없이 제 아비와 형을 죽였으므로 도망하여 이곳에 이른 것입니다"라고 하니 왜왕은 이 말을 믿고 제상에게 집을 주어 편안히 머무르게 하였다. 이 때 제상은 항상 미해를 모시고 해변에 나가 놀았다. 그리고 물고기와 새와 짐승을 잡아서 매번 왜왕에게 바쳤다. 왜왕은 매우 기뻐하여 조금도 그를 의심하지 않았다. 어느 날 새벽 아침 안개가 자욱하게 끼었다. 제상이 말하기를 "지금이 떠날만합니다" 하자 미해가 이르기를 "그러면 같이 갑시다"라고 하였다. 제상이 "만일 신이 같이 떠난다면 왜인들이 깨닫고 추격할까 염려됩니다. 바라건대 신은 이 곳에 남아 그들이 추격하는 것을 막겠습니다"라고 했다. 미해가 이르기를 "지금 나는 그대를 부형처럼 생각하고 있는데 어찌 나 홀로 돌아가겠소"라고 하였다.

---

27) "遂徑入倭國 若叛來者 倭王疑之百濟人前入 倭讒言新羅與高句麗謀侵王國 倭遂遣兵邏戍新羅境外會高句麗來侵并擒殺 倭邏人 倭王乃以百濟人言爲實又聞羅王囚 未斯欣 堤上之家人謂 堤上 實叛者於是出師將襲新羅兼差 堤上與未斯欣爲將兼使之鄕導行至海中山島 倭 諸將密議滅新羅後執 堤上 未斯欣 妻孥以還堤上 知之與 未斯欣 乘舟遊若捉魚鴨者 倭 人見之以謂無心喜焉於是 堤上 勸未斯欣 潛歸本國 未斯欣 曰僕奉將軍如父豈可獨歸 堤上 曰若二人俱發則恐謀不成 未斯欣 抱堤上 項泣辭而歸 堤上 獨眠室内晏起欲使 未斯欣 遠行諸人問將軍何起之晚答曰前日行舟勞困不得夙興及出知 未斯欣 之逃遂縛 堤上 行舡追之適煙霧晦冥望不及焉歸"(『삼국사기』 권45, 열전5 박제상)

제상이 말하기를 "신은 공의 목숨을 구하는 것으로써 왕의 심정을 위로할 수 있다면 그것으로 만족할 뿐입니다. 어찌 살기를 바라겠습니까?"하고는 술을 따라 미해에게 드렸다. 이 때 계림 사람 강구려(康仇麗)가 왜국에 와 있었는데 그로 하여금 모시게 하여 미해를 보내었다. 제상은 미해의 방에 들어가서 이튿날 아침까지 있었다. 미해를 모시는 사람들이 들어와 보려 하였으나 제상이 나와 그들을 가로막으며 말하기를 "미해공이 어제 사냥하느라 몹시 피로해서 아직 일어나지 못하십니다."라고 하였다. 그러나 저녁 무렵 좌우 사람들이 그것을 이상히 여겨 다시 물었다. (제상이) 대답하여 이르기를 "미해공은 떠난 지가 이미 오래 되었다"라고 하였다. 좌우 사람들이 왜왕에게 달려가 이를 고하자 왕이 기병을 시켜 그를 쫓게 하였으나 따라가지 못하였다.28)

『삼국유사』(사료 G-2)에서는 신라왕이 아무런 죄 없이 부모와 형제를 죽였기 때문에 박제상이 왜국으로 도망쳐 왔다고 하였는데, 왜왕은 그와 같은 박제상의 말을 그대로 믿었다고 한다. 반면 『삼국사기』(사료 G-1)에서는 왜왕이 신라를 배반했다고 하는 박제상을 쉽게 믿지 않는 모습을 보여주고 있다. 따라서 구체적인 내용을 보여주는 『삼국사기』의 내용이 좀 더 사실에 가까운

---

28) "行至 倭 國詐言曰 雞林 王以不罪殺我父兄故逃來至此矣 倭 王信之賜室家而安之時 堤上 常陪 美海 遊海濱逐捕魚鳥以其所獲每獻於 倭 王王甚喜之而無疑焉適曉霧濛晦 堤上 曰可行矣 美侮 曰然則偕行 堤上 曰臣若行恐 倭 人覺而追之願臣留而止其追也 美海 曰今我與汝如父兄焉何得弃汝 而獨 歸 堤上 曰臣能救公之命而慰大王之情則之矣何願 生乎 取酒獻 美海 時 雞林 人康仇麗 在 倭 國以其人從而送之 堤上 入 美海 房至於明旦左右欲入見之 堤上 出止之曰昨日馳走於捕獵病甚未起及乎日昃 左右恠之而更問焉對曰 美海行已久矣左右奔告於王王使騎兵逐之不及"(『삼국유사』 권1, 기이1 내물왕김제상)

것으로 보이는데, 왜왕은 신라와 고구려가 모의하여 왜를 공격하려 한다는 백제인의 말과 왜 순라병(巡邏兵)의 죽음, 그리고 박제상의 가족이 옥에 갇혀있다는 보고를 받고 그제서야 박제상을 신임하게 되었다.

결국 왜왕은 신라 공격을 위한 장수로 박제상과 미사흔을 임명하여, 진군로(進軍路)를 알려주는 길잡이로 삼았다. 특히 주목되는 것은 왜의 다른 장수들이 신라 정벌 이후에 박제상과 미사흔의 가족들을 데려오자고 논의할 정도로 박제상과 미사흔이 왜의 신임을 얻었다는 점이다. 이렇듯 박제상이 왜의 신임을 얻을 수 있었던 것은 그만큼 왜국 입국 전에 준비했던 '거짓 정보 유출'이 효과적으로 작용했던 것이라 볼 수 있다.

이에 더하여 박제상은 성급하게 일을 도모하기 보다는 때를 기다리면서 더욱 왜의 신임을 얻기 위해 노력하였다. 『삼국사기』에서는 박제상이 미사흔과 함께 배를 타고 놀면서 고기와 오리를 잡는 척을 하여 왜인들이 더욱 신임하게 만들었다고 하였으며, 『삼국유사』에서는 물고기 등을 잡아서 매번 왜왕에게 바쳤다고 한다. 이처럼 박제상은 한가롭게 배를 타고 고기를 잡으면서 왜의 의심이 풀릴 때까지 기다렸고, 또 미사흔을 탈출시킬 수 있는 방법을 모색하고 있었다.

한편 미사흔이 인질로 있었던 곳은 대체로 일본의 북큐수 지역으로 이해되고 있다. 왜의 추격을 따돌리고 신라로 무사히 귀환하기 위해서는 한반도에서 가까우며 해안가에 해당되는 지역이어야 하는데, 북큐슈 지역이 그러한 조건에 부합하기 때문이다. 이에 따라 위의 기록에 보이는 왜국은 야마토 정권이 주도하는 연합정권 내 북큐슈 세력이며, 왜왕 또한 북큐슈의 세력가로 파악된다(연민수, 1998: 396).

박제상이 미사흔을 탈출시키는 과정은 『삼국유사』(G-2)에 자세히 보인다. 그는 평소처럼 사냥을 하고 그날 밤에 미사흔과 그를 보좌해줄 강구려(康仇麗)를 탈출시키는 한편, 미사흔이 도망갈 수 있는 시간을 좀 더 벌기 위해 미사흔의 처소에 남았다. 그리고 평소 미사흔을 시중드는 사람에게 핑계를 대어 접근을 막았는데, 이튿날 이를 알게 된 왜왕이 뒤늦게 기병을 보내 미사흔을 쫓았으나 잡지 못하였다. 이로써 박제상은 눌지왕의 명령을 완수할 수 있었으며, 그의 활약으로 미사흔은 지금의 일본 북큐슈 지역을 떠나 무사히 신라로 귀국할 수 있었다.

박제상이 왜국에서 미사흔을 탈출시키는 모습은 고구려 때와는 정반대로 논리적인 설득에 의한 것이 아니라 기만전술을 바탕으로 한 작전에 의한 것이었다. 협상의 상황과 상대방에 맞춰 적절한 전략을 구사한 것이다. 그리고 이 과정에서 왜인들의 의심을 피하기 위해 자신의 가족들까지 투옥시키게 하고 왜국에 들어가서도 한가롭게 낚시를 하면서 자신들의 탈출의도를 철저하게 숨기는 치밀함을 부여 준다. 이러한 부분은 박제상이 협상가로서 전술적 역할을 수행하였다고 볼 수 있다. 그런데 일반적으로 협상가가 전술적 역할을 수행하는 것은 무력진압팀과 함께 작전을 수행하는 경우에 이루어지는데, 박제상의 경우에는 전술팀의 도움없이 적진에서 홀홀단신 이러한 작전을 수행했다는 것이 놀라울 따름이다.

라. 박제상의 죽음과 대아찬 추증

박제상은 재치와 기지를 발휘하여 미사흔을 신라로 보낼 수 있었으나, 정작 자신은 미사흔의 안전한 귀국 시간을 벌기 위해 왜국에 남을 수밖에 없었다. 결국 박제상은 왜에 붙잡히게 되었는데, 그 이후의 상황은 다음의 사료에서 확인할 수 있다.

H-1. (박)제상을 (왜)왕이 있는 곳으로 돌려보냈더니, 곧 (박제상을) 목도(木島)로 유배 보냈다. 얼마 있지 않아 사람을 시켜 땔나무에 불을 질러 전신을 불태우고, 후에 그의 목을 베었다. (눌지)대왕이 이 소식을 듣고 애통해 하고 대아찬(大阿湌)을 추증하였고 그 가족에게는 후하게 물품을 내렸다. 미사흔으로 하여금 (박)제상의 둘째 딸을 맞아 아내로 삼게 하여 그에게 보답하였다.[29]

H-2. 이에 제상을 가두어 두고 묻기를 "너는 어찌하여 너희 나라 왕자를 몰래 보내었느냐?"라고 하자 (제상이) 대답하기를 "나는 오로지 계림의 신하이지 왜국의 신하가 아니오. 나는 단지 우리 임금의 소원을 이루게 했던 것뿐이오. 어찌 당신에게 말할 수 있었겠소"라고 하였다. 왜왕은 노하여 이르기를 "이미 너는 나의 신하가 되었는데도 감히 계림의 신하라고 말하느냐. 그렇다면 반드시 오형(五刑)을 모두 쓸 것이나 만약 왜국의 신하라고 말을 한다면 필히 후한 녹을 상으로 줄 것이다." (제상이) 대답하기를 "차라리 계림의 개나 돼지가 될지언정, 왜국의 신하는 되지 않겠다. 차라리 계림의 형벌을 받을지언정 왜국의 작록은 받지 않겠다"라고 하였다. (왜)왕이 노하여 제상의 발 가죽을 벗기고 갈대를 베어 그 위를 걷게 하였다[지금 갈대의 붉은 빛깔이 나는 것은 제상의 피라고 한다]. (왜왕이) 다시 물어 이르기를 "너는 어느

29) "堤上 於王所則流於 木島 未幾使人以薪火燒爛支體然後斬之 大王聞之哀慟追贈大阿湌厚賜其家使 未斯欣 娶其 堤上 之第二女爲妻以報之"(『삼국사기』 권45, 열전5 박제상)

나라 신하인가?"라고 하자, (제상이) "나는 계림의 신하다."라고 하였다. (왜왕은) 쇠를 달구어 그 위에 제상을 세워 놓고 묻기를 "너는 어느 나라 신하인가?"라고 하자, (제상이) "나는 계림의 신하다."라고 하였다. 왜왕은 제상을 굴복시키지 못할 것을 알고 목도(木島)라는 섬에서 불 태워 죽였다. 미해는 바다를 건너와서 강구려를 시켜 먼저 나라 안에 사실을 알렸다. 눌지왕은 놀라고 기뻐서 백관들에게 명하여 굴헐역(屈歇驛)에서 맞이하게 하였고 왕은 아우 보해와 더불어 남교(南郊)에서 맞이하였다. 대궐로 맞아 들여 잔치를 베풀고 국내에 대사면령을 내리고, 제상의 아내를 국대부인(國大夫人)으로 봉하고, 그의 딸을 미해공(美海公)의 부인으로 삼았다. 논하는 자가 말하기를 "옛날 한(漢)나라 신하인 주가(周苛)가 영양(滎陽) 땅에 있다가 초나라 군사에게 잡힌 일이 있습니다. 이때 항우(項羽)가 주가를 보고 말하기를, '네가 만일 내 신하 노릇을 한다면 만록후(萬祿侯)에 봉해 주겠다'하니 주가는 꾸짖으며 굴복치 않고 초왕 항우에게 죽음을 당했습니다. 이번 제상의 충정과 죽음은 주가에 못지않습니다."라고 하였다.30)

위의 사료 H-1(『삼국사기』)에 따르면 박제상은 미사흔을 구출

---

30) "於是囚 堤上 問曰汝何竊遣汝國王子 耶 對曰臣是 雞林 之臣非 倭 國之臣今欲成吾君之志耳何敢言於君乎 倭 王怒曰今汝已爲我臣而言 雞林 之臣則必具五刑若言 倭 國之臣者必賞重祿對曰寧爲 雞林 之大㹠不爲 倭 國之臣子寧受 雞林 之箠 楚 不受 倭 國之爵祿王怒命屠剥 堤上 脚下之皮刈蒹葭使趨其上 今蒹葭上有血痛 俗云 堤上 之血 更問曰汝何國臣乎曰 雞林 之臣也又使立於熱鐵上問何國之臣乎曰 雞林 之臣也 倭 王知不可屈燒殺於 木島 中 美海 渡海而來使 康仇麗 先告於國中王驚喜命百官迎於 屈歇驛 王與親弟 寶海迎於南郊入闕設宴大赦國内冊其妻爲國大 夫人 以其女子爲 美海 公 夫人 議者曰昔 漢 臣 周 苛在滎 陽爲 楚 兵所虜 項羽 謂 周 苛曰汝爲我臣封爲万祿侯 周 苛罵而不屈爲 楚 王所殺 堤上 之忠烈無怍於 周 苛矣"(『삼국유사』 권1, 기이1 내물왕김제상)

시킨 직후 왜의 군사에게 붙들려 왜왕에게 잡혀갔다. 그리고 왜왕은 박제상을 목도(木島)라는 섬으로 유배를 보낸 후, 화형(火刑)에 처한 다음 다시 그의 목을 베었다고 한다.

한편 『삼국유사』에서는 박제상의 죽음에 대해 좀 더 구체적인 내용을 전하고 있다. 왜왕은 왜국의 신하가 되어달라고 하며 박제상의 충절을 계속해서 시험하였는데, 박제상은 차라리 신라의 개나 돼지가 될지언정 왜국의 신하는 되지 않았다고 하며 거절하였다. 이에 왜왕은 박제상의 발 가죽을 벗겨 갈대 위를 걷게 하였고, 또 쇠를 달구어 박제상을 그 위에 세워놓기도 하였다. 하지만 박제상이 끝까지 굴복하지 않자, 왜왕은 결국 목도(木島)에서 불태워 죽였다고 한다.

대체로 『삼국유사』의 내용은 후대에 그 이야기가 전승되는 과정에서 많은 설화적 윤색이 가해졌던 것으로 이해되고 있다. 즉 박제상이 왜왕에게 문초를 당하면서 한 이야기는 그의 영웅적인 행적을 빛나게 하기 위해서 조작된 것이라고 보는 것이다.[31] 하지만 이 내용 또한 후대의 전승 과정에서 덧붙여졌다는 점을 고려해 본다면, 후대에 박제상이 '충절을 지킨 신라인의 표상'으로서 인식되고 있었다는 점은 분명하다.

눌지왕은 두 왕자의 구출 임무를 성공적으로 완수하고 장렬히 전사한 박제상에게 대아찬(大阿湌)이라는 벼슬을 추증하였다. 대아찬(大阿湌)은 신라 17관등 중 5번째 관등에 해당되는데, 신라 진골귀족만이 오를 수 있는 관등이기도 했다. 박제상이 진골귀족이 아님에도 불구하고 진골귀족만이 받을 수 있는 대아찬에 추증되었다는 점은, 신라 당대에 있어서도 상당히 파격적인 대

31) 강종훈, 2011, 「『삼국사기』 열전에 보이는 4~5세기 신라인의 활약상」, 『신라문화』 38, 13쪽.

우라고 할 수 있다.[32)]

또한 눌지왕은 박제상의 부인을 국대부인(國大夫人)으로 봉하는 한편, 박제상의 딸을 미사흔과 혼인시킴으로서 박제상 가문을 왕실의 인척으로 삼았다. 이와 같은 눌지왕의 포상은 박제상 가계를 비롯한 박씨 세력에 대한 파격적인 대우로서, 그만큼 눌지왕이 박제상의 외교적 성과와 충절을 매우 높이 평가했다고 볼 수 있다.

박제상의 외교적 활약과 그 성과는 곧 신라 정국(政局)의 안정으로 이어졌다. 이후 눌지왕은 귀환한 복호 · 미사흔과 함께 김씨 세력을 중심으로 하는 왕권의 안정화를 이룩할 수 있었으며, 점차 고구려의 간섭으로부터 벗어날 수 있는 초석을 다질 수 있었다. 결국 박제상이 완수했던 인질 구출 임무는 '형제간의 만남'이라는 눌지왕의 개인적인 문제를 해결해주었을 뿐 아니라, '왕권의 안정과 탈(脫)고구려화'라는 국가적 기반을 마련하게 된 중요한 계기가 되었다고 할 수 있다.

6) 맺음말

지금까지 박제상의 출자(出自)와 신분, 5세기 초 신라의 대내외적 상황과 박제상의 위기협상 활동을 살펴보았다. 비록 간략하게 남아있는 사료를 통해 박제상의 위기 협상 활동을 살펴보았지만, 그 속에서 박제상의 탁월했던 위기협상 능력과 외교적 수완을 확인할 수 있었다. 5세기 초 신라는 고구려에게 대내외

32) 물론 신라 17관등은 법흥왕 7년(520)에 제정되었다고 보는 것이 일반적이다. 다만 위의 사료에서 진골귀족이 아니었던 박제상을 대아찬으로 삼았다는 것은 눌지왕대에 본래의 규정 그 이상으로 박제상을 추증한 것이라고 여겨진다.

적으로 종속되어 있었던 어려운 상황이었으나 눌지왕에 의해 새롭게 발탁된 박제상은 고구려에 사신으로 파견되어 장수왕과의 면담에서 복호의 귀환을 이끌어냈다. 또한 왜국에 인질로 잡혀있던 미사흔을 구출하는 과정에서는 정상적인 외교 루트를 통해 원하는 목적을 이끌어낼 수 없었던 상황을 직시하고, '왜에 대한 기만'이라는 치밀한 계획과 전술을 준비하여 왜왕의 신임을 받아 미사흔을 무사히 귀환시켰다. 비록 박제상은 왜에 붙잡혀 장렬하게 죽음을 맞이하였지만, 오히려 그 과정에서 신라에 대한 충절을 보임으로써 후대에 그의 이름을 강렬하게 남길 수 있었다.

위기협상의 측면에서 보면 박제상은 위기협상가가 갖추어야 할 덕목들을 모두 갖추고 있다고 할 수 있다. 우선 위기협상가는 대상자를 정확히 파악해야 하는데 박제상은 고구려 장수왕과 왜왕에 대한 정확한 대상자 분석을 실시하고 이에 따라 협상 전략을 수립하였다. 두 번째로 위기협상가는 대상자를 설득하는 능력이 있어야 하는데 장수왕에게 단순히 왕자를 풀어달라고 부탁하는 것이 아니라 '구우일모'라는 대조의 효과를 이용하여 설득하는 탁월함을 보였다. 세 번째로 위기협상에서는 대화와 설득을 통한 해결이 어려울 경우 전술팀을 투입하는 등 다른 방법을 통한 해결을 도모해야 할 경우가 있는데 고구려의 경우와 달리 왜에 대해서는 기만 전술을 사용하여 목적을 달성하는 지혜를 보여 주었다. 그리고 마지막으로 이 모든 능력이 있더라도 대상자의 생명을 구하고자 하는 간절한 마음과 나라에 대한 충성심이 없다면 인질 구출은 절대로 불가능하다고 할 수 있는데 박제상은 왜왕의 엄청난 고문과 협박에도 자신의 목숨을 초개와 같이 버려가면서 인질을 구출하는 동서고금을 통틀어 매우 보기 드문 희생정신과 용기를 발휘하였다.

세월호 사태에서 승객들의 안전을 책임져야 할 선장과 승무원들이 자신들만 살려고 먼저 탈출한 사건으로 인해 '대한민국 국민들이 다 이런 것인가? 우리 국민은 이것밖에 되지 않는가?'하는 자괴감마저 드는 상황에서 박제상을 통해 우리 민족이 본래 숭고한 희생정신과 탁월한 위기대응능력을 가진 민족임을 다시 한 번 확인하고, 박제상의 높은 뜻을 오늘에 이어받아 다시는 이런 일이 발생하지 않도록 최선의 노력을 경주해야 할 것이다.

부록 역할극 연습 예제

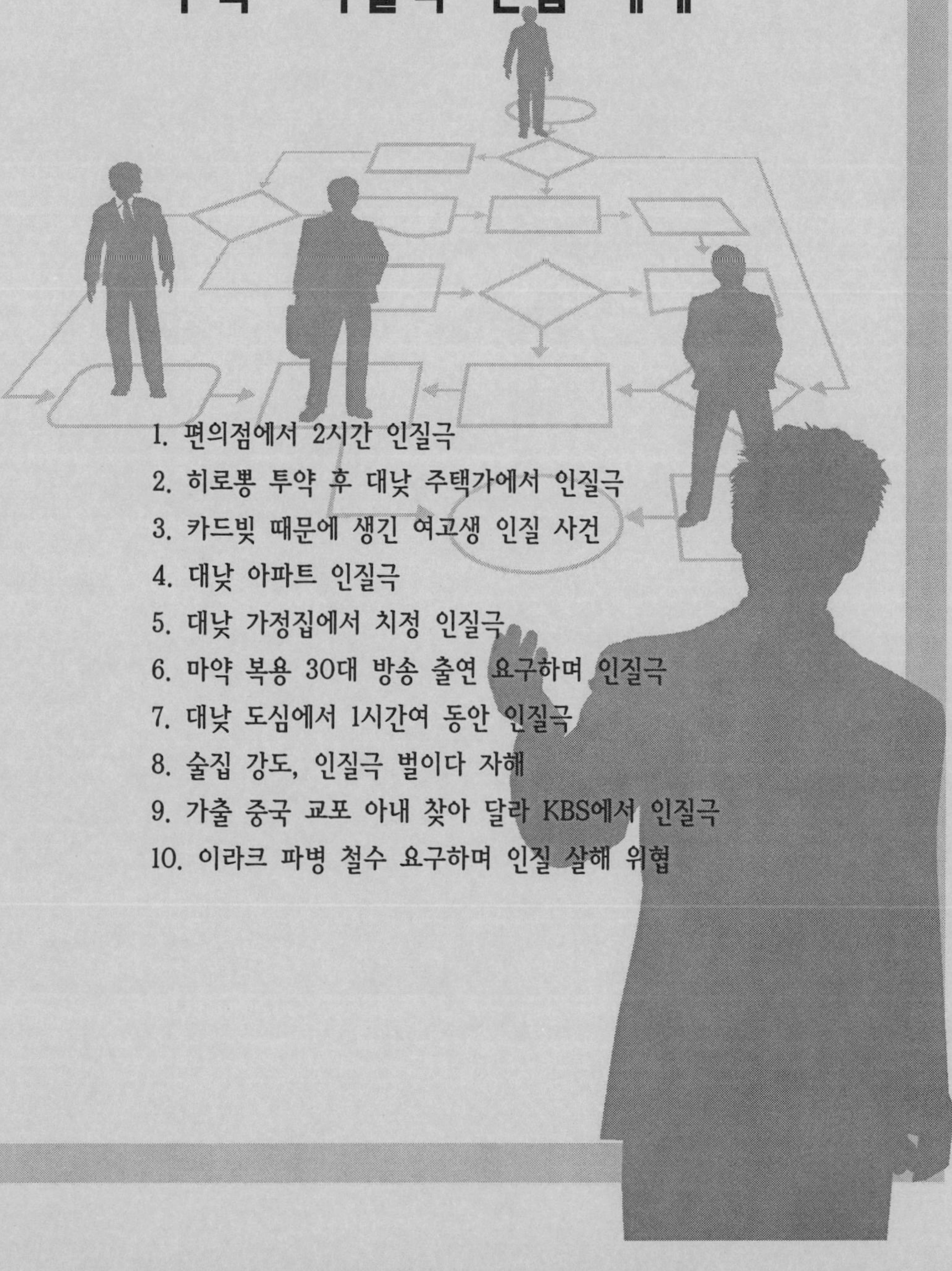

1. 편의점에서 2시간 인질극
2. 히로뽕 투약 후 대낮 주택가에서 인질극
3. 카드빚 때문에 생긴 여고생 인질 사건
4. 대낮 아파트 인질극
5. 대낮 가정집에서 치정 인질극
6. 마약 복용 30대 방송 출연 요구하며 인질극
7. 대낮 도심에서 1시간여 동안 인질극
8. 술집 강도, 인질극 벌이다 자해
9. 가출 중국 교포 아내 찾아 달라 KBS에서 인질극
10. 이라크 파병 철수 요구하며 인질 살해 위협

1. 편의점에서 2시간 인질극

○ 일 시 : 200X. X. XX. 오전
○ 장 소 : 서울 영등포구 대림1동 성모병원 부근 편의점
○ 협상대상 : 김××(남, 27세, 서울 구로구)
○ 인 질 : 손님 김○○(남, 37세, 서울 노원구)

현장 상황

이날 오전 7시 40분께 인질범 김씨는 손님으로 가장, 편의점에 들어와 물건을 고르는 척하다 갑자기 상품 진열대의 주방용 과도를 집어 들고 옆에 있던 손님 김씨를 붙잡고 감금한 채 인질극을 시작했다.

당시 편의점에는 종업원 2명이 있었으나 이들은 곧바로 바깥으로 대피해 다행히 화를 면했다.

〈절 취 선〉

상황 배경

인질범 김씨는 "오늘 아침 파출소 검문에 걸렸는데 경찰에 몇 차례 얻어맞아 화가 난 상태인데다, 아버지가 20년 동안 영안실에서 근무했던 병원 옆을 지나다 아버지가 병원에서 푸대접을 받았다는 생각에 근처 편의점에서 일을 저질렀다."고 말했다. 인질로 잡혔던 김씨는 "편의점에 김밥을 먹으러 들어갔다가 갑자기 목에 칼이 들어와 인질로 붙잡혔다."며 "처음 5분간은 무서웠으나 시간이 지나면서 인질범이 이름, 나이도 묻고 '형'이라고 부르고 해 위협감은 못 느꼈다."고 말했다.

2. 히로뽕 투약 후 대낮 주택가에서 인질극

○ 일　　시	200X. X. XX. 낮
○ 장　　소	서울 관악구 신림13동 노상
○ 협상대상	박××(남, 36세, 경남 의령군, 전과 10범)
○ 인　　질	한○○(남, 45세, 서울 관악구)

현장 상황

7일 낮 12시 50분께 서울 관악구 신림13동 654의 6번지 A교회 앞길에서 박모(36세, 무직, 경남 의령군, 전과 10범) 씨가 한모(45세, 세탁소 주인, 관악구 신림13동) 씨를 붙잡고 1시간여 동안 인질극을 벌였다.

이에 앞서 박씨는 이날 오전 11시 35분께 서울 관악구 신림7동 축협지점에 양손에 흉기를 들고 들어가 여직원을 위협, 현금을 요구하다가 축협 측의 신고로 경찰이 출동하자 신림13동까지 도주, R세탁소에 침입한 뒤 세탁소 주인 한씨를 인근 A교회 앞길까지 끌고 나와 인질극을 벌이며 경찰과 대치했다.

〈절 취 선〉

상황 배경

경찰 조사에서 박씨는 "어제(6일) 서울에 놀러 왔다가 내려갈 여비가 없어 축협 주변 식당에서 흉기를 훔쳐 축협을 털려고 했다."고 말했다.

경찰은 박씨 주머니에서 히로뽕 투여용 주사기 19개와 소량의 히로뽕이 나온데다가 스스로 이날 오전 7시께 히로뽕을 투약했다고 밝히고 있어 환각 상태에서 범행을 저지른 것으로 보고 히로뽕 투여 여부 등을 조사 중이다.

3. 카드빚 때문에 생긴 여고생 인질 사건

○ 일　　시 : 200X. X. XX. 저녁
○ 장　　소 : 서울 서초구 반포동 아파트 계단
○ 협상대상 : 홍××(남, 28세, 서울 성북구)
○ 인　　질 : 이○○(여, 17세, 서울 서초구, 고등학생)

현장 상황

30일 오후 8시 10분께 서울 서초구 반포동 S아파트 10동 6층 계단에서 홍모(28세, 무직, 서울 성북구 길음동) 씨가 친구를 만나기 위해 집을 나서 계단을 내려오던 이모(17세, S여고 3년) 양을 공기권총으로 위협하며 "빨리 집으로 안내하라."고 요구했다.

이양은 "집 열쇠를 경비실에 맡겨 놓았다."며 홍씨를 1층 경비실로 유인했고, 마침 아파트 앞에서 이양을 기다리던 같은 학교 친구 최모(17세, S여고 3년) 양이 이 장면을 목격, 경찰에 신고했다.

홍씨는 신고를 받은 경찰이 출동하자 1층 경비실에서 이양과 아파트경비원 이모(56) 씨를 인질로 붙잡고 30분 동안 경찰과 대치한 끝에 스스로 권총을 버리고 붙잡혔다.

〈절 취 선〉

상황 배경

홍씨는 경찰에서 "지난 10월 일자리를 잃은 뒤 카드빚 5백여만 원을 갚기 위해 부유층이 많은 강남의 아파트를 털어 돈을 마련하려고 일을 저질렀고, 범행에 사용한 사격 선수용 공기권총은 지난달 신문 광고를 보고 구입했다."고 밝혔다.

4. 대낮 아파트 인질극

○ 일　　시 : 199X. X. XX. 낮
○ 장　　소 : 서울 영등포구 여의도동 아파트
○ 협상대상 : 이××(남, 38세, 서울 양천구)
○ 인　　질 : 오○○(남, 8세, 서울)

현장 상황

이씨가 침입할 당시 조씨 집에는 조씨의 딸과 아들 및 오군 등 3명이 있었으며 조씨의 딸과 아들은 재빨리 대피, 경찰에 신고했다.

이씨는 주방에 있던 티스푼으로 오군을 위협, 건넌방으로 끌고 가 출동한 경찰과 30여 분 동안 대치, 체불 임금 1억 5천만원을 받게 해달라며 경찰서장과의 면담을 요구했다.

〈절 취 선〉

상황 배경

관할 영등포경찰서는 절도전과 8범인 이씨가 체불 임금을 받기 위해 인질극을 벌였다고 주장하고 있으나 지난 3월 교도소를 출소한 점을 감안, 강도짓을 하려다 적발되자 인질극을 벌인 것으로 보고 있다.

5. 대낮 가정집에서 치정 인질극

○ 일 시 : 199X. X. XX. 오전
○ 장 소 : 서울 강북구 수유동 카페
○ 협상대상 : 김××(남, 31세, 서울 성북구)
○ 인 질 : 박○○(남, 20세, 서울 성북구) 외 1

현장 상황

서울 강북구 수유5동 605 카멜레온 카페 4층 건물 2층 정모(40) 씨 집에 정씨와 내연 관계에 있던 김모(31세, 노동, 서울 성북구 하월곡동) 씨가 침입, 정씨의 아들 박모(20) 군과 박씨의 여자 친구 오모(20) 양 등 2명을 흉기로 위협, 인질로 잡고 경찰과 대치했다.

김씨는 정씨를 집에 들여보내 줄 것을 요구하다 받아들여지지 않자 박씨의 옆구리와 어깨, 배 등을 흉기로 찔러 중태에 빠뜨리고 오양에게도 흉기를 휘둘러 상처를 입혔다.

〈절 취 선〉

상황 배경

김씨는 체포 직후 "지난해 9월부터 정씨가 운영하는 단란주점에서 만나 내연의 관계를 맺으며 사귀어 오다 최근 정씨가 만나주지 않는 데 앙심을 품고 범행을 저질렀다."고 말했다.

정씨는 지난해 남편과 별거한 뒤 서울 도봉구 방학동 H카페를 운영하며 아들 박씨와 함께 지내왔다.

6. 마약 복용 30대 방송 출연 요구하며 인질극

○ 일　　시 : 200X. X. XX. 오전	
○ 장　　소 : 서울 영등포구 여의도동 서울방송 옆 주유소	
○ 협상대상 : 김××(남, 38세, 서울 강남구, 마약 중독자)	
○ 인　　질 : 홍○○(여, 23세, 서울 광진구)	

현장 상황

서울 영등포구 여의도동 서울방송 옆 L주유소 앞에서 대마초를 복용한 김모(38세, 무직, 서울 강남구 삼성동) 씨가 출근 중이던 홍모(23세, 회사원, 서울 광진구 광장동) 씨를 흉기로 위협, 인질로 삼은 뒤 "방송국 인터뷰를 원한다."고 소리를 지르며 난동을 벌였다.

김씨는 검거 과정에서 흉기로 자신의 왼쪽 허벅지를 찌르는 자해 행위도 했다.

홍씨는 "주유소 앞을 지나가는데 갑자기 김씨가 나타나 흉기를 목에 들이대면서 '협조만 잘하면 다치지 않을 것'이라고 협박해 아무런 저항도 못했다."고 말했다.

〈절 취 선〉

상황 배경

조사 결과 차량 절도, 「도로교통법」 위반 등 혐의로 수배 중인 김씨는 "마약 중개상들이 나를 마약 중독자로 만들고 주위 사람들에게 피해를 주었는데 관계 당국의 수사가 미진해 방송을 통해 항의하고 싶었다."고 말했다.

7. 대낮 도심에서 1시간여 동안 인질극

○ 일　　시 : 199X. X. XX. 오후
○ 장　　소 : 서울 종로구 세종로 정부종합청사 옆 도로
○ 협상대상 : 권××(남, 56세, 경기 성남시 수정구, 정신 질환자)
○ 인　　질 : 다수의 버스 승객

현장 상황

서울 종로구 세종로 77 정부종합청사와 교통방송 건물 사잇길 왕복 2차선 도로에서 권모(56세, 경기도 성남시 수정구 태평2동) 씨가 동성교통 소속 45-1번 좌석버스 운전기사 이모(31) 씨와 승객 등 34명을 인질로 잡고 1시간 20여 분 동안 인질극을 벌였다.

권씨는 운전기사 바로 뒷좌석에 앉아 있다가 성남과 광화문을 운행하는 이 버스가 광화문을 지날 때 갑자기 일어나 20cm 길이의 과도로 운전기사 이씨를 위협, 버스를 정부종합청사 옆길로 끌고 가 정차시켰다.

승객 박모(40세, 대한뉴스 기자) 씨는 "버스가 광화문에서 좌회전하려는 순간 권씨가 갖고 있던 가방에서 칼을 꺼내며 가방 안에 사제 폭탄이 있다고 운전사를 협박해 차를 세웠다."고 말했다.

권씨는 이어 "사제 폭발물을 갖고 있다. 억울한 사연이 있으니 대통령이나 청와대 비서실장을 만나게 해달라."고 요구하며 신고를 받고 출동한 경찰과 1시간 넘게 대치했다.

〈절 취 선〉

상황 배경

경찰 조사 결과 권씨가 소지한 가로 20cm, 세로 30cm, 두께 10cm 크기의 폭발물은 지난 90년까지 20여 년 동안 배관공으로 일하면서 익힌 기술을 살려 지난해 8월 폭죽 등을 시중 문방구에서 구입, 제조한 것으로 드러났다.

지난 87년 부인과 사별하고 D대에 다니는 장남 등 2남 1녀를 두고 있는 권씨는 91년 중소 전자업체인 태양통신에서 이른바 '얼굴마담' 사장으로 행세하면서 고의로 어음을 부도내 92년 6월부터 2년 6개월 동안 수원교도소에서 복역한 뒤 출소, 곧바로 국립정신병원에 입원해 6개월 동안 치료를 받은 것으로 밝혀졌다.

경찰은 권씨가 "억울한 일이 있다. 빨갱이를 처단해야 한다."는 등 횡설수설하고 있는 점으로 미루어 정신 이상자일 가능성이 높은 것으로 보고 일단 정신 감정을 의뢰했으며 감정 결과에 따라 사법 처리 여부를 결정키로 했다.

8. 술집 강도, 인질극 벌이다 자해

○ 일 시	: 199X. X. XX. 새벽
○ 장 소	: 서울 영등포구 신길6동 주점
○ 협상대상	: 노××(남, 23세, 주거 부정)
○ 인 질	: 안○○(여, 29세, 서울 영등포구)

현장 상황

노씨는 지난달 31일 오후 11시 30분께 서울 영등포구 신길6동 D소주방에서 혼자 술을 마시던 중 주방에 있던 흉기로 혼자 있던 주인 안모(29세, 서울 영등포구 신길3동) 씨의 팔을 찌르고 현금 8만 6천 원을 빼앗은 뒤 성폭행하려 했다. 노씨는 안씨의 비명소리를 들은 아래층 호프집 종업원의 신고를 받고 출동한 경찰과 1시간여 동안 안씨를 인질로 잡고 대치하고 있다.

〈절 취 선〉

상황 배경

노씨는 안씨의 비명소리를 들은 아래층 호프집 종업원의 신고를 받고 출동한 경찰과 1시간여 동안 안씨를 인질로 잡고 대치하다 깨진 유리병으로 자신의 오른쪽 팔을 그어 인근 병원 응급실로 옮겨져 치료를 받고 있으나 중태이다.

9. 가출 중국 교포 아내 찾아 달라 KBS에서 인질극

○ 일　　시 : 199X. X. XX. 오후
○ 장　　소 : 서울 영등포구 여의도동 한국방송
○ 협상대상 : 허××(남, 32세, 경기도 양평군)
○ 인　　질 : 정○○(남, 50세, 경비원)

현장 상황

허씨는 이날 오전 6시 30분께 서울 영등포구 여의도동 KBS 신관 1층에서 근무 중이던 경비원 정모(50) 씨를 흉기로 위협, 인질로 잡은 뒤 "가출한 아내를 찾아야 하니 생방송이 가능한 보도국으로 가자."며 비상계단을 통해 정씨를 4층으로 끌고 가 20여 분간 인질극을 벌이고 있다.

―――――――――――〈절 취 선〉―――――――――――

상황 배경

경찰 조사 결과 허씨는 무역업을 하는 이모(37) 씨의 소개로 지난해 12월 중국 길림성 용정시에서 김설화(23) 씨를 만나 지난 6월 13일 결혼했으나 지난 10월 6일 김씨가 아무런 이유도 없이 가출, 김씨를 찾기 위해 이 같은 소동을 벌였다고 한다.

10. 이라크 파병 철수 요구하며 인질 살해 위협

○ 일　　시 : 200×. ×. ×. 오후
○ 장　　소 : 인천광역시 중구 운서동 인천국제공항 주기장 내
○ 협상대상 : 숫자 미상의 무장한 중동계 외국인 다수
○ 인　　질 : 대한항공 KE-×××편 승무원 및 승객 289명

현장 상황

홍콩발 한국 인천행 비행기가 승객으로 가장한 무장한 중동계 외국인들에 의해 공중 납치되어 인천공항에 비상 착륙하였다. 현재까지 납치 단체, 납치 이유, 무장 여부, 납치범의 숫자 등 알 수 있는 정보는 전혀 없다.

비상 착륙시 기장이 "무장한 테러리스트들이 타고 있다. 비행기에 폭탄이 있다. 비상 착륙을 요청한다."라고 말하며 착륙을 요청했다.

비행기는 격리 주기장으로 옮겨졌고 동시에 공항 관계자, 항공사 관계자, 국내외 언론, 탑승객의 가족들, 경찰 특공대, 국정원, 군 기관, 공항 소방대, 고위 관리, 정치인, 주한 외국공관 관계자 등이 공항으로 몰려들고 있다.

테러리스트들은 한국의 즉각적인 철군을 요구하고 있고, 요구가 받아들여지지 않으면 폭탄을 터트려 모두 죽이겠다고 기장을 통해 관제탑으로 일방적으로 메시지를 전달한 후 현재 응답이 없는 상태이다.

※ 협상 과정 중 예상되는 모든 문제 상황을 설정하여 그에 따른 조치 사항을 협상팀의 입장에서 제시하고, 협상 업무 외의 문제 상황에 대해서는 어떻게 지휘부나 관계 책임 기관에 조치를 취하도록 요구할 것인지를 관련 유관 기관, 언론 기관, 시민, 인질 가족 등 구분하여 제시하도록 하시오.

참고문헌

〈국내 문헌〉

경찰청. 경찰통계연보(1994~2004). 서울: 경찰청.

경찰청. 위기협상기법(2005). 경찰청.

김덕영(2004). 수원시 자살예방사업 정책토론회. 수원시자살예방센터.

김영욱 · 허태균(2004). 『자살과 미디어; 한국 일간신문의 자살보도』.

남윤영(2005). 『우리나라 자살의 경향과 특징』. 연세대학교 의과대학 정신과학교실.

박상칠 · 조용범(1998). 『자살, 예방할 수 있다』. 서울: 학지사.

손현균 · 김이현 · 안동현(1997). 『한국의 동반자살: 신문보도를 통해 본 동반자살의 분석』. 정신건강연구, 제16집. 한양대 정신건강연구소.

심영희(1986). 『한국사회의 자살: 사회학적 관점에서 본 이론과 실태』. 정신건강연구, 제4집. 한양대 정신건강연구소.

이장희 · 박계열 · 이혜리 · 윤방무 외 5인(1990). 『자살 기도자에 대한 사회 정신의학적 연구』. 가정의학회지, 제11권 3호.

전우택(2004). 『자살 예방 국가 정책 개발 연구』. 자살 예방 국가 전략을 위한 전문가 대토론회.

통계청. 사망원인통계결과(2001~2003). http://www.nso.go.kr.

Jamieson, K. R.(2004). 『개인적이고 사회적이며 생물학적인 자살의 이해(원제: Night Falls Fast)』. 이문희 옮김. 뿌리와 이파리.

〈외국 문헌〉

American Psychiatric Association (1994). *Post-traumatic stress disorder*. In Diagnostic and Statistical Manual of Mental Disorders(4th ed., p.424). Washington, DC: APA.

American Psychiatric Association (2000). *Diagnostic and statistical manual of mental disorders*(4th ed., text revision). Washington. DC: American Psychiatric Association.

Anonymous (2004). *The 9.11 Commission report: Final report of the national commission on terrorist attacks upon the United States*. New York: Norton.

Armstrong, K. (2000). *Islam*. New York: The Modern Library.

Atran, S. (2003). *Genesis of suicide terrorism*. Science 299:1534-9.

ASIST. (2003, March). *Applied Suicide Intervention Skills Training*. Workshop conducted by the Baton Rouge Crisis Intervention Center, Baton Rouge, LA.

Averill, J. R. (1992). The structural bases of emotional behavior: A metatheoretical analysis. In M. S. Clark (Ed.), Emotion(pp. 191-198). Needham Heights, MA: Ginn.

Barsky, A. E. (1996). *Mediation and empowerment in child protection cases.* Mediation Quarterly, 14(2), 111-134.

Blau, T. H. (1994). *Psychological services for law enforcement.* New York, NY: Wiley.

Boardman, S. K., & Horowitz, S. V. (Eds.) (1994). Constructive conflict management: An answer to critical social problems. Journal of Social Issues, 50(1), 1-244.

Bohl, N. K. (1995). Professionally-administered critical incident debriefing for police officers. In M. I. Kurke & E. M. Scrivner (Eds.), Police psychology into the 21st century(pp. 149-188). Hillsdale, NJ: Lawrence Erlbaum.

Bollinger, L. A. (1963). *Die entrwicklung zu terroristischem handeln als psychosozialer prozess: begegnungen mit beteiligten.* In Analyzen zum terrorismus 2: Lebenslaufanalysen, edited by H. Jager, G Schmidtchn, and L. Sullwold. Darmstadt, Germany: DeutcherVerlag.

Bohl, N. K. (1992). *Hostage Negotiator Stress.* FBI Law Enforcement Bulletin, February, Vol. 59, No. 2, pp.20-22.

Borum, R., & Strentz, T. (1992), The borderline personality. FBI Law Enforcement Bulletin, 61, 6-10.

Bossy, J. (Ed) (1983). *Disputes and settlements: Law and human relations in the west.* Cambridge: Cambridge University Press.

Burgoon, J. K., & Hale, J. L. (1987). Validation and measuremnet of the fundamental topoi of relational communication. Communication Monographs, 54; 19-41.

Bush, R. A. B., & Folger, J. P. (1994). *The promise of mediation: Responding to conflict through empowerment and recognition.* San Francisco: Jossey-Bass.

Cacioppo, J. T., Bernston, G. G., & Klein, D. J. (1992). What is an emotion? The role of somatovisceral afference, with special emphasis on somatovisceral "illusions." Review of Personality and Social Psychology, 14, 63-98.

Cannon, W. B. (1929). Bodily changes in pain, hunger, fear and rage. New York: Appleton-Century.

Carey, B. (2002). *Method without madness?* Los Angeles Times, July 7. 1.

Cooper, H.H.A. (1997). What is a terrorist: A psychological perspective. Legal Medical Quarterly 1:16-32.

Crenshaw, M. (1981). *The causes of terrorism.* Comparative Politics 13:379-99.

Crenshaw, M. (1992). How terrorist think: What psychology can contribute to understanding terrorism. In Terrorism: Roots, impact, responses, edited by L. Howard. New York: Praeger.

Davies, J. C. (1973). *Aggression, violence, revolution and war.* In Handbook of political psychology, edited by J. N. Knutsen, 234-60. San Francisco: Jossey-Bass.

Dennis, H. S., Hart, R. P., & Knapp, M. L. (1974). An exploration of deception as a communication construct. Human Communication Research, 1, 15-29.

Divasto, P., Lanceley, F. J., & Gruys, A. (1992). "Critical issues in Suicide Intervention," FBI Law Enforcement Bulletin, August, pp. 13-16.

Donohue, W. A. (1992, June). Relational development in negotiation, paper presented to the International Association for Conflict Management, Den Holder, Netherlands.

Donohue, W. A. & Ramesh, C. (1992). Negotiator-opponent relationships. In L. L. Putnam & M. E. Roloff (Eds.), Communication and negotiation, (pp. 209-232). Newbury Park, CA: Sage.

Donohue, W. A. & Ramesh, C., & Borchgrevink, C. (1991). Crisis bargaining: Tracking relational paradox in hostage negotiation. International Journal of Conflict Management, 2, 257-274.

Donohue, W. A., Lyles, J., & Rogan, R. G. (1989). Issue development in divorce mediation. Empirical Research in Divorce and Family Mediation, 24, 19-28

Douglas, J. D. (1967). *The social Meaning of Suicide*. New Jersey: Priceton University Press.

Druckman, D. (1993). An analytical research agenda for conflict and conflict resolution. In D. J. D. Sandole & H. van der Merwe (Eds.). Conflict resolution theory and practice: Integration an application. Manchester, UK: Manchester University Press.

Eaton, Y., & Ertl, B. (2000). *The comprehensive crisis intervention model of Community Integration*, Inc. Crisis Services. In A. R. Roberts(Ed.), *Crisis intervention handbook: Assessment, treatment, and research*(2nd ed., pp.373-387). New York: Oxford University Press.

Ellis, D., & Struckless, N. (1996). Mediatijng and negotiating marital conflicts. Thousand Oaks, CA: Sage.

Erikson, E. (1959). *Identity and the life cycle*, 171. Psychological Issues Monograph 1. New York: International University Press.

Ewing, C. P. (1978). *Crisis intervention as psychotherapy*. New York: Oxford University Press.

FBI Law Enforcement Bulletin, (1998, Oct.). 23rd. pp.20-24.

Ferracuti, F. (1982). *A sociopsychiatric interpretation of terrorism.* Annals of the American Academy of Political and Social Science 463:129-40.

Fisher, R., Ury, W. & Patton, B. (1997). Getting to yes: Negotiating agreement without giving in (3rd ed.). New York: Penguin.

Folger, J. P., Poole, M. S., & Stutman, R. K. (1993). Working through conflict (2nd ed.). New York: HarperCollins.

Frances, A. J. & Katz, S. E. (1986). Treating a young woman with a mix of affective and personality disorders, Hospital and Community Psychiatry 1986:37(4) 331-333.

Franks, L. (1996). Don't shoot: In the FBI, patience comes first. Annals of Law Enforcement. The New Yorker 26-31.

Fyer, M. R. & Frances. A. J. (1988). Suicide attempts in patients with borderline personality disorder. American Journal of Psychiatry 1988:145(6) 737-739.

Greenstone, J. L. (1995). Tactics and negotiating techniques(TNT): The way of the past and the way of the future. In M. I. Kurke & E. M. Scrivner (Eds.), Police psychology into the 21st century. Hillsdale, NJ: Lawrence Erlbraum, pp.363-364.

Greenstone, J. L. (2005). *The elements of police hostage and crisis negotiations: Critical incidents and how to respond to them.* New York, NY: Haworth Press.

Grossman, D. (1995). *On killing: The psychologica cost of learning to kill in war and society.* Boston: Little, Brown.

Hacker, F. J. (1976). *Crusaders, criminals, crazies: Terror and terrorism in our time.* New York: Norton.

Hammer, M. R., Van Zandt, C. R., & Rogan, R. G. (1994). Crisis/hostage negotiation team profile of demographic and functional characteristics. FBI Law Enforcement Bulletin, 63, 8-11.

Hare, R. D. (1986). *Twenty years of experience with the Cleckley psychopath.* In W. H. Reid, D. Dorr, J. I. Walker, & J. W. Bonner(Ed.), *Unmasking the psychopath*(pp.3-27). New York, NY: Norton.

Hare, R. D. (1988). *Psychopathy, affect, and behavior.* In D. J. Cooke, A. E. Forth, & R. D. Hare(Eds.), *Psychopathy: Theory, research, and implications for society*(pp.105-137). Dordrecht: Kluwer.

Harmon. C. C. (2000). *Terrorism today.* London: Frank Cass.

Harris & Barraclough (1997). *Suicide as an Outcome for Mental Disorders: A Meta-Analysis.* British Journal of Psychiatry, 170.

Hatcher, Mohandie, Turner, and Gelles (1998). *The Role of Psychologist in Crisis Negotiation.* Behav. Sci Law, 16, 455-472.

Heskin, K. (1984). *The psychology of terrorism in Ireland.* In Terrorism in Ireland, edited by Y. Alexander and A. O'Day. New York: St. Martin's.

Hocking, J. E., & Leathers, D. (1980). Non-verbal indicators of deception: A new theoretical perspective. Communication Monographs, 47, 119-131.

Holmes, M. E., & Fletcher-Bergland, T, (1995). Negotiations in crisis. In A. Nicotera (Ed.), Studying interpersonal interaction (pp. 286-302). New York: Guilford Press.

Holmes, T., and Rahe, R. (1967). *The Social Readjustment Rating Scale.* Journal of Psychosomatic Research, Vol. 11, pp.213-218.

Honing, A. L. (2001). *Police Assisted Suicide: Identification, intervention, and Investigation.* The Police Chief, October.

Horney, K. (1945). Our inner conflicts: A constructive theory of neurosis. New York W. W. Norton.

Hubbard, D. G. (1971). *The skyjacker: His flights of fantasy.* New York: Macmillan.

Hutson, H. H., Anglin, D., Yarbough, J., Hardaway, K., Russell, M., Strote, J., Gantur, M., and Blum, B. (1998). "Suicide by Cop," Annals of Emergency Medicine, December, pp, 665-669.

Izard, C. E. (1990). Facial expressions and the regulation of emotions. Journal of personality and Social Psychology, 58, 87-498.

Jager, H., G. Schmidtchen, and L. Sullwold, eds. (1981). Analyzen zum Terrorism 2: Lebenslaufanalysen. Darmstadt, Germany: DeutscherVerlag.

Jeff Victoroff (2005). *The Mind of the Terrorist, Journal of Conflict Resolution*, Vol. 49, NO 1, February 2005. 3-42.

Jobes, D. A., Berman, A. L., & Martin, C. E. (2005). *Adolescent suicidality and crisis intervention.* In A. R. Roberts(Ed.), *Crisis intervention handbook: Assessment, treatment and research* (3rd ed., pp.395-415). New York: Oxford University Press.

Kelly. R. J,. and R. W. Rieber. (1995). *Psychosocial impacts of terrorism and organized crime: The counterfinality of the practico-inert.* Journal of Social Distress and the Homeless 4:265-86.

Kepel. G. (2002). *Jihad: The trail of political islam.* Cambridge, MA: Belknap.

Kohut, H. (1972). *Thought on narcissism and narcissistic rage.* Psychoanalytic Study of the Child 27:360-400.

Laabs, D., and T. McDermott. (2003). *Prelude to 9.11: A hijacker's love, lieds.* Los Angeles Times, January 27, 1. Laqueur, W. 1987. The age of terrorism. Boston: Little, Brown.

Lanceley, F. J. (2003). On-Scene Guide for Crisis Negotiators. CRC Press.

Mandler, G. (1980). The generation of emotion: A psychosocial theory. In R. Plutchik & H. Kellermann (Eds.), Emotion: Theory research and experience (pp. 219-243). New York: Academic Press.

Marshall, T., and J. Danizewski. (2001). *Pakistan's Muslim schools offer a dark view of U.S.* Los Angeles Times, September 9, A1.

McMains, M. J. (1988a). *Expanding the psychologist's role in hostage negotiations*, Journal of police and Criminal Psycholoty 4, 1-8.

McMains. M. J. (1988b). *Psychologists' roles in hostage negotiations.* In J. T. Reese & J. M. Horn (Eds.), *Police psychology: Operational assistance* (pp.281-318). Washington, DC: US Government Printing Office.

McMains, M. J. & Mullins, W.C. (1996). *Crisis negotiations: Managing critical incidents and situations in law enforcement and corrections.* Cincinnati, OH: Anderson.

McMains. M. J. and W. C. Mullins. (2001). *Crisis negotiations: Managing critical incidents and hostage situations in law enforcement and corrections.* 2d ed. Cincinnati: Anderson Publishing Co.

McMins, M. J. & Mullins, W. C. (2001). *Crisis Negotiations: Managing Critical Incidents and Hostage Situations in Law Enforcement and Corrections.* Cincinnati, OH: Anderson Publishing.

Merari, A. (1998). *The readiness to kill an die: Suicide terrorism in the Middle East.* In Origins of terrorism: Psychologies, ideologies, theologies, states of mind, edited by W. Reich, 192-207. Washington, DC: Woodrow Wilson Center Press.

Metts S., & Bowers, L. E. (1994). *Emotion in interpersonal communication.* In M. L. Knapp & G. R. Miller(Eds), Handbook of interpersonal communication(pp.508-541). Thousand Oaks, CA: Sage.

Miller, L. (2007), *Negotiating with Mentally Disordered Hostage Takers; Guiding Principles and Practical Strategies*, Journal of Police Crisis Negotiation, Vol. 7, pp.63-82.

Mitchell, J. T. (1993, January 12). *Lecture during Basic CISD Course.* University of Maryland, Baltimore Campus.

Mitchell, J. T., and Bray, G. P. (1990). *Emergency Services Stress: Guidelines for Preserving the Health and Careers of Emergency Services Personnel.* Englewood Cliffs, NJ: Prentice Hall.

Mitchell, J. T., and Everly, G. S. (1994). *Critical Incident Stress Debriefing: The Basic Course Workbook.* Ellicott City, MD: International Critical Incident Stress Foundation.

Monahan, J. (1992). *Mental Disorder and Violent Behavior: Perceptions and Evidence.* American Psychologist, Vol. 47, pp.511-521.

Mosciki, E. K. (1995). *Epidemiology of suicide behavior, In Suicide Prevention: Toward the Year 2000*, eds. Morton M. Silverman and Ronald W. Maris. New York: The Guilford Press. 10-21.

Myer, R. A. (2001). Assessment for crisis intervention: A triage assessment model. Belmont, CA: Wadsworth, Brooks/Cole.

Myer, R. A., Williams, R. C., Ottens, A. J., & Schmidt, A. E. (1992). *Crisis assessments: A three-dimensional model for triage.* Journal of Mental Health Counseling, 14, 137-148.

Noesner, G. W. (1999). *Negotiation Concepts for Commanders.* FBI Law Enforcement Bulletin 68(1); 6-14.

Noesner, G. W., & Dolan, J. T. (1992). First responder negotiation training. FBI Law Enforcement Bulletin, 61, 1-4.

Pearce, K. I. (1977). Police negotiations Canadian Psychiatric Association Journal 22:171-4.

Pedahzur, A., A. Perlinger, and L. Weinberg. (2003). *Altruism and fatalism: The characteristics of Palestinian suicide terrorists.* Deviant Behavior 24:405-23.

Perrou, B. (2004). *Antecedent (pre-death) behaviors as indicators of imminent violence.* In V. Lord(Ed.), Suicide by cop: Inducing officers to shoot(pp.231-237). Flushing, NY: Looseleaf Law Publications.

Phillips, D. P. (1974). *The influence of suggestion on suicide: Substantive and theoretical implications of the Werther effect. American Sociological Review, 39*, 340-354.

Pinderhughes, E. (1983, June). Empowerment for our clients and for ourselves. Social Casework, 331-338.

Post, J.M.E. Sprinzak, & L.M. Denny. (2003). The terrorists in their own words: An interviews with thirty frive incarcerated Middle Eastern terrrorists. Terrorism and Political Violence 15:171-84.

Pruitt, D. G., & Carnevale, P. C. (1993). Negotiation in social conflict. Pacific Grove, CA: Brooks/Cole.

Pruitt, D. G., & Carnevale, P. C. (1993). *Intergrating communication and negotiation research*. In Bazerman, M. H., Levicki, R. J., & Sheppard, B. H. (Eds.), *Research on negotiation in organizations*(Volume 3), Greenwich, CT: JAI Press, 139-164.

Randall, G. R., Mitchell R. H, & Van Zandt, C. R. (1997). Dynamic Process of Crisis Negotiation. Greenwood Publishing Group. Inc. 57-75.

Ritter, J. (2005, January 31). "Suicides Tarnish the Golden Gate," USA Today, p. A3.

Roberts, A. R. (2002). Assessment, Crisis intervention and trauma treatment: The integrative ACT intervention model. Brief Treatment and Crisis Intervention, 2(1), 1-21.

Roberts, A. R. (2005). *Bridging the past and present to the future of crisis intervention and crisis management*. In A. R. Roberts(Ed.), *Crisis intervention handbook: Assessment, treatment, and research* (3rd ed., pp.3-34). New York: Oxford University Press.

Roberts, A. R. & Ottens, A. J. (2005, Nov.) The Seven-Stage Crisis Intervention Model: A Road Map to Goal Attainment, Problem Solving, and Crisis Resolution, Brief Treatment and Crisis Intervention (pp. 329-339), New York: Oxford University Press.

Robins. R. S., and J. M. Post. (1997). *Political paranoia: The psychopolitics of hatred*. New Haven, CT: Yale University Press.

Rogan, R. G., Donohue, W. A., & Lyles, J, (1990). Gaining and exercising control in hostage taking negotiations using empathic perspective-taking. International Journal of Group tension, 20, 77-90.

Russell. H. E. & Beigel, A. (1990). *Understanding human behavior for effective police work*(3rd ed.). New York, NY: Basic Books.

Russell, C. A., and B. H. Miller. (1983). *Profile of a terrorist.* In Perspectives on terrorism, edited by L. Z. Freedman and Y. Alexander, 45-60. Wilmington. DE: Scholarly Resources, Inc.

Sageman, M. (2004). *Understanding terror networks.* Philadelphia: University of Pennsylvania Press.

Sandler. T., J. T. Tschirhart, and J. Cauley. (1983). *A theoretical analysis of terrorists' choice of targets.* Synthese 76:36-54.

Schachter, S., & Singer, J. E. (1962). Cognitive, social and physiological determinants of emotional state. Psychological Review, 69, 379-399.

Schbley. A. H. (2000). *Torn between God, family and money: The changing profile of Lebanon's religious terrorists.* Studies in Conflict & Terrorism 23:175-96.

Schlossberg, H. (1979). Police response to hostage situations. In J. T. O'Brien and M. Marcus (Eds.), Crime and justice in America (pp. 209-220). New York: Pergamon Press.

Schmid, A. (1983). *Political terrorism: A research guide to the concepts, theories, detabases and literature.* With a bibliography by the author and a world directory of "terrorist" organizations by A. J. Jongman. Amsterdam: North Holland.

Slatkin, A. A. (2005). *Communication in Crisis And Hostage Negotiations.* Charles C Thomas Publisher, LTD.

Smith, C. A., & Pope, L. K. (1992). Appraisal and emotion: The interactional contributions of dispositional and situational factors. Review of Personality and Social Psychology, 14, 32-62.

Strentz. T. (1988). *A terrorist psychosocial profile: Past and present.* FBI Law Enforcement Bulletins 57:13-9.

Schachter, S., & Singer, J. E. (1962). *Cognitive, social, and physiological determinants of emotional state.* Psychological Review, 69, 379-399.

Strentz, T.(1993). *Thirteen Indicators of Volatile Negotiations.* Law and Order, Vol. 39, No. 9, pp.135-139.

Strentz, T. (1995). *The Cyclic Negotiations Time Line.* Law and Order, Vol. 43, No. 3, pp.73-76.

Strentz, T. (2006). *Psychological Aspects of Crisis Negotiation.* Boca Raton, FL: Taylor & Francis Group.

Tajfel, H. (1978). Social categorization, social identity, and social comparisons. In H. Taj fel(Ed.), Differentiation between social groups. London: Academic Press.

Taylor, M. (1988). *The terrorist.* London: Brassey's.

Taylor. M., and E. Quayle. (1994). *Terrorist lives.* London: Brassey's.

Van Zandt, C. R., & Fuselier, G. D. (1989). Nie days of crisis neotiations: The Oakdale siege. Coreections Today, 51, 16-24.

Wall, J. A., Jr. (1985). Negotiation theory and practice. Glenview, IL: Scott, Foresman.

Watzlawick, P., Bavelas, J., & Jackson, D. D. (1967). Pragmatics of human communication. New York: W. W. Norton.

Webster 사전 (2009) 〈http://www.merriam-webster.com/〉

Weinberg. L., and W. L. Eubank. (1987). *Italian women terrorists.* Terrorism: An International Journal 9:241-62.

White, G. M. (1993). Emotions inside out: The anthropology of affect. In M. Lewis & J. M. Haviland (Eds.), Handbook of emotions (pp. 29-39). New York: Guilford Press.

White, J. R. (2002). *Terrorism, An Introduction Thomson Wadworth*; U.S.A.

Wieviorka, M. (1993). *The making of terrorism*. Translated by D. G. White. Chicago: University of Chicago Press.

Wilson, M. A. (2000). *Toward a model of terrorist behavior in hostage-taking incidents*. Journal of Conflict Resolution 44:403-24.

찾아보기

(나)

(다)

(라)

(마)

(바)

(사)

(아)

(자)

(하)

(A)

(C)

(D)

(E)

(G)

(H)

(I)

(L)

(M)

(N)

(O)